Jutta Aumüller
Assimilation

Jutta Aumüller (Dr. phil.) ist Politikwissenschaftlerin mit dem Schwerpunkt Migrationsforschung.

JUTTA AUMÜLLER

Assimilation

Kontroversen um ein migrationspolitisches Konzept

[transcript]

Bibliografische Information der Deutschen Nationalbibliothek
Die Deutsche Nationalbibliothek verzeichnet diese Publikation in der Deutschen Nationalbibliografie; detaillierte bibliografische Daten sind im Internet über http://dnb.d-nb.de abrufbar.

Umschlagkonzept: Kordula Röckenhaus, Bielefeld
Satz: Christof Ellger
Druck: Majuskel Medienproduktion GmbH, Wetzlar
ISBN 978-3-8376-1236-3

Gedruckt auf alterungsbeständigem Papier mit chlorfrei gebleichtem Zellstoff.

Besuchen Sie uns im Internet: *http://www.transcript-verlag.de*

Bitte fordern Sie unser Gesamtverzeichnis und andere Broschüren an unter: *info@transcript-verlag.de*

Inhalt

Abbildungen und Tabellen

Abbildungen

Tabellen

Einleitung und Methode

Über diese Arbeit – Hintergründe und Interessen

„Assimilation" ist ein Begriff, der sich durch eine eigentümliche Vieldeutigkeit auszeichnet: Einerseits bezeichnet Assimilation ein Ensemble von Theorien, die sich auf die Vergesellschaftung von Einwanderern beziehen und die sich um einige konzeptionelle Kerngedanken gruppieren. Andererseits hat sich Assimilation zu einem Kampfbegriff in den politischen Debatten der Einwanderungsländer in der westlichen Hemisphäre entwickelt. Dabei fällt auf, dass man sich weder in der öffentlichen Auseinandersetzung um Einwanderung und daraus resultierende Prozesse um den verfügbaren Theoriebestand zu Assimilation kümmert, noch lässt sich die akademische Theorieproduktion sonderlich von dem kompromittierten Zustand des Begriffs in der öffentlichen Debatte beeindrucken. Das Resultat ist ein Begriff, der in der wissenschaftlichen Forschung gleichermaßen wie im öffentlichen politischen Diskurs verwendet wird, ohne dass Bedeutungsgehalte miteinander abgeglichen werden.

Die vorliegende Arbeit ist aus langjährigen Beobachtungen im Zusammenhang mit wissenschaftlicher Forschungs- und Evaluationstätigkeit zu verschiedenen Aspekten von Migration und Integration entstanden. „Integration ja – Assimilation nein" ist ein Schlagwort, das die öffentliche Debatte um die Eingliederung von Zuwanderern häufig begleitet. Wenn auch nur wenige Protagonisten der wissenschaftlichen und der öffentlichen Debatte bekennen, wirklich zu wissen, was Integration eigentlich sei, so ist dem breiten Feld der Diskutierenden doch offensichtlich völlig klar, dass Integration ein positiv besetzter, Assimilation hingegen ein negativ besetzter Begriff sei. „Assimilation ist ein Verbrechen gegen die Menschlichkeit", verlautbart der türkische Ministerpräsident Erdoğan bei einem Deutschland-Besuch vor türkischen Immigranten – ob er dabei auch der politischen und kulturellen Unterdrückung von Minderheiten in der Türkei eingedenk ist, sei dahingestellt. „Assimilation ist die beste Form der Integration", äußert dagegen 2002 der damalige Bundesinnenminister Schily und ruft damit einen Sturm öffentlicher Entrüstung hervor. „Wie kriegen wir es hin, dass Integration richtig verstanden wird und nicht als Assimilation?", fragt in einem 2007 geführten Zeitungsinterview[1] der schleswig-holsteinische Innenminister Stegner besorgt und drückt damit implizit die Vermutung aus, dass eine – nicht näher erklärte – Assimilationspolitik eher zu gesellschaftlicher Beunruhigung denn zum sozialen Frieden beitragen könnte. In diesen öffentlichen Debatten wird Assimilation entweder auf die Unterdrückung kultureller Eigenheiten reduziert oder – im Sinne Schilys – als Königsweg deklariert, um alle mit Zuwanderung verbundenen sozialen Probleme in der Gesellschaft ein für alle Mal aus der Welt zu schaffen. In der Wissenschaft wiederum wird seit den neunziger Jahren, unter Zufügung des Präfixes „Neo", ein theoretisches Konzept von Assimilation aus dem Hut hervorgeholt, das jahrzehntelang unter pluralistischen Gesellschaftskonzeptionen verschüttet lag. Soviel Polemik einerseits und wissenschaftliche Persistenz unter widrigsten Bedingungen andererseits verleitet zum Nachsehen und Nachdenken: Was hat es mit diesem vielfach diskreditierten, andererseits aber überlebenszähen Begriff der Assimilation auf sich?

Nach Jahren ostentativer politischer Ignoranz ist Integration seit den späten neunziger Jahren in Deutschland zu einem dominanten öffentlichen Thema geworden. Jahrzehntelang waren zuvor die rechtlichen, sozialen und schulischen Belange von Immigranten auf subalterner administrativer und kommunaler Ebene bearbeitet worden, während auf der Bühne öffentlicher Politikinszenierung Deutschland zum Nicht-Einwanderungsland erklärt wurde. Diese Kehrtwendung in der öffentlichen Einschätzung von Integrationspolitik, die unter der Regierung Schröder eingeleitet wurde, wirkt sich auf politischer Ebene darin aus, dass Mechanismen der Integration identifiziert und Strategien der Integrationssteuerung gesucht werden sollen. Politiker suchen das Fachwissen der Experten; nachgefragt werden wissenschaftliche Erkenntnisse über Prozesse und Bedingungsfaktoren von Integration. In einer solchen Situation ist danach zu fragen, welchen Beitrag Theorien der Vergesellschaftung von Zuwanderern leisten können, um sinnvolle politische Steuerung zu ermöglichen. In diesem Kontext kann die Auseinandersetzung mit Assimilationstheorien bereichernd für die kritische Reflexion um die generelle Steuerbarkeit von Integrationsprozessen wirken. In einem ganz praktischen Sinn tragen Assimilationstheorien dazu bei, dass gegenwärtig viel von Messbarkeit, Integrationsindizes etc. die Rede ist. Hier wird die Theorie in einem praxisbezogenen Policy-Zugriff instrumentalisiert. Welchen Beitrag aber können Assimilationstheorien tatsächlich leisten, um die Frage nach der Kontingenz, nach der historischen Notwendigkeit oder Zufälligkeit, von migrationsbeding-

1 Süddeutsche Zeitung vom 12. Juni 2007.

ten Vergesellschaftungsprozessen zu klären? Auch dieser Frage soll in der vorliegenden Arbeit nachgegangen werden.

Die Arbeit ist daraufhin angelegt, erstens den verfügbaren Bestand an Theorien zur Assimilation zu sichten und zu systematisieren. Zweitens geht es darum, exemplarische historische und zeitgenössische Politikdiskurse um Assimilation vorzustellen und aus ihrem jeweiligen zeitlichen Kontext heraus zu erklären. Die Eigenart des Assimilationsbegriffs ist es, in unterschiedlichen historischen und wissenschaftlichen Kontexten immer wieder rekonstituiert zu werden – obwohl sich die Rahmenbedingungen von Migration und die Migrationsbewegungen selbst im Verlauf des vergangenen Jahrhunderts stark gewandelt haben. Mein Interesse zielt dahin, inwieweit von einem Kontinuum des begrifflichen Verständnisses ausgegangen werden kann beziehungsweise inwieweit eine Kohärenz der Bedeutungen gegeben ist und wo offensichtliche Brüche im Begriffsverständnis auftreten. Ist etwa der Assimilationsbegriff, der im 19. Jahrhundert auf die politische Emanzipation der Juden bezogen wurde, derselbe, der in den politischen Auseinandersetzungen um die Integration von Zuwanderern im ausklingenden 20. Jahrhundert zur Anwendung kommt? Neben der Klärung eines historischen Begriffskontinuums geht es in dieser Untersuchung weiterhin darum, semantische Diskrepanzen zwischen dem politischen Assimilationsdiskurs und theoretischen Konzepten zur Assimilation aufzuzeigen. Der Schwerpunkt der Arbeit liegt auf der deutschsprachigen Debatte und nur gelegentlich wird ein Seitenblick auf die Integrationsdebatte in anderen europäischen Staaten geworfen. In der Diskussion der theoretischen Konzepte wird gegebenerweise ein Schwerpunkt auf die US-amerikanische Migrationssoziologie gelegt, in der zu Beginn des 20. Jahrhunderts erstmals ein migrationsrelevanter Assimilationsbegriff geprägt wurde.

Leitfragen und -thesen

In der vorliegenden Arbeit wird es um eine Fülle theoretischer Konzepte und diskursiver Zusammenhänge des Assimilationsbegriffs gehen. Es ist nicht mein Anspruch, aus der Fülle der Theorieproduktion ein „schlüssiges", systematisches Konzept von Assimilation zu destillieren. Als theoretisches Konstrukt soll Assimilation weder gerechtfertigt noch verworfen werden. Vielmehr ist es meine Überzeugung, dass Vorstellungen von Assimilation der unendlich vielgestaltigen Realität von Zuwanderung und Vergesellschaftungsweisen von Immigranten und ihren Familien nicht gerecht werden. Assimilation ist jedoch ein wirkmächtiges diskursives Konzept, das in dieser Eigenart im Folgenden analysiert werden soll. An die Fülle des hier präsentierten Materials sollen strukturierend einige Leitfragen herangetragen werden, die mir wesentlich für die Einordnung der vielfältigen Konnotationen des

Begriffs erscheinen. Diese Leitfragen sollen im Folgenden eingeführt und begründet werden.

Wo lässt sich der Assimilationsbegriff theoretisch verorten?
Der Assimilationsbegriff, so eine Ausgangsthese dieser Untersuchung, ist angesiedelt in sozialwissenschaftlichen Evolutionstheorien einerseits und psychologischen Theorien der individuellen Anpassung andererseits. Assimilation ist ein Begriff, der sowohl auf gesellschaftliche Systeme als auch auf das subjektive Verhalten von Individuen bezogen wird. Kennzeichnend für den Assimilationsbegriff ist es, dass verschiedene Wissenschaften auf ihn zurückgreifen, so die Ethnologie, die Sozialpsychologie, Soziologie, Politikwissenschaft und sozialökonomische Strukturanalysen. In diesem Kontext entstehen unterschiedliche Konnotationen von Assimilation, die wiederum im politischen Debattengebrauch des Begriffs nicht differenziert werden. Eine Leitfrage bei der Analyse verschiedener Begriffskonzeptionen soll daher lauten, welches jeweils der genaue Bezugsrahmen der einzelnen Konzepte ist und welche Implikationen sich für den jeweiligen Bedeutungsgehalt des Begriffs ergeben.

Zu welchen Problemstellungen innerhalb der Migrationsforschung kann der Assimilationsbegriff einen Beitrag leisten?
Die wissenschaftliche Erforschung von Migration stellt sich quer zu den etablierten akademischen Disziplinen, wodurch die Theoriebildung erschwert wird. Schließlich bildet Migration kein eigenständiges gesellschaftliches Subsystem, sondern tangiert vielfältige gesellschaftliche Sphären mit ihren jeweiligen Subsystemen und spezifischen Problematiken. Das Phänomen Migration muss quasi auf den Theoriebestand der einzelnen Disziplinen heruntergebrochen werden, damit man einen methodischen Zugang zu seiner Erforschung erhält. Dies bedingt ein breites Spektrum von Forschungsansätzen, die in ihrer Partikularität oftmals schwierig zu einem Gesamtbild zusammenzusetzen sind. Migrationsforschung erfordert jedoch, Wissen aus verschiedenen Disziplinen zusammenzutragen, etwa der Soziologie, Politikwissenschaft, Demographie, Geographie und Geschichte. Migrationsforschung zeichnet sich aus durch das Fehlen der „großen Theorie", des den Erkenntnisprozess steuernden, vereinheitlichenden Paradigmas. In diese Lücke, so lautet eine Hypothese dieser Arbeit, stoßen die Assimilationstheorien, welche versuchen, eine umfassende Theorie der Vergesellschaftung von Zuwanderern in nationalen Gesellschaften zu formulieren. Zu fragen ist, inwieweit der Generalisierungsanspruch „großer Theorie" mit der Erklärungsbedürftigkeit realer Phänomene der Vergesellschaftung vereinbar ist.

Welche Reichweite beanspruchen Theorien der Assimilation?
An die vorherige Leitfrage schließt sich die Frage nach der Reichweite der Theorien an. Theorien der Assimilation berühren unterschiedliche wissenschaftliche Disziplinen und historische Migrationsereignisse. Untersucht werden soll, inwieweit die einzelnen Theorien eine Verallgemeinerbarkeit der von ihnen analysierten Prozesse beanspruchen. Lassen sich in unterschiedlichen Kontexten (koloniale Migration, Arbeitsmigration in die westlichen Industriestaaten etc.) identifizierte Prozesse einer assimilativen Vergesellschaftung auf andere und möglicherweise auch künftige Sachverhalte übertragen? Im Zentrum dieser Leitfrage steht also die Generalisierbarkeit von Aussagen der Assimilationstheorie.

Welche Rolle spielt der Nationalstaat?
Assimilation bezieht sich in einem gängigen wissenschaftlichen Verständnis auf einen rein nationalstaatlichen Kontext der Vergesellschaftung. Kritiker halten daher die Assimilationsforschung klassischer Prägung für obsolet und halten ihr vor, nicht in der Lage zu sein, die Entwicklung transstaatlicher Diasporas sowie spezifischer Migrationskonfigurationen angemessen zu erklären. Tatsächlich aber hat seit den neunziger Jahren eine Auffächerung von theoretischen Ansätzen stattgefunden, welche sich auf das Assimilationsparadigma beziehen. Es soll daher bei der Analyse der verschiedenen theoretischen Ansätze danach gefragt werden, inwieweit der Nationalstaat den ausschließlichen Referenzrahmen für die Vergesellschaftung von Zuwanderern bildet. Ergibt sich möglicherweise aus der Transzendierung dieses Bezugs eine erweiterte Einsicht in Prozesse der Vergesellschaftung?

Welche Rolle nimmt das Subjekt innerhalb der Assimilationstheorie ein?
Assimilationstheorien greifen auf einen breiten Fundus sozialer Theorien zurück, zu denen sowohl handlungstheoretische Ansätze, Systemtheorien wie auch sozialbehavioristische Konzepte gehören. Durch diese Vielfältigkeit bleibt das grundsätzliche Verhältnis zwischen Subjekt und sozialem System offen. Während handlungstheoretische Ansätze auf die Funktion des Subjekts im Vergesellschaftungsprozess abstellen, stehen in systemtheoretischen Ansätzen die Rolle intervenierender Variablen und die Möglichkeiten von externer Regelung und Steuerung stärker im Mittelpunkt. Sozialbehavioristische Theoriekonzepte wiederum sind in ihrer Analyse auf die Interaktion zwischen Subjekt und Umwelt konzentriert. Es geht bei diesen theoretischen Einordnungen um die Frage, welche Relevanz subjektiven und systemspezifischen Einflussfaktoren jeweils zugeordnet wird. Die Rolle des Subjekts etwa wird dort zur entscheidenden Variablen, wo es um politische Strategien des „Forderns und Förderns" geht. Es soll daher im Kontext der untersuchten Theorien danach gefragt werden, ob Assimilation als die Folge einer subjektiven Be-

mühung bewertet wird oder vielmehr als durch externe Agenturen bewerkstelligt. Mit der Rolle des Subjekts verbunden ist auch die Frage der „erzwungenen" Assimilation: Wie viel Anpassungsleistung kann das Subjekt erbringen, ohne seine psychische Integrität zu gefährden?

Ist der Assimilationsbegriff eine ideologisierbare Leerformel?

Eine weitere Leitfrage soll sein, inwiefern Assimilation der genuine Ausdruck eines Defizits ist. Ist Assimilation die vage Aufforderung an eine „Fremdgruppe", aufzugehen in einem sozialen Ganzen, dessen Essenz im Grunde nicht beschreibbar ist? Inwieweit lassen sich Assimilationskonzepte operationalisieren und für praktische Politikstrategien messbar machen? Die Vergesellschaftung von Immigranten ist ein prinzipiell ergebnisoffenes Phänomen und kann vielerlei, vorab unbestimmbare Verlaufsformen nehmen. In diesem Feld der Unbestimmbarkeit bewegen sich vielerlei Begrifflichkeiten, die diesen Vergesellschaftungsprozess inhaltlich zu fassen versuchen. Zahlreiche Politiker und Fachleute auf dem Feld der Integration mühen sich, dieses fehlende Eigentliche von Vergesellschaftung durch inhaltliche Substitute vager oder konkreter Art zu füllen: „Vage" ist die Forderung nach Anpassung an eine „Leitkultur", „konkreter" hingegen die finanzielle Förderung eines Deutschkurses, der zur Euro-Zertifizierung B 2 führen soll.

Ernesto Laclau (1994) hat sich mit der Bedeutung von „empty signifiers" in der Politik beschäftigt. Dieses Konzept zielt darauf ab, „dass eine ‚starke' Identitätsbehauptung durch eine ausgeprägte Äquivalenzrelation im Verhältnis zu einem ‚ganz Anderen' erzeugt wird – dieses Verhältnis zum Außen absorbiert dann alle interne Differenz" (Sarasin 2003: 49). Inwiefern also, so wäre im Anschluss an Laclau zu fragen, absorbiert die Forderung nach Assimilation von Zugewanderten soziale Differenzen in der Zuwanderungsgesellschaft selbst? Sarasin (2003) hat im Anschluss an Laclau das Konzept der „empty signifiers" folgendermaßen zusammengefasst:

„Weil eine soziale Gruppe sich immer nur in Relation zu einem Anderen konstituieren kann, ist in jede ‚Identität' immer ein konstitutiver Mangel eingeschrieben – ein Mangel an vollem Sein, an Positivität. Die privilegierten Signifikanten stiften ‚Identität', indem sie genau jene fehlende Positivität ausdrücken, jene fehlende Ganzheit (‚fullness'), die soziale Gruppen als eine notwendige Fiktion von sich entwerfen müssen: Positiv in einer imaginären Schließung als ‚Deutschland', ‚das Volk' etc., negativ hingegen, indem zum Beispiel die Juden zum Signifikanten dessen gemacht werden, was ‚Deutschland mangelt'. Je leerer diese ‚empty signifiers' sind, je unklarer ihr Signifikat bleibt, desto besser eignen sie sich offensichtlich für ihre Funktion als Stepp-Punkte und als Marker für den konstitutiven Antagonismus: Die Fahne einer Nation bedeutet nichts weiter als ‚das Ganze' der Nation – ebenso wie ‚schwarze Haut' zuweilen die reine Negativität der fehlenden Ganzheit zu absorbieren vermag" (Sarasin 2003: 49f.).

Übertragen auf den vorliegenden Kontext wäre also zu fragen, ob soziale Gruppen durch die diskursive Verwendung des Assimilationskonzeptes symbolisch zusammengehalten werden – indem Prozesse der symbolischen Inklusion und Exklusion in Gang gesetzt werden.

Welches ist das begriffliche Verhältnis von „Assimilation" zu anderen Begriffen in der öffentlichen Debatte um die Vergesellschaftung von Immigranten? Die Verwendung von Begriffen in der öffentlichen Rede ist an spezifische Kontexte geknüpft. Anforderungen an die „political correctness" und die Tabuisierung von Begriffen sind an den jeweiligen zeitgeschichtlichen Horizont gebunden. So wie nach dem Zusammenbruch des Nationalsozialismus eine völkische Begrifflichkeit aus dem migrationsbezogenen Sprachgebrauch eliminiert wurde, so haben auch zeitbedingte unterschiedliche Wahrnehmungsweisen und gesellschaftliche Bewertungen von Zuwanderung („Gastarbeiterzuwanderung" – „Multikulturalismus" – „Integrationsproblem") einen jeweils eigentümlichen Gebrauch von Sprache hervorgebracht. Im öffentlichen Diskurs wird der Begriff „Assimilation" heute eher tabuisiert. Die Frage ist daher, wie die Verwendung bestimmter Begrifflichkeiten durch öffentliche Tabus gelenkt wird und welche Verschiebungen in der Bedeutung von Begriffen sich hieraus ergeben. So wird ein Augenmerk auch auf verwandte Begriffe von „Assimilation" gelegt und untersucht, inwiefern sich inhaltliche Bedeutungen zwischen den Begriffen verschoben haben.

Methodik

Die vorliegende Arbeit versteht sich als ein sozialwissenschaftlich orientierter Beitrag zur Begriffsgeschichte. Diese etablierte sich seit Mitte der sechziger Jahre als ein Teilbereich der sozialhistorischen Forschung. Ausgangspunkt der sozialhistorischen Begriffsgeschichte ist die Annahme, „dass sich der Wandel der sozialen Wirklichkeit semantisch in bestimmten Leitbegriffen der politisch sozialen Welt niederschlägt" (Bödeker 2002a: 12). Wurde gegen die Begriffsgeschichte kritisch eingewendet, es handle sich bei ihr um eine „Geschichte der Sprache ohne Sprecher" (Bödeker 2002a: 15), so findet in einem erweiterten Ansatz auch die Akteursebene Eingang in die Analyse. Indem die Akteure des Sprechens berücksichtigt werden, stellt sich die Frage des „legitimierten Sprechens" im Sinne Foucaults (1969). Zu klären ist, welchen Platz ein Subjekt einnehmen muss, „wenn es im Rahmen eines Diskurses etwas sagen will, das als wahr gelten soll" (Sarasin 2003: 35). Methodisch überschneiden sich hier Begriffsgeschichte und Diskursanalyse. Im Sinne dieser erweiterten Begriffsgeschichte fährt die vorliegende Analyse des Assimilationsbegriffs zweigleisig: „Assimilation" ist einerseits der Gegenstand einer wissenschaftlichen Theoriebildung, andererseits ein Schlagwort des politischen Diskurses, auf das man getrost die Bezeichnung „Kampfbegriff" anwenden darf.[2] Entsprechend werden als die zentralen Akteure dieses Diskurses wissenschaftliche Theorieproduzenten einerseits und Akteure des politischen Diskurses – Personen in politisch verantwortlicher Position und Akteure aus dem Bereich der Medien – andererseits identifiziert.

In der Geschichtswissenschaft wird unter Begriffsgeschichte die Bedeutungsgeschichte ausgewählter Termini verstanden, welche „nach der sozialen Reichweite von Begriffen in den jeweiligen historischen Kontexten" fragt, „die bindende, prägende Kraft von Begriffen in politischen und sozialen Gruppen" thematisiert und den „epochalen, sozialen und politischen Strukturwandel" analysiert (Bödeker 2002b: 76). Obwohl es sich hier um keine historische Arbeit im fachspezifischen Sinn handelt, sind einige Erkenntnisse, die aus diesem Konzept für die Geschichtswissenschaft gewonnen wurden, auch im vorliegenden Kontext von Interesse. So gilt das Forschungsinteresse der Politisierung von Begriffen, deren Begleiterscheinungen darin liegen können, dass zunächst nur einer akademischen Oberschicht bekannte Begriffe auch in andere soziale Schichten Eingang finden und dass Begriffe im andauernden Diskurs zunehmend zu einer polemischen Waffe mutieren und dabei vieldeutig und ideologisch aufgeladen werden (Bödeker 2002b: 81). Beide Beobachtungen sind auch für die Verwendungsgeschichte des Assimilationsbegriffs zutreffend. Ursprünglich im Bereich der wissenschaftlichen Naturbeobachtung angesiedelt, eroberte sich der Begriff immer neue Bedeutungsfelder im Bereich der Psychologie, Völkerkunde und Sozialwissenschaft, wo er sich als prägend für die Theoriebildung erwies. Von der migrationssoziologischen Verwendung aus gelangte er in die Sphäre des politischen Diskurses, wo er – anders als der „leere Wesensbegriff" (Narr 1999) der Integration – zur Polarisierung der öffentlichen Auseinandersetzung um Einwanderung beitrug.

Begriffsanalyse ist von vornherein nicht auf ein Einzelwort und die Ebene des einzelnen Textes bezogen, sondern vielmehr auf semantische Felder sowie Felder der Begriffsbeziehungen (Bödeker 2002b: 116f.). Wenn man über „Assimilation" spricht, so ergeben sich zugleich vielfältige Bezüge zu Wörtern wie „Akkulturation", „Eingliederung", „Integration" etc., die in ihren Verwendungs- und Bedeutungsschichten gleichermaßen herangezogen werden müssen. Analysiert werden müssen die Beziehungen zwischen diesen Wörtern und Begriffen, um das semantische Bedeutungsfeld der Vergesellschaftung von Zuwanderern in seiner ganzen Weite auszuloten. Die Begriffsgeschichte weitet sich zur Diskursgeschichte, indem die institutionellen Bedingungen des Sprechens von Assimilation mit all seinen Akteuren in den

2 Die Bezeichnung „Kampfbegriff" weist darauf hin, dass ein Begriff nicht ausschließlich der theoretischen Erkenntnis dient, sondern hebt die pragmatische Funktion hervor, die ein Wort in der politischen Auseinandersetzung gewinnen kann (Bödeker 2002b: 93).

Blick genommen werden. Reinhart Koselleck hat in diesem Zusammenhang die Frage gestellt nach der „politischen Situation“ des Gebrauchs der Begriffe, nach den „dahinterstehenden Intentionen“ von Wortverwendungen und ihren sozialen und politischen Inhalten sowie nach dem „cui bono“ und den „Adressaten“ des Begriffs (zitiert nach Bödeker 2002b: 118). Keineswegs aber dürfe unter der Begriffsgeschichte eine abstrakte Ideengeschichte verstanden werden. In diesem Sinne werden historische und politische Kontexte der Diskurse in dieser Arbeit einen wichtigen Raum einnehmen.

Die häufig vorgenommene Unterscheidung zwischen Begriffsgeschichte und Diskursanalyse erscheint mir hierbei irrelevant zu sein (siehe dazu auch Busse 2003). Insbesondere die dabei reklamierte Unterscheidung zwischen sprachanalytischer Ideologiefreiheit bezogen auf die Begriffsgeschichte und strukturalistischer Ideologiekritik bezogen auf die Diskursanalyse erscheint willkürlich. Tatsächlich ergänzen sich beide Konzepte, indem eine etymologische Bedeutungsanalyse und eine kritische kontextuelle Verwendungsanalyse jeweils ergänzend aufeinander bezogen werden.

An dieser Stelle ist der Diskursbegriff, wie er in der vorliegenden Arbeit verstanden wird, zu klären. In einem alltäglichen Verständnis bezeichnet „Diskurs“ ein öffentlich diskutiertes Thema (beispielsweise: der neoliberale Diskurs), eine spezifische Argumentationskette oder die Position eines politischen Akteurs (beispielsweise: der sozialdemokratische Diskurs) (Keller 2004: 13). Die poststrukturalistische Diskursanalyse ist auf die Wechselwirkung zwischen den Diskursen zugrunde liegenden Wissensordnungen und dem konkreten Sprachgebrauch fokussiert. Um die Wirksamkeit von Ideen der Assimilation zu erfassen, müssen wir daher nicht nur die Geschichte der bundesrepublikanischen Ausländerpolitik in den Blick nehmen, sondern auch mit den Begriffen „politischer Diskurs“ und „symbolische Politik“[3] arbeiten. Der politische Diskurs, d.h. die Art und Weise, wie öffentlich über Immigranten gesprochen wird, strukturiert die Rezeption der Zuwanderer und das Fremdenbild.

Generell beziehen sich Diskurse zur Zuwanderungspolitik darauf, was als Fremdes und was als Eigenes gilt. So kann man beispielsweise anhand der deutschen Asyldiskussion von den siebziger Jahren bis zum „Asylrechtskompromiss“ von 1993 nachvollziehen, wie aus einer zunächst inklusionären

3 Unter symbolischer Politik wird die expressive Dimension politischen Handelns verstanden, die sich auf die Darstellung dieses Handelns in der Öffentlichkeit bezieht. So unterscheidet Sarcinelli (1987) zwischen den Dimensionen der Herstellung (Erzeugung) und der Darstellung (Vermittlung) von Politik. Bei der Vermittlung von Politik spielen die Medien eine entscheidende Rolle. Materielle (herstellende) Politik verliert nach Sarcinelli im Medien- und vor allem im Fernsehzeitalter zunehmend den Bezug zum entscheidenden Gestalten (Tenscher 1998).

Debatte (Beispiel: Aufnahme der vietnamesischen Boat-people in den siebziger Jahren) im Verlauf der achtziger Jahre eine exklusionäre Debatte („Das Boot ist voll“) wird. Assimilation hat daher immer auch etwas mit Selektion und Auswahl der zu vereinnahmenden Zuwanderergruppen zu tun. So gerät auch die Fremdheit der Fremden zum öffentlichen Konstrukt: Welche Fremden müssen eingebunden werden? Welche Fremden gelten als von vornherein ungeeignet, um in eine imaginierte Mehrheitsgesellschaft eingebunden zu werden?

In der vorliegenden Arbeit konstituiert sich der „virtuelle Textkorpus“, der einer Diskursanalyse zugrunde liegt, aus wissenschaftlichen und journalistischen Texten, in denen der sozialwissenschaftliche Assimilationsbegriff die zentrale Rolle spielt – sei es, indem der Assimilationsbegriff darin selbst zum zu erklärenden Gegenstand wird oder dass er darin in seiner (wie auch immer gearteten) Bedeutung bereits vorausgesetzt wird. Bei der Auswahl der Texte wurde nicht vorausgesetzt, dass diese Texte bereits notwendigerweise in einer semantischen Beziehung zueinander stehen, sondern vielmehr ist die Absicht dieser Arbeit, eine solche semantische Beziehung aufzuweisen. Da es sich in der Mehrzahl um wissenschaftliche Texte handelt, stehen diese vielfach bereits in einem gemeinsamen Aussage- und Kommunikationszusammenhang, indem sie Bezug aufeinander nehmen und dadurch ein übergreifender akademischer Diskurs entsteht.

Die Auswahl der Texte wurde durch das Forschungsinteresse bestimmt, das Verhältnis von Wandel und Konstanz des Assimilationsbegriffs zu erfassen, semantische Unterschiede und Überschneidungen herauszufinden und das Verhältnis zwischen einem wissenschaftlich-analytischen und einem eher populär gefassten politischen Assimilationsbegriff zu bestimmen. Weiterhin soll die Position des Assimilationsbegriffs innerhalb eines weiteren Feldes von Begriffen, die unterschiedliche Aspekte der Vergesellschaftung von Immigranten bezeichnen, verortet werden: Integration, Eingliederung, Adaption etc. Darüber hinaus soll, in einem Nebenaspekt, auch der metaphorische Gehalt des ursprünglich aus dem Bereich der Physiologie stammenden Assimilationsbegriffs untersucht werden. So verbinden sich mit „Assimilation“ in manchen Disziplinen (z.B. Sozialpsychologie) sowie im populären Diskurs Vorstellungen, die aus dem Bereich organischer Gesellschaftsmetaphorik stammen und auf Assoziationen der persönlichkeitszerstörenden Einverleibung zurückgreifen. Das Gewicht dieser Metaphorik soll bestimmt werden.

In der Auswahl der hier berücksichtigten Texte geht es sowohl um einen historischen Bedeutungswandel des Assimilationsbegriffs als auch um seine Bedeutung in unterschiedlichen zeitgleichen Kontexten (Wissenschaft und öffentlicher Diskurs). Die verwendeten Texte wurden anhand der folgenden Fragen ausgewertet:

- In welchen historischen Kontexten entstehen Diskurse der Assimilation; wann verschwinden diese wieder?
- Wie, wo, mit welchen Praktiken und Ressourcen werden Diskurse der Assimilation (re-)produziert?
- Welche politischen Ereignisse prägen den Diskurs und wie verändert sich dieser dadurch mit der Zeit?
- Welche Akteure besetzen mit welchen Ressourcen, Interessen, Strategien die Sprecherposition?
- Wer ist Träger, Adressat, Publikum des Diskurses um Assimilation?
- Welche praktischen Konsequenzen gehen von Konzepten und Diskursen der Assimilation aus, und wie verhalten sich diese zur politischen Praxis der Integration von Zuwanderern?

Es handelt sich in dieser Arbeit um den Versuch einer Gesamtschau der auf einen einzelnen Begriff (Assimilation) bezogenen Wissenserzeugung. Diese umfasst unterschiedliche historische Epochen seit dem 19. Jahrhundert sowie unterschiedliche diskursive Kontexte (akademischer Diskurs/Policy-Prozesse/öffentliche Debatten). Dabei wird sich herausstellen, dass der Assimilationsbegriff je nach historischem und diskursivem Kontext unterschiedliche Bedeutungsgehalte besitzt. Es geht dabei nicht in erster Linie darum, eine Systematik dieser Bedeutungsgehalte herausarbeiten, sondern vielmehr Differenzen aufzuzeigen und ein fundiertes Verständnis für die Problematik der Begriffsverwendung zu erzeugen. Ferner ist es nicht die Absicht dieser Untersuchung, einen diskreditierten Begriff zu rehabilitieren oder unterschiedliche Bedeutungsdimensionen zu harmonisieren, sondern eine kritische Reflexion der Bedeutungsweite eines Begriffes anzubieten, der die öffentliche Diskussion um ein gewichtiges soziales Ereignis, nämlich die Vergesellschaftung von Einwanderern, immer wieder in außerordentlicher Weise polarisiert hat.

Bevor der Aufbau der Arbeit erläutert wird, ist es an dieser Stelle notwendig, die Verwendung einiger zentraler Begriffe, die im Folgenden häufig wiederkehren werden, zu erklären. Dies soll ohne philosophische Vertiefung in aller Kürze geschehen und Klarheit in der Begriffsverwendung schaffen. Der erste dieser Begriffe ist der des Begriffs selbst. Ohne hier auf die philosophisch-sprachanalytische Tragweite von „Begriff" einzugehen, soll unter „Begriff" in seiner wissenschaftlichen Verwendungsweise eine Abstraktion der Realität verstanden werden, die der Organisation von Wissen dient (Groeben/Westmeyer 1975). Für die Begriffsanalyse bedeutsam ist hierbei die Tatsache, dass Begriffe in sich eine „Bedeutungsfülle" vereinen und, anders als Wörter, immer mehrdeutig sind (Bödeker 2002b: 87). Entsprechend geht es bei der Analyse von Begriffen um die Untersuchung von komplexen Wissens- und Deutungszusammenhängen, die über die bloße Feststellung von Bedeutung (Begriffsinhalt) hinausreicht. Unter „Diskurs" soll in einem ganz praktischen Sinn zunächst die Gesamtheit von Sprechhandlungen zu einem bestimmten Thema verstanden werden, in welcher Form auch immer diese stattfinden. In Anlehnung an Foucault (1969) manifestiert sich darüber hinaus in der Sprache ein Verständnis von Wirklichkeit, welches im Verlauf der Geschichte einen epochenspezifischen Charakter annimmt (bei Foucault: „epistème"). Im Zusammenhang mit der migrationssoziologischen Diskussion von Assimilation werden die Begriffe „Konzept" und „Theorie" eine wichtige Rolle spielen. Unter „Theorie" werden ganz allgemein Modelle der Realität verstanden, auf deren Grundlage die Wirklichkeit erklärt werden kann und mit deren Hilfe Prognosen erstellt und Handlungsempfehlungen gegeben werden können. Der Begriff des Konzepts wird ergänzend hierzu im Sinne der Vorstufe einer Theorie verwendet, ohne dass sich in jedem Einzelfall eine stringente Trennung zwischen „Theorie" und „Konzept" herstellen lässt (siehe dazu auch Foppa 1976).

Ohne diese allzu sehr problematisieren zu wollen, möchte ich weiterhin mein Verständnis der Begriffe „ethnisch" und „Ethnizität" klären. Allgemein sind primordiale Ideen von Ethnizität heute in der Sozialwissenschaft Außenseiterpositionen. Ich schließe mich Blaschkes konziser Definition an, wonach Ethnizität grundsätzlich die situational begründete Grenzziehung zwischen Gruppen von Handelnden durch kulturelle Symbolformationen meint (Blaschke 1993). Woraus diese Symbole geschöpft werden, hängt dabei vom Kontext der Handlungen ab. Wie Perchining (1988) halte ich es für sinnlos, den Begriff der ethnischen Identität auf Individuen anzuwenden. Zugleich ist es aber auch schwierig, die „ethnische Identität" von Gruppen zu beschreiben, da diese „keinen physischen, sondern nur symbolischen bzw. im Handeln konstituierten Realitätscharakter hat" (Perchinig 1988: 132). Die gemeinsame Sprache bildet häufig das einzige sichtbare Zeichen der Gruppenzusammengehörigkeit. Diesem symbolischen Charakter ist es zugleich geschuldet, dass Assimilation letztlich nie vollständig vollzogen werden kann, sondern die unterschiedliche Herkunft stets für die erneute Ausgrenzung der Assimilierten mobilisiert werden kann. Diese Tatsache wird an späterer Stelle unter dem Stichwort „Dilemma der Assimilation" noch eingehender diskutiert werden (siehe S. 157ff.).

Mit dem Begriff der Community sollen in dieser Arbeit in ganz allgemeiner Weise „auf der Basis von Selbstorganisation entstandene Beziehungsstrukturen unter Einwanderern in einer bestimmten räumlich-territorialen Einheit" (Heckmann 1992: 97) bezeichnet werden. Diese Strukturen können sowohl formaler wie auch informeller Art sein. Der Unterschied zwischen einer ethnischen Community und einer Diaspora ist in meinem Verständnis fließend. Stärker als der Community-Begriff drückt „Diaspora" den Wunsch der Mitglieder aus, eine symbolische Gruppenidentität beizubehalten. Diese wiederum bildet die Grundlage für die fortgesetzte Solidarität der Gruppenmitglieder. Zugleich zeichnen sich Diasporas dadurch aus, dass sie einen kontinuierlichen Kontakt mit dem Herkunftsland und anderswo ansässigen Gruppen gleicher nationaler Herkunft unterhalten (siehe auch Sheffer 2002: 86). Für die Ausführungen in dieser Arbeit ist eine apodiktische Ausdeutung dieser Begrifflichkeiten jedoch unerheblich.

Obwohl es mein Bestreben ist, den Begriff tunlichst zu vermeiden, wird in diesem Buch einige Male von „Identität“ die Rede sein. Identität ist ein grundsätzlich essentialistisch aufgeladener Begriff, der den Blick auf Dynamiken des Sozialen eher trübt denn schärft (siehe auch Narr 1999). Bisweilen ist die Begriffsverwendung nicht zu umgehen, wenn zentrale Aussagen aus analysierten Theorien paraphrasiert werden. Treffender erscheint es mir jedoch, dort von Selbstzuschreibung oder -zuordnung zu sprechen, wo Individuen oder Kollektive grundlegende Orientierungen ausdrücken. Identität ist in meinem Verständnis ein sozialer Begriff und bedeutet eine grundsätzlich veränderliche Selbstzuschreibung zu symbolischen Ordnungen; zugleich besitzt er die Funktion der Abgrenzung nach außen.

Über Migration sprechen

Migration und Integration haben sich nach Jahrzehnten ideologischer Auseinandersetzungen zu einem Minenfeld der politischen Korrektheit entwickelt. Es ist schwer, über Prozesse der Migration zu sprechen, ohne in der verwendeten Begrifflichkeit zugleich normative Orientierungen mit zu transportieren. Begriffe wie „Assimilation“, „Segregation“, „Integration“ und „Desintegration“ beinhalten stets zugleich Bewertungen und Erwartungen, in welcher Weise und in welche Richtung die Vergesellschaftung von Immigranten zu verlaufen hat. Diese Problematik ist in der Forschung vielfach diskutiert worden. Die Möglichkeit der Verwendung alternativer Begriffe wurde vielfach analysiert und wieder verworfen. Beispielsweise wurde etwa vorgeschlagen, den Begriff „Eingliederung“ als einen neutralen Oberbegriff zu verwenden, um Interaktionsprozesse zwischen autochthoner Mehrheitsbevölkerung und zugewanderter Minderheit zu benennen, ohne diese zu bewerten. Der Begriff der Eingliederung ist jedoch durch inkorporatistische Integrationstheorien mit der Vorstellung einer kollektiven Vergesellschaftungsweise verbunden, in der der einzelne Migrant als sozialer Akteur nicht zur Kenntnis genommen wird (siehe beispielsweise Bauböck 2001a: 30). Begriffe wie „Niederlassung“ oder „Ansiedlung“ wiederum beziehen sich einseitig auf die Eingliederung in das Territorium eines bestimmten Staates und lassen Aspekte einer multiplen Integration, die sowohl die Aufnahmegesellschaft, die ethnische Community im Zuwanderungsland wie auch transnationale Migrationsnetzwerke umfassen, unberücksichtigt. Die verschiedenen Dimensionen von Integration in Ökonomie, soziale Netzwerke, Kultur, Politik und mentale Orientierungen werden nicht angemessen berücksichtigt. Zugleich implizieren die genannten Begriffe Vorstellungen einer dauerhaften Wohnsitznahme und eines langjährigen Aufenthalts im Zuwanderungsland – Vorstellungen, die die Realität gegenwärtiger Migrationsbewegungen nicht mehr adäquat erfassen.

Um der geschilderten Problematik zu entgehen und Immigration samt sozialer Folgeprozesse als einen ergebnisoffenen Prozess zu verstehen, werde ich mich in dieser Arbeit für die Bezeichnung sozialer Prozesse, welche aus Zuwanderung resultieren, auf Max Webers Begriff der Vergesellschaftung stützen. Unter diesen Begriff subsumiert Weber alle Arten rational motivierter Beziehungen des Interessenausgleichs und der Interessenverbindungen (Weber 1980: 21). Anders als Weber möchte ich jedoch auf den von ihm parallel eingeführten Ko-Begriff der Vergemeinschaftung verzichten. Mit Vergemeinschaftung bezeichnet Weber eine Einstellung sozialen Handelns, die „auf subjektiv gefühlter (affektueller oder traditionaler) Zusammengehörigkeit der Beteiligten beruht" [Weber 1980: 21]). Tatsächlich erscheint es mir für die Analyse sozialer Prozesse nicht notwendig, zwischen rational und affektiv bestimmten Handlungsmotivationen zu unterscheiden. Weber selbst konstatiert, dass die überwiegende Mehrzahl sozialer Beziehungen sowohl den Charakter der Vergemeinschaftung als auch der Vergesellschaftung habe (Weber 1980: 22). Um das Sprechen über Migration hier nicht unnötig zu verkomplizieren, wird der Begriff „Vergesellschaftung" im Folgenden verwendet, um in einer abstrakten, generalisierten Weise die Gestaltung sozialer Beziehungen innerhalb eines Kollektivs (worunter jede Form der sozialer Gruppenbildung verstanden werden kann) zu bezeichnen.

Die Rede von der Vergesellschaftung zielt also auf den prozesshaften und grundsätzlich ergebnisoffenen Charakter von Integration ab. In einem ähnlichen Sinn möchte ich in einer gewissermaßen synonymen Verwendung den Integrationsbegriff in dieser Arbeit verstanden wissen. Die inhaltliche Abgrenzung des Integrationsbegriffs gegenüber Assimilation und anderen Begriffen des Migrationsdiskurses wird im folgenden Kapitel noch eingehend vorzunehmen sein. An dieser Stelle aber geht es vorab darum, welche Begriffe in welchem Verständnis verwendet werden, um ein angemessenes sprachliches Instrumentarium zur Verfügung zu haben, das die Lektüre nicht unnötig erschwert. Wenn ich in diesem Buch den Begriff „Integration" verwende, dann geschieht dies aufgrund der inhaltlichen Offenheit des Terminus. Zugleich möchte ich hiermit ein persönliches Verständnis von Integration ausdrücken, das in seinem konkreten Endresultat unbestimmt ist. Integration ist in meinem Verständnis kein Endzustand von Gesellschaft. Die historische Erfahrung von Zuwanderungsgesellschaften zeigt, dass ethnische Zuschreibungen von Individuen und Gruppen einen Zustand gesellschaftlicher Beziehungen bilden, der beliebig aktiviert und beigelegt werden kann. In diesem Sinne ist Integration nie vollständig abgeschlossen. Zu der Fülle vorliegender

Begriffsdefinitionen, mit denen ich mich in dieser Arbeit noch auseinandersetzen werde, möchte ich keine weitere beitragen. Schließlich ist es schwierig zu beschreiben, was Integration sein soll und welches Verhalten von Immigranten und Angehörigen der Mehrheitsgesellschaft gefordert werden kann, und ein solches Unterfangen entbehrt niemals der anmaßenden Willkür. Stattdessen möchte ich Integration beschreiben als den Zustand einer Gesellschaft mit einem möglichst geringen Grad an gesellschaftlichen Konflikten, mit gleichen Chancen auf gesellschaftliche Teilhabe für alle Mitglieder der Gesellschaft, einer Gesellschaft, in der die Gewährleistung der Menschenrechte gesichert ist und in der einzelne soziale oder ethnische Gruppen keine Diskriminierung befürchten müssen.

Zum Aufbau der Arbeit

Das Buch beginnt mit einem Kapitel zur Begriffsgeschichte und -systematik, in dem neben einer Begriffs-Etymologie auch ein Überblick über wissenschaftliche Diskurszusammenhänge des Assimilationsbegriffs gegeben werden soll. Aus den vielfältigen Verwendungsweisen werden für diese Arbeit einige zentrale Bedeutungsdimensionen des Begriffs herausgearbeitet, die gewissermaßen erkenntnisleitend für die spätere Analyse von Theorien und Diskursen fungieren sollen.

Der theoretische Bestand an Assimilationstheorien wird in drei anschließenden Kapiteln erörtert. Im ersten dieser Kapitel wird es um eine Rekapitulation des gewissermaßen „klassischen" Bestandes an Assimilationstheorien gehen, die überwiegend in der US-amerikanischen Migrationssoziologie seit Beginn des 20. Jahrhunderts in verschiedenen historischen Phasen der Einwanderung entwickelt wurden und deren Gültigkeit mit dem Siegeszug pluralistischer Gesellschaftstheorien seit den sechziger Jahren in Frage gestellt wurde. Ein weiteres Kapitel wird sich mit der Renaissance des Assimilationsparadigmas seit den neunziger Jahren befassen. Seitdem wurden verschiedene modifizierte Theorien vorgelegt, die sich jedoch grundsätzlich auf das klassische Assimilationsparadigma beziehen. Schließlich wird sich ein gesondertes Kapitel mit der Rezeption der klassischen Assimilationstheorie in der bundesdeutschen Migrationstheorie seit den siebziger Jahren befassen.

Historische und politische Diskurszusammenhänge von Assimilation bilden den Inhalt der drei darauf folgenden Kapitel. In einem historischen Exkurs soll es zunächst um die Entstehung eines soziologischen Assimilationsbegriffs im Zusammenhang mit der jüdischen Emanzipation im 19. Jahrhundert gehen. Ein weiteres Kapitel versucht Kontinuitäten und Brüche des Assimilationsbegriffs vom Beginn des deutschen Kaiserreichs bis zum Zusammenbruch des Nationalsozialismus zu erfassen. Schließlich wird als ein dritter Diskurskontext die Ära der Gastarbeiterzuwanderung bis in den gegenwärtigen Kontext einer intensivierten Debatte um Erfolge und Fehlschläge der Integration von Immigranten und ihren Kindern analysiert.

Über die Analyse akademischer und gesellschaftlicher Diskurse hinaus soll in einem weiteren Kapitel der Begriff der erzwungenen Assimilation reflektiert werden. Es handelt sich hier gewissermaßen um die negative Kehrseite von Assimilation – nämlich Überlegungen über die persönlichkeits- und gruppenzerstörende Funktion einer erzwungenen Anpassung. Es soll dabei untersucht werden, in welchen Kontexten die Folgeerscheinungen erzwungener Assimilation in wissenschaftlich relevanter Form nachgewiesen werden. In einem abschließenden Kapitel schließlich sollen die aus unterschiedlichen thematischen Kontexten gewonnenen Erkenntnisse in systematisierender Weise zusammengetragen werden.

Über den Begriff „Assimilation“

Manche Begriffe reichen in unserem Sprachgebrauch weit zurück, ohne dass wir uns dessen bewusst werden. Zu unterschiedlichen Zeiten durchdringen sie das Denken und Sprechen der Menschen, tauchen hie und da auf, tauchen wieder unter, treiben Ausläufer in neue Bedeutungsfelder und zeigen eine enorme Anpassungskraft an immer andere Sprachzusammenhänge. Obwohl sie in ihrer Sprachwurzel eine klare Bedeutung besitzen, sind sie aufgrund der Vielseitigkeit ihrer Verwendung jedoch schwer zu fassen. Ein solcher Begriff ist der der Assimilation.

Im folgenden Kapitel wird versucht, von verschiedenen Seiten aus eine Annäherung an das Thema Assimilation zu leisten. Der erste Abschnitt nähert sich dem Begriff in etymologischer Weise. Dargestellt werden die Herkunft und Geschichte des Begriffs und die Herausbildung der ihm eigenartigen Bedeutungsvielfalt im Verlauf vieler Jahrhunderte. In einem zweiten Schritt konzentriert sich die Darstellung auf die Verwendung des Begriffs in der jüngeren Sozialwissenschaft. Exemplarisch wird die Begriffsverwendung anhand des bibliographischen Bestands einer der gegenwärtig größten Bibliothekssammlungen im Bereich der Migrationsforschung untersucht, nämlich am Berliner Institut für Vergleichende Sozialforschung. In einem dritten Abschnitt sollen Bedeutungsdimensionen des Begriffs aufgezeigt werden, die das Begriffsverständnis von unterschiedlichen Positionen aus immer wieder durchdrungen haben und gewissermaßen Konstanten der Begriffsrezeption bilden. Zuletzt sollen verwandte Begriffe aus dem Umfeld von Assimilation bestimmt werden.

Etymologischer Überblick

Der Begriff „Assimilation“ geht zurück auf das lateinische „assimilare“ beziehungsweise „assimulare“ und wird übersetzt mit „ähnlich machen“, „nachbilden“, „vergleichen“, oder auch „nachahmen“, „vorgeben“, „erheucheln“.

Der Begriff taucht durch die Jahrhunderte hindurch in ganz unterschiedlichen Bedeutungsfeldern auf. Horstmann (1993) verfolgt die Verwendung des Terminus in der Hermeneutik und greift dabei zeitlich weit zurück: So wurde Assimilation in der Antike als erkenntnistheoretischer Begriff verwendet und bezeichnete Erkenntnis als eine Folge der Angleichung des Erkennenden an das Erkannte. Diese antike Begriffstradition wird noch bei Thomas von Aquin in das Mittelalter fortgeführt. Dieser schreibt im ersten Buch seiner „Summa Theologica“: „Omnis cognitio est per assimilationem aliquem cognoscentis ad cognitum“; alle Erkenntnis geschieht durch die Angleichung des Erkennenden an das Erkannte (zitiert nach Horstmann 1993: 385). Ein Wandel im Verständnis von geistiger Aneignung taucht im 18. Jahrhundert in Johann Gottfried Herders „Ideen zur Philosophie der Geschichte der Menschheit“ auf. Hier hat sich das Verhältnis zwischen erkennendem Subjekt und zu erkennendem Objekt in das Gegenteil verwandelt:

> „Alle Erziehung kann nur durch Nachahmung und Übung, also durch Übergang des Vorbildes ins Nachbild, werden. Und wie könnten wir dies besser als Überlieferung nennen? Der Nachahmende aber muß Kräfte haben, das Mitgeteilte und Mitteilbare aufzunehmen und es wie die Speise, durch die er lebt, in seine Natur zu verwandeln. Von wem er also, was und wie viel er aufnehme, wie ers sich zueigne, nutze und anwende, das kann nur durch seine, des Aufnehmenden, Kräfte bestimmt werden. Mithin wird die Erziehung unsres Geschlechts in zwiefachem Sinn genetisch und organisch: genetisch durch die Mitteilung, organisch durch die Aufnahme und Anwendung des Mitgeteilten“ (J.G. Herder, Ideen zur Philosophie der Geschichte der Menschheit, Band 4, zitiert nach Horstmann 1993: 383).

Zugleich zeigt sich in dem Herder'schen Zitat ein neues Verständnis von geistiger Aufnahme: Die Aneignung der kulturellen Überlieferung wird analog zur Physiologie als eine „geistige Nahrungsaufnahme“ gedeutet. Seit der ersten Hälfte des 18. Jahrhunderts ist ein Assimilationsbegriff in Verwendung, der auf einen biologisch-organischen Vorgang der Verwandlung von „Fremdem“ in „Eigenes“ abzielt. In J.H. Zedlers „Grosses vollständiges Universal-Lexicon aller Wissenschafften und Künste“ (Halle-Leipzig 1732) wird „Assimilatio“ definiert als „Zusatz oder Vollendung der Nahrung, wenn dasjenige, so ernähret, verändert, und demjenigen, so ernähret wird, gantz gleich, und in dessen Natur verwandelt wird“ (zitiert nach Horstmann 1993: 384). In W.T. Krugs „Allgemeines Handwörterbuch der philosophischen Wissenschaften, nebst ihrer Literatur und Geschichte“, Band 1 (Leipzig 1827), heißt es unter „Assimilation“: „die Verwandlung des Fremdartigen, das man in sich aufgenommen, in die eigne Substanz. Dieß thut aber nicht bloß unser Körper in Ansehung der Nahrungsmittel, sondern auch unser Geist in Ansehung alles Unterrichts, den er mündlich oder schriftlich empfängt“ (ebd.).

In dieser nunmehr transitiven Bedeutung bezeichnet Assimilation die Aneignung von organisch Fremdartigem in körpereigene Substanz. Im Mittelpunkt dieser Vorstellung steht der Aspekt der Verwandlung oder Transformation, die Auflösung der ursprünglichen Substanz (Reznik 1971). Ging es in Antike und Mittelalter in einem hermeneutischen Begriffsverständnis von Assimilation noch um die Angleichung des Rezipierenden an das zu erkennende Objekt, so wird Assimilation im 18. Jahrhundert in einem biologistischen Verständnis als eine quasi organische Einverleibung des Erkenntnisobjekts begriffen.

Im 19. Jahrhundert differenzieren sich schließlich mit der Ausweitung der Naturwissenschaften einerseits und der Sozialwissenschaften andererseits unterschiedliche Bedeutungsbereiche des Begriffs heraus. In der Biologie bezeichnet Assimilation nun die Überführung der von einem Lebewesen aufgenommenen Stoffe in Körpersubstanz und bei Pflanzen die Umwandlung anorganischer Stoffe in organische Verbindungen. In der Physiologie wurde mit Assimilation die Phase des Aufbaus der Sehsubstanzen in der Netzhaut nach Belichtung bezeichnet. In der Psychologie taucht der Begriff seit dem Ende des 19. Jahrhunderts auf und bezeichnet hier die Verschmelzung von früheren Wahrnehmungen mit neu hinzukommenden, wobei die bestehenden durch die neuen Eindrücke verändert werden. Psychologen wie A.N. Leontjew, C.G. Jung und Jean Piaget entwickeln Modelle des Austausches zwischen dem Subjekt und seiner Umwelt, die mit dem Assimilationsbegriff operieren. Das Individuum verleibt psychologisch oder kognitiv repräsentative Bestandteile seiner Umgebung in die bereits vorhandene mentale Organisation ein und gleicht diese ihr an (Hajos 1971). In der Sprachwissenschaft kommt der Begriff zur Verwendung, um die Angleichung von phonetischen Elementen (beispielsweise im Lateinischen des ursprünglichen Begriffs „adsimulare“ zu „assimilare“) zu bezeichnen. Auch in die Petrologie findet der Begriff Eingang und bezeichnet hier die Aufnahme und Aufschmelzung von Fremdgestein durch schmelzflüssiges Magma. In all diesen unterschiedlichen Bedeutungsfeldern drückt Assimilation immer einen Vorgang der Angleichung von Substanzen, Elementen o.ä. aus.

In die Soziologie findet der Begriff Eingang durch die frühen Arbeiten US-amerikanischer Migrationssoziologen seit Ende des 19. Jahrhunderts. Im Jahr 1890 veröffentlichte Richmond Mayo-Smith, Professor für Politische Ökonomie und Sozialwissenschaften an der Columbia-Universität in New York, eine wissenschaftliche Abhandlung über Einwanderung und speziell das Thema der Assimilation. Für eine erfolgreiche Integration, so Mayo-Smith, sei die biologische Verschmelzung von Einwanderern, die er als „amalgamation“ bezeichnete, keineswegs eine notwendige Voraussetzung. Vielmehr erfolge Integration durch die sprachliche, politische und ideelle Amerikanisierung von Einwanderern, wofür Mayo-Smith die Begriffe „Assimilation" und „Fusion" verwendete: „By mixture I do not mean necessarily an actual mixture of blood, but an assimilation of institutions, character and customs by which these different elements shall gradually be fused into one nationality, or one body – the American people" (Mayo-Smith: 1894, zitiert nach Adams 1984: 308f.).

Die Washingtoner Soziologin Sarah E. Simons veröffentlichte ab 1900 im American Journal of Sociology eine Artikelserie über soziale Assimilation, die eine weitere frühe soziologische Arbeit zur Einwanderung in Amerika bildet. Darin unterschied sie einen Typus der „demokratischen" (amerikanischen) Assimilation von dem einer „aristokratischen" Assimilation. Unter letzterem Typus verstand sie Formen der forcierten Assimilation, wie sie in einigen europäischen Herkunftsländern der Einwanderer praktiziert worden waren, etwa die Germanisierungskampagne gegenüber Dänen in Schleswig oder Russifizierungsbewegungen im Zarenreich (Adams 1984: 310). Diese frühen migrationssoziologischen Studien in den USA waren von einem sozialreformerischen Konzept geprägt: Die Autoren wandten sich gegen Vorstellungen einer biologischen Verschmelzung der Zuwanderergruppen, da sie rassisch andersartige Gruppen, wie die asiatischen Zuwanderer am Ende des 19. Jahrhunderts und vor allem die indianischen Ureinwohner und Schwarzen in den USA, faktisch nicht für das Konnubium mit der europäischen Zuwandererbevölkerung geeignet hielten. Etwa um 1910 war „Assimilation" als Begriff in der US-amerikanischen Einwanderungsdebatte eingebürgert und wurde, bis dahin in wissenschaftlich eher unsystematischer Weise, mit „Amerikanisierung" gleichgesetzt. Eine wissenschaftliche Systematisierung des Begriffs erfolgte erst in den zwanziger Jahren mit den migrationssoziologischen Forschungen der Chicago-Schule.

In der deutschen Sozialwissenschaft findet zu dieser Zeit hingegen noch lange keine wissenschaftliche Systematisierung des Begriffs statt. Seit dem Ende des 19. Jahrhunderts wird „Assimilation" vereinzelt im Zusammenhang mit dem gesellschaftlichen Emanzipationsprozess der Juden in Deutschland verwendet. Karl Mannheim analysiert in seinem ursprünglich 1928 erschienenen Aufsatz „Das Problem der Generationen" Faktoren des Generationenzusammenhangs und spezifiziert dabei Anpassungsprozesse des Individuums an soziale Gruppen. Diese Anpassung, die er als „Hineinwachsen in eine Gruppe" (Mannheim 1964: 546) bezeichnet, erscheint in der späteren englischen Übersetzung des Aufsatzes mit dem Begriff „assimilation". In der deutschsprachigen Soziologie der zwanziger Jahre des vorigen Jahrhunderts ist hingegen der Assimilationsbegriff als ein auf die Person bezogener Begriff noch nicht verfügbar (siehe Kapitel „Nationalismus und ‚Volkstumsforschung'"). Für Mannheim bezeichnet die im Englischen mit „assimilation" übersetzte Anpassung einen intrapsychischen Vorgang, der vollständig auf die einseitige Adaption an eine Gruppe bezogen ist und nicht nur die Übernahme von Verhaltensweisen und äußerem Habitus betrifft, sondern auch Weltbilder und Wertvorstellungen, also gewissermaßen die gesamte intrapersonale Prägung. Der Bezug zur Entwicklungspsychologie wird hier deutlich:

„Hineinwachsen in eine Gruppe bedeutet nicht nur, jene Wertungen vollziehen, die diese Gruppe charakterisieren, sondern die Dinge in jenem ‚Aspekt‘, die Begriffe in jener Bedeutungsnuance erfassen, in der sie für die Gruppe präsent sind. Sich mit einer Gruppe verbinden heißt ferner, jene Formungs- und Gestaltungsintentionen in sich aufnehmen, aus denen heraus neu auftauchende Eindrücke, Ereignisse in einer weitgehend vorgeschriebenen Richtung verarbeitet werden können“ (Mannheim 1964 [1928]: 546).

Ein weiterer Verwendungsbereich für den Begriff im Deutschen ist die Völkerkunde. Im Jahr 1944 erscheint eine Arbeit des deutschen Völkerkundlers W.E. Mühlmann mit dem Titel „Assimilation, Umvolkung, Volkwerdung“. Mühlmann prägt das ethnologische Begriffsverständnis auch in der Nachkriegswissenschaft. Als Assimilation bestimmt er den „Übergang kleinerer oder größerer Teile eines bestimmten Volkstums in ein anderes Volkstum, verbunden mit einem Wechsel der ethnischen Selbstzuordnung, d.h. der Volkstums-Gesinnung“ (Mühlmann 1964, zitiert nach von Gagern 1971).

In deutschen Wörterbüchern findet sich eine soziologische Bedeutung des Begriffs „Assimilation“ erst in der zweiten Hälfte des 20. Jahrhunderts. Der früheste Eintrag dieser Wortbedeutung in einer deutschsprachigen Enzyklopädie findet sich 1953 in „Der große Brockhaus“ (16. Auflage). Dort heißt es:

„Assimilation [lat.] Angleichung
2) Soziologie: ein Vorgang der Durchdringung und Verschmelzung, bei dem Einzelne oder Gruppen die Traditionen, Gefühle und Einstellungen anderer Gruppen übernehmen und in diesen allmählich aufgehen. Beispiele sind das Zusammenwachsen des englischen Volkes aus Angelsachsen und Normannen oder die Einschmelzung verschiedenartigster Einwanderergruppen in das amerikanische Volk in den Verein. Staaten. A. findet auch statt beim Übergang in eine andere gesellschaftliche Schicht durch sozialen Auf- oder Abstieg, oder beim Wechsel der Nationalität. Diese ethnische A. ist besonders häufig. Bei jetzigen europäischen Völkern wird sie als →Umvolkung bezeichnet, kommt aber auch außerhalb des Abendlandes bei Naturvölkern und im Orient oft vor. Psychologisch ist sie mit einem Wechsel der spezifischen Gruppengesinnungen und -werthaltungen verbunden; als Übergangsstadium ist häufig eine labile Gesinnungslage erkennbar (‚schwebendes Volkstum‘), in der der einzelne sich selbst nicht darüber klar ist, welcher Gruppe er eigentlich angehört. In der Regel ist ethnisch A. auch mit Sprachwechsel verbunden. A. ist ein wesentlicher Faktor des Wachstums der Stämme, Völker, Sprach- und Religionsgemeinschaften. [...] Gegenläufig zur A. und ihrer uniformierenden Wirkung ist auch eine Dissimilation erkennbar: innerhalb der vergrößerten Verbände leben

die eingegliederten kleineren fort in Gestalt von Stammes- und Gaupartikularismen, Dialektgruppen, separatistischen und schismatischen Bestrebungen."

Zwei Bedeutungen des Begriffs müssen in dieser lexikalischen Definition hervorgehoben werden, da sie zentral für die kontroversen Diskussionen um „Assimilation" sind. Aus der Definition spricht erstens eine geschichtliche Deutung des Begriffs: Im Verlauf der Geschichte sind immer wieder Bevölkerungsgruppen unterschiedlicher Herkunft „ineinander aufgegangen"; Assimilation erscheint als eine historische Notwendigkeit in einem sozialen Evolutionsprozess. Zweitens wird im späteren Teil dieser Definition eine psychologische Dimension eingeführt: Assimilation erfordert vom Einzelnen oder vom Kollektiv einen erheblichen psychischen Aufwand und ist mit einem Identitätswechsel verbunden, der vom Individuum nur unter Schwierigkeiten zu bewerkstelligen ist. Zentral ist hier das Argument der Aufgabe: von Werthaltungen, der Muttersprache, des Gefühls der Zugehörigkeit. In der Begriffsdefinition des „Großen Brockhaus" sind damit bereits zwei wichtige Bestimmungselemente enthalten, die noch ausführlich zu diskutieren sein werden: der inhaltliche Zusammenhang mit sozialwissenschaftlichen Evolutionstheorien einerseits sowie psychologischen Theorien der individuellen Anpassung andererseits. Beide Elemente bestimmen über Jahrzehnte hinweg die Bedeutung des Assimilationsbegriffs. Erst in der neueren Debatte um Assimilation wird der Versuch unternommen, den Begriff vollständig aus einem psychologischen Verständniszusammenhang herauszulösen und Modellen des sozialen Wandels von Zuwandererminoritäten zuzuordnen („Neoassimilationismus"). Assimilation soll nicht mehr als ein Angriff auf die psychische und kulturelle Integrität von Migranten verstanden werden, sondern als der Prozess der Angleichung an sozialstrukturelle Merkmale der Mehrheitsbevölkerung.

Eine dem US-amerikanischen Vorbild vergleichbare Migrationsforschung entsteht in Deutschland erst seit den siebziger Jahren des 20. Jahrhunderts in Reaktion auf die Anwerbung von ausländischen Arbeitskräften durch die deutsche Bundesregierung. Seit dieser Zeit wird der sozialwissenschaftliche Assimilationsbegriff praktisch ausschließlich auf den Bereich von Migration angewandt. Während der Recherchen erschien ein einziges Mal der Begriff im Zusammenhang mit der Anpassung von Ostdeutschen an die westdeutschen Standards des Alltagslebens (Mühlberg 2002). Auch hier wird der Begriff selbst nicht reflektiert, sondern unter der Assimilation der Ostdeutschen wird ganz allgemein die Anpassung an die „neuen Lebensregeln" verstanden, die mit der Wiedervereinigung auf die Bevölkerung der vormaligen DDR übergriffen (Mühlberg 2002: 3). Assimilation bedeutet hier keine Anpassung an messbare Standards, sondern die Einbindung in ein „Bedeutungsgewebe" (ebd.): Situationen richtig zu verstehen, den richtigen sprachlichen Ausdruck zu finden, das Mögliche und Angemessene zu verlangen, Vorteile zu nutzen. Assimilation in diesem Sinn bedeutet, sich sicher in einem Umfeld zu bewegen, einen anderen Lebensstil bis zur Perfektion anzunehmen, Dinge mit einer instinktiven Sicherheit zu tun. Dabei wird klar, dass Assimilation in diesem Verständnis für das Individuum unerreichbar und das Nacheifern zum Scheitern verurteilt ist. Allenfalls im Verlauf von Generationen kann eine solche Angleichung erreicht werden.

Es ist dieses die totale Person umfassende Begriffsverständnis, das ein massives Unbehagen am Assimilationsbegriff ausgelöst hat. In Deutschland hat diese Kritik ihre stärkste Ausprägung in den achtziger Jahren gefunden, als sich die Debatte um eine multikulturelle Gesellschaft auf ihrem Höhepunkt befand. Assimilation wird als die psychische Selbstaufgabe der Person begriffen und mit der Konnotation der kulturellen Unterdrückung und Ausmerzung belegt. Man kann in der Folge eine weitgehende Tabuisierung des Begriffs im politischen und durchaus auch im wissenschaftlichen Bereich beobachten. Problematisch erscheint mir dabei nicht die Tabuisierung als solche, sondern die unreflektierte Verschiebung von Bedeutungen auf vermeintlich unbedenkliche begriffliche Surrogate, unter denen der Integrationsbegriff seit den neunziger Jahren die bemerkenswerteste Karriere durchgemacht hat.

Diskurszusammenhänge von Assimilation – eine Analyse der sozialwissenschaftlichen Bedeutungskontexte

Das Thema Assimilation tritt in der jüngeren sozialwissenschaftlichen Literatur in unterschiedlichen Bedeutungskontexten auf. Ersichtlich wird dieser Sachverhalt bereits, wenn man bloße bibliographische Nachforschung betreibt. Exemplarisch illustriert sei dies anhand des Titelbestands in der Bibliothek des Berliner Instituts für Vergleichende Sozialforschung, wo seit Ende der achtziger Jahre systematisch die migrationsspezifische Forschungsliteratur der vergangenen fünfzig Jahre erfasst wurde. Eine Abfrage in dem vorhandenen Bibliotheksbestand ergab Anfang 2006 eine Anzahl von 330 Publikationen – Aufsätze und Monographien –, die den Begriff „Assimilation“ im Titel trugen. Dabei ist zu berücksichtigen, dass das Suchkriterium „Assimilation“ in der Titelzeile bei weitem nicht den gesamten Fundus an Literatur zum Thema aufschließt. Bereits die Durchsicht dieser Titel aber gibt Aufschluss über die verschiedenen sozialwissenschaftlichen Kontexte, in denen der Assimilationsbegriff verwendet wird.

Eine große Rolle spielt zunächst die US-amerikanische Diskussion zu Prozessen der Einwanderung und des „settlement“. Ein großer Teil der verfügbaren Literatur bezieht sich auf das klassische Assimilationsparadigma, das seit Beginn des 20. Jahrhunderts in der US-amerikanischen Migrationssoziologie entwickelt wurde. Hierzu gehört vor allem die Literatur, die im Kontext der Theorieproduktion bis in die sechziger Jahre (von Robert E. Park bis Milton M. Gordon) entstanden ist und die ausführlich im folgenden Kapitel referiert wird. Eine Renaissance erlebt dieses Paradigma seit den neunziger Jahren unter US-amerikanischen Wissenschaftlern, die unter die Rubrik des „Neoassimilationismus" gefasst werden können (beispielhaft dafür Alba/Nee 2003). Hierzu gehören auch vom klassischen Kanon abweichende konzeptionelle und terminologische Weiterentwicklungen, wie etwa die Theorie der „segmentierten Assimilation", für die Autoren wie Alejandro Portes und Min Zhou (1993) stehen.

Hinsichtlich der Einwanderungen nach 1945 in die westeuropäischen Industrieländer ergibt sich bei Durchsicht der Bibliographie ein differenzierter Befund. In den Forschungsarbeiten, die in den fünfziger und sechziger Jahren zur Eingliederung der Vertriebenen entstehen, wird in völlig selbstverständlicher Weise von Assimilation dieser Zuwanderer gesprochen. Auch in der bundesrepublikanischen Literatur zur Gastarbeitereinwanderung ist bis in die achtziger Jahre relativ häufig von Assimilation die Rede (siehe beispielsweise Weber 1965; Kremer/Spangenberg 1980; Loll 1982; Blume/Kantowsky 1988). Seit Ende der achtziger Jahre jedoch wird Assimilation zunehmend durch den „neutraleren" Begriff der Integration abgelöst. Hier findet ein auffälliger Bruch in der Terminologie statt, der in diesem Band noch ausführlicher verfolgt wird. Sichtet man die vorhandene Literatur von 1990 an, so zeigt sich, dass der Assimilationsbegriff in der wissenschaftlichen Verwendung schwerpunktmäßig auf einzelne Nationalstaaten bezogen ist. Hier werden in der Bibliographie die unterschiedlichen nationalstaatlichen Politiken in Europa bezüglich der Aufnahme von Arbeitsimmigranten deutlich. In Westeuropa ist es vor allem die französische oder auf Frankreich bezogene Literatur, in der auf den Buchtiteln durchweg auch in den neunziger Jahren die Rede von Assimilation ist.

Ein weiterer Bereich der verfügbaren Literatur befasst sich mit verschiedenen Aspekten von „erzwungener Assimilation". In erster Linie umfasst dies einen Fundus an Titeln, die sich mit Phänomenen der erzwungenen Anpassung von Minderheiten an dominierende Mehrheitskulturen in außereuropäischen Ländern befassen. Als Beispiele seien genannt die erzwungene Assimilation der türkischstämmigen Bevölkerung in Bulgarien (z.B. Amnesty International 1986), von Nepalesen in Bhutan (z.B. Aumüller 1992), indigener Bevölkerungen in kolonisierten Ländern (z.B. Trennert 1988), die türkische Kurdenpolitik und die Politik einer forcierten Russifizierung, die während der kommunistischen Herrschaftsära in der Sowjetunion durchgeführt wurde. Da diese Politik in der Regel mit gewaltsamen Mitteln durchgesetzt wird, ist ein großer Teil der vorhandenen Literatur im Kontext von Menschenrechtsorganisationen und menschenrechtspolitischen Untersuchungen entstanden. Dieser thematische Aspekt von Assimilation ist bisweilen mit gewaltsamen politischen Konflikten in den betroffenen Staaten, etwa Unabhängigkeits- und Sezessionsbewegungen, verbunden.

In der europäischen Volkstums- und Regionalismusdiskussion wird Assimilation vor allem im Rahmen der kulturellen Homogenisierung von Minderheiten innerhalb der bestehenden Nationalstaaten diskutiert. Beispiele hierfür gibt es zahlreich, wobei im deutschsprachigen Kontext neben den deutschen Minderheiten der Friesen und Sorben die kulturelle Eingliederung der Südtiroler in den italienischen Nationalstaat und die Homogenisierung nationaler Kultur in Österreich seit dem ersten Weltkrieg Dauerbrenner in der wissenschaftlichen Literaturproduktion sind. Im Mittelpunkt dieses Diskurses steht häufig der Konflikt um die sprachliche Autonomie von Minderheiten beziehungsweise deren Bedrohung durch homogenisierende Tendenzen des staatlichen Schulwesens. Als ein Beispiel für den anhaltenden Diskurs in Österreich sei der Band von Bauböck, Baumgartner, Perchinig und Pintér (1988) genannt. Ein Teil der nachgewiesenen Literatur gruppiert sich um einschlägige Fachzeitschriften, so beispielsweise *Europa Ethnica,* ein in Wien erscheinendes Organ für Minderheiten- und Volksgruppenpolitik in Europa, das von einem internationalen Herausgebergremium ediert wird.

Als letzter großer Bereich in diesem bibliographischen Überblick ist Assimilation in der Geschichtsforschung zu nennen. Klassische Themen der vorhandenen historischen Assimilationsforschung sind die Assimilation der europäischen Juden im Zuge ihrer politischen Emanzipation im 19. Jahrhundert, die Assimilation der hugenottischen Einwanderer sowie anderer Glaubensflüchtlinge in Deutschland, Monographien zur Assimilation einzelner europäischer Auswanderernationalitäten in Amerika im 19. und 20. Jahrhundert sowie auch der verschiedenen nichtrussischen Nationalitäten in der ehemaligen Sowjetunion. Hier werden rückblickend Prozesse einer abgeschlossenen Vergesellschaftung von ursprünglichen Immigranten-Minoritäten in Nationalstaaten analysiert.

Dieser kurze bibliographische Überblick zeigt summarisch die wichtigsten Diskursfelder an, in denen der Begriff der Assimilation verhandelt wird. Es wird zu zeigen sein, inwiefern die Breite der Begriffsverwendung im sozialwissenschaftlichen Kontext auf ein einheitliches Begriffsverständnis zurückzuführen ist. Es handelt sich hier um eine Skizze der wichtigsten Bedeutungskontexte, die keinen Anspruch auf Vollständigkeit erhebt. Zu einer weiteren Annäherung an den Assimilationsbegriff sollen daher nun inhärente Dimensionen der Begriffsbedeutung näher untersucht werden.

Bedeutungsdimensionen

Mit „Assimilation“ verbindet sich eine Vielzahl theoretischer Entwürfe, politischer Konzepten und gesellschaftlicher Diskurse. Es soll hier eingangs der Versuch unternommen werden, eine Kohärenz zwischen diesen vielfältigen Konzepten festzustellen, die in den späteren Kapiteln kritisch überprüft werden soll. Vier Bedeutungsdimensionen erscheinen hier zentral:

Erstens: Die „klassischen“ Konzepte der Assimilation gehen von einer linearen, unausweichlichen Anpassung von Einwanderern an die Mehrheitsgesellschaft im Zuwanderungsland oder an eine noch herauszubildende neue Gesellschaft von Einwanderern („melting pot“) aus. Eine häufige Variante dieser Konzepte sind Stufenmodelle, die den Anpassungsprozess als eine notwendige Abfolge von Entwicklungsschritten begreifen. Dazu gehören auch Generationenmodelle, die den Eingliederungsprozess als einen über mehrere Generationen vermittelten Ablauf darstellen. Zugleich nimmt der soziologische Assimilationsbegriff insbesondere in seiner frühen Verwendungsphase gedankliche Anleihen aus dem Bereich organischer Gesellschaftstheorien auf. Beiden Bedeutungsaspekten ist das Charakteristikum des Unausweichlichen eigentümlich, der das Individuum notwendigerweise einem gesellschaftlichen Organismus anverwandelt.

Zweitens: In einem gängigen Verständnis bezieht sich Assimilation auf eine gesellschaftliche Organisationseinheit, die typischerweise durch den Nationalstaat repräsentiert wird. Die Nationalstaatsidee, wie sie sich seit dem 18. Jahrhundert herausgebildet hat, manifestiert sich in einer Vorstellung von der Kulturnation, die vom Prinzip sprachlicher und kultureller Homogenität ausgeht. Assimilation mündet daher notwendigerweise in einen vollständigen Wechsel kultureller Identität.

Drittens: Eine Bedeutungsdimension, die dem Begriff unterschwellig innewohnt, ist die der Selbstentfremdung des Individuums durch den Prozess der Anpassung. Assimilation, so lautet eine gängige Abwehr gegen den Begriff, bedeute die Entfremdung des Individuums von seiner Herkunftskultur und -gruppe und führe zur psychischen Desintegrität. In diesem Sinne wird in den gegenwärtigen politischen Diskursen gemeinhin zwischen einer negativ besetzten „Assimilation“, die die Aufgabe der Herkunftskultur impliziert und damit die psychische Integrität des Individuums bedroht, und einer positiv besetzten „Integration“, die auf die Herstellung einer gleichberechtigten Teilhabe an der Gesellschaft abzielt, unterschieden.

Viertens: Gegenüber den klassischen Theoretikern der Assimilation rückt der Begriff seit den neunziger Jahren immer stärker in die Nähe einer strukturfunktionalistischen Verwendung. In der neueren Diskussion wird der Begriff vor allem dazu verwendet, um eine statistisch nachweisbare sozialstrukturelle Angleichung von Einwandererminoritäten an die Lebensbedingungen der Mehrheitsbevölkerung festzustellen. Mit dieser Bedeutungsverschiebung wird in der neueren Migrationsforschung versucht, Angleichungsprozesse zu objektivieren und quantifizierbar zu machen.

Es handelt sich bei diesen Bedeutungsdimensionen um popularisierte Imaginationen, die sich mit dem Assimilationsbegriff verbinden und die sich zumeist auf einer Vorstufe wissenschaftlicher Reflexion bewegen. Diese Imaginationen prägen den diskursiven Umgang mit dem Begriff und sollen im Folgenden ausführlicher vorgestellt werden. Es wird in den späteren Kapiteln aufzuzeigen sein, inwiefern diese „Vorstellungen“ von Assimilation tatsächlich mit der wissenschaftlichen Modellbildung kompatibel sind und in welcher Weise sie den politischen Diskurs über Assimilation beeinflussen.

Assimilation als evolutionistisches Prinzip

Assimilationsmodelle sind überwiegend Stufenmodelle einer idealtypischen Anpassung an bestehende soziale Organisationseinheiten. Die Anpassung erfolgt über eine Anzahl von Zwischenschritten gewissermaßen naturwüchsig, sofern intervenierende Störvariablen ausgeschlossen werden können. Stufen in diesem Prozess sind entweder festgelegte Stadien der Vergesellschaftung oder eine Abfolge mehrerer Generationen in der Einwanderungsgruppe. Klassische Assimilationstheorien stehen in der Tradition sozialwissenschaftlicher Evolutionstheorien.

Aus dieser Tradition ergibt sich auch ein Zusammenhang mit biomorphen Vorstellungen von Vergesellschaftung. Aus der Naturwissenschaft übertragen, ist Assimilation häufig als Metapher für die Vorstellung einer Gesellschaft verstanden worden, die sich als Organismus konstituiert. Man kann diese Vorstellung von Gesellschaft gewissermaßen als ein Urmodell sozialer Imagination beschreiben, das von der Antike bis in die Gegenwart hinein reicht. Seit der Mitte des 20. Jahrhunderts jedoch wurden soziale Theorien, die Gesellschaft als Organismus, als „Volksganzes“, auffassen, aufgrund der ideologischen Ausbeutung durch die völkische Ideologie des Nationalsozialismus, aber auch weiterer völkischer Bewegungen in Europa, diskreditiert – in der Wissenschaft wie auch im öffentlichen „common sense“.

Für die Entstehung der Soziologie als Wissenschaft hingegen spielte die Organismus-Metaphorik im 19. Jahrhundert eine wichtige Rolle. Soziologen wie Durkheim verstanden Gesellschaft als einen Naturgegenstand und soziale Ordnung nicht als Resultat von gesellschaftlichen Auseinandersetzungen oder Herrschaftsverträgen, sondern als Naturordnung (Lüdemann 2004: 106). Dabei ging es den Soziologen des 19. Jahrhunderts einerseits darum, ihrer sich herausbildenden Disziplin neben den dominierenden Naturwissenschaften zur Anerkennung zu verhelfen, indem sie vorherrschende biologistische Terminologien aufgriffen. Andererseits konnten sich biomorphe Vorstellungen von

Gesellschaft auf die antiken Konzepte des Aristoteles und Paulus stützen, welche die politische Gemeinschaft als *soma* (Körper) beziehungsweise „Leib Christi“ vorstellten. Restbestände dieser Gemeinschaftskonzepte bestimmen noch immer geltende Konzepte von Vergesellschaftung. So stellt etwa Susanne Lüdemann in ihrem Buch über „Metaphern der Gesellschaft“ das juristische Konzept der Körperschaft als ein „Residuum der alten Gemeinschaftsmetaphorik“ dar, das aus der paulinischen Leib-Christi-Lehre hervorgegangen ist, erstmals in der katholischen Kirche juridisch gefasst und schließlich auf politische Verbände übertragen wurde (Lüdemann 2004: 106). Diese Auffassung ist im Kontext gegenwärtiger Integrationsdiskurse auch deshalb interessant, weil dem Körperschaftsrecht damit eine Gemeinschaftsvorstellung zugrunde liegt, der etwa der zeitgenössische Islam in Deutschland nicht entsprechen kann.

Anthony Giddens hat darauf hingewiesen, dass organische Metaphern häufig eine Verbindung zwischen evolutionistischen und funktionalistischen Sozialtheorien herstellen:

> „Eine Pflanze oder ein Organismus enthält in sich selbst eine Verlaufsbahn ihrer oder seiner Entwicklung; dabei geht es um die Entfaltung latenter Möglichkeiten. Gelenkt wird der Wandel, wenn man von einem solchen Verständnis ausgeht, von den dieser Entfaltung zugrunde liegenden Mechanismen, wobei Gesellschaften als eindeutig abgrenzbare Einheiten betrachtet werden“ (Giddens 1988: 284).

Frühe Theoretiker der Assimilation haben die Eingliederung von Zuwanderern als einen fortschreitenden Prozess aufgefasst, der über verschiedene Stufen der Anpassung führt. Hierzu gehören der von Robert E. Park und William Burgess formulierte „race relation cycle“, der im folgenden Kapitel noch genauer dazustellen sein wird, aber auch ökonomische Sequenzmodelle und das von H.G. Duncan vertretene Generationen-Sequenzmodell (siehe Han 2000: 40ff.). Park, der ein lange Zeit maßgebliches Modell von Assimilation formuliert hat, entwickelte darüber hinaus in seinen Untersuchungen zur Eingliederung von Einwanderern in Chicago ein stadtökologisches Modell, das die Vorstellung eines in quasi ökologischer Weise funktional ausdifferenzierten großstädtischen Raumes enthielt und die Ansiedlung von Einwanderern in Analogie zur biologischen Besiedlung von Naturräumen setzte (siehe S. 49f.).

Die Implikation einer Vorstellung, wonach die Eingliederung von Zuwanderern einer gewissermaßen biomorphen Mechanik unterliegt, dürfte deutlich werden. Die Anpassung wird zu einem einseitig durch das Individuum zu vollziehenden Akt. Gesellschaft erscheint als ein präexistentes System, das den Zuwanderer gewissermaßen absorbiert; die zentrale Handlungskategorie ist dabei die der Anpassung. Die aktive Intervention politischer Agenturen in diesen Prozess ist dabei nicht unbedingt erforderlich. Für die sozialwissenschaftliche Untersuchung von Vergesellschaftungsprozessen ist dieses mit einseitiger Anpassung zu umschreibende Konzept von Assimilation wenig fruchtbar. Selbst wenn man davon ausgeht, dass es sich bei der „Anpassung“ von Zuwanderern nicht nur um eine Beziehung des Einzelnen zu einer quasi naturhaft vorgestellten Gesellschaft handelt, sondern eine gegenseitige Anpassung von gesellschaftlichen Gruppen stattfindet, so lässt sich dabei nicht mehr analytisch isolieren, welche Ursachen tatsächlich soziale Organisationsweisen und deren Wandel beeinflussen.[1]

Die Vorstellung von Gesellschaft als einem biomorphen Gebilde und Assimilation als einem korrespondierenden physiologischen Prozess hat in jedem Fall den öffentlichen Diskurs unterschwellig bestimmt. So muss auch die erbitterte Debatte um die Konzepte Multikulturalismus versus Integration/ Assimilation, die in Deutschland bis in die neunziger Jahre geführt wurde, mit unterschwelligen Vorstellungen eines gesellschaftlichen Organismus beziehungsweise deren brüsker Ablehnung erklärt werden.

Nationalstaat und ethnisch-kulturelle Homogenität

Ein populäres Verständnis von Assimilation setzt eine kulturelle und ethnische Homogenität von Gesellschaft voraus, die in den europäischen Staaten seit der Neuzeit als ein Ideal kultiviert wurde, real aber nie existiert hat. Die Vorstellung des kulturell homogenen Staatsvolkes bildete ursprünglich die Legitimation für den politischen Prozess der europäischen Nationalstaatsbildung, aus dem ein politisches Postulat der Vereinheitlichung resultierte. Diese Vereinheitlichung mittels Steuerung herzustellen, war eine zentrale Aufgabe der sich herausbildenden nationalen Bürokratien. Der moderne Nationalstaat unterschied sich damit von der Ständegesellschaft, die sich über eine hierarchische Ordnung abgeschlossener sozialer Gruppen definierte.

Für die europäischen Einwanderungsländer ist das Leitbild der Anpassung an eine bestehende nationale Hochkultur bestimmend gewesen. In der Migrationsforschung blieb Assimilation lange Zeit auf den Nationalstaat bezogen. Der Anpassungsprozess von Zuwanderern wurde daraufhin untersucht, in welchem Ausmaß und in welcher Weise die Wertvorstellungen und Leitbilder, die in der nationalen Zuwanderungsgesellschaft gelten, übernommen und internalisiert werden. Parolen wie „being American“ oder die Debatte um eine deutsche Leitkultur sind typische Derivate eines nationalstaatlich geprägten Denkens, in denen sich die Probleme einer gesellschaftlichen Homogenisierung niederschlagen.

Tatsächlich aber ist der Nationalstaatsbegriff in der Assimilationstheorie immer auch relativiert worden. Insbesondere bezogen auf die frühe Assimila-

1 Zur Kritik des Begriffs der Anpassung siehe auch Giddens 1988: 288ff.

tionsforschung darf dieser Nationalstaatsbegriff nicht zu apodiktisch aufgefasst werden; hier bildeten vielmehr Vorstellungen der Anpassung an einen großstädtischen Lebensraum einen wichtigen Bezugspunkt. Der Bezug auf den Nationalstaat wurde auch in der jüngeren Theorie relativiert; in den neunziger Jahren insbesondere durch das in den USA diskutierte Konzept der „segmentierten Assimilation". Unter diesem Begriff wurde eine Reihe von empirischen Studien veröffentlicht, die sich mit dem sozialen Abstieg von Angehörigen der zweiten Generation in bestimmten Migrantenmilieus beschäftigten, am bekanntesten davon die Arbeit von Portes und Zhou (1993). Assimilation, so lässt sich das Resultat dieser Studien vereinfachend zusammenfassen, bedeutet für viele Einwanderergruppen in sozial belasteten innerstädtischen Milieus nicht die Anpassung an die kulturellen Standards der gesellschaftlich dominierenden Mittelschicht, sondern an die Normen und Werte der Subkultur. Es wird daher in den theoretischen Diskursen der Stellenwert des Nationalstaatsprinzips noch präziser zu bestimmen sein.

Vereinnahmung und Entfremdung

Aus der Sozialpsychologie und Ethnologie hat der Assimilationsbegriff die Bedeutung der individuellen oder kollektiven Angleichung an eine soziale Umgebung, etwa durch die Übernahme von Gebräuchen, sozialen Normen und kulturellen Werten, übernommen (Fröhlich 2005: 76). Frühe soziologische Konzepte von Assimilation gingen von der Annahme aus, dass ethnische Unterschiede im Assimilationsprozess auf lange Sicht aufgehoben würden. Diese Aufhebung von Unterschieden wurde aus ethnologischer Sicht als „Wandel des Bewusstseins der Gruppenzugehörigkeit" (Mühlmann 1969: 58) beschrieben, der mit einer „ethnischen Selbstentfremdung" (ebd.) einhergehe.

Im Umkreis dieser Bedeutungsdimension bewegen sich sozialpsychologische Konzepte, die auf der Seite der Aufnahmegesellschaft von einer Vereinnahmung, ja „Einverleibung" des Fremden ausgehen. Solche Strategien der Vereinnahmung entspringen kollektiven Homogenisierungswünschen und der Suche nach einer kollektiven Identität. Bei dieser Suche werden Gemeinsamkeiten konstruiert, die sich in Begriffen wie „Blutsbande", „Sprachgemeinschaft", „kulturelle Übereinstimmung" und „historisches Schicksal" niederschlagen (Müller/Otto/Otto 1995: VIII). Auf der Seite der Mehrheitsgruppe steht der Wunsch, das Fremde zu neutralisieren, das Andere in dem Fremden entweder zu entwerten und auszugrenzen oder das Fremde „einzuverleiben". In einer extremen Form kann dies zu einer völligen Eliminierung des Fremden durch Ethnozid, Genozid oder auch eine strategisch betriebene Kreolisierung führen, wie dies beispielsweise Politik der spanischen Eroberer in den Kolonien Amerikas war (Köpping 1995: 183). Auf der Seite des Zuwanderers entsteht eine Erfahrung der Marginalisierung, der Randständigkeit, wie sie von Georg Simmel in seinem Aufsatz „Der Fremde“ (1908) oder von Robert E. Park mit dem Konzept des „marginal man“ (Park: 1928) beschrieben wurden.

Der Begriff der Assimilation berührt Vorstellungen von Reinheit einerseits, von Auslöschung andererseits. Biologistische Konzepte von Abspaltung und Assimilation sind vor allem in der Ethnologie erforscht worden. So analysierte Mary Douglas in „Purity and Danger“ (1966) die Abspaltung des Unreinen, des „Schmutzigen“ als einen identitätsstiftenden Faktor insbesondere bei der Definition religiöser Zugehörigkeit. Identität erfordert Reinheit; die Unterscheidung zwischen „rein“ und „unrein“ wird zum systemstiftenden Element des Aufbaus von Gesellschaft. Ordnung, Reinheit, Unreinheit, Kontamination werden zu Kategorien, die die Identifikation mit der eigenen Gruppe ermöglichen. In einer zugespitzten Form verbinden Gesellschaften, in denen Kannibalismus praktiziert wurde, mit dem Verzehren des Feindes eine Vorstellung von organischer Assimilation, von Aneignung des Bluts und Fleisches, das dem Gegner gehörte. Unterscheidungen von „sauber“ und „unrein“ bestimmen von jeher die Wahrnehmung von Fremdem und lassen sich nicht auf außereuropäische, „exotische“ Gesellschaften eingrenzen. Beispielsweise beschrieben Elias und Scotson in ihrer Studie „Etablierte und Außenseiter“ (1993) die Abgrenzung zwischen Alteingesessenen und Zugewanderten in einer kleinstädtischen englischen Umgebung mit der Zuweisung von Attributen der „Unsauberkeit“. Das Bild des „schmutzigen Ausländers“ ist eine konstante Stereotype in der Abgrenzung gegenüber als fremd empfundenen Gruppen.

Umgekehrt haben Vorstellungen von Assimilation offensichtlich auch mit der Unfähigkeit zu tun, Differenzen zu ertragen. Es mag an dieser unterschwelligen Verbindung zwischen „Vereinnahmung“ und „Säuberung“ liegen, dass der öffentliche Diskurs über Assimilation teilweise mit heftigen Abwehrreaktionen belegt ist.

Auf Seiten der Zuwandernden ist der Anpassungsprozess in seiner krisenhaften Zuspitzung mit den Stichworten der kulturellen Identitätskrise, des Kulturkonflikts und der „Randständigkeit“ beschrieben worden. Die kulturelle Identitätskrise bezieht sich auf die Schwierigkeit von Migranten im Anpassungsprozess, sich selbst einer Gruppe zuzuschreiben. Identitätsverlust beziehungsweise die Schwierigkeit, eine Identität zwischen Herkunfts- und Zuwanderungskultur herauszubilden, wird gemeinhin mit der zweiten Zuwanderergeneration in Verbindung gebracht. Als Resultat einer gescheiterten Anpassung schließlich ist der Zuwanderer als „marginal man“ beschrieben worden, als eine randständige Figur, die ihrer Herkunftskultur entfremdet ist, aufgrund rassistischer Vorurteile aber auch keinen Zugang zur Zuwanderungskultur findet. Der charakteristische innere Konflikt des „Randseiters“ mit seinen Merkmalen wie Unbehagen, Entfremdung, übersteigertes Selbstwertgefühl und Minderwertigkeitsgefühl wird jedoch nicht durch die Assimilation als solche hervorgerufen, sondern entsteht in Reaktion auf die Ablehnung durch die Aufnahmegesellschaft (Stonequist 1969: 863).

Sozialstrukturelle Angleichung

In der neueren Debatte um Assimilation seit den neunziger Jahren wird versucht, den Begriff für die sozialstrukturelle Analyse von Anpassungsprozessen verwendbar zu machen. Verfechter eines gewandelten Begriffsverständnisses von Assimilation, wie etwa Rogers Brubaker, vertreten den Standpunkt, dass Assimilation ein notwendiges Konzept sei, um sowohl entstehende Ähnlichkeiten wie auch fortdauernde Unterschiede im Zuwanderungsprozess zu untersuchen (Brubaker 2001: 544). In dieser Modifikation erfolgt die Abkehr von einem organisch geprägten Begriffsverständnis der Anverwandlung hin zu einem strukturellen Verständnis von Assimilation als einem allmählichen Prozess des Ähnlichwerdens. Die Betrachtung konzentriert sich nicht auf das individuelle Anpassungsverhalten, sondern auf aggregierte soziale Prozesse. Zugleich verschiebt sich das analytische Interesse von Prozessen der kulturellen Angleichung auf solche der sozioökonomischen und partizipatorischen Angleichung an die Lebensverhältnisse in der Mehrheitsgesellschaft. Die neuen Vertreter der Assimilationstheorie plädieren zudem dafür, Gesellschaften nicht als homogene Einheiten aufzufassen. So beschreibt Brubaker Assimilation als „a shift from one mode of heterogeneity – one distribution of properties – to another mode of heterogeneity“ (Brubaker 2001: 543). Die Vielfältigkeit der kulturellen und sozialen Bezüge innerhalb einer Gesellschaft sollte anerkannt werden. Assimilation sei nicht gegen kulturelle Differenz gerichtet, sondern vielmehr gegen die Ghettoisierung, Segregation und Marginalisierung von gesellschaftlichen Teilgruppen.

Praktisch findet dieses Begriffsverständnis Anwendung in der empirischen Sozialstrukturanalyse. In Deutschland hat die politische Diskussion um Integration und die Festlegung adäquater Integrationsindikatoren zu einer Übernahme dieses Begriffsverständnisses geführt. Unter Assimilation wird die Angleichung von Lebensverhältnissen in den verschiedenen gesellschaftlichen Bereichen – gemessen an Schule, Ausbildung, Erwerbstätigkeit, soziale Teilhabe, Kriminalität u.ä. – verstanden, die durch die Erhebung entsprechender empirischer Daten eine quantifizierende Messbarkeit erhalten sollte (siehe beispielsweise Kalter/Granato 2004).

Begriffssystematisierung: Assimilation – Akkulturation – Akkommodation – Integration

Im weitesten Sinn kann *Assimilation* als Bezeichnung für Prozesse genommen werden, „in deren Verlauf Ähnlichkeiten beziehungsweise Stimmigkeiten durch Angleichung, Umwandlung oder Verschmelzung erzeugt werden“ (Fröhlich 2005: 76). Vom Assimilationsbegriff unterschieden werden muss der Begriff der *Akkulturation*. Dieser bezeichnet in einem allgemeinen Begriffsverständnis Prozesse und Phänomene des Kulturwandels, die durch direkten oder indirekten Kulturkontakt hervorgerufen werden (Rudolph 1971). In einem sozialwissenschaftlichen und sozialpsychologischen Begriffsverständnis bezeichnet Akkulturation die freiwillige oder erzwungene Anpassung an eine fremde Kultur bis hin zur Aufgabe der eigenen Lebensweise. Dabei changieren die Begriffsbedeutungen zwischen einer Beschreibung von Gruppenprozessen und einem Begriff für individuelle Anpassung. In der frühen US-amerikanischen Soziologie beschreibt der Begriff der Akkulturation die Übernahme einer „Anglo-Saxon conformity“ und die Verschmelzung in eine „amerikanische“ Kultur, an deren Endpunkt die Assimilation steht. Das Konzept der Akkulturation wurde in der neueren US-amerikanischen Forschung vor allem von J.W. Berry verwendet, um ein psychologisches Verständnis des Anpassungsprozesses zu ermöglichen (Berry 1980).

Nach Berrys Begriffsverständnis ist Akkulturation eine Durchgangsstation des Individuums im Anpassungsprozess auf eine neue Gesellschaft hin. Akkulturation findet auf der Ebene des Individuums statt und umfasst Parameter wie Sprache, Kognitionsstile, Persönlichkeit, Einstellungen, aber auch Anpassungsstress. Der Akkulturationsprozess kann in unterschiedliche Resultate münden:

- in Assimilation, wenn das Individuum die ursprüngliche kulturelle Identität aufgibt und positive Beziehungen mit der Zuwanderungskultur wünscht;
- in Separation, wenn die Ursprungskultur beibehalten wird und keine positiven Beziehungen zur Zuwanderungskultur gewünscht werden;
- in Integration, wenn das Individuum die Herkunftskultur beibehält und zugleich positive Beziehungen zur Zuwanderungskultur wünscht;
- in Marginalisierung, wenn die Herkunftskultur aufgegeben wird, ohne positive Beziehungen zur Zuwanderungskultur anzustreben (Berry 1980; zitiert nach Marin/Balls Organista/Chun 2003: 210).

Messbar wird der Akkulturationsprozess durch Indikatoren wie Sprachgebrauch (auch innerhalb unterschiedlicher sozialer Kontexte), soziale Beziehungen (zu Personen aus Herkunftskultur oder Zuwanderungskultur), Einhaltung kultureller Gebräuche etc. Aber auch die psychischen Kosten der Anpassung werden diskutiert und sollen messbar werden, so z.B. Ängste, Depressionen, Suchtverhalten, psychische Erkrankungen. Damit wird das ursprüngliche Kulturschock-Paradigma aufgegriffen, wie es im frühen 20. Jahrhundert von Soziologen wie Park und Stonequist entwickelt wurde (Stichwort: „marginal man“; siehe S. 41).

Anknüpfend an dieses Begriffsverständnis von Akkulturation sind insbesondere in den USA zahlreiche Detailstudien zu Einwandererminoritäten und deren Anpassungsprozesse entstanden. Aus erkenntnistheoretischer Sicht bleibt an dem Konzept problematisch, dass es zwar zu vielfältigem Datensammeln und Zahlenkorrelationen führt, dass aber eigentliche begünstigende Faktoren beziehungsweise Stressfaktoren nicht eindeutig identifiziert werden können. Das Konzept bietet zudem keinen erklärenden Zugang zur Frage an, weshalb kulturelle Anpassungsprozesse bei verschiedenen Zuwanderergruppen unterschiedlich ablaufen.

Diskutiert wird in der US-amerikanischen Soziologie auch die partielle Anpassung von Migranten an die Zuwanderungskultur. Vor allem im Zusammenhang mit der Einwanderung asiatischer Migranten ist das Phänomen einer strukturellen Assimilation, ohne dass parallel eine kulturelle Assimilation stattfindet, diskutiert worden (siehe S. 97ff.).

Der Begriff der *Akkommodation* wurde in den Zyklenmodellen der frühen amerikanischen Migrationssoziologie verwendet. Im deutschen Sprachgebrauch findet der Begriff heute noch am ehesten in der Lernpsychologie Verwendung, wo er eine passive Anpassung an vorherrschende Verhaltensweisen, gesellschaftliche Verhältnisse und Umweltbedingungen bezeichnet (Hornig 1971). Im Modell des „race relation cycle“ von Robert E. Park bezeichnet Akkommodation diejenige der zyklischen Phasen, die der Assimilation vorangeht und in der sich die konkurrierenden ethnischen Gruppen zu einem „modus vivendi“ arrangieren, indem sie jeweils für ihre Gruppe berufliche Nischen suchen, sich in gesonderte Gebiete zurückziehen und sich mit ihrem jeweiligen sozialen Status begnügen (Han 2000: 43f.). Der Terminus war lange Zeit in der Religionswissenschaft gebräuchlich und bezeichnete die Anpassung einer durch Mission neu eingeführten Religion an die vorgefundenen gesellschaftlichen Verhältnisse. In den vergangenen Jahrzehnten hat sich hierfür der Terminus Inkulturation stärker durchgesetzt.

Abschließend ist es wichtig, das begriffliche Verhältnis zwischen Assimilation und *Integration* zu klären. Insgesamt stellt sich die Begrifflichkeit im Kontext von Migration und den dadurch ausgelösten Prozessen von Vergesellschaftung höchst unbefriedigend dar. Im öffentlichen, politischen und vielfach auch wissenschaftlichen Diskurs hat sich für die Vergesellschaftung von Migranten – als eine Art terminologisches Neutrum – der Begriff „Integration“ durchgesetzt. „Integration“ eröffnet ein weites Feld begrifflicher Konnotationen, die von Assimilation bis Multikulturalismus alles umfassen können. Auf europäischer Ebene hat sich der Integrationsbegriff weithin durchgesetzt, bezeichnet in den einzelnen Nationalstaaten allerdings ganz unterschiedliche Wahrnehmungen und Politiken, wie mit Einwanderern umzugehen ist. Auch innerhalb der Europäischen Union wird Integration als ein allgemeiner Terminus technicus für Prozesse verwendet, die in der Realität in den einzelnen Nationalstaaten ganz unterschiedlich ausfallen.

In Großbritannien etwa gelangte der Integrationsbegriff in den sechziger Jahren in die politische Debatte, um einen dritten Weg zwischen ethnischem Konflikt und erzwungener Assimilation zu beschreiben (Favell 2001: 117). Eine ähnliche neutralisierende Funktion hat der Begriff auch in Frankreich, wo er seit Ende der achtziger Jahre für eine politische Strategie des Ausgleichs zwischen einem republikanischen Gleichheitsideal und der Tatsache einer zunehmenden ethnischen und kulturellen Diversität verwendet wurde. Ähnliches lässt sich auch für andere europäische Länder feststellen. „Integration“ ist eine Art begriffliches Feigenblatt für einen tief greifenden sozialen Wandel in den europäischen Ländern, der durch Einwanderung verursacht wird und dessen langfristige Folgen in der Tat schwer absehbar sind. Der Begriff übt eine Art Autosuggestion für die betroffenen Gesellschaften und ihre politischen Eliten aus; suggeriert er doch die Einbindung von zuwandernden Bevölkerungsgruppen in etwas Bestehendes, wobei die Dimension des langfristig stattfindenden gesellschaftlichen Wandels durch Einwanderung verwischt wird. Der Begriff suggeriert weiterhin der politischen Klasse eine Steuerbarkeit von Prozessen der Einwanderung und Niederlassung. Integration oder vielmehr Integrationspolitik lässt sich aufschlüsseln in ein weites Spektrum von politischen, rechtlichen und sozialen Maßnahmen, die zu ergreifen sind, um den Niederlassungsprozess staatlicherseits zu steuern. Zu Recht hat Favell im Hinblick auf „Integration“ konstatiert, dass sich unter diesen Begriff Projektionen sowohl von sozialem Wandel als auch einer Kontinuität zwischen der Vergangenheit und einem idealisierten ungefähren sozialen Endpunkt subsumieren lassen (Favell 2001: 118).

Mit Assimilation hat Integration gemeinsam, dass sich beide Begriffe im gängigen Gebrauch auf den Nationalstaat beziehen: Dieser gibt den Rahmen vor, worin sich Integration zu vollziehen hat. Im Unterschied zu „Assimilation“ hat der Integrationsbegriff jedoch eine sozialinterventionistische Komponente. Die „nationale Gesellschaft“ bildet den definitorischen Rahmen, auf den sich empirische Studien über Ungleichheit, städtische Probleme, Entfremdung, soziale Konflikt etc. beziehen können. Die Soziologie versorgt Politiker und Verwaltungsleute damit sowohl mit der empirischen Evidenz als auch dem normativen Impetus, die beide notwendig sind, um politische Interventionen in „soziale“ Probleme zu rechtfertigen (Favell 2001: 120). Hierbei wird tendenziell die Rolle staatlicher Intervention im Integrationsprozess überschätzt gegenüber dem großen Einfluss, den informelle, marktförmige oder auch kulturell zentrierte Prozesse für die Integration spielen.

Neben Integration gibt es eine Fülle anderer Begriffe für soziale Wandlungsprozesse, die durch Einwanderung ausgelöst werden: neben den bereits angeführten Begriffen der Assimilation, Akkulturation und Akkommodation auch Absorption, Inkorporation, Inklusion, Partizipation, Kohäsion, Tolerierung, Anti-Diskriminierung, Empowerment usw. Unerreichbar am Begriff der Integration ist allerdings seine „sozialtechnische" Qualität sowie seine visionäre Implikation eines idealen Endziels für die Gesellschaft *insgesamt* (Favell 2001: 118). Politikern bietet der Begriff die Chance, dass er aufgrund seiner konzeptionellen Offenheit unterschiedliche Einstellungen in der Bevölkerung gegenüber Einwanderung gleichermaßen einfangen kann. Schließlich finden sowohl Befürworter einer multikulturellen, offenen Gesellschaft unter ihm Platz wie auch solche von restaurativen und nationalistischen Bestrebungen. Im Sinne dieser vielseitigen Verwendbarkeit wird auch in dieser Arbeit die Rede von der Integration sein.

Klassische Theorien der Assimilation: Eine Bestandsaufnahme

In diesem Kapitel soll ein Ensemble von Theorien der Assimilation untersucht werden, die zwischen den zwanziger und sechziger Jahren des vergangenen Jahrhunderts entstanden sind und gewissermaßen einen klassischen Kanon im Theoriebestand bilden. Dieses Ensemble zeichnet sich durch eine Reihe von Gemeinsamkeiten, aber auch signifikante Unterschiedlichkeiten aus. Entstanden sind diese Theorien in der soziologischen Auseinandersetzung mit den großen Wanderungsbewegungen dieser Ära, vor allem mit der Masseneinwanderung in die USA (wichtigste Vertreter: Chicago-Schule, Milton M. Gordon), aber auch in andere Einwanderungsländer, wie Israel und Australien (S.N. Eisenstadt; Alan Richardson). Sie zielen auf die Untersuchung von Regelhaftigkeiten im gesellschaftlichen Eingliederungsprozess von Immigranten ab und entwerfen Modelle der sozialen Struktur von Einwanderungsgesellschaften. Als Endziel des Eingliederungsprozesses wird eine durch kulturelle und soziale Verschmelzung von Minderheit und Mehrheit bewerkstelligte Homogenisierung von Gesellschaften angenommen, in denen Konflikte aufgrund ethnischer Differenzen ausgeschlossen sind.

Eine genaue Sichtung dieser Theorien wird ergeben, dass faktisch dennoch signifikante Differenzen zwischen den Konzepten stehen, die insbesondere deren methodische Ansätze betreffen. Es wird im Folgenden aufzuzeigen sein, dass sich unter dem Oberbegriff „Assimilationstheorien" sehr unterschiedliche Konzepte mit je eigenen Stärken und Schwächen verbergen. Disparitäten und Gemeinsamkeiten dieser Konzepte aufzuzeigen ist daher ein wichtiges Leitkriterium in der Darstellung.

Exemplarisch für das klassische Assimilationsparadigma wurden die Theorien Robert E. Parks, Milton M. Gordons und S.N. Eisenstadts ausgewählt. Darüber hinaus beschäftigt sich ein Unterkapitel mit Zyklen- und Generationenmodellen, worin die Theorien von Emory S. Bogardus, Ronald

Taft, Alan Richardson – heute weitgehend vergessene Theoretiker aus Soziologie und Sozialpsychologie – diskutiert werden. Die Darstellung konzentriert sich darauf, erstens die Theorien in ihren wesentlichen Argumentationsgängen zu präsentieren, zweitens Gemeinsamkeiten festzustellen und drittens Differenzen im methodischen Zugang und in der Erklärung des Vergesellschaftungsprozesses aufzuzeigen. Darüber hinaus sollen die Wechselwirkungen zwischen der Theorieproduktion und den jeweiligen zeitgenössischen Hintergründen dargestellt werden.

Robert E. Park und die Chicago-Schule

Als Pioniere eines theoretischen Assimilationskonzepts gelten die Soziologen der Chicago-Schule, und hier vor allem Robert E. Park. Park, ein ursprünglich aus dem Journalismus stammender Soziologe, der insbesondere als Beobachter der räumlichen und sozialen Entwicklungen in den nordamerikanischen Einwanderungsstädten Renommee gewann, entwickelte in den Jahren nach dem ersten Weltkrieg eine Systematik der beobachteten Anpassungsprozesse von Einwanderern. Mit dem Modell des „race relation cycle" entwickelte er eine Vorstellung von Assimilation als einem progressiven und irreversiblen Prozess, der über mehrere Stufen der Eingliederung hin zur vollständigen Angleichung an die Kultur der Aufnahmegesellschaft verläuft. Aufbauend auf empirischer Beobachtung formulierte Park ein Modell von Assimilation, das zugleich auch als Hintergrund für alle späteren Konzepte von Assimilation fungiert.

Zwei Charakteristika sind im Zusammenhang mit Parks „race relation cycle" hervorzuheben. Erstens: Für Park ist Assimilation kein normatives Konzept, sondern sie gehört zum Grundrepertoire menschlichen Sozialverhaltens. Zweitens: Die Perspektive von Assimilation ist nicht die Kultur des Nationalstaats, sondern der großstädtische „Lebensraum", in den hinein Assimilation erfolgt.

Kennzeichnend für die *Chicago School of Sociology*, die ihren Einfluss auf die Soziologie zwischen 1910 und 1930 unter der Leitung von William I. Thomas und Robert E. Park entwickelte, war eine evolutionistische Orientierung, die ihren Niederschlag in einem sozialökologischen Ansatz fand. Park und seine Kollegen wurden von der Vorstellung geleitet, dass Großstadt nicht nur ein Phänomen der räumlichen Verdichtung, sondern „eine Art sozialer Organismus" (Lindner 1990: 76) sei. Park, der vor seiner Tätigkeit als Soziologe lange Jahre als Lokalreporter in verschiedenen amerikanischen Großstädten (Minneapolis, Detroit, Denver, New York, Chicago) gearbeitet hatte, verband mit dem Bild einer „living city" die Vorstellung eines natürlichen Organismus, der hinter den artifiziellen Hervorbringungen des städtischen Lebens – Einrichtungen, Gebäuden, Verkehrsmitteln etc. – wirkt: „The city is, finally, the natural habit of the civilized man" (Park 1967: 2). In seiner Wertschätzung des städtischen Lebens rekurrierte er auf die Spenglersche Zivilisationstheorie, wonach alle Hochkulturen der Weltgeschichte aus Städten hervorgegangen sind: Weltgeschichte ist die Geschichte des Stadtmenschen.

Ein wichtiges methodisches Kennzeichen der Chicago-Schule wurde das „mapping", die kartographische Darstellung von sozialräumlichen Entwicklungsprozessen. Für Park war die stadtsoziologische Untersuchung eine Art „Buchhaltung des sozialen Lebens" (Lindner 1990: 81f.), die mit normativen Postulaten nichts zu tun hatte. In Parks Worten: „A moral man cannot be a sociologist" (zitiert nach Lindner 1990: 134). Im Mittelpunkt seiner Forschungen standen die Erkundung und Erhebung, und weniger die theoretische Verarbeitung des Erkundeten. Es erscheint mir wichtig, sich diese methodischen Voraussetzungen zu vergegenwärtigen, da Parks Schriften über die Jahrzehnte hinweg zu einem Bezugspunkt verschiedenster Assimilationskonzepte geworden sind und dabei bisweilen in normativer Weise rezipiert wurden.

Zu Beginn des 20. Jahrhunderts war Chicago eine von rasanter Masseneinwanderung gekennzeichnete Stadt. Die seit dem Ende des 19. Jahrhunderts entstehende amerikanische Soziologie fand in den durch Einwanderung rasch expandierenden Großstädten ein fruchtbares Betätigungsfeld; die Migrationssoziologie bildete daher von ihren Anfängen an einen der Schwerpunkte amerikanischer Soziologie (Treibel 1999: 84). In Chicago untersuchten die Soziologen, die sich um Park, Williams sowie Ernest W. Burgess gesammelt hatten, die räumlichen Ansiedlungsstrukturen, die sich in mehreren Zuwanderungswellen herausgebildet hatten. Sie begründeten damit eine spezifische Tradition der US-amerikanischen Migrationssoziologie, in der, anders als in der europäischen Tradition, Aspekte der räumlichen Segregation, der Ghettoisierung und der Nachbarschaftsbildung einen kontinuierlichen Forschungsschwerpunkt bildeten. Auf der Grundlage der Untersuchung räumlicher Ansiedlungsprozesse entwickelten Park und Burgess ein Modell der Stadtökologie, wonach die Ausdehnung von Städten im Zuge der Einwanderung in einer strukturierten Weise erfolgt, ähnlich wie sich in der Natur Lebensgemeinschaften von Pflanzen und Tieren bilden, welche sich in ökologischen Nischen ansiedeln. „Aufgrund ökonomischer und beruflicher, ethnischer und kultureller Interessen verteilen sich die Populationen (wie die Arten) auf quasi-natürliche Weise auf bestimmte Stadtviertel und Wohngebiete, dorthin, wo sie ‚hingehören'" (Lindner 1990: 100). Im idealtypischen Diagramm der Großstadt, wie es Ernest W. Burgess skizziert hat, ist die „Übergangszone", die „zone in transition", derjenige räumliche Bereich, der zwischen den innerstädtischen Proletarierquartieren und dem Siedlungsring der etablierten Facharbeiter angesiedelt ist und in dem sich die Neuankömmlinge unter den Migranten niederlassen. In diesem räumlichen Segment erfolgt die Anpassung der Zuwanderergruppen an die großstädtische Lebensweise, „die Herausbildung neuer, großstadtspezifischer Berufs- und Persönlichkeitstypen, Mentalitäten und Verhaltensweisen" (Lindner 1990: 108).

Der human- oder sozialökologische Ansatz der Chicago-Schule verdient hier einige Beachtung, insofern er Schlüsse über das Handeln der am Assimilationsprozess beteiligten Akteure zulässt. Leicht könnte er zu einer biologistischen Analogiebildung verleiten. In einem in dem Sammelband „The City" publizierten Aufsatz liefert R.D. McKenzie eine methodische Begründung des humanökologischen Ansatzes. Dabei stellt er klar, dass der Mensch – im Gegensatz zu Pflanzen oder Tieren – durchaus die Fähigkeit besitze, seine Umgebung den eigenen Bedürfnissen anzupassen. Der Mensch vermag sich erstens seine Umwelt selbst auszuwählen und zweitens die Gegebenheiten dieser Umwelt zu modifizieren. Dennoch ist der handlungstheoretische Impuls in diesem Konzept eher diffus. So schreibt McKenzie: „[...] closer examination and investigation make it obvious that human communities are not so much the products of artefact or design as many hero-worshippers suppose" (McKenzie 1967: 65). Auch in Parks Schriften taucht ein aus der Pflanzen- und Tierökologie übernommener Begriffsapparat auf: Es ist die Rede von „Dominanz", von „Invasion", von „Sukzession". Dennoch geht es in der Park'schen Theorie nicht um ein darwinistisches Ausleseprinzip des „survival of the fittest". Vielmehr ging es Park, in der Tradition des amerikanischen Pragmatismus stehend, darum, die Prozesse des Austauschs zwischen Neuzuwanderern und der ansässigen Gesellschaft in einem Zyklenmodell zu analysieren (siehe S. 54).

Hingewiesen sei hier auf den interaktionistischen Ansatz der Chicago-Schule. Die Soziologie der Chicago-Schule verfolgte kein handlungstheoretisches Konzept im Sinne eines „rational choice", sondern interpretierte im Sinne des amerikanischen Pragmatismus Denken und Handeln als unmittelbar aufeinander bezogen (Joas/Knöbl 2004: 188). In einer pragmatischen Verständnistradition stehend, wurden die handelnde Person und ihre Umwelt nicht als gegenübergestellt begriffen, sondern Situationen interpersonalen Handelns hervorgehoben. Handelnde Person und Umwelt stehen in einem intersubjektiven Verhältnis zueinander; der einzelne Akteur ist Handelnder inmitten anderer Handelnder. Dieses Verständnis von Intersubjektivität gilt es hervorzuheben, da sich hieraus ein anderes Verständnis von Assimilation ergibt als in einem strikt handlungstheoretischen Ansatz. Assimilation im Verständnis der Chicago-Schule ist die gewissermaßen „natürlich" erfolgende Anpassung an eine sich stetig wandelnde und durch begrenzte Ressourcen gekennzeichnete städtische Umwelt (Lindner 1990: 78). Festzuhalten ist, dass diese Auffassung wenig mit den späteren Nutzen-Optimierungs-Modellen zu tun hat, welche jüngere und ideologisch umstrittene Auffassungen von Assimilation – etwa vertreten durch Hartmut Esser – prägen.

Elemente des Park'schen Assimilationsbegriffs

Park hat sich mit dem Assimilationsbegriff vor allem im Rahmen von Beiträgen zu soziologischen Enzyklopädien und Einführungswerken auseinandergesetzt; die große wissenschaftliche Monographie fehlt. Die verschiedenen Begriffsbestimmungen, die er unternommen hat, zeichnen sich durch die Bemühung um eine konzise, allgemeingültige, das heißt über den amerikanischen Erfahrungshorizont hinausgehende Definition aus. Da Park diese Begriffsbestimmungen niemals selbst anhand empirischer Fallstudien verifiziert hat, bleibt das Verständnis von Assimilation bezogen auf konkrete Immigrantengruppen bisweilen unvollständig. Hervorzuheben an Park ist, dass er einen genuin sozialwissenschaftlichen Begriff von Assimilation kreierte und mit der bis dato stillschweigend angenommenen Gleichsetzung von Assimilation und Akkulturation brach. Gleichwohl bewegte sich sein Wahrnehmungshorizont innerhalb der seinerzeit gebräuchlichen Vorstellung des „melting pot“, mit dem die Verschmelzung aller Zuwanderergruppen in den neu entstehenden Typus des Amerikaners gemeint war. Die klassische Definition von Park und Burgess in der lege[illegible]ence of Sociology“ lautet folgendermaßen:

> „Assimilation is a process of interpenetration and fusion in which persons and groups acquire the memories, sentiments, and attitudes of other persons or groups, and, by sharing their experience and history, are incorporated with them in a common cultural life“ (Park/Burgess 1969: 735).

Assimilation bedeutet auch bei Park und Burgess die Herausbildung einer gemeinsamen Kultur. Kulturelle Verschmelzung setzt die soziale Interaktion voraus: „As social contact initiates interaction, assimilation is its final perfect product. The nature of the social contacts is decisive in the process“ (Park/Burgess 1969: 736f.).

In einer späteren Definition macht Park deutlich, dass Assimilation ein Mindestmaß an Akkulturation voraussetzt. Die Übernahme von Kultur bedeutet für sich jedoch noch keine Assimilation. Vielmehr rückt hier die Aufnahmegesellschaft ins Bild. Assimilation kann nur gelingen, wenn sich Immigranten in einem von Diskriminierung und Rassismus freien Umfeld bewegen:

> „In the United States an immigrant is ordinarily considered assimilated as soon as he has acquired the language and the social ritual of the native community and can participate, without encountering prejudice, in the common life, economic and political. The common sense view of the matter is that an immigrant is assimilated as soon as he has shown that he can ‚get on in the country‘. This implies among other things that in all the ordinary affairs of life he is able to find a place in the community on

the basis of his individual merits without invidious or qualifying reference to his racial origin or to his cultural inheritance" (Park 1967 [1930]: 281).

Indem Park und Burgess die sozialen Beziehungen zwischen Einwanderungsminoritäten und der Mehrheitsgesellschaft in den Blick nehmen, weitet sich Assimilation jedoch über ein kulturalistisches Verständnis hinaus.

Park und Burgess grenzen Assimilation von verwandten Begriffen im Kontext von Zuwanderung und Integration ab. So unterscheiden Park und Burgess zwischen „assimilation" und „accommodation". Akkommodation beschreibt den Prozess der Anpassung, eines Ausgleichs in den sozialen Beziehungen, um Konflikte zu reduzieren, Wettbewerb zu kontrollieren und eine gemeinsame Basis geordneter Beziehungen zwischen Personen oder Gruppen mit unterschiedlichen Interessen und Aktivitäten zu gewährleisten (Park/Burgess 1969: 735). Park und Burgess unterscheiden Akkommodation und Assimilation weiterhin nach der Zeitdauer, in welcher diese hergestellt werden können. So kann sich Akkommodation, etwa durch Beilegung eines Konflikts oder Regelung einer Situation, sehr schnell einstellen. Assimilation hingegen ist ein Prozess, der typischerweise unbewusst und weitgehend ungesteuert erfolgt (Park/Burgess 1969: 736). Im Zyklenmodell des „race relation cycle" bildet die Akkommodation eine Übergangsstufe hin zur Assimilation (siehe unten).

Eine weitere begriffliche Abgrenzung des Assimilationsbegriffs nehmen Park und Burgess im Hinblick auf die biologischen Aspekte von Assimilation vor. „Assimilation" ist von „amalgamation" zu unterscheiden. Letzteres bezeichnet die biologische Verschmelzung von Bevölkerungsgruppen durch interethnische Heirat. Der biologische Aspekt ist für Park und Burgess keine notwendige Bedingung von Assimilation; vielmehr zeige die Realität in Amerika, dass Barrieren der interethnischen Heirat faktisch weiterexistieren (Park/Burgess 1969: 714).

Konstituierende Elemente von Assimilation sind vielmehr der Konflikt zwischen verschiedenen Herkunftskulturen und die schließlich erfolgende Fusion von Kulturen (Akkulturation) (Park/Burgess 1969: 738). Die Häufigkeit und Intensität des sozialen Kontakts ist dabei der bestimmende Faktor dafür, wie schnell und wie umfassend Assimilation stattfindet. Einwanderer müssen über die Möglichkeit der Partizipation an der Aufnahmegesellschaft verfügen, wobei Sprachkenntnisse einen Schlüsselfaktor bilden (Park/Burgess 1969: 39). Park und Burgess formulieren darüber hinaus aber eine klare Absage an alle Formen erzwungener Assimilation und nehmen damit indirekt Stellung gegen die Amerikanisierungsbewegung seit etwa 1915, die mit einer repressiven Kulturpolitik Einwanderer zur kulturellen Anpassung an die Zuwanderungsgesellschaft bewegen wollte: „Not by the suppression of old memories, but by their incorporation in his new life is assimilation achieved. The failure of conscious, coercive policies of denationalization in Europe and the great success of the early, passive phase of Americanization in this country afford in this connection an impressive contrast“ (Park/Burgess 1969: 739f.).

Um den Begriff schärfer zu fassen, ist es notwendig, Assimilation als Prozess und Assimilation als Resultat einer Anpassung voneinander zu unterscheiden. Für Park und Burgess ist das Ergebnis von Assimilation nicht eindeutig zu fassen; sie bezeichnen in einem weiten Begriffsverständnis Assimilation als das Endresultat von sozialer Interaktion (Park/Burgess 1969: 736). In ihrem Verständnis ist Assimilation auch ohne die Verschmelzung von Rassen möglich; erfahrungsgemäß bleiben phänotypische Unterscheidungen der Zuwandererethnien in Einwanderungsgesellschaften weiterhin bestehen. Entscheidend ist vielmehr die Übereinstimmung in Lebensgewohnheiten und -idealen (Park/Burgess 1969: 741). Diese ist jedoch nicht mit einer mentalen Gleichschaltung („like-mindedness“) zu verwechseln, welche sich in größeren, „kosmopolitanen“ Gruppen, anders als in Primärgruppen wie der Familie oder der dörflichen Gemeinschaft, ohnehin nicht herstellen lasse (Park/ Burgess 1969: 758). Ähnlich wie zeitgenössische Theoretiker der Leitkultur blieb auch Park eher unschlüssig, wie viel kulturelle Übereinstimmung der Mitglieder in einer Gesellschaft notwendig sei. Ein notwendiges Maß an Assimilation sei es, so schreibt Park an einer Stelle, „[to] achieve a cultural solidarity sufficient at least to sustain a national existence“ (Park 1967: 281).

Hinsichtlich der Rolle von Nationalstaat und Nationalgefühl im Assimilationsprozess bleiben Park und Burgess eher vage. Einer Politik der forcierten Amerikanisierung stehen sie ablehnend gegenüber. In der „Introduction“ heißt es an einer Stelle lapidar, dass Nationalität das Endresultat von Assimilation sei (Park/Burgess 1969: 741). Patriotismus, Loyalität und ein Gemeinschaftssinn lassen sich nicht über bloße kognitive Einstellung herstellen, sondern entspringen einem gemeinsamen Lebenszusammenhang: „Men must live and work and fight together in order to create that community of interest and sentiment which will enable them to meet the crises of their common life with a common will“ (Park/Burgess 1969: 763). Ein Gefühl der Zusammengehörigkeit stellt sich also durch einen miteinander geteilten Alltag her wie auch durch die gemeinsame Abwehr von Gefahren. Auch dieser Satz lässt sich als Ablehnung einer forcierten Politik der „Denationalisierung“ und Amerikanisierung lesen. Festzuhalten für dieses Verständnis von Assimilation ist, dass es keine kulturelle Norm der Anpassung gibt. Im Vordergrund des analytischen Interesses steht die Anpassung an großstädtische Lebensstile in einer Einwanderungsgesellschaft. „Nation“ ist dabei nicht die zentrale Bezugskategorie.

Das Modell des „race relation cycle"

Den prozesshaften Charakter von Assimilation versuchen Park und Burgess anhand ihres Modells des „race relation cycle" schärfer begrifflich zu erfassen. Schematisch betrachtet wird Assimilation über einen fünfstufigen Prozess von Kontakt, Wettbewerb, Konflikt, Akkommodation und, als Endresultat, Assimilation hergestellt.

Die erste Phase der Kontaktaufnahme bezieht sich auf das erste Zusammentreffen zweier oder mehrerer Kulturen, das aufgrund von Migration erfolgt und durch die Absicht der dauerhaften Niederlassung gekennzeichnet ist. In einer zweiten Phase bilden sich Konkurrenzbeziehungen bezüglich der verfügbaren Ressourcen zwischen diesen Kulturen aus. Einwanderer und bereits Ansässige beziehungsweise mehrere Einwanderergruppen konkurrieren um Arbeitsplätze, Wohnraum und soziale Ressourcen. Dies kann in einer dritten Phase zu Konflikten zwischen den Gruppen führen, die sich offen oder latent in Diskriminierung äußern können. In der vierten Phase der Akkommodation erfolgt die Beilegung dieses Konfliktzustandes in ergebnisoffener Weise. Akkommodation mündet in eine gefestigte gesellschaftliche Struktur, die jedoch durchaus von ungleichen Beziehungen geprägt sein kann. Es erfolgt eine Festlegung des Beziehungsmusters zwischen den Gruppen in Form eines „modus vivendi", der sich auch in der Besetzung gesellschaftlicher Nischen durch eine Gruppe oder einen dauerhaft ungleichen Status äußern kann. Erfolgreich abgeschlossen wird der Prozess erst durch das Stadium der Assimilation, das die „Vermischung" mit der Mehrheitsgesellschaft und Auflösung der ethnischen Identifikation bezeichnet (vgl. Park 1950: 150; Price 1969: 213f.; Treibel 1999: 91; Han 2000: 41f.).

Das Park'sche Assimilationsmodell im zeitgenössischen Kontext

Aus kritischer Sicht lässt sich mancherlei gegen das Park'sche Zyklenmodell einwenden. Es impliziert einen linearen und progressiven Verlauf des Eingliederungsprozesses. In der Realität aber verfestigen sich vielfach soziale und kulturelle Unterschiede zwischen Gruppen und werden im Sinne von Herrschaftssicherung instrumentalisiert. Auch die These der Auflösung ethnischer Unterschiede im Stadium der Assimilation ist angesichts der Realität des kulturellen Pluralismus in den meisten Staaten der Welt nicht haltbar. Eingliederungsprozesse können diskontinuierlich verlaufen; sie können auch, wie das Beispiel der Ausgrenzung und Verfolgung der Juden unter der nationalsozialistischen Herrschaft zeigt, plötzliche politische Rupturen erfahren. Assimilation kann nur partiell stattfinden und sich auf bestimmte gesellschaftliche Bereiche beziehen, andere hingegen unberührt lassen, etwa wenn eine

Eingliederung in das ökonomische System der Aufnahmegesellschaft stattfindet, kulturelle Eigenheiten aber langfristig beibehalten werden. Gegen den modellhaften Charakter der Park'schen Theorie ist von Kritikern weiterhin eingewandt worden, dass sie einen mechanistischen Prozess beschreibe und damit ahistorische Vereinfachungen vornehme. Der Vorwurf des Ahistorismus bezieht sich auf die fehlende Unterscheidung zwischen den verschiedenen Einwanderergruppen in Amerika (Europäer, Asiaten, Mexikaner). Durch den einseitigen Bezug auf Amerika als Aufnahmegesellschaft werden zudem die jeweiligen historischen Bedingungen unterschiedlicher Aufnahmegesellschaften in Bezug auf die Eingliederung von Einwanderern nicht geklärt.

Tatsächlich aber muss das Park'sche Zyklenmodell im Kontext seiner zeitlichen Entstehung betrachtet werden. Es war der Versuch, eine propagandistisch aufgeladene gesellschaftliche Diskussion um Eingliederung auf die Ebene der nüchternen Beobachtung von tatsächlich stattfinden Prozessen zu führen. Dabei war das amerikanische Assimilationskonzept, das sich in der Phase der europäischen Masseneinwanderung bis zu den 1920er Jahren herausbildete, eindeutig eurozentriert. Es nahm die Millionen europäischer Einwanderer in den Blick, die auf der Suche nach einer neuen Lebensperspektive aus dem Alten Kontinent auswanderten. Assimilation bedeutete Amerikanisierung. Amerikanisierung, oder „Americanness", wurde dabei, wie Glazer (1998: 17) ausführt, nicht in ethnischen Kategorien der Selbstvergewisserung begriffen, sondern weitaus stärker im Sinne eines politischen Konzepts.[1] Bis dahin aber muss „Amerikanisierung" als ein republikanisches Prinzip begriffen werden: nicht sich „amerikanisch fühlen", sondern die politischen Prinzipien der Gründerväter zu teilen. Zugleich bedeutete Amerikanisierung als ein auf europäische Einwanderer bezogenes Konzept, dass bis in das 20. Jahrhundert hinein ganz selbstverständlich davon ausgegangen wurde, dass eine Assimilation im Sinne einer Verschmelzung der verschiedenen Einwandererkulturen stattfinden würde. Einen ersten Rückschlag erhielt diese voraussetzungslos angenommene Auffassung, als verstärkt Einwanderer aus Ost- und Südeuropa in die Vereinigten Staaten immigrierten, die als kulturell und phänotypisch „anders" betrachtet wurden (Glazer 1998: 19).

Hingegen hatte sich zu Beginn des 20. Jahrhunderts in den Vereinigten Staaten eine Amerikanisierungsbewegung formiert, die sich rasch institutionell etablierte. Die Akteure dieser Bewegung waren in erster Linie sozialreformerisch orientiert; es handelte sich vielfach um Sozialarbeiter, aber auch

1 Erst seit den fünfziger Jahren werden Migration und Integration mit Konzepten von personaler Identität und Identitätskrise in Zusammenhang gebracht. Eine wichtige Rolle spielte dabei der Psychoanalytiker Erik H. Erikson, der sich mit der Frage von Identitätsbildung in einer Gesellschaft von Einwanderern auseinandersetzte (Glazer 1998: 17).

Geschäftsleute, welche lokale Komitees organisierten, Vorträge hielten, Stellungnahmen und Programme verfassten und keineswegs fremdenfeindlich waren. Vielmehr waren die politischen Ziele dieser Bewegung zunächst durchaus fortschrittlich orientiert: Neuzuwanderer sollten zu politischem Engagement motiviert werden; sie sollten die Möglichkeit erhalten, englische Sprachkenntnisse zu erwerben (mit dem Argument, aus ihnen bessere und sicherheitsbewusste Arbeiter zu machen); Einwanderer-Ghettos in den Städten sollten aufgebrochen werden; und es sollten „amerikanische“ Gebräuche vermittelt werden, was insbesondere die Vermittlung bestimmter hygienischer und sanitärer Standards bedeutete (Glazer 1998: 20). Mit dem Ausbruch des ersten Weltkrieges kam eine dezidiert patriotische Komponente hinzu: Die Einschwörung auf einen emphatischen Amerikanismus sollte mangelndem Patriotismus entgegenwirken. Zu diesem Zeitpunkt verlor die Amerikanisierungsbewegung ihren inklusionistischen Charakter. Ursprünglich als eine Art Willkommens-Angebot für Neuzuwanderer verstanden, wurde die Amerikanisierungsbewegung nun schärfer in ihren Forderungen an Neuzuwanderer. An die Stelle des Angebots, Englisch zu erlernen, trat an den Schulen der alternativlose Unterricht in englischer Sprache; das Angebot an Neuzuwanderer, die amerikanische Staatsbürgerschaft zu erwerben, wandelte sich um in eine weit verbreitete Furcht vor möglicherweise subversiven Fremden und Eingebürgerten (Glazer 1998: 25). Unter liberal Gesinnten wurde der Begriff „Amerikanisierung“ zur Schreckensvokabel. Amerikanisierung bedeutete seit dieser Zeit forcierte Einsprachigkeit und Einbürgerungsdruck, die Unterdrückung kultureller Aktivitäten von Einwanderern und die Ausgrenzung von Einwanderergruppen, die im öffentlichen Diskurs der Zeit als unfähig zur Anpassung und minderwertig galten (ebd.). Um etwa 1921 kam die Bewegung zum Erliegen. Zu diesem Zeitpunkt war das Ideal der Amerikanisierung durch inflationären propagandistischen Gebrauch unattraktiv geworden. Organisationen, die sich um die Belange der Einwanderer kümmerten, gingen nun dazu über, ihre Aktivitäten nicht länger mit der diskreditierten Bezeichnung „Americanization“ zu versehen (Herrmann 1996: 17).

Die anhaltende gesellschaftliche Ausgrenzung der „Black Americans“ war für die Amerikanisierungsbewegung kein Thema. Die Forderung nach „amalgamation“, nach einer Verschmelzung der Bevölkerungsgruppen durch Konnubium, bezog die ansässige Bevölkerung schwarzafrikanischer Herkunft nicht mit ein. Ähnliches galt auch für mexikanische und asiatische Einwanderer. Auch die Gegenforderung nach einem stärkeren kulturellen Pluralismus, die in den zwanziger Jahren formuliert wurde, ging auf die Frage der „Black Americans“ in keiner Weise ein.

Hatte die amerikanische Gesellschaft auf die Herausforderung des ersten Weltkriegs mit einem verstärkten Assimilationsdruck reagiert, so löste der Hitler'sche Rassismus und Antisemitismus während des zweiten Weltkriegs eher eine Tendenz der zunehmenden innergesellschaftlichen Toleranz aus. Hitlers aggressiver Rassismus forderte eine antirassistische Reaktion heraus, was bedeutete, dass auch die Schwarzen innerhalb der amerikanischen Gesellschaft einbezogen und für den Anti-Hitler-Kampf mobilisiert werden mussten (Glazer 1998: 28). Seit Ende der dreißiger Jahre wurde in den USA eine stärkere Toleranz für ethnische und kulturelle Diversität spürbar. An den Schulen wurde ein Unterrichtsfach „Interkulturelle Erziehung" eingeführt, in dem es jedoch vorrangig um die Vermittlung des Toleranzgedankens ging, weniger um tatsächlich gelebte kulturelle Vielfalt und Identität. Assimilation jedoch blieb als gesellschaftliches Ideal unangefochten; sie galt nun aber nicht mehr als alleiniges Resultat einer Anpassungsleistung, die von Einwanderern zu erbringen war, sondern auch als Folge einer gesellschaftlichen Zurückdrängung von Vorurteilen und Diskriminierung.

Gegen den Amerikanisierungsdruck zur Zeit des ersten Weltkriegs zeichneten die Studien, die im Umkreis der Chicago-Schule entstanden, ein empathisches Bild des Einwanderers. In Abgrenzung von den Befürwortern aggressiver Strategien einer forcierten Amerikanisierung entwickelten Park und seine Kollegen eine evolutionistische Theorie von Assimilation als ein natürlicher, spontan erfolgender Prozess, vorausgesetzt man ermöglichte es den jeweiligen ethnischen Communities, diesen Vorgang zu begleiten. Die Vertreter der Chicago-Schule waren davon überzeugt, dass ethnische Bindungen im Verlauf der Zeit unweigerlich ihre Bedeutung verlieren würden, da sie von der überragenden Prägungskraft der Kultur in der Aufnahmegesellschaft überzeugt waren (Kivisto 1990: 461). Allerdings herrschte hinsichtlich der zeitlichen Dauer dieses Anpassungsprozesses keine genaue Vorstellung. Die Chicago-Soziologen nahmen implizit an, dass Unterschiede in Weltbildern, in kulturellen Mustern und der sozialen Platzierung keinen determinierenden Einfluss auf den Prozess der Assimilation ausübten. Der Faktor Ethnizität wurde folglich in ihren Studien ausgeblendet, und es wurde in der Forschung kein Zugang zu den Lebenswelten von Einwanderern gesucht. Für Kivisto (1990) zeigen sich hier die Unzulänglichkeiten eines Ansatzes, der auf den Wandel als zentrale Kategorie sozialer Prozesse setzt: „Process theory constitutes a version of cultural determinism and, in so doing, fails to treat the immigrants as involved in making choices and acting upon those choices, albeit in circumstances that they are often not capable of fully controlling" (Kivisto 1990: 463). Dennoch dominierten die Migrationsforscher der Chicago-Schule und ihr Erbe für mehrere Jahrzehnte den wissenschaftlichen Diskurs um die Eingliederung von Einwanderern in den USA. Die Gegenposition zur evolutionistischen Theorie der Assimilationisten vertrat im frühen 20. Jahrhundert Horace Kallen mit seiner Theorie des kulturellen Pluralismus, die jedoch zu jener Zeit kaum akademischen Einfluss erlangte (Kallen 1924; siehe auch S. 62).

Vor diesem zeitgenössischen Hintergrund erscheint Parks Theorie als das Unterfangen, die Vergesellschaftung von Zuwanderern auf der Grundlage empirischer Beobachtung und einer Systematisierung ihrer Resultate soziologisch zu erklären. Es entsteht der Idealtypus eines Vergesellschaftungsmodells, das in seiner Reichweite jedoch begrenzt ist auf die historische Masseneinwanderung vor allem westeuropäischen Ursprungs. Der wissenschaftliche Erkenntnisgewinn der Theorie liegt in einer Systematisierung des begrifflichen Vokabulars und dem Versuch einer generellen Periodisierung von Prozessen der Vergesellschaftung. Unterschiede im Machtgefälle zwischen den gesellschaftlichen Gruppen werden jedoch ausgeblendet. Dies gilt für den Fall, dass die einwandernde Gruppe die dominierende Gruppe ist, wodurch sich etwa die anhaltende Benachteiligung der Indianer innerhalb der amerikanischen Gesellschaft erklären ließe. Auch das durch die Sklaverei geprägte Verhältnis zwischen (unfreiwilligen) afrikanischen Einwanderern und weißer Mehrheitsbevölkerung lässt Park außer Acht. Sein Modell bezieht sich auf die freiwillige Einwanderung des 19. und frühen 20. Jahrhunderts. Es handelt sich um ein genuines Zyklenmodell, das den Phasencharakter von Assimilation betont. Spätere Modelle hingegen weisen stärker auf Assimilation als einen variablen Prozess hin, der durch verschiedene Subprozesse oder Sphären der Eingliederung charakterisiert ist, die einander bedingen und verstärken, ohne in ihrer Reihenfolge festgelegt zu sein.

Milton M. Gordon

Mit seinem 1964 erschienenen Buch „Assimilation in American Life" avancierte Milton M. Gordon zum vermutlich bekanntesten Theoretiker von Assimilation im 20. Jahrhundert. Sein Beitrag bildete gewissermaßen den Scheitelpunkt des Assimilationsparadigmas in den Vereinigten Staaten, das sich seit den späten sechziger Jahren kaum mehr gegen die zunehmende theoretische Hegemonie des ethnischen Pluralismus behaupten konnte. Gordon entwickelte seine Theorie anhand der Situation in den USA, beanspruchte damit aber Geltung für alle Staaten, die sich in einem Prozess der Urbanisierung und Industrialisierung befinden und in denen eine in ethnischer, religiöser und kultureller Hinsicht heterogene Bevölkerung lebt (Gordon 1964: 3f.).

Gordon setzt den Assimilationsprozess dezidiert in einen gesamtgesellschaftlichen Kontext. Es geht ihm keineswegs um eine Soziologie des kulturellen Verhaltens von Individuen, sondern um eine Analyse der sozialen Struktur „großer Gruppen" (Gordon 1964: 8) oder, wie es an einer späteren Stelle heißt, um eine „Theorie des Gruppenlebens" (ebd.: 18). Er ist davon überzeugt, dass das liberale Selbstverständnis des „weißen Amerikaners" den Blick auf tief verwurzelte Strukturen der Ausgrenzung und Diskriminierung verdeckt.

Die Zugehörigkeit zu einer ethnischen, religiösen oder nationalen Herkunftsgruppe wird bestimmt durch die Frage „Wer bin ich?" und ist gewissermaßen eine Frage der Selbstdefinition. Gordon folgt dabei implizit einer essenzialistischen Auffassung von ethnischer Gruppenbildung. Ethnizität ist als ein kollektives Merkmal vorgegeben, und es liegt in der Hand des Individuums, ob es sich selbst als dieser oder jener Gruppe zugehörig definiert (Gordon 1964: 19ff.). Gordon interessiert sich, ähnlich wie Park, nicht für soziale Prozesse innerhalb der Gruppen selbst und richtet folglich in seiner Untersuchung auch kein Augenmerk darauf, wie Ethnizität einer andauernden Redefinition in der Diaspora unterliegt.

Die Position des Individuums innerhalb der Gesellschaft wird bestimmt durch ein variables Bezugssystem, dessen wichtigste Koordinaten die ethnische, religiöse oder nationale Herkunftsgruppe, die Platzierung innerhalb eines größeren sozialen Systems (Beruf, Bildung, Familienzugehörigkeit, sozialer Status, Zugriff auf politische Macht) sowie die Subgruppe derjenigen Personen und Institutionen sind, mit denen das Individuum einen direkten Kontakt pflegt. Die Schnittstelle aller dieser Bezüge bezeichnet Gordon mit dem Begriff der „ethclass". Gordon erfindet diesen Begriff, um Überschneidungen in der horizontalen ethnischen Stratifikation mit der vertikalen sozialen Stratifikation zu bezeichnen (Gordon 1964: 51). Das Individuum ist also positioniert innerhalb eines sozialen Bezugsfeldes, das durch Faktoren der ethnischen Zugehörigkeit wie des sozialen Status bestimmt wird. Hierin unterscheidet er sich von Park, für den die soziale Platzierung innerhalb der städtischen Arbeiterschaft noch eine implizite Voraussetzung im Vergesellschaftungsprozess von Zuwanderern gewesen ist.

Gordon geht es darum, die Wahrnehmung dafür zu schärfen, dass Assimilation ein sozialer Prozess ist und daher deutlich von Akkulturation, also der kulturellen Anpassung des Individuums, zu unterscheiden ist. Entsprechend dringt er darauf, im Assimilationsprozess zwischen den Ebenen des kulturellen Verhaltens und der sozialstrukturellen Ebene zu unterscheiden. Er selbst differenziert zwischen Verhaltensassimilation („behavioural assimilation"), die sich auf das Individuum als Akteur bezieht, und struktureller Assimilation („structural assimilation"), die die gesellschaftlichen Voraussetzungen, in welche hinein Assimilation sich vollzieht, in den Blick nimmt (Gordon 1964: 67).

In seiner Analyse des Assimilationsprozesses isoliert Gordon sieben Variablen, die konstitutiv für Assimilation sind:

Tab. 1: Variablen der Assimilation nach Gordon (Quelle: Gordon 1964: 71; Übersetzung aus Esser 1980: 69)

Subprozess bzw. Bedingung	**Typ bzw. Stadium der Assimilation**	**Spezielle Benennung**
Wandel der kulturellen Verhaltensmuster in Richtung auf Angleichung mit dem Aufnahmesystem	Kulturelle oder verhaltensmäßige Assimilation	Akkulturation
Allgemeiner Eintritt in Cliquen, Vereine und Institutionen des Aufnahmesystems auf der Basis von Primärbeziehungen	Strukturelle Assimilation	–
Entstehen interethnischer Heiratsmuster auf allgemeiner Ebene	„Marital assimilation"	Amalgamation
Entwicklung eines Zugehörigkeitsgefühls zur Aufnahmegesellschaft in ausschließlicher Weise	Identifikationale Assimilation	–
Fehlen von Vorurteilen	„Attitude receptional assimilation"	–
Fehlen von Diskriminierungen	„Behaviour receptional assimilation"	–
Fehlen von Wertkonflikten und Machtkämpfen	Zivile Assimilation	–

Dieses Variablenschema nimmt sowohl die Perspektive der assimilierenden Minderheit auf als auch die der „core society", der amerikanischen „Kerngesellschaft", die durch das kulturelle und soziale Modell der weißen protestantischen Mittelschicht geprägt ist. Das Schema bezeichnet keinen Stufenprozess, sondern beschreibt das Spektrum von Aktionsfeldern, auf denen sich Assimilation vollzieht. Die Variablen „attitude receptional assimilation" und „behaviour receptional assimilation" beziehen sich auf den Abbau von Vorurteilen und Diskriminierung auf Seiten der Aufnahmegesellschaft. Die Variable „civil assimilation" wurde in obiger Tabelle von Esser mit „ziviler Assimilation“ übersetzt und wäre wohl besser als bürgerliche oder politische Gleichstellung zu bezeichnen.

Gordon fasst diese Variablen als relative Faktoren im Assimilationsprozess auf, die eine graduelle Anpassung innerhalb der einzelnen Subprozesse bezeichnen. Ferner können die Subprozesse auch in einem unterschiedlichen Grad ausgeprägt sein.

Grundsätzlich kann sich der Assimilationsprozess auf zwei Ziele beziehen: Erstens kann er die einseitige Anpassung der zugewanderten Minderheit an die „Kerngesellschaft“ und „Kernkultur“ des Aufnahmelandes bedeuten, also die Angleichung an die Kulturmuster der so genannten WASP- (White Anglo-Saxon Protestant) Amerikaner. Zweitens kann eine gegenseitige Anpassung im Sinne eines „melting pot“ stattfinden, also die Ausprägung eines neuen sozialen und kulturellen Typus des „Amerikaners“.

Aus dem modellhaften Schema fallen die Gruppen der amerikanischen Ureinwohner und der Afroamerikaner heraus. Bei beiden hat kaum eine Assimilation stattgefunden; bei letzteren stellt Gordon lediglich eine – klassenabhängige – kulturelle Assimilation sowie eine zivile Assimilation, also bürgerliche Gleichstellung, fest. Die Ursache für die fehlende Assimilation der Ureinwohner sieht Gordon in deren isolierter Lebensweise in Reservaten. Der fehlende soziale Kontakt verlangsame den Assimilationsprozess. Bei den Afroamerikanern sieht er zuvörderst deren jahrhundertelange Diskriminierung [illegible] Ausschluss. Nur für eine kleine Schicht von Afro- [illegible] Aufstieg vollzogen haben, sieht er hier Chan- [illegible] ilierung (Gordon 1964: 78).

Gordon formuliert keinen linearen, stufenmäßigen Verlauf von Assimilation, stellt hingegen einige generelle Gesetzmäßigkeiten hinsichtlich der Interdependenz dieser Variablen fest. Eine Schlüsselvariable für ihn ist die strukturelle Assimilation, die Teilnahme an den informellen und formellen Institutionen der Kerngesellschaft. Sobald diese, im Verein mit einer Akkulturation, stattgefunden hat, werden sich, so Gordon, alle anderen Variablen von Assimilation im Laufe der Zeit ebenfalls einstellen. Hinsichtlich des Verhältnisses zwischen struktureller Assimilation und Akkulturation stellt er fest, dass Akkulturation für sich genommen nicht unbedingt zu Assimilation führe. Umgekehrt aber bedeute strukturelle Assimilation immer auch Akkulturation, verbunden mit einer Preisgabe der ethnischen Herkunftskultur und ihrer spezifischen Wertorientierungen (Gordon 1964: 81). Dabei stellt sich das Kulturparadigma der amerikanischen Gesellschaft für Gordon als ein Amalgam aus Residuen der westeuropäischen Zivilisation und der angelsächsischen Kultur sowie den Ausprägungen der Industrialisierung dar (Gordon 1964: 160). Auf die kulturprägende Kraft der Industriegesellschaft, die vermutlich stärker für eine kulturelle Homogenisierung gesorgt hat als jegliche Anglokonformitäts- oder Melting-Pot-Konzepte, geht Gordon dabei nicht explizit ein.

Insgesamt verzichtet Gordon auf monokausale Erklärungen und versucht dem mehrdimensionalen Prozess von Niederlassung und Anpassung gerecht zu werden. Seine Einsichten und Folgerungen, die er anhand der Situation in den USA der fünfziger und sechziger Jahre gewonnen hat, weisen noch immer eine erstaunliche Überzeugungskraft auf. Generell stellt Gordon für die USA keinen geradlinigen Verlauf von Assimilation fest. Zwar sei in der zweiten und späteren Generationen die Akkulturation fortgeschritten, welche nach seiner Überzeugung eine notwendige Bedingung von Assimilation ist, doch konstatiert er zugleich eine anhaltende strukturelle Spaltung der Gesellschaft auf der Grundlage von Rasse und Religion (Gordon 1964: 234f.).

Welche Implikationen zieht Gordon nun aus seinem Modell und dem geschichtlichen Verlauf von Assimilation in Amerika? Diese Frage soll anhand dreier Themen beantwortet werden: der Rolle der ethnischen Communities, der Rolle der zweiten Zuwanderergeneration und der Rolle von bürgerlicher Gleichstellung und Antidiskriminierung.

Die Rolle der ethnischen Communities im Assimilationsprozess: In „Assimilation in American Life" fällt auf, wie dezidiert sich Gordon vom Konzept des „ethnischen Pluralismus" distanziert und wie seine Ausführungen doch in ihren Implikationen von Assimilation bemerkenswerte Überschneidungen mit pluralistischen Theorien aufweisen. Er bezieht sich in seiner Auseinandersetzung mit dem ethnischen Pluralismus auf dessen frühen Protagonisten Horace Kallen, einem in Harvard ausgebildeten Philosophen, der 1915 in der Zeitschrift *The Nation* zwei Artikel mit dem Titel „Democracy versus the Melting Pot" veröffentlicht hatte. Darin wandte sich Kallen scharf gegen den damaligen Amerikanisierungsdruck sowie gegen den zunehmenden Rassismus in den USA, der sich in einer Ausbeutung von Zuwanderern und der ideologischen Wiederbelebung des Ku Klux Klan manifestierte. Drei Thesen charakterisierten Kallens Argumentation:

- Ethnizität kann nicht nach Belieben aufgegeben werden, da sie auf Familienbindungen und Abstammung beruht und somit kein freiwilliges Prinzip ist, das in der freien Verfügbarkeit des Individuums liegt.
- Das Postulat einer Anpassung widerspricht völlig den Prinzipien des politischen und sozialen Lebens in den USA. Es widerspricht dem Ideal eines freiheitlichen Amerika, das die Möglichkeit von Differenz einschließt.
- Die Vielfalt der ethnischen Kulturen und ihre Interaktion im Rahmen einer freiheitlichen Verfassung bedeuten eine Bereicherung für die Nation (referiert nach Gordon 1964: 145ff.).

Zugleich wandte sich Kallen gegen eine Ghettoisierung und isolierte Gruppenexistenz von ethnischen Minderheiten. Sein Ideal war die freie Interaktion zwischen den Gruppen (Gordon 1964: 148).

Gordon wiederum beschäftigt sich eingehend mit der Bildung eigenständiger Community-Strukturen, die aufgrund von Vorurteilsstrukturen in der Mehrheitsbevölkerung, aber auch durch den Wunsch von Gruppen, ihre ethnische Gruppenidentität zu erhalten, entstehen. Strukturelle Separation, so Gordon, verhält sich kontraproduktiv zu den Anforderungen einer verstädterten Industriegesellschaft, die auf die Austauschbarkeit und Mobilität der Individuen angewiesen ist. Er empfiehlt daher, Tendenzen der „strukturellen Separation", also der ethnischen Gruppenbildung, und umgekehrt die Entstehung von Vorurteilsstrukturen in der Kerngesellschaft im Auge zu behalten. Ganz pragmatisch argumentiert er gegen den Aufbau von eigenkulturellen Organisationen, dass die Partizipation in diesen Organisationen zeitlich von der Partizipation in nationalen oder gesamtgesellschaftlichen Organisationen abhalte (Gordon 1964: 238): Wer sich für die Synagoge engagiert, hat keine Zeit für die Pfadfinder. In einem maßvollen Grad jedoch hält er einen strukturellen und kulturellen Pluralismus für vereinbar mit den demokratischen Idealen Amerikas. Struktureller und kultureller Pluralismus rechtfertigen aber in keiner Weise Diskriminierung (Gordon 1964: 240). Ungerechtfertigt sei der Vorwurf von Seiten weißer protestantischer Amerikaner, diese oder jene Gruppe wolle sich nicht „assimilieren" oder „vermischen": „As we have indicated, for those who do not wish to ‚merge' to this extent, ample justification in the American value system exists" (Gordon 1964: 240f.). So seien sich die „white Protestant Americans" nicht im Klaren darüber, wie sehr die eigene religiöse Tradition und der eigene Wertekanon die Struktur amerikanischer Institutionen präge (Gordon 1964: 241). In jedem Fall aber beruhe die ethnische Zugehörigkeit auf der privaten Entscheidung des Individuums. Ein demokratisches Gemeinwesen müsse beide Entscheidungsvarianten akzeptieren und gewährleisten können, dass das Individuum tatsächlich eine Wahlfreiheit hat (Gordon 1964: 263).

Gordon vertritt eine Ansicht über die notwendige Funktion eigenkultureller Organisationen für die Eingliederung von neu zuwandernden Migranten, die späteren Konzepten von „Binnenintegration" (zum Beispiel Elwert [1982]) sehr nahe kommt. Die Community bietet Sicherheit und Orientierung, welche gerade für Neuzuwanderer eine überlebenswichtige Funktion haben:

> „While exceptional individuals will occasionally assimilate structurally into a native American subsociety – in many cases, the community of intellectuals – the great majority of newcomers to the country will need and prefer the security of a communal life made up of their fellow-immigrants from the homeland" (Gordon 1964: 242).

Selbst wenn sie in bester Absicht geschehen, seien Versuche, Neuzuwanderer zu einer strukturellen Assimilation zu zwingen, kontraproduktiv, da sie Spannungen erzeugen und im Übrigen zwecklos seien. Integrationsbemühungen, so Gordon, sollten vielmehr auf die kulturelle Assimilation von Einwanderern gerichtet sein. Hier unterscheidet sich Gordon in seinen Vorschlägen wenig von einer Integrationsstrategie, wie sie etwa die deutsche Bundesregierung mit dem Zuwanderungsgesetz von 2005 eingeschlagen hat. Einwanderer sollten an die Kultur und Institutionen der amerikanischen Gesellschaft auf der Basis von Sekundärgruppen- und Institutionenkontakten herangeführt werden. Dies bedeutet für Gordon die Vermittlung von englischen Sprachkenntnissen, nicht anstelle von, sondern zusätzlich zur Muttersprache, berufliche Qualifizierung, Einführung in das amerikanische Bildungssystem und Vermittlung von Kenntnissen über das politische System (Gordon 1964: 243). Ziel sollte es sein, dass sich Einwanderer auf der Ebene von Sekundärgruppenkontakten integrieren, aber das Gemeinschaftsleben in der ethnischen Primärgruppe sollte dadurch nicht eingeschränkt werden.

Gordon misst den kommunalistischen Organisationen von Einwanderern einen hohen und durchaus positiven Stellenwert für die Eingliederung bei, und zwar nicht nur um den „Schock" des Kulturwechsels auszugleichen, sondern als ein durchaus konstruktiver Beitrag zur Akkulturation. Schließlich handle es sich hierbei nicht um statische Institutionen, sondern Community-Organisationen inkorporieren selbst zunehmend Elemente der amerikanischen Kultur und ermöglichen dadurch einen Übergang zwischen zwei Welten:

„The immigrant's burial and insurance societies, his indigenous church, his ‚foreign language' press, his favorite cafés and coffee houses, his old-style theatrical entertainments, his network of social cliques and ‚nationality' organizations, his ceremonies and folk dances, are never created or recreated simply as replicas of old country elements; they always progressively reflect the influence of American conditions and American events, serving as a sturdy bridge between the old and the new" (Gordon 1964: 244).

Organisationen der Communities sollten daher aktiv in den Eingliederungsprozess eingebunden werden und als Kommunikationskanäle zwischen Einwandererminorität und Mehrheitsgesellschaft verwendet werden. Die Herkunftskultur und Herkunfts-Community gelten keineswegs als repressive Faktoren von Assimilation.

Die Rolle der zweiten Generation: Die zweite Generation, so Gordon, sei unumkehrbar auf dem Weg zu einer Akkulturation an amerikanische Werte, auch wenn dies nicht notwendigerweise eine strukturelle Assimilation bedeuten müsse. Gordon schätzt die akkulturierende Kraft des öffentlichen Schulsystems und der Massenmedien als unbezwingbar ein. Öffentliche Aufgabe im Hinblick auf die zweite Generation müsse es sein, diesen Übergang so reibungslos wie möglich zu machen; denn schließlich setze zwischen der zweiten Generation und ihren Eltern unweigerlich ein Entfremdungsprozess ein. Die öffentliche Bildungspolitik sowie ergänzende Sozialarbeit sollten daher unterstützend dafür eintreten, dass Migrantenkinder einen positiven Blick auf die Werte ihrer Herkunftskultur erhalten. Dies verzögere keineswegs die Anpassung an die kulturellen Werte der amerikanischen Gesellschaft, sondern statte Kinder mit einer „gesünderen psychologischen Grundlage“ für die Konfrontation mit der amerikanischen Kultur aus (Gordon 1964: 245). Englische Sprachkenntnisse stehen für Gordon allerdings nicht zur Diskussion; diese seien unerlässlich für eine Eingliederung in das amerikanische Leben.

Bürgerliche Gleichstellung und Antidiskriminierung: Gordons Buch erschien auf dem Höhepunkt der US-amerikanischen Rassenauseinandersetzungen der fünfziger und sechziger Jahre. Gordon tritt entschieden für eine staatliche Antidiskriminierungspolitik ein, weist jedoch darauf hin, dass eine Politik der Antidiskriminierung nicht sofort und nicht unweigerlich eine Auflösung ethnischer Milieus nach sich ziehe. Hingegen besitze der Staat weder die Verantwortung noch das Vorrecht, eine Eingliederung auf der Basis von primären sozialen Beziehungen zu beeinflussen. Assimilation könne nicht erzwungen werden, und der Staat hat nicht in die persönlichen Beziehungen seiner Mitglieder einzugreifen (Gordon 1964: 249). Gordon lehnt im Gegenzug staatliche Maßnahmen einer positiven Diskriminierung jedoch ab (ebd.). Ebenso wenig befürwortet er Quoten oder spezifische Förderprogramme für einzelne Minderheiten. Förderprogramme sollten generell für alle benachteiligten Amerikaner offen sein, unabhängig von ihrer ethnischen Herkunft (Gordon 1964: 251).

Insgesamt tritt bei Gordon die „melting pot“-Vision des frühen 20. Jahrhunderts bereits deutlich in den Hintergrund. Sein Leitbild ist das einer aufstiegsorientierten Leistungsgesellschaft, die mit einer gewissen pragmatischen Berechtigung auch Nischen für ihre Mitglieder bereithält, beispielsweise in Form von ethnischen Communities. Gordon unternimmt eine vorurteilslose Analyse der amerikanischen Gesellschaft und enthält sich normativer Wertungen. Assimilation ist nicht propagiertes Endziel der Gesellschaft; Assimilation findet vielmehr in einem gewissen Ausmaß einfach statt. In seinem analytischen Befund gerät er immer wieder in die Nähe von Positionen der Pluralismustheoretiker. Gordon selbst nimmt dies aber nicht wahr, sondern unterstellt vielmehr den Pluralismustheoretikern normative Postulate, etwa die Forderung, dass ethnische und religiöse Gruppen um ihrer selbst willen erhalten werden müssten.

Anders als die Phasen- und Zyklenmodelle geht Gordon nicht davon aus, dass Assimilation ein linearer und unumkehrbarer Prozess ist. Vielmehr können diskriminierende Strukturen den Zugang zur „core society“, die von den Institutionen und kulturellen Mustern der weißen protestantischen Bevölkerungsmehrheit geprägt wird, für ethnische Minderheiten erschweren oder gar unmöglich machen (Han 2000: 52f.). Allerdings ist Gordon der Auffassung, dass eine einmal erreichte Assimilation gewissermaßen einen unrevidierbaren Endzustand darstellt. Ausgrenzungen und Verfolgung von assimilierten Minderheiten, wie sie beispielsweise mit den deutschen Juden unter der NS-Herrschaft geschahen, sind in seinem Modell undenkbar.

Ein großer Vorzug von Gordons Theorie ist es, dass darin viele Überlegungen um ethnische Vorurteilsstrukturen, Diskriminierung und Rassismus stattfinden. In seinem Modell sind Vorurteile und Diskriminierung offensichtlich endemische Phänomene der Gesamtgesellschaft. Es ist jedoch nicht einsichtig, weshalb ethnische Vorurteile dann verschwinden sollten, wenn die Assimilation einer Minderheit vollzogen ist. Zu erwarten ist vielmehr, dass gruppenbezogene Vorurteile dann modifiziert werden und sich gegen andere Gruppen richten. Zu fragen wäre dann auch, ob Assimilation überhaupt ein erwünschter gesamtgesellschaftlicher Zustand ist oder ob sich eine Gesellschaft nicht vielmehr stets ihre eigenen – ob zugewanderten oder altansässigen – Minderheiten schafft.

Resümierend ist an Gordons Modell hervorzuheben, dass die Frage der strukturellen Assimilation von Zuwanderern, ihr Zugang zum Arbeitsmarkt und Bildungswesen sowie zu den sozialen und rechtlichen Kerninstitutionen, zur entscheidenden Determinante wird. Akkulturation erscheint dabei nicht als eine notwendige subjektive Anpassungsleistung, die gewissermaßen vom Individuum als Bringschuld zu leisten ist, bevor es gleiche Rechte der Partizipation erhält. Vielmehr ist Akkulturation bei Gordon eine notwendige Begleiterscheinung von erfolgreicher struktureller Assimilation; sie ergibt sich gewissermaßen von selbst, sobald das Individuum Zugang zu den gesellschaftlichen Kerninstitutionen hat. Die Frage der externen politischen Intervention zur Förderung von Assimilation stellt sich bei Gordon nicht. Ihm geht es vielmehr darum, ein Panorama der amerikanischen Einwanderungsgesellschaft in der Mitte des 20. Jahrhunderts zu zeichnen; die Formulierung politischer Strategien liegt hingegen nicht in seiner Absicht. Eingebettet in die zeitgeschichtliche Perspektive einer ökonomisch expandierenden Einwanderungsgesellschaft zeichnet sich das Gordon'sche Modell von Assimilation durch eine weitaus größere Fortschrittlichkeit aus, als dies gegenwärtige Integrationspolitiken des „Forderns und Förderns" tun.

Shmuel N. Eisenstadt

Der Soziologe Shmuel N. Eisenstadt verfolgt in seinem 1954 erschienenen Buch „The Absorption of Immigrants" eine sozialgeschichtliche Perspektive in der Analyse von Migrationsbewegungen, wobei der Fokus auf der jüdischen Immigration in Israel liegt. Vorausgegangen waren diesem Werk empirische Untersuchungen unter Einwandererfamilien in Israel. Im Jahr 1952 hatte Eisenstadt den Aufsatz „The Process of Absorption of New Immigrants in Israel" veröffentlicht, in dem er sich mit der Übernahme von Verhaltensrollen befasst, die notwendig sind, um den Rollenanforderungen in den zentralen Bereichen des gesellschaftlichen Systems gerecht zu werden.

Charakteristisch für Eisenstadt ist der breite historische Horizont, mit dem er sich dem Thema nähert. Denn obwohl seine Theoriebildung in erster Linie auf empirischen Forschungen in Israel beruht, macht Eisenstadt deutlich, dass Migration in unterschiedlichen historischen und sozialen Kontexten unterschiedliche Resultate in den Anpassungsprozessen zeitigt. Dennoch versucht auch Eisenstadt einige allgemein gültige Hypothesen zur Aufnahme von Immigranten zu formulieren, deren Reichweite er am Ende seines Buches jedoch stark relativiert: „[...] comparison between different immigrant countries cannot be made on the basis of external, ‚objective' indices, but only through the analysis of intervening variables of the absorbing country's institutional setting and of various kinds of pluralistic societies" (Eisenstadt 1954: 265).

Zunächst muss auf die eigentümliche Begrifflichkeit bei Eisenstadt hingewiesen werden. Begrifflich stützt er sich nicht auf „Assimilation", sondern die zentralen Termini in seinem Modell sind die der Anpassung („adaptation") und der Aufnahme („absorption"), mit denen er den Prozess der Eingliederung unter doppelter Perspektive beschreibt. Unter Anpassung versteht er die Übernahme von Verhaltensrollen durch das Individuum, die notwendig sind, um den Rollenanforderungen in den zentralen Bereichen des gesellschaftlichen Systems gerecht zu werden. Anpassung umfasst nach Eisenstadts Auffassung drei Aspekte: das Erlernen und die Beherrschung von sozialen Rollen in den unterschiedlichen Bereichen von Gesellschaft; den Aufbau stabiler sozialer Beziehungen zu Mitgliedern der einheimischen Bevölkerung; den Aufbau und die Aufrechterhaltung einer positiven Identifikation mit der neuen sozialen Struktur und ihrem Wertesystem (Eisenstadt 1952: 225).

Mit „Aufnahme" beschreibt Eisenstadt den weiteren gesellschaftlichen Horizont, innerhalb dessen sich die Eingliederung vollzieht. Drei Faktoren strukturieren die Aufnahme von Immigranten:

- Die Motivation zur Migration. Diese umfasst die äußeren Ursachen, die zum Entschluss zur Migration beitragen, wie auch die Erwartungen, die mit der Migration verknüpft werden. Diese Motivation zu erkennen ist wichtig, um die Art des Anpassungsverhaltens in der neuen Umgebung zu erfassen.
- Die soziale Struktur des eigentlichen Migrationsvorganges: Handelt es sich um freiwillige oder unfreiwillige Migration; in welcher Gruppenkonstellation wird migriert: als Individuum, Familie, Nachbarschaftsgruppe, in politischen Verbindungen? Der Wechsel des sozialen Bezugsfeldes ist für den Migranten mit der Übernahme und dem Erlernen neuer

sozialer Rollen verbunden. Häufig bedeutet dies für den Immigranten eine Restriktion sozialer Rollen, da das soziale Umfeld nach der Migration wesentlich kleiner ist, als dies in der Herkunftsgesellschaft der Fall gewesen war (Eisenstadt 1954: 5).

- Die Eingliederung der Immigranten in den sozialen und kulturellen Rahmen der neuen Gesellschaft. Die sozialen Beziehungen müssen über die Primärgruppe (Familie, ethnische Community) hinaus ausgeweitet werden. Es wird ein neues Zugehörigkeitsgefühl ausgebildet und das Bezugssystem auf soziale Klassen und Statusgruppen, Berufsgruppen etc. ausgedehnt. Allmählich werden auch Mitglieder der neuen Gesellschaft in das primäre Bezugssystem des Migranten eingebaut (Eisenstadt 1954: 8).

Das Resultat dieser individuellen Anpassungsleistung wird jedoch ganz entscheidend durch die Struktur der Aufnahmegesellschaft bestimmt. Entscheidend ist dabei einerseits, welche Positionen Immigranten in der Aufnahmegesellschaft zugewiesen werden, und andererseits, ob die Aufnahmegesellschaft den vom Immigranten vollzogenen Rollenwechsel akzeptiert oder ob darüber hinaus weiterer Druck auf den Immigranten ausgeübt wird, auch solche kulturellen Eigenheiten abzulegen, die dieser eigentlich beibehalten möchte.

Aus dieser Rahmenkonstellation, die Eisenstadt entwirft, ergeben sich nun verschiedene Varianten der Brüche und Konfliktkonstellationen im Eingliederungsprozess: „As is well known, however, this process is not always either smooth or successful“ (Eisenstadt 1954: 9).

Die Integration in eine neue Gesellschaft erfordert unbestreitbar eine enorme Anpassungsleistung des Migranten. In einem akteursbezogenen rollentheoretischen Ansatz interpretiert Eisenstadt das Verhalten der Subjekte als geprägt durch die vom sozialen System abhängigen Erwartungen, Werte, Handlungsmuster und Verhaltensweisen. Zwar betont er, dass der Immigrant das eigene Selbstbild entsprechend der veränderten Rollenanforderungen in einer neuen gesellschaftlichen Umgebung umzudefinieren und umzubauen habe (Eisenstadt 1954: 7). Kennzeichnend für seine Theorie aber ist, dass er auf einer Gruppenebene bleibt:

> „[…] it is not nearly enough to look at the process purely from the standpoint of changes in the immigrants' behaviour, attitudes, and the like, based as they are on their motives, expectations, and so on. These changes cannot be understood without a full analysis of the absorbing society, the demands it makes on the immigrant, and the possibilities it offers him“ (Eisenstadt 1954: 10f.).

Migration und der Prozess der Absorption (Assimilation) werden als externe Ereignisse analysiert; die Institutionalisierung von Anpassungsverhalten steht im Vordergrund, und nicht der intrapsychische Vorgang mit seinen Brüchen und Gefährdungen der personalen Stabilität. Entsprechend fordert Eisenstadt auch ein klares Instrumentarium der soziologischen Analyse, wofür er Indikatoren der sozialen Annäherung zwischen Immigranten und Aufnahmegesellschaft als geeignet ansieht (Eisenstadt 1954: 14). Die volle Absorption von Immigranten in die Aufnahmegesellschaft ist dann erreicht, wenn keinerlei Unterschiede in der institutionellen Eingliederung von Immigranten und Autochthonen mehr nachweisbar sind (Eisenstadt 1954: 14f.). Die empirische Untersuchung von Immigration in verschiedenen Gesellschaften zeige aber, dass Absorption in dem genannten Sinne praktisch nirgendwo stattfinde, sondern sich faktisch immer die eine oder andere Variante einer pluralistischen Gesellschaft herausbilde (Eisenstadt 1954: 259).

Eisenstadt legt sich auf keine Normen für Assimilation fest. Vielmehr differiert der Grad an Anpassung, der notwendig ist, um die Kohäsion von Gesellschaften zu gewährleisten. Ob Absorption etwa die Auflösung der eigenkulturellen Gruppe voraussetzt und in welchem Umfang diese Auflösung zu geschehen hat, hängt im Einzelfall davon ab, wie viel Pluralismus eine Gesellschaft verträgt, ohne dass die grundlegende soziale Struktur unterminiert wird (Eisenstadt 1954: 16). Entscheidend für die Relevanz verschiedener Indikatoren für kulturelle und soziale Angleichung ist das jeweilige soziale „Setting", innerhalb dessen sich die Eingliederung vollzieht und das von Nationalstaat zu Nationalstaat variiert. So mag in einer Gesellschaft der Druck, die Staatssprache zu erlernen, sehr hoch sein, während in einem anderen Land vor allem die Anpassung an äußerliche Gepflogenheiten, Kleiderordnungen, religiöse Gebräuche etc. als Norm im Vordergrund steht (Eisenstadt 1954: 17). Indizes für die Bewertung von Absorption, so Eisenstadt, müssen deshalb dynamisch sein und die möglicherweise differierende Relevanz von Faktoren der Absorption in unterschiedlichen gesellschaftlichen Konstellationen berücksichtigen (Eisenstadt 1954: 20). Daher sei es auch wenig sinnvoll, mittels Indizes Vergleiche in der „Absorptionsbilanz" zwischen unterschiedlichen Einwanderungsländern (beispielsweise zwischen den Vereinigten Staaten, Brasilien und Israel) anzustellen. Dies sei erwähnt, da seit Beginn des gegenwärtigen Jahrzehnts verstärkt Bemühungen stattfinden, mit Hilfe von Indizes die „Integrationsleistung" der einzelnen Nationalstaaten miteinander zu vergleichen. Gerade in der Europäischen Union findet dieses Thema gegenwärtig große Beachtung.[2]

Eisenstadt entwirft eine sehr kleinteilige Theorie der Aufnahme von Immigranten, deren detaillierte Darstellung hier den Rahmen sprengen würde. Er befasst sich mit Formen von Devianz und konflikthaften Beziehungen zwischen Einwandererminoritäten und Mehrheitsgesellschaft. Weitaus stärker als

2 Vergleiche dazu beispielsweise den Migrant Integration Policy Index (MIPEX; www.integrationindex.eu/about/); Aumüller/Burtzlaff 2007: 71f.

in den früheren Zyklenmodellen wird Absorption, beziehungsweise Assimilation, als ein komplexes soziales Phänomen analysiert, das die unterschiedlichen Bereiche von Gesellschaft berührt und für das sich kein notwendiges Schema formulieren lässt. Integration kann in ihrem Verlauf sehr viele Erscheinungsvarianten ausprägen, auch deviante Formen der unvollständigen Absorption. Die Zielrichtung von Eisenstadts Argumentation ist dabei jedoch klar: Assimilation ist kein notwendiger, linear verlaufender Prozess. Damit distanziert sich Eisenstadt zugleich von Vorstellungen eines „melting pot" oder einer wie auch immer ausgeprägten gesellschaftlichen „Konformität" (welche in Israel zu Beginn der fünfziger Jahre nicht absehbar gewesen wäre). Eisenstadt illustriert dies, indem er am Ende von „The Absorption of Immigrants" Migrationsbewegungen in unterschiedlichen historischen Kontexten analysiert, so beispielsweise europäische Landarbeitermigration im 19. Jahrhundert und die Kolonisation überseeischer Gebiete seit dem 18. Jahrhundert („plantation pattern").

Wie auch bei Gordon verlaufen in Eisenstadts Absorptions-Modell Prozesse der Assimilation nicht notwendigerweise linear. Referenzrahmen der Analyse bleibt der Nationalstaat; jedoch sind innerhalb dieses Rahmens vielfältige Ausprägungen von Eingliederung oder auch pluralistischen Gesellschaftsformationen denkbar.

Zyklen- und Generationenmodelle

Wir haben bei Gordon und Eisenstadt gesehen, dass deren Konzepte von Assimilation keine Vorstellung von Linearität des Vergesellschaftungsprozesses beinhalten, sondern vielmehr die Vielschichtigkeit der Prozesse, die auf die Vergesellschaftung einwirken, in den Vordergrund stellen. Dennoch bliebe ein Überblick über klassische Modelle der Assimilation defizitär, wenn nicht zumindest beispielhaft die Breite der vorhandenen Zyklenmodelle berücksichtigt würde. Zyklen- oder Stufenmodelle dominieren weit in das 20. Jahrhundert hinein die wissenschaftliche Auseinandersetzung mit Einwanderung. Der Assimilationsprozess wird dabei vermittelt über eine – je nach Forscher und Betrachtungsweise differierende – Anzahl von Stufen beschrieben. Der Blickwinkel, unter dem Assimilation betrachtet wird, kann dabei ganz unterschiedlich sein: Er kann das Verhältnis zwischen Zuwanderern und Mehrheitsgesellschaft in den Mittelpunkt stellen; er kann auf das adaptive Verhalten einzelner Zuwanderergruppen fokussiert sein, oder Assimilation wird als ein über die Generationenabfolge vermittelter Prozess dargestellt. Gemeinsam ist diesen Modellen, dass sie das Endziel, nämlich Assimilation, als gegeben voraussetzen. Weder wird der Begriff der Assimilation in gesonderter Weise problematisiert, noch wird, zumindest bezogen auf die klassischen Einwanderungsländer des 20. Jahrhunderts, in Erwägung gestellt, dass irgendein anderes Resultat als „Assimilation“ eintreten könne. Die folgenden Beispiele mögen die Vielfältigkeit dieser Zyklenmodelle demonstrieren. Sie reflektieren vielfach Einsichten, die auch heute noch inspirierend für die Beobachtung gegenwärtiger Einwanderungs- und Integrationsprozesse sein können.

Emory S. Bogardus veröffentlichte 1931 unter dem Titel „A Race-Relations Cycle“ ein Modell des Verhältnisses zwischen Einwanderern und ansässiger Gesellschaft, das sich vor allem auf die Einwanderung nicht europäischstämmiger Bevölkerungen in die USA – Chinesen, Japaner, Mexikaner, Filippinos – bezog und dabei in sachlicher Nüchternheit von einem „melting pot“-Ideal abstrahierte. Stattdessen öffnet er den Blick für Mechanismen der Ausgrenzung und Diskriminierung und für ihre stufenweise Beilegung und entwickelt ein 7-Stufen-Modell der gesellschaftlichen Beziehungen zwischen Einwanderern und Ansässigen:

- In einer ersten Phase der *Neugierde* werden die nicht-weißen Einwanderer, die zunächst in kleinerer Anzahl ankommen, mit einer Haltung sympathischen Wohlwollens und des Mitleids aufgrund der vermeintlichen Hilflosigkeit aufgenommen.
- Die Bereitschaft der neu Zugewanderten, für geringe Löhne ausdauernd zu arbeiten, führt dazu, dass sie *wirtschaftlich willkommen* geheißen werden. Von den amerikanischen Arbeitgebern werden sie ermutigt, auch Freunde und Verwandte zur Auswanderung zu bewegen.
- Eine zunehmende Anzahl von Einwanderern führt zu einem Wahrnehmungswandel in der einheimischen Bevölkerung. Es entwickelt sich ein *industrieller und sozialer Antagonismus*; die Zuwanderer werden des Lohndumpings beschuldigt und es entsteht ein organisierter Widerstand gegen die Einwanderung. Die höhere Geburtenrate unter muslimischen und mexikanischen Einwanderern wird als Bedrohung wahrgenommen. Die Tatsache, dass diese feindselige Haltung Assimilation verhindert, wird von der einheimischen Bevölkerung nicht wahrgenommen. Bisweilen nimmt diese Ablehnung die Form von Nachbarschaftskonflikten an, wenn nämlich Einwanderer aufgrund zunehmender Prosperität in „weiße“ Nachbarschaften umziehen. Der Widerstand nimmt patriotische oder chauvinistische Züge an.
- Die nächste Phase in den Beziehungen ist gekennzeichnet von öffentlicher Ausgrenzung der Einwanderer. Politiker betreiben öffentlichen Populismus auf Kosten der Einwanderer, der wohlfeil ist, da diese von politischen Wahlen ausgeschlossen sind und keine Wählerklientel bilden. Bogardus bezeichnet dies als die Phase des *legislativen Antagonismus*: Die Einwanderer sind rechtlich ausgegrenzt und können sich deshalb nicht wehren.
- Es folgt eine *Bewegung des Fairplay*, die von Mitgliedern der Mehrheitsgesellschaft getragen wird. Dabei geht es um Fragen des grundsätzlich gerechten Umgangs in der Gesellschaft.

- Es findet eine *Beruhigung* in den antagonistischen Tendenzen statt. Die feindselige Haltung gegenüber den Einwanderern flaut ab; diese werden nicht mehr als Bedrohung wahrgenommen.
- Auch die zweite Generation erlebt Schwierigkeiten in ihrer Akzeptanz. Obwohl durch Schulbesuch und soziale Kontakte eine Assimilation der zweiten Generation stattgefunden hat, werden diese aufgrund andauernder phänotypischer oder kultureller Unterschiede nur partiell von der weißen Mehrheitsbevölkerung akzeptiert (Bogardus 1980 [1931]).

Von einer sozialpsychologischen Betrachtungsweise aus beschäftigte sich der australische Psychologe Ronald Taft mit Assimilation. Diese definiert Taft als „the process whereby, as a result of social interaction, a person transfers his membership from one group to a second group whose norms are inconsistent with those of the first" (Taft 1957: 141). Assimilation ist der Wechsel des Individuums von einer Gruppenmitgliedschaft zur anderen.

Aufbauend auf vorliegenden Fallstudien zu Aspekten der Eingliederung verschiedener Migrantengruppen in Australien, versucht Taft Erkenntnisse aus diesen partikularen Studien zu systematisieren und entwickelt, wie auch Bogardus, ein Modell mit sieben Stufen. Allerdings untersucht Taft Assimilation unter einem ganz anderen Blickwinkel als Bogardus und auch Gordon und gelangt daher zu wesentlich modifizierten Stufen der Assimilation. Taft nimmt das Beispiel eines Gruppenwechsels des Individuums X von der Eigengruppe (Gruppe I) zur Fremdgruppe (Gruppe II) an (siehe Tab. 2).

Taft geht es darum, den Gruppenwechsel unter einer „monistischen" Perspektive zu begreifen, die vom Individuum die Anpassung an ein bereits bestehendes Normensystem erfordert. Er unterscheidet dabei zwischen der Eigenwahrnehmung und Selbsteinschätzung des Individuums und der Außenwahrnehmung dieses Anpassungsprozesses durch die Fremdgruppe. Stufe 1 kann dabei mit der Stufe der Akkulturation in anderen bislang erörterten Modellen der Assimilation gleichgesetzt werden. Hierzu gehört wesentlich das Erlernen der Sprache von Gruppe II, wobei die Selbsteinschätzung in den Sprachkenntnissen weit höher liegen kann als das tatsächliche Sprachvermögen.[3]

3 Diese Vermutung entspricht den tatsächlichen Resultaten von Umfragen, die in Deutschland durchgeführt wurden und worin Migranten um eine Selbsteinschätzung ihrer deutschen Sprachkenntnisse gebeten wurden (Glatzer/Krätschmer-Hahn: 2004, 43). Fast ausnahmslos bezeichnen Migranten ihre Fähigkeiten in der deutschen Sprache als gut bis sehr gut, relativ unabhängig davon, wie elaboriert diese sprachlichen Fähigkeiten tatsächlich sind.

Tab. 2: Assimilationstabelle („assimilation chart") nach Taft (Quelle: Taft 1957: 144; eigene Übersetzung)

Stufe	Eigenwahrnehmung	Außenwahrnehmung
1. Kulturelles Lernen; Kenntnisse der Kultur von Gruppe II	Vermutetes Wissen	Tatsächliches Wissen
2. Einstellung gegenüber Gruppe II	Bejahende Einstellung gegenüber (i) den Mitgliedern (ii) den Normen (iii) der eigenen Mitgliedschaft in Gruppe II	Aktive Suche nach (i) Interaktion mit Mitgliedern von Gruppe II (ii) Partizipation an den Gruppenaktivitäten (iii) Mitgliedschaft
3. Einstellung gegenüber Gruppe I	Ablehnende Einstellung gegenüber (i) den Mitgliedern (ii) den Normen (iii) der eigenen Mitgliedschaft in Gruppe I	Rückzug aus (i) Interaktion mit Mitgliedern von Gruppe I (ii) Partizipation an den Gruppenaktivitäten (iii) Mitgliedschaft
4. Annahme von Rollen; „Akkommodation"	Konformität mit den vermuteten Rollenanforderungen von Gruppe II	Konformität mit den tatsächlichen Rollenanforderungen
5. Soziale Akzeptanz	Vermutete Akzeptanz durch Gruppe II im Hinblick auf sozialen Umgang	Tatsächliche Akzeptanz durch Gruppe II
6. Gruppenmitgliedschaft; „Identifikation"	Selbstidentifikation mit Gruppe II	Identifikation von X als zu Gruppe II zugehörig durch (i) Mitglieder von Gruppe I (ii) Mitglieder von Gruppe II (iii) Gesellschaft insgesamt
7. Konvergenz der Normen; „Kongruenz"	Vermutete Kongruenz zwischen den eigenen Normen und denen von Gruppe II	Tatsächliche Kongruenz zwischen den eigenen Normen und denen von Gruppe II

Aber auch Kenntnisse der sozial akzeptierten Verhaltensweisen und der gebräuchlichen kulturellen Normen gehören dazu. Stufe 2 zielt darauf ab, dass die Intention, das „Dazu-gehören-wollen", eine wichtige Voraussetzung ist, um sich durch anfängliche Missverständnisse nicht in der Bereitschaft zur Assimilation entmutigen zu lassen. Stufe 3 bezeichnet den Punkt im Assimilationsprozess, an dem die Herkunftskultur sozusagen „abgelegt" wird. Diese Stufe sollte nach Tafts Ansicht nicht zu früh im Assimilationsprozess erfolgen (Taft 1957: 147). Auf Stufe 5 lässt Taft absichtsvoll unbestimmt, welche Intensität der soziale Umgang zwischen assimilierendem Individuum und dem neuen gesellschaftlichen Umfeld haben muss, um Akzeptanz herzustellen. Bei Stufe 6 räumt Taft ein, dass es sehr schwierig festzustellen sei, worin sich „Identität" eigentlich manifestiere (Taft 1957: 150). Die Art der Identifikation lasse sich am besten durch die Beantwortung der Frage „Halten Sie X für ein

Mitglied von Gruppe II?" feststellen. Auf allen Stufen dieser Assimilationssequenz ist nach Taft zu berücksichtigen, dass die Resultate auf den Seiten der Eigen- und Fremdwahrnehmung unterschiedlich ausfallen können.

Ähnlich wie Gordon weist auch Taft darauf hin, dass Assimilation in der Stufenabfolge nicht zwingend an das vorgestellte Modell gebunden ist. Die zeitliche Abfolge der Stufen, sowohl auf der Seite der Eigenwahrnehmung als auch der Außenwahrnehmung, bleibt bei empirischer Betrachtung von Immigrationsbewegungen variabel. Wäre es möglich, eine verbindliche Sequenz der Stufen zu identifizieren, so Taft, so ließen sich daraus generelle Erkenntnisse über die Wirkungsweise und die sie vermittelnden Mechanismen gewinnen (Taft 1957: 152). Hinsichtlich der Erklärung von Wirkungsweisen bleibt Tafts Sequenzmodell jedoch unbestimmt.

Offen bleibt bei Taft auch, in welcher Weise Assimilation erfolgt: ob auf freiwilliger Basis, ob in erzwungener Weise oder ob von der Aufnahmegesellschaft („Gruppe II") unwillig angenommen oder gar blockiert. Durch die ausschließliche Konzentration auf die Perspektive des Individuums bleiben integrationsbeeinflussende Faktoren, die von der Aufnahmegesellschaft ausgehen – Diskriminierungen, Rassismus, aber auch Assimilationsdruck –, außer Acht. Der Faktor Zeit spielt in seinem Modell keine Rolle. Taft denkt bei Assimilation nicht in Generationen, sondern verlegt den Prozess vollständig in das Individuum.

Ebenfalls aus sozialpsychologischer Perspektive hat der australische Psychologe Alan Richardson ein idealtypisches Modell der Assimilation formuliert, das aus drei Stufen besteht (Richardson 1957). Richardson unterscheidet zunächst begrifflich zwischen Absorption und Assimilation. Den Begriff „Absorption" weist er der soziologischen Analyse von Eingliederungsprozessen zu; zu verstehen ist darunter die Art und Weise, wie Einwanderer von der Aufnahmegesellschaft „absorbiert" und in die Institutionen der Aufnahmegesellschaft integriert werden. Absorption bezeichnet für Richardson die Angleichung von makrosoziologischen Indizes, wie beruflicher Status, Kriminalität, Heiratsverhalten, Fertilität, Scheidungsraten etc., zwischen Einwanderern und einheimischer Bevölkerung (Richardson 1957: 157). Für die Untersuchung von sozialpsychologischen Prozessen bei der Einwanderung schlägt Richardson die Verwendung des Assimilationsbegriffs vor. Assimilation bezeichnet den Verhaltenswandel von Einwanderern, durch den sie ein Mitglied der Mehrheitsgesellschaft werden (ebd.).

Auf Grundlage seiner empirischen Untersuchungen unter britischen Einwanderern in Australien schlägt Richardson ein abstrahiertes dreistufiges Modell vor, ohne diesem einen verbindlichen oder gar normativen Charakter zuweisen zu wollen. Die drei Stufen fasst er unter die Begriffe Isolation, Akkommodation und Identifikation. Auf der ersten Stufe der Isolation reagieren Einwanderer auf die neue, fremdartige Umgebung mit einem Rückzug auf die eigenen Werte und Verhaltensweisen. Eine Verhaltensänderung geschieht auf der Stufe der Akkommodation; hier übernimmt der Einwanderer die Gebräuche des Zuwanderungslandes, beispielsweise in der Bekleidung, im Essen und den sozialen Umgangsformen. Die dritte und letzte Stufe ist die der Identifikation; diese kommt dadurch zustande, dass die Einwanderer in immer mehr Bereichen ihres Lebens mit der einheimischen Bevölkerung in Kontakt treten (Richardson 1957: 159).

Da Richardson in seiner empirischen Forschung mit britischen Einwanderern in Australien gearbeitet hat, spielt die Phase der Akkulturation in seinem Modell keine hervorgehobene Rolle; vielmehr gibt es von vornherein eine gemeinsame sprachliche Kommunikationsbasis zwischen Einwanderern und Ansässigen. Die kulturelle Distanz, die es zu überbrücken gilt, ist verhältnismäßig gering.

Deutlich wird, dass die vorgestellten Zyklenmodelle in ihrem methodischen Zugang differieren: Bei Bogardus stehen soziale Gruppenprozesse im Mittelpunkt; Taft wählt einen sozialpsychologischen Zugang mit dem handelnden Individuum als zentraler Untersuchungseinheit; ebenso auch Richardson, der unter Assimilation primär einen Vorgang der individuellen Verhaltensänderung versteht. Der Assimilationsvorgang wird also sowohl unter soziologischer als auch sozialpsychologischer Perspektive untersucht, was in der Konsequenz jedoch unterschiedliche Implikationen für die Art und Weise zeitigt, wie politische Systeme steuernd auf Vergesellschaftungsprozesse im Rahmen von Einwanderung einwirken können. Erklärungsbedürftig bleibt in diesen Modellen die Relevanz der einzelnen Variablen hinsichtlich ihrer Wirksamkeit. Die Art und Weise ihrer Interdependenz, aus der allein sich wichtige Erkenntnisse für die politische Steuerbarkeit von Eingliederung und Integration gewinnen ließen, bleibt in diesen Modellen ungeklärt.

Neben Zyklenmodellen, die in ihrer zeitlichen Bestimmbarkeit eher unklar bleiben, sind im Folgenden Generationenmodelle zu diskutieren, in denen die Variable „Zeit“ einen wichtigen Erklärungsfaktor bildet. Abgesehen von ausgesprochen individualistischen Theorien stimmen ältere wie neuere Begriffskonzepte darin überein, dass Assimilation ein Prozess ist, der nicht innerhalb der Spanne eines Menschenlebens zu leisten ist, sondern sich über mehrere Generationen hinweg vollzieht. In der Migrationssoziologie haben daher Modelle der Generationensequenz stets eine wichtige Rolle gespielt. Für die klassische Assimilationstheorie bildet der Faktor „Generation“ einen Transmissionsriemen für Integration. Assimilation wird als ein Prozess aufgefasst, der sich in drei oder vier oder auch in einer unbestimmten Anzahl von Generationen vollzieht. Schematisch dargestellt wurde der Prozess häufig in einem abstrahierten Drei-Generationen-Modell: Demnach bleiben die Angehörigen der ersten Migrantengeneration, die eigentlichen „Pionier-Migranten“, auf die Interaktion mit Mitgliedern derselben ethnischen Gruppe beschränkt. Der Kontakt zur Zuwanderungsgesellschaft beschränkt sich auf solche Interaktionen, die zur unmittelbaren Bedürfnisbefriedigung notwendig sind, und wird als eine Haltung des Selbstschutzes gegenüber der Gefahr des „Kulturschocks" interpretiert. Die zweite Generation wächst in einer Situation zwischen den Kulturen auf: Sie ist einerseits an die Traditionen der Elterngeneration gebunden, andererseits verfügt sie bereits über Fähigkeiten und Erwartungen an das eigene Leben, die sich in der Auseinandersetzung mit der Aufnahmegesellschaft herausgebildet haben. Nach Parks Ansicht kann diese ambivalente Situation entweder in einer gesteigerten Bereitschaft zur Anpassung resultieren oder, im Gegenteil, in einer persönlichen Desorientierung, die zur Abschottung oder zu einer gesteigerten Bereitschaft zu delinquentem Verhalten führt (Park 1928). Die dritte Generation schließlich gibt die Kultur ihrer Vorfahren endgültig auf und findet ihre persönliche Orientierung innerhalb der Kultur der Aufnahmegesellschaft (Aumüller 2007a: 32). Es handelt sich bei diesem Generationenzyklus um ein schematisches Modell. So wird zugestanden, dass sich kulturelle Eigenheiten noch über viele Generationen hinweg erhalten können.

Das idealtypische Drei-Generationen-Modell blieb nicht unwidersprochen. Marcus Lee Hansen beispielsweise wies auf die entscheidende Rolle der dritten Zuwanderergeneration hin (Hansen 1938). Während sich die zweite Generation von der elterlichen Kultur und ihren Verhaltenskodizes ostentativ distanziere und sich an die Lebensstile in der Zuwanderungsgesellschaft anpasse, entwickle die dritte Generation häufig ein erneutes Bewusstsein für das kulturelle Erbe der eingewanderten Vorfahren. Mit dieser These hat Hansen die periodisch auftauchenden Debatten um Revitalismus in Migrantenkulturen stimuliert. Hansen beschränkte sich in seiner Argumentation allerdings auf die kulturelle Anpassung und ließ Probleme der sozialen und strukturellen Integration der dritten Einwanderergeneration außer Acht.

In der jüngeren Vergangenheit hat sich explizit Hartmut Esser mit dem Generationenkonzept und seiner Bedeutung für Assimilation auseinandergesetzt (Esser 1990). Für Esser ist die Generationenzugehörigkeit eine wichtige Variable zur Erklärung von Assimilation. Relativiert wird sie jedoch durch den Faktor der kulturellen Hintergrundes. So erhöhe die Zugehörigkeit zur zweiten oder dritten Generation die Verfügbarkeit individueller Ressourcen, die notwendig sind, um den gesellschaftlichen Aufstieg zu bewerkstelligen: Sprachbeherrschung, formale Bildung, soziale Kontakte zu Mitgliedern der Mehrheitsgesellschaft etc. Dieser Aufstieg kann allerdings behindert werden, je nachdem wie groß die kulturelle Distanz zwischen Herkunfts- und Mehrheitsgesellschaft ist. Der tendenziell positiv auf soziale Mobilität einwirkende Generationenfaktor könne daher durch externe Barrieren, die durch die Mehrheitsgesellschaft der Integration entgegengestellt werden, unwirksam gemacht werden (Esser 1990: 99).

Abschließend ist zu erwähnen, dass Generationenmodelle nicht nur auf Konzepte der Assimilation beschränkt bleiben. Beispielsweise entwerfen auch Glazer und Moynihan (siehe S. 78) ein 3-Phasen-Schema für die Ansiedlung von ethnischen Gruppen in New York (siehe Price 1969: 207). Dabei gehen die beiden Forscher nicht von einer Assimilation in eine amerikanische Mehrheitskultur aus, sondern von einer langfristigen Modifikation in der ethnischen Zuordnung, welche über eine unbestimmte Anzahl von Generationen vermittelt wird: Die partikulare ethnische Zugehörigkeit weicht einer breiter gefassten Gruppenzuordnung nach Hautfarbe und Religion (protestantisch, katholisch, jüdisch).[4] Die ethnische und religiöse (Selbst-)Zuordnung bleibt jedoch als bestimmender Faktor der Identifikation bestehen. Stärker als die Assimilationstheorien sind Generationenmodelle als Versuche zu verstehen, Geschichte zu strukturieren und historische Verläufe zu antizipieren. Sie markieren keine starken Brüche zwischen den Generationenstufen, sondern versuchen den graduellen Verlauf von Integrationsprozessen zu strukturieren.

Zyklen- und Generationenmodelle umfassen also ein breites Spektrum an methodischen Zugängen zur Untersuchung von Regelhaftigkeiten in der Eingliederung von Zuwanderern. Der Versuch, in diesem Prozess eine regelhafte Struktur nachzuweisen, bildet den übergreifenden Rahmen dieser referierten Ansätze. Assimilation ist der Oberbegriff für Versuche, einen Vergesellschaftungsprozess zu strukturieren, welcher von der Vorstellung einer „homogenen" Gesellschaft bestimmt wird (im Gegensatz zu pluralistischen Vorstellungen), wobei sich die Homogenität sowohl auf Angleichung von kulturellen Praktiken als auch auf die Angleichung von Lebensstilen in der industriellen Massengesellschaft beziehen kann.

Jenseits des „melting pot": Der „culturalist turn" seit den sechziger Jahren

Gordons „Assimilation in American Life" markiert einen Wendepunkt in der US-amerikanischen Diskussion um Assimilation im 20. Jahrhundert. Das bis dahin in Wissenschaft und öffentlichem Diskurs dominierende Modell einer liberalen und sozial durchlässigen Gesellschaft, in der sich ethnische Unterschiede schrittweise auflösen, wurde seit den sechziger Jahren durch das Paradigma eines ethnischen Pluralismus abgelöst, das von einer Koexistenz unterschiedlicher ethnischer und kultureller Gruppen innerhalb eines Gemeinwesens mit einer übergreifenden Struktur gemeinsamer ökonomischer, politischer und sozialer Institutionen ausging. Dieser Paradigmenwechsel fiel in

4 Glazer und Moynihan belegen ihre Prognose mit dem Argument, dass beispielsweise die Gruppe der deutschen Einwanderer vollkommen in der Gruppe der weißen, angelsächsischen Protestanten (WASP) aufgegangen sei (Glazer/ Moynihan 1963: 311f.).

eine Epoche des gesellschaftlichen Wandels, ausgelöst durch die afroamerikanische Bürgerrechtsbewegung seit den fünfziger und die gegenkulturellen Bewegungen der sechziger Jahre, die sich in einem „ethnic revival" von Zuwandererminderheiten äußerte. Im Jahr 1963 veröffentlichten Nathan Glazer und Daniel P. Moynihan den Band „Beyond the Melting Pot", eine Studie über die Ansiedlung und Gruppenbildung von Afroamerikanern, puertoricanischen, jüdischen, italienischen und irischen Einwanderern in New York. Darin distanzierten sich die Autoren von der Vorstellung einer langfristigen Vermischung der ethnischen und religiösen Gruppen: „The point about the melting pot [...] is that it did not happen" (Glazer/Moynihan 1963: xcvii). Auf der Grundlage ihrer empirischen Studien versuchten sie die Persistenz einer ethnischen Gruppenstruktur innerhalb der New Yorker Gesellschaft nachzuweisen. Ihre zentrale These lautete, dass diese ethnische Gruppenstruktur kein antimodernistisches Relikt aus der Ära der Masseneinwanderung sei, sondern eine neue soziale Form darstelle (Glazer/Moynihan 1963: 16). Für die einzelnen Gruppen zeigen sie auf, welche externen Ereignisse zu einer ethnischen Restrukturierung beigetragen haben.

Seit den siebziger Jahren findet die Kulturanalyse zunehmend Eingang in die amerikanische Sozialwissenschaft. Die bisherigen Ansätze von Assimilation haben zu diesem Zeitpunkt weitgehend ihre Relevanz verloren. Dieser „cultural" oder auch „differentialist turn" bezog sich nicht nur auf Politik und Theorie der Zuwanderung. Ein ähnlicher Paradigmenwechsel vollzog sich in verschiedenen gesellschaftlichen Bereichen, auch außerhalb der Vereinigten Staaten. In Europa kämpften bis dahin schweigsame kulturelle Minderheiten um die politische Anerkennung und Förderung ihrer Sprachen (Blaschke 1984), desgleichen auch indigene Minderheiten um die Anerkennung von Minderheitenrechten und kulturelle Autonomie. Um die Bürgerrechtsbewegung in den USA entstanden afrozentristische und andere antiassimilationistische Bewegungen von Afroamerikanern, die unter anderem eine multikulturelle Revision von Schul- und Universitätslehrplänen einforderten. In der Frauenbewegung erhielten Themen der Differenz eine große Bedeutung. Gesellschaftliche Subgruppen, wie Homosexuelle, Behinderte, Gehörlose u.a., forderten die gesellschaftliche Anerkennung ihrer kulturellen Andersartigkeit. Das bislang unangefochtene wissenschaftliche Postulat der Aufklärung wurde einer fundamentalen postmodernistischen und poststrukturalistischen Kritik unterzogen. Auf politischem Terrain wurde der homogenisierende und zentralisierende Anspruch des Nationalstaates in Frage gestellt. In der Migrationsforschung war die „große Theorie" nicht länger gefragt; vielmehr richteten sich die Aktivitäten auf stärker partikularistisch orientierte Themen: So wurden Frauen als Migrationssubjekte „entdeckt" (z.B. Hondagneu-Sotelo 1994), Migrationsforschung wurde als Stadtforschung betrieben – allen voran von Saskia Sassen (1988) mit ihrer Theorie der „Global Cities"; die zunehmende

Einwanderung von Mexikanern und anderen nicht-weißen Minderheiten geriet in den Blickpunkt, mitsamt den damit verbundenen Konsequenzen für das Selbstverständnis einer „weißen“ Mehrheitsgesellschaft (z.B. Rouse 1991). Daneben traten Positionen, die die These einer ethnischen Revitalisierung in den USA anzweifelten, in den Hintergrund. So versuchte beispielsweise Gans (1979) Tendenzen der Revitalisierung argumentativ dadurch abzuschwächen, indem er ihnen mit einem Konzept von symbolischer Ethnizität entgegentrat. Die dritte und vierte Zuwanderergeneration in den USA, so Gans, befände sich durchaus in einem Prozess kontinuierlicher Assimilation und Akkulturation. Ethnische Identität in der ersten und zweiten Zuwanderergeneration habe ihren Ausdruck in ethnischen Organisationen und einer materiell ausgeprägten Nischenkultur gefunden. Hingegen trage die dritte und vierte Generation Ethnizität bisweilen viel sichtbarer nach außen, als dies die ersten Generationen getan haben. Dieses Verhalten habe jedoch einen rein kulturellen Charakter und bezeichnet für Gans lediglich eine neue Stufe im Prozess der Akkulturation und Assimilation, welche für den Autor weiterhin die entscheidenden Variablen der Eingliederung bilden (ebd.). Eine breite wissenschaftliche Diskussion fanden Konzepte der Assimilation erst wieder mit Beginn der neunziger Jahre, als eine Gruppe von Theoretikern einen neuen Zuschnitt von Assimilationskonzepten auf eine gewandelte Realität von Einwanderung in den Vereinigten Staaten hin forderte. Diese Konzepte, die hier unter den Begriff „Neoassimilationsmus“ gefasst werden, sollen im folgenden Kapitel erörtert werden.

Zusammenfassung und Bewertung

In diesem Kapitel wurde eine Reihe von Autoren vorgestellt, deren theoretische Entwürfe in den zwanziger bis sechziger Jahren des 20. Jahrhunderts entstanden sind und die in historischer Perspektive einen Korpus klassischer Assimilationstheorien begründet haben. Vordergründig weisen diese Theorien eine Reihe von Gemeinsamkeiten auf: den evolutionstheoretischen Ansatz, Vorstellungen von einer Regelhaftigkeit des Eingliederungsprozesses und trotz der prozessbetonten Blickweise doch auch Orientierung an einem finalen Gesellschaftsbild in dem Sinne, dass Einwanderer auf einer imaginierten Endstufe entweder vollständig in der Zuwanderungsgesellschaft aufgehen oder aus der Verschmelzung mehrerer Gruppen eine neue Gesellschaft entstehen wird.

Ich möchte das Bild eines übergreifenden Assimilationsparadigmas in diesen vorgestellten theoretischen Konzepten relativieren. Vielmehr handelt es sich um ein Konvolut von Konzepten, die im Einzelnen von unterschiedlichen Voraussetzungen ausgehen. Was diese Ansätze zusammenbindet, ist die gemeinsame Verwendung des Begriffs „Assimilation“ (oder ersatzweise „Absorption“), der in der Folge definitorisch auf den jeweiligen Forschungskontext zugeschnitten wird. Methodisch ist es problematisch, dass soziologische und sozialpsychologische Theorieansätze nicht klar voneinander unterschieden sind. Gesellschaft und Individuum sind in diesen Konzepten nicht klar voneinander getrennt, was beträchtliche Auswirkungen auf die politischen Implikationen der Modelle hat. Fokussiert man das Studium von Assimilation auf kognitive Veränderungen und das Anpassungsverhalten des Individuums, so erlegt man diesem eine beträchtliche Bürde auf und entlastet zugleich das aufnehmende System (Gesellschaft und Staat) von der Pflicht, den Eingliederungsprozess zu unterstützen. So wurde den Sozialpsychologen vorgeworfen, das grundlegende Assimilationsmodell von Robert Park entweder zu ignorieren oder Assimilation pauschal mit Sozialisation gleichzusetzen (Taft 1957: 141). Man kann den Vertretern der klassischen Assimilationstheorien vorwerfen, dass sie sich nicht deutlich genug von sozialpsychologischen Konzepten abgegrenzt haben und so in einen Generalverdacht der kulturellen Unterdrückung von Einwanderern geraten sind. Dies ist bedauerlich, weil dadurch etwa die Rezeption einer auch heute noch anregenden Theorie wie Gordons „Assimilation" abgebrochen wurde. Gordons Theorie eignet sich bei genauer Lektüre eben nicht, um sich pauschal Vorurteile gegenüber multikulturalistischen Gesellschaftsbildern bestätigen zu lassen.

Die klassischen Assimilationskonzepte rücken tendenziell, jedoch nicht durchgängig, die individuelle Anpassungsleistung in den Vordergrund. Es wäre jedoch falsch, die klassischen Assimilationsparadigmen einseitig auf einen methodischen Individualismus zu verkürzen. Schließlich haben die Modelle von Gordon und Eisenstadt durchaus den Anspruch, Assimilation beziehungsweise Absorption als einen gesamtgesellschaftlichen Prozess, bei dem zahlreiche intervenierende Variablen ineinander greifen, zu erklären. Ausgesprochen verkürzt ist jedoch die Community-Ebene. Lediglich am Rande (beispielsweise bei Gordon) klingt an, welche Ressourcen Migranten-Communities in den Anpassungsprozess einbringen können.

Modelle der Assimilation sind methodisch in den sozialwissenschaftlichen Evolutionstheorien verankert. Die klassischen Assimilationstheorien haben den Anspruch, eine „umfassende" Theorie zu formulieren, die sowohl die Gesellschaft insgesamt als auch einen langfristigen Zeitraum (nämlich des Anpassungsprozesses über Generationen hinweg) in den Blick nimmt. Die Kritik an den Assimilationsmodellen deckt sich mit generellen methodenkritischen Einwänden gegen Evolutionstheorien. Diese gehen von einer unilinearen Entwicklung menschlicher Gesellschaften aus und versuchen allgemeingültige „Stufen" in diesem Entwicklungsprozess zu definieren, ein Bemühen, das sich in der Regel leicht durch den Verweis auf konkrete historische Verläufe widerlegen lässt. Stärker problematisch erscheint die Tatsache, dass die Prozesse und Mechanismen, welche Wandel bewirken, nicht tatsächlich erklärt werden. Es wird nicht deutlich, wie die verschiedenen Ebenen von Assimilation miteinander in Bezug gesetzt werden müssen. Es können daher mit Hilfe dieser „umfassenden Theorie" Abweichungen vom unilinearen Verlauf weder prognostiziert noch erklärt werden: Warum verläuft die Integration verschiedener Einwanderergruppen bei gleichem rechtlichen Status unterschiedlich? Warum kommt es zu ethnischen Revitalismen? Welchen Einfluss haben die staatliche Einwanderungs- und Integrationspolitik auf die Art der Eingliederung? Obwohl Assimilationstheorien, wie noch zu zeigen sein wird, implizit in den gegenwärtigen Integrationsdebatten ein hohes Ansehen als politisches Leitbild genießen, sind sie als solche wenig anwenderfreundlich. Prozesse der Vergesellschaftung von Zuwanderern lassen sich mit ihrer Hilfe allenfalls quantifizieren; sie sind aber ohne ergänzende qualitative Forschung nicht in der Lage, Integration zu erklären, und bieten wenig Handhabe, Programme und politische Maßnahmen der Integrationsförderung zu formulieren.

Es ist der gesellschaftliche Leitbildcharakter, der Theorien einer umfassenden Assimilation prägt. Dieser übergreifende Weltbildcharakter erklärt, weshalb das Leitbild der Assimilation im Amerika der Studentenbewegung gewissermaßen weggeblasen und durch ein neues Leitbild des ethnischen Pluralismus ersetzt werden konnte. Das Denken in Leitbildern wird der wissenschaftlichen Relevanz von Theoretikern wie Park, Gordon und Eisenstadt jedoch keineswegs gerecht. Gordons „Assimilation in American Life" beispielsweise ist auch Jahrzehnte nach seinem Erscheinen ein immer noch lesenswertes Werk, das eine aufschlussreiche strukturelle Analyse der amerikanischen Gesellschaft um 1960 bietet. Dennoch ist das Arbeitsprogramm, das Gordon für die Untersuchung der Vergesellschaftung von Einwanderern vorgibt, für die Analyse gegenwärtiger sozialer Prozesse in modernen Einwanderungsgesellschaften nicht mehr ausreichend. Die Forschungsfragen, die er (und andere Assimilationstheoretiker) aufgibt, beschränken sich in der Tendenz auf eine langfristige statistische Beobachtung von Assimilationsprozessen, formulieren aber kein Programm für die Untersuchung partikularer Mechanismen der Vergesellschaftung.

Die vorgestellten Modelle geben keine Antwort auf die Frage, inwieweit Assimilation zufällig verläuft – mit der politischen Konsequenz, in einem solchen Fall möglichst wenig in Integrationsprozesse zu intervenieren –, beziehungsweise inwieweit Stadien der Assimilation abzusehen sind, die sich durch intervenierende Maßnahmen in positiver Weise beeinflussen lassen. Eine Frage, die sich die vorhandenen Modelle aus heutiger Sicht zudem kritisch stellen lassen müssen, bezieht sich weiterhin darauf, inwieweit Assimilationskonzepte der fortschreitenden Differenzierung von Zuwanderergruppen gerecht werden.

Eine implizite Annahme der klassischen Assimilationsmodelle ist die Interdependenz von Assimilation und gesellschaftlicher Modernisierung. Ethnische und auf Rassenzugehörigkeit beruhende Unterschiede würden im Verlauf der Zeit zum Verschwinden kommen oder zumindest ihre Bedeutung für die Zuweisung von gesellschaftlichen Positionen verlieren. Mit gesellschaftlicher Modernisierung verband sich die Vorstellung eines rationalistischen, unpersönlichen Prinzips der gesellschaftlichen Strukturierung, aufbauend auf persönlicher Leistung und abstrahierend von allen Merkmalen der ethnischen, religiösen und rassischen Zuordnung. Bestehende Ungleichheiten zwischen den ethnischen Gruppen werden als vormoderne Residuen ignoriert. Das in den amerikanischen Südstaaten fortbestehende, auf Rassenzugehörigkeit aufbauende Kastensystem beispielsweise wird von Gordon als Überbleibsel einer vormodernen agrarischen Gesellschaft interpretiert.

Assimilation in der klassischen US-amerikanischen Perspektive ist weniger ein Verhaltenspostulat an das Individuum, sondern ist eingebettet in die Perspektive einer liberalen Gesellschaft, die sich selbst als das „Land der unbegrenzten Möglichkeiten" versteht. In diesem Sinne erscheint die Inkorporation in eine „Mainstream"-Kultur als unausweichlich:

> „Successful assimilation [...] has been viewed as synonymous with equality of opportunity and upward mobility for the members of minority groups. ‚Opportunity', in this system, is the opportunity to discard one's ethnicity and to partake fully in the ‚American Way of Life'. In this sense, assimilation is viewed as the embodiment of the democratic ethos" (Metzger 1971: 628f.; zitiert nach Yetman 1999: 229).

Assimilation läuft im zeithistorischen Entstehungskontext der Theorien von Gordon und Eisenstadt auf die Anpassung an die Anforderungen moderner Industriegesellschaften zu. Im Vertrauen auf den integrativen Motor eines unendlich absorptionsfähigen Arbeitsmarktes spielen kulturelle Leitbilder als normative Vorgaben – anders als etwa in der zeitgenössischen Integrationsdebatte in Deutschland – keine herausragende Rolle. Die Ungleichzeitigkeit der Integration unterschiedlicher Bevölkerungsgruppen in die verschiedenen Kernbereiche der Industriegesellschaft wird hingegen nicht erklärt. So kann Gordon die ausbleibende Assimilation von indianischen Ureinwohnern und Afroamerikanern nicht restlos erklären. Bei Eisenstadt wiederum sind auch Formen pluralistischer Gesellschaft bei partieller Assimilation nicht ausgeschlossen. Das entscheidende Kriterium für ihn ist hier, wie viel Verschiedenartigkeit eine Gesellschaft verträgt, ohne dass ihre grundlegende soziale Struktur gefährdet ist.

Insgesamt handelt es sich bei den klassischen Assimilationsparadigmen vielfach um komplexe Theorien, die sich nicht auf einfache Schlagworte der Anpassung verkürzen lassen. Sie reflektieren komplexe soziale Modelle von Einwanderungsgesellschaften, die von einem grundsätzlichen Leitbild einer verhältnismäßig hohen Homogenität ausgehen. In ihnen spiegelt sich der modernistisch orientierte Zukunftsoptimismus der westlichen Industriegesellschaften der Nachkriegszeit wider.

Tradition oder Neukonzipierung? Neuere Modelle von Assimilation

Seit Ende der sechziger Jahre geriet das Assimilationsparadigma in Wissenschaft und Gesellschaft in Misskredit und wurde durch ethnisch-pluralistische Erklärungsmodelle ersetzt. Gut zwei Jahrzehnte später meldete sich jedoch zunächst in den USA, etwas später auch in Europa eine Wissenschaftlergeneration zu Wort, die auf eine Rehabilitation des Assimilationsparadigmas drang, allerdings unter veränderten axiomatischen Voraussetzungen. Diese beziehen sich in erster Linie auf die veränderte Realität der Einwanderung in die Vereinigten Staaten seit den sechziger Jahren, aus der eine starke ethnische Diversifizierung der Einwanderergruppen hervorgegangen ist. Auf dem Höhepunkt eines sozialreformerischen Optimismus war 1965 in den USA ein Einwanderungsgesetz verabschiedet worden, in welchem das bisherige europafixierte Quotensystem in der Einwanderungssteuerung abgelöst wurde. Stattdessen wurde ein universales Immigrationssystem geschaffen, das für jedes Land der „östlichen Hemisphäre“ eine maximale Einwandererquote von 20.000 Personen pro Jahr festlegte. Für Einwanderer aus westlichen Herkunftsländern wurden seinerzeit noch gar keine Begrenzungen formuliert; dies geschah erst mit dem Erlass eines erneuten Einwanderungsgesetzes im Jahr 1976. Durch den Immigration Act von 1965 wurde eine extensive Immigration von nichteuropäischen Einwanderern ermöglicht, zu deren wichtigsten Gruppen Mexikaner, Kubaner, Dominikaner, Salvadorianer, Jamaikaner, Chinesen, Koreaner, Filipinos, Inder und Vietnamesen zählten.

Unter solchen Umständen musste jede Reformulierung von Assimilationskonzepten insbesondere eine kritische Auseinandersetzung mit dem Akkulturationsbegriff im klassischen Theoriefundus bedeuten. Der Fokus verschob sich auf eine Betrachtungsweise, die sich anstelle von Akkulturation auf Prozesse der sozialstrukturellen Angleichung der Bevölkerungsgruppen unterschiedlicher Herkunft konzentrierte. Assimilation, so betonten die Theoretiker der neuen Generation, sei ein notwendiges Konzept, um entstehende Angleichungen wie auch fortdauernde Unterschiede zwischen verschiedenen Gruppen auf einer gesamtgesellschaftlichen Basis zu untersuchen.

Diese Rückbesinnung auf Assimilationstheorien ist verschiedentlich als „return of assimilation" (Brubaker) oder „new assimilationism" bezeichnet worden. Zugleich aber grenzen sich die meisten der neueren Autoren, die sich auf Assimilationskonzepte berufen, von den älteren Konzeptionen ab, die sie kritisch revidieren und auf ihre Brauchbarkeit für zeitgenössische Einwanderungsgesellschaften hin überprüfen. Diese kritische Revision wird im ersten Abschnitt dieses Kapitels dargestellt. In Anlehnung an den Begriff „new assimilationism" möchte ich hier in einem begrifflichen Neologismus von „Neoassimilationismus" sprechen – ebenfalls in der Absicht, eine Abgrenzung gegenüber den klassischen Konzepten bis in die sechziger Jahre vorzunehmen.

Dieses Kapitel ist in vier Abschnitte unterteilt. In einem ersten Teil soll die Auseinandersetzung der Verfechter neuerer Konzepte mit dem klassischen Fundus an Assimilationstheorien dargestellt werden. In dieser Auseinandersetzung geht es sowohl um eine Kritik als auch darum, was am Konzept der Assimilation als bewahrenswert gilt. Im zweiten Teil soll der Diskurs um Neoassimilationismus in den USA vorgestellt werden. Im dritten Teil soll untersucht werden, welche Rezeption diese Diskussion in Westeuropa gefunden hat. Schließlich geht es in einem vierten Abschnitt um eine modifizierte Richtung der Diskussion, die unter dem Stichwort der segmentierten Assimilation Anfang der neunziger Jahre in den USA aufkam und insbesondere die verschlechterten Integrationsbedingungen von Gruppen der zweiten Zuwanderergeneration in den Blick nahm und auf dieser Grundlage die Frage neu formulierte, in welchen Bezugskontext hinein Assimilation eigentlich geschieht.

Kritik an den klassischen Modellen

Seit Beginn der neunziger Jahre haben sich zahlreiche Autoren zu Wort gemeldet, die für eine kritische Revision des Assimilationsmodells plädierten. Bezeichnenderweise waren es nicht Soziologen, die den Diskurs initiierten, sondern Anthropologen und Historiker, wie Elliott R. Barkan, Ewa Morawska, Olivier Zunz und Rudolph Vecoli, die zunächst im Umkreis des *Journal of American Ethnic History* eine gleichzeitig kritische und rehabilitierende Debatte um das Modell der Assimilation anstießen. Spätestens Ende der neunziger Jahre war die Debatte auch in Europa angekommen. Hier wurde insbesondere das britische *Journal of Ethnic and Racial Studies* zu einem Sammelbecken für eine kritische Auseinandersetzung um das Konzept eines erneuerten Assimilationismus, wobei Befürworter wie Gegner ausführlich zu Wort kamen. Die Diskussion manifestierte sich weiterhin in mehreren wissenschaftlichen Sammelbänden, von denen hier ausdrücklich die von Cuperus,

Duffek und Kandel (2003) sowie von Joppke und Morawska (2003) erwähnt sein sollen.

Es wird in diesem Abschnitt zunächst einmal darum gehen, in welcher Weise die kritische Auseinandersetzung mit dem klassischen Assimilationsparadigma stattfand. Daran schließt sich die Frage, welche Faktoren aus Sicht dieser Autoren für eine Rehabilitation des Paradigmas – unter modifizierten Voraussetzungen – sprechen.

Ewa Morawska befasst sich in einem 1994 erschienenen Aufsatz mit dem häufig gegen das Assimilationsparadigma eingebrachten Vorwurf, dass dieses vereinfachend und ahistorisch sei und die Komplexität historischer Prozesse ignoriere. Selbst Sozialhistorikerin, sieht Morawska diesen Vorwurf als berechtigt an. Wenn Assimilation wieder eine Bedeutung als sozialwissenschaftliches Erklärungsmodell erlangen wolle, dann müsse dieses Modell komplexer ausgebaut und stärker auf die historischen Umstände von Einwanderungsprozessen hin ausgelegt werden. An den assimilatorischen Stufenmodellen hält sie den Dreischritt von Akkulturation, sozialer Integration und identifikativer Integration nach wie vor für relevant. Aus ihrer Sicht spricht für das Assimilationsparadigma, dass Assimilation in bestimmten Fällen „einfach stattfindet", das heißt, eine Angleichung zwischen zugewanderter Minderheit und Mehrheit mehr oder weniger spontan und weitgehend ohne externe Intervention erfolgt. Die Aufgabe der Historikerin sei es, anhand existierender Fallstudien Gesetzmäßigkeiten in den Konstellationen herauszufinden, in denen Assimilation stattfindet. Ausdrücklich erklärt Morawska jedoch, dass das Studium der Assimilation nur *einen* Erklärungsrahmen neben anderen für die Anpassung von Einwanderern an die amerikanische Gesellschaft bilden könne (Morawska 1994: 76). Sie bedauert, dass sozialpsychologische Studien seit den siebziger Jahren in der Migrationsforschung vollkommen obsolet gewesen seien und gegen das dominierende Ethnizitäts-Paradigma keine Chance hatten. Morawska hingegen plädiert für eine sozialpsychologisch orientierte Forschung, die dazu beitragen könne, das Verschwinden individueller und kollektiver ethnischer Orientierung zu verifizieren.

In dieser Argumentation taucht bereits eine Legitimation für den Fortbestand des Assimilationsmodells auf, die praktisch in allen anderen Argumentationslinien wiederkehrt: „Assimilation happens", Assimilation geschieht einfach und ist ein grundlegendes, wenn auch nicht absolutes Faktum von historisch rekonstruierbaren Migrationsbewegungen. Mit dieser Argumentationslinie werden wir uns in diesem Kapitel noch eingehender auseinanderzusetzen haben. Anders als Morawska, die sich für einen sozialpsychologischen Ethnizitätsbegriff ausspricht und deren Abgrenzung von primordialen Auffassungen von Ethnizität nicht eindeutig ist, wendet sich die neuere Generation von Assimilationstheoretikern vom Akkulturationsbegriff der klassischen Modelle ab und übernimmt zugleich aus der neueren Ethnizitätsdebatte einen situativ orientierten Begriff von „ethnischer Community".

Alba und Nee etwa, die seit den neunziger Jahren prominente Beiträge zum Neoassimilationismus geliefert haben, sehen den Niedergang des klassischen Paradigmas darin begründet, dass es in der politischen Wahrnehmung seit den sechziger Jahren mit der forcierten Durchsetzung einer „weißen" Mehrheitskultur in den USA in Verbindung gebracht wurde (Alba/Nee 1999: 137). In ihrer Kritik der klassischen Modelle haken sie insbesondere in den Kulturbegriff ein und setzen sich hier vor allem mit Gordon (1964) auseinander. Alba und Nee kritisieren an Gordon, dass ihm ein differenziertes und auch Synkretismus berücksichtigendes Verständnis von Kultur abgehe. Die Sichtweise, dass eine ethnische Gruppe die Kultur einer anderen einfach „übernehme", zeuge von einem sehr engen Verständnis von Akkulturation. Es gehe bei Assimilation nicht um die Aufgabe kultureller Traditionen, sondern um die zentrale Frage, wie kulturelle Charakteristika allmählich ihren Charakter der Zuschreibung zu einer bestimmten ethnischen Gruppe verlieren (Alba/Nee 1999: 141). Gordon differenziere zudem im Wandel von ethnischer Zuschreibung nicht zwischen einer individuellen und einer kollektiven Ebene. Weiterhin sei die gegenseitige Beeinflussung von Gruppenprozessen und dem individuellen Fortkommen, also Fragen des Verhältnisses zwischen individuellen Opportunitäten und durch die Community verfügbaren Ressourcen, in Gordons Theorie nicht thematisiert worden. Es sei jedoch anzunehmen, dass bei einer relativen Stärke der Community eine verzögerte Assimilation oder Assimilation nur in bestimmte Subsysteme der Mehrheitsgesellschaft stattfinde (Alba/Nee 1999: 142).

Die Kritik an den älteren Modellen bezieht sich also auf Vorstellungen von Linearität in einem Angleichungsprozess, der als mehr oder minder unumgänglich vorgestellt wird. Der primordiale Ethnizitätsbegriff, der von der älteren Protagonistengeneration im Wesentlichen unreflektiert verwendet wird, entspricht nicht länger der wissenschaftlichen Diskussion um Ethnizität als einem Phänomen der Zuschreibung und Mobilisierbarkeit von Gruppenmerkmalen und erst recht nicht der offensichtlichen historischen Erfahrung mit Einwanderungsbewegungen am Ende des 20. Jahrhunderts. Zurückgedrängt wird in den neueren Konzeptionen die Vorstellung einer individuellen Anpassung von Einwanderern an eine vorgefundene Gesellschaft; stattdessen wird der Fokus auf die strukturelle Angleichung von Lebensbedingungen an einen wie auch immer zu definierenden „Standard" gelegt. Assimilation soll nicht mehr als individuelles Merkmal von Migranten begriffen werden, sondern als ein „relationales Merkmal" zwischen verschiedenen gesellschaftlichen Gruppen (Kalter/Granato 2004: 61).

Die Renaissance des Assimilationsbegriffs in der neueren Migrationstheorie wird daher mit einem modifizierten Begriffsverständnis begründet:

weg von einem politisch diskreditierten Ansatz der individuellen Anpassung hin zu einem analytisch komplexeren und normativ weniger belasteten Verständnis sozialer Prozesse der Eingliederung. Brubaker etwa rechtfertigt die Angemessenheit des Assimilationskonzeptes damit, dass er eine transitive und intransitive Wortbedeutung von Assimilation unterscheidet. „Assimilieren" könne in einer intransitiven Wortverwendung „ähnlich werden" bedeuten und damit einen Prozess bezeichnen, der sich mit oder ohne äußere Intervention „einfach vollzieht". In einer transitiven Bedeutung könne Assimilation aber auch „jemand ähnlich machen" bezeichnen und damit auf eine willkürliche Bedeutungsdimension, einen externen Eingriff, verweisen (Brubaker 2001: 534). Entscheidend aber sei es, worauf man den Akzent lege: auf den Prozess oder auf den fertigen Zustand von Angleichung. Je nachdem ergebe sich daraus ein analytisches Raster oder ein normatives Postulat von Assimilation.

Rehabilitiert wird das Assimilationsparadigma mit dem Hinweis darauf, dass es ein Instrumentarium dafür biete, entstehende Ähnlichkeiten wie auch andauernde Unterschiede zwischen gesellschaftlichen Gruppen zu untersuchen, und daher als ein notwendiges Konzept für die Erforschung von Einwanderung beibehalten werden müsse. Das veränderte Begriffsverständnis von Assimilation lässt sich etwa folgendermaßen resümieren (vgl. Brubaker 2001: 542ff.):

1. Begriffliche Vorstellungen von einer Anverwandlung von einem gesellschaftlichen Subsystem zu einem anderen hin, wie sie ihren Ursprung in organischen Theorien von Gesellschaft haben, werden ad acta gelegt. Das Verständnis geht hin zu einem prozessualen Begriff der strukturellen Angleichung.
2. Die Betrachtung konzentriert sich nicht auf Assimilation als individuelles (willkürliches oder unwillkürliches) Anpassungsverhalten, sondern Assimilation zeigt sich in sozialen Prozessen an, die mit Hilfe aggregierter Datenanalyse zu untersuchen sind.
3. Assimilation ist ein Phänomen, das sich in jedem Fall über mehrere Generationen hinzieht.
4. Aufgegeben werden muss die Sichtweise von homogenen Einheiten und von einem Prozess des Übergangs von einer Einheit zur nächsten. Brubaker bezeichnet diesen Übergang vielmehr als „a shift from one mode of heterogeneity – one distribution of properties – to another mode of heterogeneity" (Brubaker 2001: 543).
5. Das Interesse verschiebt sich von Prozessen der kulturellen zu solchen der sozioökonomischen Angleichung. Assimilation dürfe nicht als Gegenkonzept gegen kulturelle Differenz verstanden werden, sondern vielmehr als ein analytisches Instrument, das gegen Ghettoisierung, Segregation und Marginalisierung gerichtet ist.

6. Assimilation wird nicht mehr auf eine homogene Mehrheitsbevölkerung oder „Kernkultur" bezogen, sondern erkennt die Vielfältigkeit der kulturellen und gesellschaftlichen Bezüge an.

Assimilationstheorie für eine neue Ära der Einwanderung – eine Sichtung neuerer Konzepte

Im folgenden Unterkapitel werden Konzepte vorgestellt, mit deren Hilfe das Assimilationsparadigma für die Analyse neuerer Migrationsbewegungen anwendbar gemacht werden soll. Der Schwerpunkt wird dabei auf die Theorie von Richard Alba und Victor Nee gesetzt, die im vergangenen Jahrzehnt zahlreiche Publikationen zu dem Thema vorgelegt und zentrale Stichwörter für verwandte Debatten außerhalb der Vereinigten Staaten geliefert haben. Gewissermaßen einen Zwischenschritt zwischen alter und neuer Theorie bildet der Ansatz von Elliott Barkan, der Mitte der neunziger Jahre in einem umfangreichen Aufsatz den Versuch unternommen hat, den Assimilationsbegriff auf seine Anwendbarkeit in einer ethnisch-pluralen Einwanderungsgesellschaft hin zu systematisieren.

Abkehr von der Vorstellung einer vollständigen Assimilation

Mit seinem Aufsatz „A Model of Ethnicity – From Contact to Assimilation" hat der Historiker Elliot R. Barkan 1995 eine Debatte im *Journal of American Ethnic History* ausgelöst, in deren Folge sich eine Reihe von Wissenschaftlern zu den Themen Assimilation und Relevanz „ethnischer Identität" zu Wort meldeten. Barkan plädiert in diesem Aufsatz für eine Revitalisierung des Assimilationsparadigmas, da der pluralistische Charakter der amerikanischen Gesellschaft nur zu verstehen sei, wenn man Assimilation in der amerikanischen Geschichte verstehe: „[...] we need to remember that both [Pluralismus und Assimilation; J.A.] coexist and continue to occur concurrently" (Barkan 1995: 45). Barkan legt Wert auf die Feststellung, dass Assimilation nicht das *ausschließliche* Modell von Vergesellschaftung in den USA sei. Es sei jedoch notwendig, die akademische Diskussion um die Vergesellschaftung von Immigranten zu entpolitisieren und stattdessen Forschern und Politikern einen gegenüber früheren Modellen stärker detaillierten und widerspruchsfreien methodischen Rahmen für die Analyse von einwanderungsbedingten Vergesellschaftungsprozessen in den Vereinigten Staaten an die Hand zu geben (Barkan 1995: 45).

Es gibt für Barkan kein allgemeingültiges Muster von Assimilation, das auf Einwanderungsländer generell und die Vereinigten Staaten im Besonderen anzuwenden wäre. Vielmehr habe die Einwanderungsgeschichte eine Vielzahl von ethnischen Ausprägungen hervorgebracht. Der Assimilationsforschung müsse es darum gehen, Gemeinsamkeiten in diesen Ausprägungen zu identifizieren, nicht zuletzt, um vor diesem Hintergrund Abweichungen in den ethnischen Formationen besser erfassen zu können (Barkan 1995: 46).

Unter den neueren Theoretikern ist Barkan derjenige, der noch mit dem Schema der Stufenmodelle arbeitet. In seiner Diktion ist er Gordon noch sehr nahe. Er spricht von „core culture“ und „general society“ (Barkan 1995: 48). Akkulturation ist für ihn der entscheidende Faktor von Assimilation; in Abgrenzung gegenüber Integration ist die Akkulturation der entscheidende Schritt hin zur Assimilation (Barkan 1995: 48). Barkan liegt damit ganz in der Diktion eines heute weithin gängigen Verständnisses von Integration und Assimilation, wonach der entscheidende Unterschied zwischen Integration und Assimilation darin liege, ob eine „ethnische Identität“ existiert oder diese bereits aufgegeben wurde.

Barkan unterscheidet sich von den klassischen Vorläuferversionen dadurch, dass er a priori nicht mehr von der Notwendigkeit einer vollständigen Assimilation ausgeht. Schließlich habe die US-amerikanische Einwanderungsrealität seit den sechziger Jahren gezeigt, dass eine Vielzahl europäischer und außereuropäischer Einwanderergruppen zu ganz unterschiedlichen Resultaten der Vergesellschaftung in den Vereinigten Staaten komme. Assimilation, so Barkan, finde in einer Einwanderungsgesellschaft wie den USA auf unterschiedlichen Stufen und in unterschiedlicher gradueller Ausprägung statt. Gleichwohl trete mit der Zeit ein kumulativer Effekt ein. Zwar werde Ethnizität durch die nachträgliche Zuwanderung von Community-Mitgliedern immer wieder auch erneuert und perpetuiert. Man könne jedoch annehmen, dass ohne diese Perpetuierung durch Neuzuwanderer Ethnizität im Verlauf einiger Generationen aufgegeben würde (Barkan 1995: 50). In seiner Darstellung bleibt Barkan jedoch undeutlich, was er unter Ethnizität eigentlich versteht. So bleibt es unklar, was die Aufgabe von „ethnischer Identität“ für Individuen und Gruppen eigentlich bedeutet und was daraus folgt: etwa die Annahme einer anderen „ethnischen Identität“, und wenn ja, welcher?

In seiner modellhaften Darstellung von Assimilation bleibt Barkan noch sehr den Assimilationskonzepten früherer Jahrzehnte verhaftet. Zwar betont er, dass Assimilation keineswegs einen zyklischen oder linearen Verlauf impliziere und nicht notwendigerweise bestimmte Resultate zeitige. Im Zentrum seines sechsstufigen Modells steht die „Kerngesellschaft“ beziehungsweise „Kernkultur“, in die Zuwanderer über die Stufen der Kontaktaufnahme, Akkulturation, Anpassung von Verhaltensweisen, Akkommodation, Integration und Assimilation gelangen. Substantiell werden die Begriffe „Kerngesellschaft“ und „Kernkultur“ mit keinen näheren Inhalten gefüllt; ob er damit stillschweigend analog zu Gordon die „WASP“-Kultur (White Protestant Anglo-Saxon) einer europäischen Einwanderungstradition meint, bleibt der Spekulation überlassen. Neu bei Barkan ist, dass er, anders als frühere Modelle, zugleich mit dem Begriff „Integration" operiert. Unter Integration versteht Barkan einen bereits erreichten hohen Grad an Inklusion in die verschiedenen gesellschaftlichen Sphären der Aufnahmegesellschaft. Auf der Stufe der Integration „[...] a considerable degree of inclusion or incorporation in the general society has been attained, although residual cultural, identificational, symbolic, and behavioral characteristics remain, and, quite likely, particular language expressions, traditional foods, and some festival observations or celebrations that are episodic or infrequent" (Barkan 1995: 57). Barkan gelangt hier zu einem Begriff von struktureller Assimilation, der in der Folge das entscheidende Merkmal konzeptioneller Arbeit mit Assimilation wird.

Alba und Nee und die „neue Assimilationstheorie"

In einer Vielzahl von Aufsätzen und einer umfassenden Monographie haben sich bislang Richard Alba und Victor Nee am prononciertesten mit einer Reformulierung des Assimilationskonzeptes auseinandergesetzt. Insbesondere in ihrer Monographie „Remaking the American Mainstream" (2003) beziehen sie das Assimilationskonzept auf eine inzwischen stark diversifizierte ethnische Vielfalt der Einwanderung in die USA, wobei hispanische und asiatische Zuwanderer einen immer größeren Anteil an der Immigrantenpopulation stellen. Die zentrale Ausgangsfrage ihrer Untersuchung ist, wie Assimilation in einer solch ethnisch vielfältigen und dynamischen Gesellschaft aussieht, was sie bedeutet und wie das Konzept an die gegenwärtige demographische Realität der USA angepasst werden kann (Alba/Nee 2003: 10).

Es interessieren hier mehrere Fragen, die an Albas und Nees Theorie heranzutragen sind: Wie rechtfertigen die Autoren das Konzept der Assimilation in einer ethnisch differenzierten Gesellschaft? Wie verhalten sich die Autoren zu Ethnizität und Vorstellungen einer „Kerngesellschaft" oder „Kernkultur"? Wie ist das Verhältnis zwischen Individuum und kollektiver Struktur im Prozess der Vergesellschaftung? Welche intervenierenden Mechanismen werden hier aktiv?

In der Frage, weshalb Assimilation als ein theoretisches Konzept in der Migrationsforschung noch immer zu rechtfertigen sei, geben sich die Autoren pragmatisch. Im Fundus verfügbarer Theorien, welchen Alba und Nee mit den drei Hauptlinien Assimilationsmodelle, Modelle der strukturellen Exklusion von Zuwanderern und Modelle der ethnisch-sozialen Pluralisierung abstecken, beweise das Assimilationsmodell trotz bisweilen eingeschränkter Reichweite nach wie vor seine Evidenz. Generell halten die Autoren das Assimilationsmodell in Bezug auf Bildung- und Berufsverläufe der zweiten Generation, auf das Wohnverhalten und interethnische Heiraten noch immer für dasjenige Muster, das für den überwiegenden Teil der US-amerikanischen Einwanderer Gültigkeit habe. Zudem sei das Assimilationsparadigma auch in politikstrategischer Hinsicht von Bedeutung, um institutionalisierte Mechanismen der Förderung von Einwanderern aufzubauen (Alba/Nee 2004: 34). Daneben werten Alba und Nee die Bedeutung alternativer Modelle als eingeschränkt. Soziale Exklusion als Modell sei nicht wünschenswert und schaffe nur innenpolitische Krisenherde; die Reichweite des Modells ethnisch-sozialer Pluralisierung hingegen sehen sie als eingeschränkt. Schließlich verliere sich in der zweiten und den folgenden Migrantengenerationen der Bezug zur Herkunfts-Community. Außerdem seien die ökonomischen Möglichkeiten, die sich in ethnischen Ökonomien bieten, auf die Dauer nicht attraktiv und gegenüber dem ersten Arbeitsmarkt nicht konkurrenzfähig (Alba/Nee 2004: 37f.). Für die Autoren besitzt daher das Assimilationsparadigma gegenüber alternativen Modellen die weitaus größte empirische Relevanz.

Von den klassischen Assimilationstheorien grenzen sich Alba und Nee ab, indem sie sich methodisch auf den „neuen Institutionalismus" stützen. Hierbei handelt es sich um ein interdisziplinäres Paradigma, das darauf abzielt, Stabilität und Wandel institutioneller Strukturen zu erklären (Alba/Nee 2003: 14). Damit umgehen sie die Fallstricke eines handlungstheoretischen Ansatzes, der die Perspektive auf das Individuum verschiebt. Der theoretische Ansatz des Institutionalismus hingegen betrachtet Rationalität als kontextgebunden und kontingent und hebt sich damit von den Rationalitätsannahmen der neoklassischen Schule ab, deren Vertreter davon ausgehen, dass Individuuen Nutzenmaximierung unter der Annahme vollständiger Information und uneingeschränkter kognitiver Kapazität betreiben (Alba/Nee 2003: 37). Albas und Nees Absicht ist es, eine „neue Assimilationstheorie" zu formulieren, die die Mechanismen von Assimilation spezifiziert. Ausdrücklich vertreten sie ein nicht-normatives Konzept von Assimilation. Gleichwohl erkennen sie an, dass eine Trennung zwischen normativer und positiver Wissenschaft im Bereich der Sozial- und Humanwissenschaften ein heikles Unterfangen ist.

Es sollen hier einige Annahmen der „neuen Assimilationstheorie" herausgegriffen werden. Die Frage der Akkulturation, der aktiven Anpassung des Individuums an eine neue Kultur, spielt bei Alba und Nee eine untergeordnete Rolle. Auch ist Assimilation kein allgemein gültiges Resultat eines Vergesellschaftungsprozesses, der in früheren Theorien als ein geradliniger Verlauf von der Einwanderung bis zum Eindringen in die soziale Mittelschicht vorgestellt wurde. Assimilation ist auch nicht notwendigerweise ein strategischer Prozess, der von Individuen betrieben wird:

„To the extent that assimilation occurs, it proceeds incrementally, usually as an intergenerational process, stemming both from individuals' purposive action and from the unintended consequences of their workaday decisions. In the case of immigrants and their descendants who may not intentionally seek to assimilate, the cumulative effect of pragmatic decisions aimed at successful adaptation can give rise to changes in behavior that nevertheless lead to eventual assimilation. Assimilation occurs at different rates within different ethnic and racial groups, so that within the same ethnic group there is very considerable variation in the extent of assimilation – as is clear, for example, in the sharp contrast between intermarried Jews and the residents of socially encapsulated Hasidic communities" (Alba/Nee 2003: 38f.).

Assimilation wird in der Perspektive des Individuums nicht als umfassende Strategie individuellen Handelns verstanden. Rationales Handeln richtet sich auf Ziele im Nahbereich: eine bessere Schulbildung der Kinder, eine Tätigkeit mit höherem Einkommen, eine Wohnung in einer schöneren Umgebung, bereichernde Freundschaften. Erst die Summe dieser Entscheidungen ergibt im Ergebnis eine Art von Assimilation.

Der Verlauf des Assimilationsprozesses wird für die meisten ethnischen Gruppen durch eine Mischung aus kollektiven und individuellen Einflussfaktoren bestimmt. Der Stellenwert, den Alba und Nee Ethnizität beimessen, lässt sich am prägnantesten durch das folgende Zitat ausdrücken:

„Consequently, we define assimilation as the decline of an ethnic distinction and its corollary cultural and social differences. ‚Decline' means in this context that a distinction attenuates in salience, that the occurrences for which it is relevant diminish in number and contract to fewer and fewer domains of social life. [...] To speak in terms of extremes, at one time an ethnic distinction may be relevant for virtually all of the life chances of members of two different groups – where they live, what kinds of jobs they get, and so forth – while at a later time it may have receded to the point where it is observed only in occasional family rituals" (Alba/Nee 2003: 11).

Assimilation bedeutet, wie aus dem Zitat hervorgeht, nicht den Verlust von Ethnizität, jedoch verliert Ethnizität zunehmend ihre Relevanz für die gesellschaftliche Positionierung von Individuen. In diesem Zusammenhang erledigt sich auch die Frage nach einem primordialen oder askriptiven Verständnis von Ethnizität, da es unter der formulierten Annahme völlig irrelevant ist, wie sich das Individuum zur eigenen Herkunftskultur stellt.

Zu klären ist auch die Perspektive von Assimilation in Albas und Nees Theorie. Assimilation mündet in eine Mehrheitskultur, die die Autoren als „American mainstream" bezeichnen. Dieser gesellschaftliche Mainstream unterscheidet sich von der Gordon'schen „core culture" und „core society" dahingehend, dass Ersterer ein in ständigem Wandel begriffenes Konzept ist. Alba und Nee verwenden den Begriff „composite culture" und verstehen darunter ein Konzept, wonach Kultur durch die wechselseitige Durchdringung unterschiedlicher kultureller Praktiken und Vorstellungen entsteht und durch die Inkorporation neuer Gruppen in einem ständigen Wandel begriffen ist (Alba/Nee 2003: 10). Unter „Mainstream" dürfe nicht nur eine Perspektive der weißen Mittelschicht verstanden werden. Indikatoren für einen bereits stattgefundenen Wandel in den USA sehen Alba und Nee in einer steigenden Anzahl interethnischer Heiraten oder der zunehmenden Inkorporation ostasiatischer Kultur und Küche (Alba/Nee 2003: 13). Vorstellungen einer Adaption an eine nationale Kultur, wie sie europäische Diskussionen seit den neunziger Jahren stark prägen, fehlen in Albas und Nees Modell.

Assimilation erfolgt über eine Vielzahl intervenierender Mechanismen, die den Verlauf des Anpassungsprozesses an die Aufnahmegesellschaft bestimmen. Hierbei lässt sich nach Alba und Nee kein partikularer kausaler Mechanismus bestimmen. Einige dieser Mechanismen seien hier aufgeführt:

- *Strategien der sozialen Vernetzung* werden dann wichtig, wenn individuelle Strategien sozialer Mobilität durch diskriminierende Barrieren eingeschränkt werden.
- Verschiedene Gruppen von Einwanderern verfügen über unterschiedliche *Formen von Kapital.* Dieses kann in der Verfügbarkeit bloßer physischer Arbeitskraft, in beruflicher Qualifizierung oder der Verfügbarkeit von Gewerbekapital bestehen. Hier hat in Bezug auf die US-amerikanische Einwanderung in den letzten Jahrzehnten eine starke Diversifizierung stattgefunden, die im Kontrast zur frühen Phase der Masseneinwanderung von Arbeitern aus Europa steht. Letztere hatten überwiegend einen bäuerlichen Hintergrund mit einem geringen formalen Bildungsgrad. Den Vorteil des Humankapitalmodells sehen Alba und Nee darin, dass es eine Perspektive auf Assimilationsprozesse ermögliche, in der Faktoren wie Ethnizität, Religion oder Hautfarbe nicht als unüberwindliche Zugangsbarrieren gelten (Alba/Nee 2003: 48). Der Humankapital-Ansatz ist ein zentraler Aspekt nicht nur des Modells von Alba und Nee, das sich darin von früheren Assimilationstheorien unterscheidet, sondern auch von zeitgenössischen Diskussionen über Integration, wie sie beispielsweise seit der Ära Schröder in Deutschland stattfinden. Er betont den Aspekt der Qualifikation auf unterschiedlichen Ebenen: schulische Bildung, sprachliche Bildung, berufliche Qualifizierung.
- *Institutionelle Mechanismen* entscheiden darüber, ob Faktoren wie zweckgerichtetes Handeln und soziale Netzwerke Integrations- oder Segregationsprozesse hervorrufen (Alba/Nee 2003: 52). Im Zentrum des institutionellen Umfeldes steht der Nationalstaat; dieser steuert Eingliederungsprozesse über alle örtlichen und regionalen Unterschiede hinweg. Der Staat setzt die normativen Grundlagen für Konkurrenz und Kooperation in einer Gesellschaft. Diese bilden eine enorme kausale Kraft, die auf Assimilationsprozesse einwirkt.
- Ein wichtiger Faktor für die Untersuchung von Assimilation sind *soziale Grenzen* und die Art und Weise, wie sich diese verändern: Sind soziale Grenzen für das Individuum durchlässig? Verwischen sich die Grenzen

zwischen zwei Gruppen, etwa durch kulturelle Hybridisierung, zunehmende interethnische Heiraten etc.?

In einer Rekapitulation der europäischen und ostasiatischen Einwanderung in die Vereinigten Staaten kommen Alba und Nee zu dem Schluss, dass bei allen Unterschieden Assimilation dennoch historisch das dominierende Paradigma für die Vereinigten Staaten gewesen sei. So habe sich seit dem Beginn des 20. Jahrhunderts der englische Monolingualismus unter europäischen und asiatischen Einwanderergruppen durchgesetzt. Dieser Übergang sei mehrheitlich über einen Zeitraum von drei Generationen vollzogen worden. Obwohl Alba und Nee dafürhalten, dass Assimilation ganz unterschiedliche Ausprägungen annehmen könne, stellen sie fest, dass unter den Einwanderernationalitäten des frühen 20. Jahrhunderts eine zunehmende Angleichung der Lebenschancen stattgefunden habe (Alba/Nee 2003: 79). Allerdings bedeute eine Konvergenz der Lebenschancen nicht, dass sozioökonomische Unterschiede zwischen ethnischen Gruppen vollständig verschwänden. Auch ökonomische Nischen bleiben zu einem gewissen Teil bestehen. Assimilation könne durchaus auch bedeuten, dass es ethnisch unterschiedliche Strategien und Resultate gebe (Alba/Nee 2003: 82). Schließlich, so argumentieren die Autoren im Hinblick auf die Situation in den USA, werde ethnische Identität im Verlauf des Assimilationsprozesses zunehmend situationsbezogen und dehnbar. In Anlehnung an Gans (1979) bezeichnen Alba und Nee diesen Sachverhalt als symbolische Ethnizität (Alba/Nee 2003: 94f.). Kenntnisse der ursprünglichen Herkunftssprache sind nur noch unvollständig erhalten und werden in phrasenhafter Weise verwendet; Ethnizität wird nur noch in bestimmten Kontexten, wie Familienfesten, traditionellen Feiern und Festtagen, oder in bestimmten Situationen der Solidarität mit Freunden und Bekannten praktiziert (Alba/Nee 2003: 97). Ethnizität wird zunehmend zur Privat- oder familiären Angelegenheit.

In der zentralen Frage von Assimilation, nämlich wie diese eigentlich funktioniere, bleiben Alba und Nee unbestimmt. Diese Frage ist deshalb zentral, weil sie letztlich über die Triftigkeit der „neuen" Assimilationstheorie entscheidet: Wie lässt sich die Rolle der historischen Kontingenz innerhalb der Ausprägung bestimmter Strategien und Verlaufsformen von Anpassung bewerten? Ist Assimilation in Amerika ein notwendiger Prozess gewesen oder war er vielmehr bestimmten historischen Bedingungen geschuldet? Dazu Alba und Nee: „It seems difficult to decide, based on a narrative of the assimilation of descendants of the earlier mass immigration, whether assimilation was more the product of systemic forces in American society or of historical contingency – unique sequences of events, unlikely to be repeated" (Alba/Nee 2003: 119f.).

So können auch Alba und Nee in letzter Konsequenz nur darüber spekulieren, was Assimilation in den USA eigentlich ermöglicht hat. Sie benennen zwei Faktoren, die offensichtlich die Voraussetzung für die Eingliederung auch solcher Gruppen bildeten, die bei ihrer Einwanderung noch als „unassimilierbar" galten: die Möglichkeit sozialer Mobilität einerseits und eine Verschiebung kultureller Grenzen andererseits, welche eine Inklusion zugewanderter Gruppen in die Mehrheitsgesellschaft ermöglichte (Alba/Nee 2003: 103f.).

Für Alba und Nee ist das Assimilationsparadigma selbstevident; es ist ein starkes Konzept, weil es sich in der Vergangenheit als erfolgreich erwiesen habe. Die erfolgreiche Geschichte der Assimilation von Einwanderergruppen in den Vereinigten Staaten lässt aber keine Rückschlüsse darauf zu, welche Faktoren Assimilation überhaupt erst möglich gemacht haben. So lässt die Tatsache der stattgefundenen Assimilation keine Erkenntnisse darüber zu, in welcher Weise und ob überhaupt Assimilation für gegenwärtige und zukünftige Einwandererpopulationen stattfinden wird. Kritiker der „neuen Assimilationstheorie" wie Perlmann und Waldinger (1997) zweifeln darüber hinaus an, ob sich die historischen Umstände für frühere Assimilation mit den Integrationsbedingungen, die heutige Einwanderergenerationen vorfinden, überhaupt vergleichen lassen.

Bleibt noch die Frage, wie sich das US-amerikanische Modell der Assimilation auf andere Einwanderungsländer übertragen lässt. Die Theorie von Alba und Nee hat ungeachtet der obigen Kritik in den westeuropäischen Einwanderungsländern ein großes Echo hervorgerufen. Integrationspolitische Debatten, die seit Beginn des neuen Jahrzehnts verstärkt in den europäischen Einwanderungsländern geführt wurden, orientieren sich in ihrer politischen Zielsetzung verstärkt implizit oder explizit an einem Assimilationsparadigma, wie es Alba und Nee in ihrer Theorie vertreten. „Integration" im Verständnis der europäischen Debatte meint primär die Optimierung des „Humankapitals" von Einwanderern der ersten und zweiten Generation und orientiert sich damit an dem von Alba und Nee aufgezeigten Kapitalmodell. Diese Diskussionen bilden eine entscheidende Nahtstelle zwischen wissenschaftlicher Theorie und integrationspolitischen Implikationen. Es soll an späterer Stelle aufgezeigt werden, wie Theorien der Assimilation in einigen europäischen Einwanderungsländern rezipiert wurden und welche eigenen Ausprägungen diese dort gefunden haben.

Kritik des Neoassimilationismus

In zahlreichen Einwanderungsländern erfahren die Positionen des Neoassimilationismus in den gegenwärtigen integrationspolitischen Diskursen überaus positive Reaktionen. Sie sind bestens kompatibel mit einer Integrationspolitik, die, gemäß der auch in Deutschland populären Parole des „Forderns und Förderns", die Eigenverantwortlichkeit von Immigranten bezüglich ihrer Anpassung an bestehende gesellschaftliche Strukturen hervorhebt und zugleich in mehr oder minder entschlossenem Maße eine Antidiskriminierungspolitik betreibt, wie sie etwa im Rahmen einer EU-weiten Richtlinienpolitik stattfindet. Eine grundlegende Kritik an der neuen Assimilationstheorie wird von Positionen des Multikulturalismus aus geübt und bezieht sich auf unterschiedliche Aspekte. Ähnlich wie an den Vorläufermodellen wird an der neuen Assimilationstheorie die Annahme einer Akteursrationalität kritisiert, die dazu verleite, die gesellschaftlichen Strukturen der Ungleichheit – Rassismus und Vorurteile, rechtliche Hindernisse, Diskriminierung in den Zugangsmöglichkeiten zu Bildungs- und Beschäftigungsressourcen etc. – zu ignorieren. Unklar bleibt an der neuen Assimilationstheorie weiterhin, inwiefern Assimilation einfach „passiert". Die Beobachtung lehrt, dass Assimilation tatsächlich vielfach einfach stattfindet, dass handelnde Individuen auf eigene Initiative hin einen wie auch immer gearteten Zugang zur Zuwanderungsgesellschaft finden, ohne dass diese Schritte von außen im Einzelnen nachzuvollziehen wären. Für Einwanderungsgesellschaften, die von einem hohen Grad an Segmentation betroffen sind – etwa was die Chancen von Zuwanderern auf Ausbildung, auf Zugang zum Arbeitsmarkt, zu rechtlicher Gleichstellung betrifft –, kann ein solcher Befund jedoch nicht zufriedenstellend sein. Das große Manko auch der „neuen Assimilationstheorie" liegt darin, dass sie Assimilation in der historischen Rückblende zwar feststellen, daraus aber keine Prognosen für die Zukunft, die auch für interventionistische Politikstrategien verwendbar wären, entwickeln kann.

In der neuen Assimilationstheorie bleibt die Rolle des Staates im Prozess der Integration unbestimmt. Um aber eine gleichberechtigte Teilhabe von Zuwanderern durchzusetzen, muss der Staat eine gewichtige Rolle ergreifen und eine aktive Politik der Antidiskriminierung und Chancengleichheit betreiben. Von einer multikulturalistischen Position aus, wie sie beispielsweise von Ellie Vasta (2007) vertreten wird, wird den neuen Assimilationstheoretikern vorgeworfen, sie seien ergebnisblind hinsichtlich von Assimilation, indem sie behaupten, dass ihre Definition von Assimilation dahingehend agnostisch sei, ob die durch Assimilation bewirkten Veränderungen einseitig verlaufen oder auf einem gegenseitigen Prozess beruhen. Tatsächlich aber sei Assimilation kein ergebnisoffener Vorgang, sondern laufe immer darauf hinaus, dass Immigranten die Normen und Werte der Zuwanderungsgesellschaft übernehmen (Vasta 2007: 734).

Die neue Assimilationstheorie zeichnet sich durch eine flexible Definition von „Kernkultur", „Mainstream" und „Mehrheitsgesellschaft" aus. Gesellschaftliche Prozesse und Identitäten, so wird argumentiert, müssen als fließend und veränderlich begriffen werden, und Veränderungen, welche durch die Immigranten in die Zuwanderungsgesellschaften hineingetragen werden, müssen berücksichtigt werden. Die Rolle einer „nationalen Kultur" wird hier ausgeblendet. Stillschweigend bleibt dennoch der Nationalstaat offenbar unwidersprochen der Rahmen, innerhalb dessen sich Assimilation zu vollziehen hat. Gelegentlich aber findet sich bei Autoren des Neoassimilationismus ein Hinweis, dass die Beibehaltung von Ethnizität und transnationalen Bindungen über Generationen hinweg durchaus die sozioökonomische Integration befördern könne (siehe beispielsweise Kivisto 2001). So könnte die Debatte um ethnische Ökonomien und ihren Beitrag zu Assimilation versus ethnischer Segmentation implizit durchaus im Lichte einer den Nationalstaat transzendierenden Betrachtungsweise interpretiert werden.

Der Kritik am Assimilationismus unterliegt latent auch ein kulturkritisches Argument, indem Assimilation Gemeinschaftskulturen auflöse und einem Individualismus als gesellschaftlichem Ideal Vorschub leiste. Assimilation werde dienstbar gemacht für eine Rhetorik des individuellen Verschuldens. In zahlreichen europäischen Einwanderungsländern ist der Wandel zu einer Assimilationspolitik hin – ungeachtet aller nationalistischen Rhetorik – eingebettet in den Rückzug des Staates aus der öffentlichen Wohlfahrtspolitik. So stellt Vasta bezogen auf die ursprünglich für eine multikulturalistische Politik bekannten Niederlande fest: „Instead, the rhetoric of ‚migrant responsibility' has become a convenient cloak for structural barriers and assimilationist identities rooted in Dutch history and culture" (Vasta 2007: 735). Die öffentliche Rhetorik über den „Problemmigranten" leistet einer assimilationistischen Politik Vorschub. Damit verbunden sind zugleich immer stärker Strategien der Ausgrenzung. Diese Rhetorik „[...] is more concerned with drawing people into the Dutch idea of ‚nation' than real concern with ensuring social rights. Yet migrants are being defined more and more as being outside the imagined national community. As racialized and inferiorized others, it becomes near impossible for ethnic minorities to integrate into and to become part of a Dutch national identity" (Vasta 2007: 736). Hier führt die Kritik jedoch weg von der Theoriebildung und weist bereits in den Bereich politischer Diskurse.

Segmentierte Assimilation

Seit den neunziger Jahren wird dem Thema der Migrantengenerationen wieder ein größerer Stellenwert eingeräumt. In den Vereinigten Staaten wurde eine Langzeitstudie unternommen, die den Integrationsverlauf von Kindern aus verschiedenen Immigranten-Communities untersuchte (CILS-Studie, siehe S. 99f.). In den westeuropäischen Ländern, die seit den fünfziger Jahren eine Masseneinwanderung von Arbeitskräften aus ehemaligen Kolonien oder Anwerbestaaten erlebt hatten, war eine zweite Generation der Immigranten herangewachsen, was eine Beurteilung von Integrationsverläufen in der Generationenperspektive ermöglichte. Das Paradigma der „segmentierten Assimilation" greift das Generationenkonzept in der Assimilationsforschung wieder auf, baut aber zugleich eine Brücke hinüber zu einer minderheitenzentrierten Betrachtungsweise.

In den USA entspann sich in den neunziger Jahren eine intensive Debatte um den sozialen Abstieg der zweiten Generation, die in erster Linie angestoßen wurde durch die Forschung von Alejandro Portes und Min Zhou (1993). Diese konstatierten für die zweite Zuwanderergeneration eine „Assimilation nach unten" („downward assimilation"). Ihre Argumentation gründete sich auf eine empirische Untersuchung zur Integration junger Haitianer in Miami sowie junger mexikanischer Immigranten in Kalifornien. Portes und Zhou kamen zu dem Schluss, dass unter diesen Gruppen jugendlicher Zuwanderer in der zweiten Generation eine Anpassung an die Aufnahmegesellschaft stattgefunden hat, die sich an den sozial benachteiligten Gruppen der innerstädtischen Nachbarschaften orientiert. Dieser Ansatz distanzierte sich von der Vorstellung der klassischen Assimilationstheorien, wonach die Anpassung an die amerikanische Mehrheitsgesellschaft ein notwendig verlaufender intergenerationeller Prozess sei.

Portes und Zhou problematisieren das Konzept einer „geradlinigen" Assimilation, indem sie auf das Beispiel der haitischen Zuwanderer in Miami verweisen. Die jugendlichen Haitianer weisen sowohl eine starke Bindung an ihren ethnische Hintergrund auf als auch ein hohes Maß an Erfolgsorientierung. In Miami leben sie in einer innerstädtischen Nachbarschaft mit Afroamerikanern. Junge Haitianer und Afroamerikaner besuchen gemeinsame Schulen. In diesen überwiegend von farbigen Minderheiten frequentierten Schulen, so stellten Portes und Zhou fest, gelten die haitianischen Kinder als Außenseiter, da sie einen auffälligen Akzent sprechen, da sie sich an das schulische Bildungsprogramm anpassen und da sie eine Aufstiegsorientierung zeigen, die an der weißen Mittelstandsgesellschaft ausgerichtet ist. In dieser Situation unterliegen die jungen Haitianer einem Identitätskonflikt: Wenn sie die Normen ihrer Gruppenherkunft beibehalten, werden sie aus ihrem städtischen Milieu anderer Gleichaltriger ausgeschlossen. Wenn sie sich jedoch an das Normensystem ihrer afroamerikanischen Mitschüler anpassen, geben sie damit das Ziel des sozialen Aufstiegs und ihre Bindung an die Solidarität der Herkunftsgruppe auf (Portes/Zhou 1993: 81). Assimilation bedeutet in diesem Fall nicht Anpassung an die kulturellen Normen der weißen amerikanischen Mittelschicht, sondern an die Normen und Werte der innerstädtischen afroamerikanischen Bevölkerung. Die Folge der Anpassung an die Lebensstile und Orientierungen der autochthonen Bevölkerung ist in diesem Fall eine nach unten gerichtete soziale und ökonomische Mobilität. Portes und Zhou argumentieren im Fall der jungen Haitianer, dass hier diejenigen Individuen die größten Chancen auf sozialen Aufstieg besitzen, die die Werte und Verhaltensweisen der ethnischen Herkunfts-Community beibehalten und die das soziale Kapital nutzen, welches von der Community bereit gestellt wird (Portes/Zhou 1993: 81f.).

Dieses Beispiel führt auf eine zentrale Frage von Assimilationstheorien zurück, nämlich woraufhin erfolgt eigentlich „Anpassung“? Anpassung an die Aufnahmegesellschaft kann ganz unterschiedliche Dinge bedeuten: Im klassischen Verständnis ist es die zunehmende Akkulturation und Übernahme von Normen der weißen Mittelschicht. Anpassung kann aber auch das genaue Gegenteil bedeuten, nämlich eine Anpassung an dauerhafte Armut und Assimilation an die Lebensstile der städtischen Unterschicht. Eine dritte Option, die Portes und Zhou benennen, wäre ein ökonomischer Aufstieg, der an eine starke materielle und mentale Bindung an die Herkunfts-Community gekoppelt ist. Um einschätzen zu können, welche Option für eine Immigrantengruppe die wahrscheinliche ist, wäre es notwendig zu wissen, weshalb manche Immigranten-Communities anfällig für abwärts gerichtete soziale Mobilität sind und andere nicht.

Portes und Zhou kommen zu dem Schluss, dass es keine ideale Strategie der Assimilation gibt. Existieren in einer Aufnahmegesellschaft starke Zugangsbarrieren aufgrund von Diskriminierung, dann haben Immigranten auch bei großer individueller Bereitschaft zur Akkulturation praktisch keine Chance, in die autochthone Mittelschicht aufzusteigen. Dies ist beispielsweise bei farbigen Einwanderern in den Vereinigten Staaten deutlich der Fall. Findet dann eine Anpassung an bestehende Subkulturen in der Nachbarschaft statt, kann dies zu einer dauerhaften Marginalisierung führen. Die Bindung an die ethnische Community kann hingegen in der Diaspora einen starken sozialen Rückhalt bieten. In manchen Fällen mag sie die beste Strategie sein, um kulturelles Kapital in wirtschaftlichen Erfolg umzusetzen (Portes/Zhou 1993: 96). Sie kann aber umgekehrt auch aufwärts gerichtete soziale Mobilität verhindern, ein Phänomen, das in der Literatur bisweilen als „ethnische Falle“ bezeichnet wurde. Die Eignung dieser Strategie hängt davon ab, welches spezifische Profil von Schwachstellen und Ressourcen eine bestimmte Immigrantengruppe aufweist.

Portes’ und Zhous Konzept ist in der Migrationsforschung in unterschiedlichen Kontexten rezipiert worden. Neckerman, Carter und Lee (1999) beispielsweise machen auf die entscheidende Rolle aufmerksam, die ethnische Mittelschichten für die Mobilisierung des sozialen Aufstiegs von Community-Mitgliedern haben. Praktische Ansätze in der Integrationsarbeit, wie die der öffentlichen Förderung von Community-Multiplikatoren oder die Schulung von „Stadtteilmüttern“ (etwa in Berlin-Neukölln) haben hier ihren Ursprung. Aufgegriffen wurde es auch im Rahmen von empirischen Untersuchungen zur Integration von Kindern aus Einwandererfamilien. So wurde das Konzept der segmentierten Assimilation anhand der Ergebnisse einer amerikanischen

Langzeitstudie mit dem Titel „Children of Immigrants Longitudinal Study" (CILS) einer Revision unterzogen. Die Studie beruhte auf einer empirischen Erhebung zur schulischen, sozialen und kulturellen Integration auf der Basis eines Panels von Kindern asiatischer und lateinamerikanischer Migranten, die beginnend im Jahr 1990 in drei Wellen durchgeführt wurde. Anhand einer Auswertung der Daten, die 2005 als Sonderheft der Zeitschrift *Ethnic and Racial Studies* erschienen ist, befinden die daran beteiligten Autoren das Konzept der segmentierten Assimilation für besser angemessen, um Integrationsverläufe in der zweiten Generation zu erklären, als dies eine umfassende Assimilationstheorie im Sinne von Alba und Nee leisten könne. So kommen Portes und Rumbaut bei der Analyse der biographischen Daten zu dem Schluss, dass Assimilationsverläufe durch Klassenzugehörigkeit und ethnische Zugehörigkeit, darüber hinaus aber auch durch das Geschlecht bestimmt werden (Portes/Rumbaut 2005: 997). In Bezug auf Ausbildung und berufliche Integration der jungen Erwachsenen im Sample lasse sich grosso modo durchaus ein Fortschritt gegenüber der Elterngeneration feststellen. Tatsächlich findet hier eine Assimilation an die weiße Mittelschichtsgesellschaft statt, doch ist eine nicht unwesentliche Minderheit von diesem Fortschritt ausgeschlossen. Die Gruppe dieser Ausgeschlossenen wiederum verteilt sich nicht gleichmäßig über die befragten Nationalitäten, sondern wird von Faktoren, wie dem sozialen und beruflichen Status der Eltern, der Einbindung der Familie in die Herkunfts-Community und der Familienstruktur, bestimmt (Portes/Fernandez-Kelly/Haller 2005: 1000).

Übertragen wurde das Konzept auch auf Untersuchungen außerhalb der USA. In Frankreich wurde mit Hilfe des Konzepts die berufliche Eingliederung von Angehörigen der zweiten Generation maghrebinischer und schwarzafrikanischer Einwanderer untersucht (Silberman/Alba/Fournier 2007). Obwohl institutionelle Barrieren in Frankreich bei der Eingliederung von Immigranten und ihren Nachkommen eine geringe Bedeutung haben, gelingt der Übergang von der Schule in das Berufsleben für diese Gruppen sehr schlecht. Diese Tatsache kann jedoch nicht auf eine schlechtere Schulbildung zurückgeführt werden. Die Autoren dieser empirischen Untersuchung kommen zu dem Schluss, dass sich eine „Assimilation nach unten" in Frankreich nicht in gleicher Ausprägung wie in den USA vollziehe. So sei institutioneller Rassismus in Frankreich nicht in dem hohen Maß ausgeprägt wie in den USA. Auch erfolge in Frankreich die Akkulturation der zweiten Generation in einem von den Vereinigten Staaten verschiedenen Kontext, da hier durch die Frankophonie die Schwelle zwischen Herkunfts- und Zuwanderungskultur nicht sehr hoch ist. Darüber hinaus seien die französischen Banlieues nicht ohne weiteres den innerstädtischen Slums in den USA gleichzusetzen. Resümierend kommen die Autoren zu dem Schluss, dass zwar auch in Frankreich das Phänomen einer „segmentierten Assimilation" festzustellen sei, dass sich der Ansatz allerdings nicht dazu eigne, Mechanismen, welche eine solche Segmentierung hervorrufen, zu identifizieren (Silberman/Alba/Fournier 2007: 24).

Portes' und Zhous Ansatz ist verschiedentlich kritisiert worden. Perlmann und Waldinger argumentieren, dass das Scheitern der zweiten Generation mancher Immigrantengruppen in den USA kein Phänomen der Generationenzugehörigkeit sei, sondern vielmehr auf die Verschlechterung der strukturellen Bedingungen zurückzuführen sei, mit denen Immigranten konfrontiert werden (Perlmann/Waldinger 1997). Beide Autoren geben den Theoretikern der „segmentierten Assimilation" insofern Recht, als in der zweiten Zuwanderergeneration vielfältige und unterschiedliche Strategien der Anpassung an die Lebensbedingungen der Aufnahmegesellschaft zu beobachten seien. Das aber, was Portes und Zhou als segmentierte Assimilation bezeichnen, ist nach Perlmann und Waldingers Ansicht ein radikaler Wandel in den strukturellen Voraussetzungen für die Integration von Einwanderern, verglichen mit den Aufnahmebedingungen zu Beginn des 20. Jahrhunderts. Insbesondere weisen Perlmann und Waldinger auf den Niedergang kollektiver Institutionen hin, die noch Jahrzehnte zuvor die berufliche Mobilität früherer Einwanderergenerationen und ihre Integration in eine grundsätzlich prosperierende Arbeiterklasse ermöglicht hatten. Auch sei das gegenwärtige Ausmaß an Rassismus und Fremdenfeindlichkeit in den USA höher, als dies in den zwanziger und dreißiger Jahren des 20. Jahrhunderts der Fall gewesen sei. Ausgrenzung habe jedoch weniger mit dem Verhalten der zweiten Zuwanderergeneration selbst zu tun als vielmehr mit undurchdringlichen Vorurteilsstrukturen in der weißen Mehrheitsbevölkerung. Hinsichtlich der zweiten Generation, die im Fokus von Portes und Zhou steht, stellen Perlmann und Waldinger fest, dass diese eine höhere Erwartungshaltung hinsichtlich des eigenen Lebensstandards hege, als dies bei der Generation der Pioniermigranten der Fall gewesen sei. Sie halten jedoch dagegen, dass die „ethnische Subkultur", in die nach Portes und Zhou bei enttäuschter Erwartungshaltung die Assimilation erfolge, nichts anderes sei als der Ausdruck einer Revolte gegen etablierte Strukturen.

Der Ansatz der segmentierten Assimilation bringt Exklusionsmechanismen entlang ethnischer Kriterien mit ökonomischer Segmentation zusammen. Er knüpft damit implizit an Gordons „ethclass"-Konzept an. Die Generationenzugehörigkeit wird bei Portes und Zhou zu einem Bestimmungsfaktor für den Verlauf der sozialen Positionierung neben anderen Faktoren, wie die Zugehörigkeit zu einer bestimmten sozialen Schicht, die Platzierung innerhalb der US-amerikanischen Rassenhierarchie und die Ansiedlung in sozial determinierten räumlichen Nachbarschaften. Die Zugehörigkeit zu einer Migrantengeneration wird dabei nicht als Zugehörigkeit zu einer Altersgruppe verstanden, sondern als eine Kategorie, die die Lebensbedingungen einer bestimmten Gruppe grundlegend von denen der Vorgänger- beziehungsweise einer weiteren Nachfolgergruppe unterscheidet. Kritiker haben gegen das Konzept eingewandt, dass der Generationenzugehörigkeit ein unangemessen hoher Bedeutungsfaktor beigemessen werde, der empirisch nicht verifiziert werden könne. Schließlich könne man davon ausgehen, dass durchaus vielen Migranten der zweiten Generation der soziale Aufstieg gelinge und gelingen werde (vgl. etwa Alba/Nee 2003: 161).

Hervorzuheben ist an dem Ansatz der segmentierten Assimilation jedoch, dass er eine Anpassung an einen gesellschaftlichen Mainstream, der durch die weiße Mittelschicht repräsentiert wird, nicht als die einzig mögliche Form von Assimilation anerkennt. Variiert wird hier das in den Integrationsdebatten geläufige Thema: Integration – wohin?, ohne allerdings als solches problematisiert zu werden. Akkulturation und soziale Mobilität werden voneinander entkoppelt; wirtschaftlicher Erfolg kann auch durch die Bindung an die Herkunfts-Community erfolgen.

Segmentierte Assimilation ist ein Modell der gescheiterten Assimilation. Die Mechanismen der Ausgrenzung – ethnische Diskriminierung, Rassismus, Segregation in den Wohnquartieren, Ausschluss aus dem ersten Arbeitsmarkt – sind stark und sind durch keine individuelle Eigeninitiative zu überwinden. Konsequent zu Ende gedacht, müsste dieses Modell in eine politische Strategie der gruppenbezogenen Förderung, etwa in Form einer Quotierung, münden – eine Politik also, wie sie von Vertretern multikulturalistischer Positionen angestrebt wird. Umgekehrt betonen Portes und Zhou aber auch die Rolle des kulturellen Kapitals, das manche Herkunfts-Communities für den sozialen Aufstieg ihrer Mitglieder zur Verfügung stellen. In ihrem Beispiel sind es die jungen Haitianer in Miami. Man könnte diese Community aber auch ersetzen durch viele asiatische Migrantengruppen, die weltweit in der Diaspora hervorragende schulische Karrieren und berufliche Aufstiege realisieren. Die Hervorhebung des kulturellen Kapitals ist aber mit dem für Assimilationstheorien konstitutiven Paradigma der Akkulturation nicht mehr zu vereinbaren. Portes' und Zhous Beobachtungen unter haitianischen und mexikanischen Einwanderern sind sehr anregend für empirische Forschungen; von einer theoriebezogenen Betrachtungsweise aus stellt sich allerdings die Frage, welche Bedeutung der Assimilationsbegriff in diesem Kontext überhaupt noch hat. Denn anstatt tatsächlich eine Erweiterung des Assimilationsparadigmas darzustellen, schließt sich hier der Bogen zu Modellen der ethnischen Pluralisierung.

Fazit: Eine neue Theorie der Assimilation?

Im amerikanischen Verständnis von Einwanderung und Assimilation galt Assimilation lange Zeit als selbstverständliches Resultat des Einwanderungsprozesses. Dieses Resultat war zugleich positiv besetzt, galt Assimilation doch auch als das Ende von Vorurteilen und Diskriminierung sowie als

Befreiung aus den einengenden Bindungen parochialer Gruppenloyalitäten. Diese Sichtweise hat sich im Zuge der sozialen Bewegungen seit den siebziger Jahren verändert. Die Assimilationstheorie, die in den neunziger Jahren auf die wissenschaftliche Agenda trat, hat sich von einem primordialen Verständnis ethnischer Bindungen gelöst. Ethnizität gilt als ein Merkmal, das sich situativ äußert und einer Assimilation an die sozialen Strukturen des Einwanderungslandes nicht im Wege stehen muss.

Noch in der klassischen Assimilationstheorie etwa Milton M. Gordons hatte die ökonomische Assimilation als Schlüsseldimension keine Rolle gespielt – diese Rolle blieb vielmehr der kulturellen und sozialen Assimilation vorbehalten. Möglicherweise ging Gordon vor dem zeitgenössischen Hintergrund eines stetigen wirtschaftlichen Aufschwungs und ethnisch relativ homogener Einwanderungsgruppen implizit von der Erwartung aus, dass eine ökonomische Eingliederung über den Arbeitsmarkt selbstverständlich zu erwarten war. In den gegenwärtigen theoretischen Ansätzen spielen Analysen zur sozialstrukturellen und räumlichen Assimilation eine viel stärkere Rolle. Die Rolle kultureller Assimilation tritt hingegen in den Hintergrund und scheint gegenwärtig nur noch bei Untersuchungen zur sprachlichen Assimilation von Einwanderern in den USA auf (beispielsweise in der erwähnten CILS-Studie). Einwanderung in die USA findet in veränderten strukturellen Kontexten statt: Die ethnische Herkunft der Zuwanderer hat sich verändert; der relativ einheitliche europäische Migrationshintergrund der Zuwanderer ist verschwunden. Die soziale und qualifikatorische Ausstattung, welche die Zuwanderer mitbringen, hat sich gewandelt; durch eine stärkere Diversifizierung der Herkunftsländer wandern insgesamt unqualifiziertere Migranten ein. Auch die Struktur der Opportunitäten, die Amerika für Neuzuwanderer bietet, hat sich verändert. Insgesamt haben sich von den ökonomischen Rahmenbedingungen her die Aussichten auf eine sozioökonomische Assimilation für neue Zuwanderergruppen verringert. Kennzeichnend für diese Opportunitäten ist die so genannte „hourglass economy“, in der durch ein stark eingeschränktes Stratum an Arbeitsplätzen mit mittlerer Berufsqualifikation der berufliche Aufstieg von Zuwandererethnien erschwert ist. Zugleich ist der ethnische Kontext der Zuwanderung ein anderer. Zahlreiche neu zuwandernde Gruppen (besonders aus dem asiatischen Kontext) bringen starke kulturelle und institutionelle Ressourcen mit. So haben einzelne Zuwanderergruppen starke ethnische Ökonomien etablieren können, die der zweiten Generation eine größere Erfolgschance versprechen als eine formale berufliche Höherqualifizierung.

Insgesamt trägt der erweiterte Assimilationsbegriff dieser neuen Konzeptionen eher zu einer Verwirrung denn einer tatsächlichen Klärung von Assimilation bei. So wird beispielsweise von Alba und Nee zwar die Heterogenität der unterschiedlichen Ausprägungen von Assimilation akzeptiert und selbst die Möglichkeit überhaupt keiner Assimilation eingeräumt, zugleich wird aber behauptet, dass all diese Varianten unter den Schirm einer umfassenden Assimilationstheorie zusammengebracht werden könnten. In einem solchen Begriffsverständnis ist Assimilation auf alle Situationen von Eingliederung anwendbar und von daher als methodisches Konzept nicht mehr falsifizierbar (vergleiche Portes/Fernandez-Kelly/Haller 2005: 1003).

Die Theorie des Neoassimilationismus steht für einen makrosozialen Zugang zu Prozessen der Vergesellschaftung, der auf eine Perspektive der strukturellen Angleichung zwischen zugewanderten Minderheiten und der Mehrheitsgesellschaft zuläuft. In der gegenwärtigen politischen Praxis findet diese Vorstellung ihren Niederschlag beispielsweise in der Formulierung von Integrationsindikatoren. Vordergründig ist in der Theorie der normative Impetus hinsichtlich des individuellen Anpassungsverhaltens von Migranten verschwunden. Dieser findet sich jedoch wieder in sozialtechnokratischen Strategien des „Forderns und Förderns", welche auf die kulturelle und ökonomische Anpassung von Migranten setzen.

Wie die klassischen Theorien ist dennoch auch das neue Konzept zu wenig umfassend, um erklären zu können, unter welchen Umständen Assimilation stattfindet oder eben nicht stattfindet. Die Rolle von Ethnizität erscheint ambivalent; die Orientierung an der Herkunfts-Community kann ökonomische und soziale Anpassung verhindern oder aber auch befördern. Damit wird es jedoch schwierig, eine klare Trennlinie zwischen Assimilationskonzepten und Theorien des ethnischen Pluralismus zu identifizieren.

Assimilationstheorie in der deutschsprachigen Migrationsforschung

In der deutschsprachigen Migrationsforschung wurden erstmals in den siebziger und frühen achtziger Jahre umfassende Konzepte einer Migrationssoziologie vorgelegt. Diese bildeten den Versuch, die bis dahin politisch und akademisch vernachlässigte „Gastarbeiter"-Frage auf das Fundament einer gesellschaftlichen Makroanalyse zu heben. Die Pionierarbeiten von Hoffmann-Nowotny (1970; 1973) in der Schweiz und von Esser (1980) und Heckmann (1981) in Deutschland stellten eine Grundlage dafür her, Zuwanderung als ein umfassendes strukturelles Phänomen zu verstehen und in einem angemessenen kategorial-theoretischen Gerüst zu verorten. Die beginnende soziologische Forschung zu Immigration und den damit verbundenen sozialen Phänomenen griff dabei auf vorhandene Konzeptionen der US-amerikanischen Soziologie zurück, die es galt „kritisch zu rekonstruieren und diese fortzuentwickeln bzw. Alternativkonzeptionen aufzuzeigen" (Heckmann 1981: 15).

Das folgende Kapitel zeigt theoretische Konzepte von Assimilation und ihre Rezeption in der deutschsprachigen Migrationsforschung auf. Einen Schwerpunkt wird die Theorie Hartmut Essers bilden, der in der deutschsprachigen Migrationsforschung den prägnantesten Beitrag zur Assimilationstheorie formuliert hat. Kontrastiert werden soll seine Theorie mit den Theorien von Heckmann und Hoffmann-Nowotny, die abweichende Ansätze ausgebildet haben. Die Trias Esser – Heckmann – Hoffmann-Nowotny steckt, in groben Worten, die theoretische Spannweite der Migrationssoziologie der siebziger und achtziger Jahre ab, an der sich affirmative wie auch abweichende theoretische Konzeptionen abgearbeitet haben. Weiterhin sollen wissenschaftliche Gegenpositionen zu Esser aufgezeigt werden. Hier hat Bommes am prononciertesten den Versuch unternommen, Esser nicht nur anhand der gesellschaftlichen Evidenz, sondern von einem explizit theoretischen Standpunkt aus zu kritisieren. Darüber hinaus ist in der neueren theoretischen Diskussion die Transnationalismus-Debatte zu berücksichtigen. Multikulturalismus-Konzepte sollen hingegen an späterer Stelle im Zusammenhang mit dem bundesrepublikanischen Migrationsdiskurs thematisiert werden (siehe S. 195ff.).[1] Summarisch soll am Ende des Kapitels ein Ausblick auf europäische Debatten zu Assimilation gegeben werden.

Das handlungstheoretische Paradigma: Esser

In der deutschsprachigen Migrationssoziologie hat am nachhaltigsten Hartmut Esser an die Tradition der US-amerikanischen Assimilationstheorien angeknüpft. In seiner 1980 vorgelegten Habilitationsschrift „Aspekte der Wanderungssoziologie" entwickelt Esser ein handlungstheoretisches Modell, mittels dessen, so Essers Anspruch, die vielfältigen und diffizilen Prozesse der kognitiven, identifikativen, sozialen und strukturellen Assimilation von Migranten in deduktiver Weise erklärbar seien. In bemerkenswerter Nachhaltigkeit hat Esser seine Theorie über die Jahrzehnte hinweg in verschiedenen Kontexten variiert und verfügt gegenwärtig über eine offensichtliche Deutungshoheit innerhalb der staatlichen bundesrepublikanischen Integrationspolitik. In der Forschung ist Essers Theorie vielfach der Ausgangspunkt für empirische Analysen gewesen, in denen es insbesondere um die Untersuchung individueller Eingliederungsverläufe unter Immigranten ging.[2]

Es erscheint notwendig, eingangs einige Schlüsselbegriffe bei Esser zu referieren. In einem systemtheoretischen Verständnis unterscheidet Esser grundsätzlich zwischen Integration und Assimilation, wobei mit Assimilation, wie noch gezeigt wird, eine spezielle Ausprägung von Integration gemeint ist. Mit dem Begriff „Integration" bezeichnet Esser in einer allgemeinen Weise den „Zusammenhalt von Teilen in einem ‚systemischen' Ganzen" (Esser 2000: 261). Der Gegenbegriff zu Integration wäre demnach die Segmentation oder der Zerfall eines Systems. Um Systemperspektive und Akteursperspektive zu differenzieren, unterscheidet Esser weiterhin zwischen einer *Systemintegration*, welche sich auf die Organisation der Beziehungen zwischen den Teilen eines Systems bezieht, und einer *sozialen Integration*, die sich auf die Organisation der Beziehungen zwischen den Akteuren eines Systems bezieht. Wichtige Faktoren der Systemintegration in einem gesellschaftlichen System bilden dabei der Markt, die Medien und der gesamte Bereich der politischen Organisation. Bei der sozialen Integration wiederum unterscheidet Esser zwischen vier Dimensionen: der Kulturation (Wissen, Kompetenz, „Humankapi-

1 Diese Aufteilung erscheint angemessen, da die Multikulturalismus-Debatte der achtziger Jahre in Deutschland kaum zu wissenschaftlich systematisierten Beiträgen geführt hat.

2 Exemplarisch dafür sei Blume (1988) zur Eingliederung südostasiatischer Flüchtlinge in der Bundesrepublik genannt.

tal" von Akteuren), der strukturellen Platzierung (Rechte, Positionen, Akzeptanz, ökonomisches, institutionelles und politisches Kapital), der Interaktion (Netzwerk-Position, kulturelles Kapital, soziales Kapital) und der Identifikation (Werthaltungen) (Esser: 2000, 279). Diese Dimensionen, die sich einerseits in strukturellen Gegebenheiten und andererseits in Einstellungen und Handlungsfähigkeiten des Individuums manifestieren, bestimmen dessen Grad an gesellschaftlicher Integration.

Leitend für Esser ist die handlungstheoretische Grundvorstellung: Migration und die daran anknüpfenden sozialen Prozesse sind – zumeist unbeabsichtigte – Folgen eines situationsbedingten rationalen Handelns der beteiligten Akteure, mit dem sie auf eine gegebene soziale Konstellation reagieren. Aus diesem Handeln resultieren – wiederum in unbeabsichtigter Weise – strukturelle Konsequenzen, die ihrerseits den Ausgangspunkt für eine neue Situationslogik des handelnden Individuums bilden (Esser 2003a: 3). Mit dieser Argumentation kann Esser Assimilation als einen intrapersonalen Prozess begründen – anders etwa als die Klassiker der Chicago-Schule, die Assimilation als einen intergenerationellen Prozess auffassten.

Nachvollzogen werden muss zunächst Essers Unterscheidung zwischen Integration und Assimilation. In Bezug auf die öffentliche Diskussion um die Integration von Zuwanderern bleibe es, so Esser, zumeist unklar, was mit dieser eigentlich gemeint sei. Esser versucht dies zu präzisieren und typisiert Formen der Integration von Migranten anhand des folgenden Schemas:

Tab. 3: Typen der Sozialintegration von Migranten
(Quelle: Esser 2000: 287)

		Sozialintegration in Aufnahmegesellschaft	
		Ja	Nein
Sozialintegration in Herkunftsgesellschaft/ Ethnische Gemeinde	Ja	Mehrfachintegration	Segmentation
	Nein	Assimilation	Marginalität

Der entscheidende Parameter dieser Typologie ist die Frage, ob sich Migranten am sozialen System der Herkunftsgesellschaft (bzw. der ethnischen Community) oder der Aufnahmegesellschaft orientieren. Diese Orientierung kann nach einer oder nach beiden Seiten hin erfolgen. Sind Migranten weder in das Bezugssystem der Herkunftsgesellschaft integriert noch in das der Zuwanderungsgesellschaft, so sind sie marginalisiert (was insbesondere häufig für

Migranten der ersten Generation zutrifft). Die Mehrfachintegration hingegen ist nach Esser in der Praxis sehr selten und trifft allenfalls auf Angehörige diplomatischer Dienst oder gut qualifizierte Akademiker zu. In den meisten Fällen erfolgt eine Integration in den einen oder anderen Bereich. Eine erfolgreiche Sozialintegration in die Aufnahmegesellschaft ist dabei nach Essers Auffassung nur in Form der Assimilation möglich (Esser 2000: 288).

In seiner Habilitationsschrift von 1980 versteht Esser unter Assimilation den Zustand der Ähnlichkeit mit einem gegebenen gesellschaftlichen Standard nach erfolgter Eingliederung:

„Assimilation [wird] als ein Zustand der Ähnlichkeit des Wanderers in Handlungsweisen, Orientierungen und interaktiver Verflechtung zum Aufnahmesystem verstanden“ (Esser 1980: 22).

Diesem Zustand voraus geht die Akkulturation, worunter Esser den Prozess der Angleichung an einen gegebenen gesellschaftlichen Standard fasst:

„Akkulturation sei daher hier allgemein als ein Lernvorgang bei Personen (bzw. Mengen von Personen) verstanden, so dass die Personen Verhaltensweisen und Orientierungen übernehmen, die mit bestimmten kulturellen Standards von (institutionalisierten) Teilen des Aufnahmesystems übereinstimmen“ (Esser 1980: 21).

Assimilation erscheint also als ein Vorgang der individuellen Anpassung, für den die Akkulturation eine notwendige Voraussetzung ist. Zwanzig Jahre später, im zweiten Band seiner „Soziologie“, geht Essers Definition von Assimilation stärker auf einen relationalen Zustand von Gruppen hin:

„Unter Assimilation wird zunächst – ganz allgemein – die ‚Angleichung‘ der verschiedenen Gruppen in bestimmten Eigenschaften verstanden, etwa im Sprachverhalten oder in der Einnahme beruflicher Positionen. Dabei ist immer von einer Angleichung in gewissen *Verteilungen* der verschiedenen Gruppen auszugehen, weil ja auch die einheimische Bevölkerung nicht homogen ist“ (Esser 2000: 288).

Auf dieses modifizierte Verständnis von Assimilation als einem relationalen Zustand soll hier hingewiesen, da es in gewisser Weise eine Entlastung des individuellen Migranten in seiner Anpassungsbereitschaft bedeutet. In diesem Sinne wird empirische Assimilationsforschung gegenwärtig von den Vertretern neoassimilatorischer Positionen gerechtfertigt: indem Assimilation als eine Makroeigenschaft von Gruppen und nicht als individuelles Merkmal einzelner Migranten definiert wird (Kalter/Granato 2004: 61).

Analog zu seinem Modell der Sozialintegration und in Anlehnung an die klassischen US-amerikanischen Migrationssoziologen unterscheidet Esser vier Dimensionen der Assimilation von Migranten: kulturelle Assimilation

(Angleichung in Wissen und kognitiven Fähigkeiten), strukturelle Assimilation (Besetzung von Positionen in verschiedenen Funktionssystemen), soziale Assimilation („Angleichung in der sozialen Akzeptanz und in den Beziehungsmustern, etwa im Heiratsverhalten“ [Esser 2000: 289]) und emotionale Assimilation (Identifikation).

Festzuhalten ist, dass der Integrationsbegriff bei Esser eine rein funktionale Bedeutung hat und keineswegs im Sinne einer positiv konnotierten Variante von Vergesellschaftung zu verstehen ist, wie dies in der gegenwärtigen politisch-diskursiven Verwendung des Begriffs der Fall ist. Unter Integration versteht Esser ganz allgemein „die Entstehung von gleichgewichtigen Interdependenzen zwischen Personen und Gruppen“ (Esser 2003b: 3). Solche Interdependenzen können sowohl unter Bedingungen der Assimilation wie auch der Segregation entstehen: „Entsprechend lassen sich integrierte und nicht integrierte Gesellschaften unterscheiden, die jeweils kulturell ethnisch homogen oder heterogen sein können“ (ebd.). Auch ethnisch geschichtete Gesellschaften können stabil und in diesem Sinne integriert sein, zumal bei einer vertikalen Hierarchisierung entlang ethnischer Segmentation die „unteren“ Gruppen häufig kaum eine Möglichkeit zur Organisation oder Mobilisierung nachhaltiger Konflikte haben (Esser o.J.).

Die moderne Gesellschaft ist bei Esser eine funktional differenzierte Gesellschaft, deren Grundlage die strukturelle Gleichheit aller Individuen ist, welche sich in einem gleichberechtigten Zugriff aller Individuen auf die Opportunitäten, welche die Gesellschaft bereithält, äußert. Ethnische Segmentation hat in dieser Vorstellung von „moderner, funktional differenzierter“ Gesellschaft keinen legitimen Platz. Vielmehr vertritt Esser den Standpunkt, dass jede ethnische Differenzierung von Gesellschaften ohne eine Assimilation ihrer Akteure empirisch mit Positionen der vertikalen sozialen Ungleichheit verbunden ist. Dieses Faktum hat zumeist strukturelle Ursachen, z.B. das Vorhandensein segregierter Arbeitsmärkte in den Aufnahmeländern, die entlang ethnischer Zugehörigkeit organisiert sind, oder koloniale Hintergründe der Zuwanderer, die als Push-Faktoren der Migration wirken. Ethnische Differenzierungen und Schichtungen werden zudem durch Prozesse der Ausgrenzung, der sozialen Distanzierung und externer Grenzziehungen im Alltag ständig rekonstruiert (Esser 2000: 298). Die ethnische Segmentation von Gesellschaften ist nach Essers Ansicht Bestandteil einer Kastengesellschaft oder mittelalterlicher Feudalsysteme; in modernen Gesellschaften hingegen könne ethnische Schichtung nur „als Ausdruck einer Re-Feudalisierung durch eine systematische Unterschichtung der einheimischen Bevölkerung durch Gruppen verstanden werden“ (Esser 2001a: 103). Modellhaft axiomatisch kann Esser diese Behauptung allerdings nicht herleiten; vielmehr verlässt er sich hier auf die empirische Evidenz. So räumt Esser ein, dass „im Prinzip“ multiethnische Gesellschaften „als eine Kombination von gelingender Systemintegration einer Gesellschaft bei Fehlen von ‚Assimilation' theoretisch denkbar" seien, empirisch aber „so gut wie immer" nur als System einer vertikalen Schichtung entlang ethnischer Zugehörigkeit aufträten (Esser o.J.: 7).

Ein gleichberechtigtes Zusammenleben verschiedener ethnischer Gruppen im Rahmen eines multikulturellen Gesellschaftsmodells kann sich Esser nicht vorstellen, da ethnische Pluralisierung immer mit einem Prozess der vertikalen ethnischen Schichtung verbunden ist. Der ethnischen Community schreibt Esser keinerlei positive Funktion in Bezug auf die Stabilisierung und Orientierung des migrierenden Individuums in der Aufnahmegesellschaft zu. Binnenintegration, wie sie beispielsweise Heckmann (1981; siehe S. 117) und Elwert (1982) in ihrem funktionalen Beitrag zur Vergesellschaftung analysieren, lähme das individuelle Bemühen um den sozialen Aufstieg in der Aufnahmegesellschaft und verhindere dadurch die Sozialintegration. Elwert beruft sich hier auf das von Wiley (1970) beschriebene Konzept der „Mobilitätsfalle", bleibt aber von neueren Konzeptionen, wie der der „segmentierten Assimilation" (Portes/Zhou 1993), worin die kulturelle Orientierung an der Herkunfts-Community als eine Ressource im sozialen Aufstieg in der Aufnahmegesellschaft beschrieben wird, völlig unbeeinflusst.

Assimilation ist bei Esser die erfolgreiche Sozialintegration des Individuums, die notwendigerweise mit der Anpassung an kulturelle Orientierungen in der Aufnahmegesellschaft verknüpft ist. Esser verdeutlicht dies in der folgenden Abbildung, worin die kognitive Assimilation als Bedingung für alle weiteren Schritte der Anpassung genannt wird (Abb. 1). Sozialintegration erzwinge Anpassung an die „Eigengesetzlichkeit der Systeme", womit Esser in erster Linie das Bildungssystem und den Arbeitsmarkt meint. Diese Systeme formulieren nicht nur formale, sondern auch kulturelle Vorgaben an den Kreis ihrer Aspiranten, welche, so Esser, die Vorgaben der Aufnahmegesellschaft sind (Esser 2001a: 104). So sei das Bildungssystem eine nationalstaatlich regulierte Institution, die sich zudem „noch einmal an recht speziellen kulturellen Vorgaben orientiert, etwa die Kultur der regionalen bürgerlichen Mittelschichten" (Esser 2001a: 106). Die Forderung einer Trennung der verschiedenen Lebensbereiche – Integration in Schule und Beruf bei gleichzeitiger Beibehaltung einer autonomen privaten kulturellen Sphäre – lässt Esser nicht gelten. Der soziale Aufstieg in der Zuwanderungsgesellschaft erzwinge eine Anpassung an die kulturellen Vorgaben des Aufnahmelandes, wozu eine generelle berufliche Aufstiegsorientierung und der Erwerb dafür notwendiger Fähigkeiten gehören (Esser 2006: 106). Insofern sei es berechtigt, „von einer gewissen ‚Leitkultur' zu sprechen" (ebd.). Für die intrapsychische Vereinbarkeit all dieser Anforderungen steht die Kategorie der personalen Integration. Esser versteht darunter die widerspruchsfreie Orientierung des Individuums in seinem Bezugssystem, die wiederum die Grundlage für eine identifikative Assimilation als finales Stadium gelungener Vergesellschaftung bildet.

Abb. 1: Hypothetische Kausalstruktur von Assimilation und personaler Integration (Quelle: Esser 1982: 283)

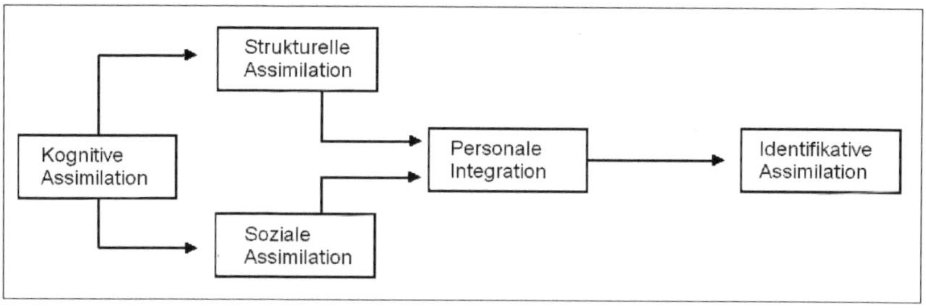

Gewiss kann man Migranten, die aus individuell ganz unterschiedlichen Gründen zugewandert sein mögen, unterstellen, dass sie mit der Migration ein bestimmtes individuelles Wanderungsziel und entsprechendes Kalkül verknüpfen. Insofern dürften sie bereit sein, mit diesem Kalkül verbundene Verhaltenserwartungen und Rollen einzunehmen. In diesem Sinne ist, wie Bommes feststellt, „der Sachverhalt der Assimilation [...] unter den sozialen Strukturbedingungen der modernen Gesellschaft trivial. [...] Assimilation erfolgt jeweils kontext- oder systemspezifisch" (Bommes o.J.: 37). Gewiss auch erfordert die berufliche Eingliederung in der Regel mehr oder weniger perfekte Kenntnisse der Verkehrssprache, es sei denn, Migranten kommen als Hochschullehrer oder Manager eines internationalen Konzerns. Zu fragen aber ist hier erstens, welche Gruppen von Einwanderern Esser vor Augen hat, wenn er ganz selbstverständlich annimmt, dass die gesteckten (ökonomischen) Migrationsziele nur durch strukturelle Assimilation zu erreichen seien. Es ist zweifelhaft, ob diese Motivation durchgängig für ganz unterschiedliche Gruppen von Zuwanderern, seien es Flüchtlinge, begleitende Familienmitglieder oder bestimmte Gruppen von Pendelmigranten, zu Grunde gelegt werden kann. Außerdem ist fraglich, inwieweit diese Annahme des ökonomischen Kalküls die zweite Generation betrifft, die als solche ja an der Migrationsentscheidung gar nicht beteiligt gewesen ist. Neben diesen Einwänden, die gegen eine unterstellte Motivation von Immigranten gerichtet sind, sind Essers Annahmen über die Bedeutung individueller kultureller Orientierungen fragwürdig. So geht aus Essers Ausführungen über die dominierende Kultur der bürgerlichen Mittelschichten implizit hervor, dass für den sozialen Aufstieg die formale Schul- oder Berufsbildung nicht ausreiche, sondern vielmehr eine Orientierung am kulturellen Habitus der bürgerlichen Mittelschicht vonnöten sei. In diesem Zusammenhang jedoch werden im Sinne von Bourdieus „feinen Unterschieden" subtile Mechanismen der Exklusion wirksam, die in allgemeiner Weise den sozialen Aufstieg aus der Unterschicht erschweren, eine nachhaltige Segregation im Schulwesen bewirken und die schwer zu eliminieren sind. Diese subtilen Mechanismen der sozialen Exklusion werden bei Esser mit der mangelnden kulturellen Anpassung der Ausgeschlossenen begründet.

In der Tradition der soziologischen Ungleichheitsforschung stehend, sieht Esser in einer ethnischen Segmentation von Gesellschaften die unweigerliche Gefahr einer Marginalisierung von Einwanderern. Insofern ist aus seiner Sicht die Assimilation von Immigranten nicht kompatibel mit einer mehr als bloß folkloristischen Eingliederung in ethnische Bezugssysteme. Assimilation kann nach Essers Vorstellung zweitens nur in gesellschaftliche Systeme erfolgen, die nationalstaatlich gefasst sind. Drittens konzipiert Esser mit den Begriffen „Assimilation" und „Segmentation" eine Polarität, die erzwingt, dass Handlungen von Individuen entweder dem einen oder dem anderen Pol zuzuordnen sind. Im Zusammenhang mit der territorialen (nationalstaatlichen) Bezogenheit von Essers Theorie impliziert diese begriffliche Polarisierung, dass Handlungen, „die an einem Ort assimilativ sind, an einem anderen Ort segmentativ sein müssen" (Goeke 2006: 341). Esser schließt aus, dass sich Migranten an zwei Gesellschaften, die Herkunfts- sowie die Zuwanderungsgesellschaft, gleichzeitig adaptieren können. Vielmehr würde eine solche „Mehrfachintegration" ein Ausmaß an Lernaktivitäten und Lerngelegenheiten erfordern, das den meisten Migranten verschlossen sei. Essers Fazit lautet daher, dass eine Sozialintegration in die Aufnahmegesellschaft nur in der Form der Assimilation möglich sei (Esser 2001a: 99).

Nach wie vor bildet die Esser'sche Theorie den prominentesten Versuch, Assimilationstheorien aus dem US-amerikanischen Kontext in die deutsche Debatte zu übertragen. Kennzeichnend für Esser sind der methodologische Individualismus und eine strikt handlungstheoretische Begründung von Vergesellschaftungsprozessen bei Zuwanderern. Der Einfluss, den externe Parameter, wie etwa die spezifischen nationalstaatlichen Integrationspolitiken, auf den Prozess der Integration in einer Zuwanderungsgesellschaft ausüben, bleibt bei ihm eine marginale Variable.

Generelle Kritik am Esser'schen Modell zielt auf die – bedingt durch den umfassenden Erklärungsanspruch – zu große Allgemeinheit seiner Aussagen. Kritisiert wurde, dass die Theorie aufgrund ihrer Allgemeinheit und des abstrakten Charakters ihrer Begriffe nicht mittelbar auf empirische Sachverhalte angewendet werden könne und daher um bereichsspezifische Theorien mittlerer Reichweite ergänzt werden müsse. Begriffe wie „Motivation" und „Kognition" seien empirisch kaum überprüfbar, und damit werde die Theorie selbst nicht falsifizierbar (Blume 1988: 25).

Kritisch in Frage gestellt wurden zudem die Rationalitätsannahmen, die Esser dem Individuum unterstellt. Das Prinzip des nutzenorientierten, rational handelnden Individuums ist empirisch nicht eindeutig überprüfbar (Blume 1988: 24). Die Unterstellung eines rational, d.h. vernunftmäßig abwägenden Handelns orientiert sich an einem neoklassischen Nutzenprinzip und fällt gegenüber klassischen Analysen sozialen Handelns – beispielsweise bei Max Weber, der zwischen zweckrationalem, wertrationalem, emotionalem und traditionalem Handeln unterscheidet (Weber 1980: 12) – weit zurück.

Essers Theorie ist darüber hinaus auch unter dem politischen Gesichtspunkt kritisiert worden, dass er den Schwerpunkt auf die Angleichung des individuellen Migranten an die Aufnahmegesellschaft legt. Damit werden Barrieren, die die Aufnahmegesellschaft den Immigranten entgegengestellt, allenfalls als Störfaktoren innerhalb des Modells, nicht aber aus einer menschenrechtlichen Perspektive thematisiert. Gleichermaßen als Störfaktoren gelten Esser Phänomene der ethnischen Segregation, die weder als gleichberechtigte Formen noch in ihrer potenziell integrationsstützenden Funktion anerkannt werden. Fragen der gesellschaftlichen Machtverteilung und der Unterschichtung werden damit gar nicht erst gestellt.

Dennoch muss an Esser – wie auch an anderen Theorien der siebziger und achtziger Jahre (exemplarisch: Hoffmann-Nowotny [1970; 1973] und Nauck [1985]) – hervorgehoben werden, dass er den Versuch einer umfassenden Theoriebildung unternimmt, worin die einzelnen Faktoren des Eingliederungsprozesses identifiziert und in einen kausalen Zusammenhang gestellt werden. An der Komplexität der empirischen Vergesellschaftungsprozesse muss diese Theorie notwendigerweise scheitern, denn in der empirischen Überprüfung werden sich immer Defizite in den einzelnen Axiomen erweisen. In der Folge hat sich die Theoriebildung in der Migrationsforschung immer mehr vom Ideal der umfassenden Theorie zurückgezogen; auf die großen Modelle folgte in den achtziger und neunziger Jahren die Überprüfung einzelner Axiome anhand einer breiten Basis an empirischer Forschung. Der Weg der Forschung ist hier von deduktiven zu induktiven Verfahrensweisen gegangen. Zudem hat sich in der Migrationsforschung die thematische Palette durch die starke Diversifizierung der Zuwanderungsbewegungen im Verlauf der achtziger Jahre (im Kontrast zu der eher monolithischen „Gastarbeitermigration" der sechziger und siebziger Jahre) enorm erweitert. Das Verständnis und die wissenschaftliche Erklärung von Migration haben sich dadurch nicht vereinfacht.

Erweiterungen und alternative Konzeptionen: Integration und Assimilation bei Nauck, Heckmann und Hoffmann-Nowotny

Mit Nauck, Heckmann und Hoffmann-Nowotny sollen im Folgenden alternative Konzeptionen erörtert werden, die ebenfalls Integration und Assimilation in den Fokus des Erkenntnisinteresses stellen, jedoch die Rolle der Aufnahmegesellschaft und der vermittelnden Subsysteme Familie und ethnische Community ungleich stärker gewichten. Anders als Esser fokussieren diese

Autoren Migranten stärker im Hinblick auf ihren Status im gesellschaftlichen Gefüge.

Nauck

Die größte Nähe zum Esser'schen Modell findet sich bei Nauck, der sich in seiner 1985 erschienenen Habilitationsschrift mit den mikrosozialen Folgen von Migrationsprozessen, insbesondere hinsichtlich der Familienstruktur, beschäftigt. Nauck baut das Esser'sche Modell aus, indem er relevante herkunftsbedingte Variablen einführt und den Prozess der Assimilation stärker in ein zeitliches Kontinuum stellt.

Abb. 2: Kausalstruktur des Assimilationsprozesses bei Migranten (Quelle: Nauck 1985: 206)

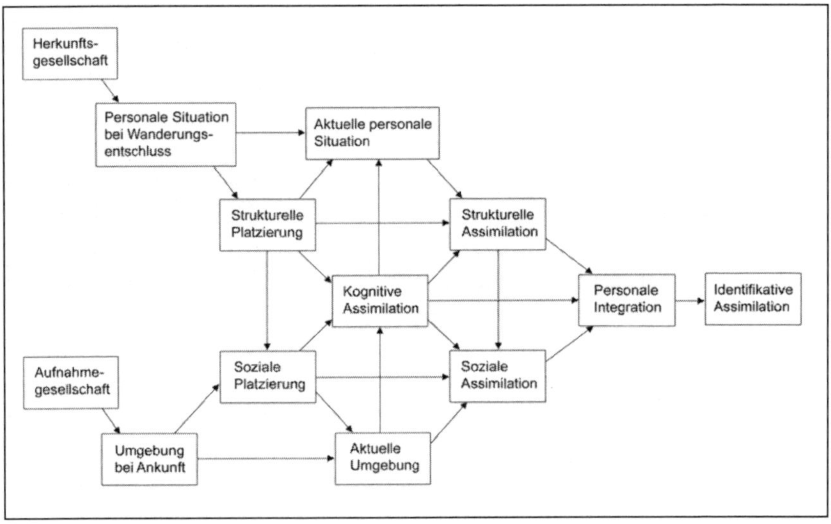

Wesentlich deutlicher als bei Esser treten die aus dem Herkunftsland mitgebrachten personalen Merkmale (Qualifikation, kulturell vermittelte Persönlichkeitsmerkmale etc.) und die im Aufnahmeland erfolgende soziale Platzierung als Determinanten der kognitiven Assimilation hervor. Dies entspricht weitaus stärker der Realität von Eingliederung von Migranten als das Essersche Kausalitätsmodell, das die individuelle Anpassungsfähigkeit an Sprache und Kultur zur dominierenden conditio sine qua non der Eingliederung macht.

An der Esser'schen Theorie kritisiert Nauck, dass der Assimilationsbegriff sowohl für die Bezeichnung eines Prozesses als auch eines Zustandes verwendet werde (Nauck 1985: 194). Damit werde der Begriff analytisch unscharf und für die Untersuchung empirischer Sachverhalte nicht mehr verwendbar. Zur besseren begrifflichen Unterscheidung schlägt Nauck vor, den Prozess der Angleichung als Akkulturation, den Zustand der erreichten Angleichung als Assimilation und den Zustand eines Gleichgewichts und der Spannungsfreiheit als Integration zu bezeichnen (ebd.). „Assimilation" und „Integration" werden hierbei – wie auch bei Esser – in ihrer möglichen Kausalität entkoppelt. Das folgende Schema listet die begrifflichen Bedeutungen in ihren unterschiedlichen Bezügen von Individuum und Gesellschaft auf:

Tab. 4: Begriffliche Dimensionen der Eingliederung von Wanderern (Quelle: Nauck 1985: 195)

Begriff	**Dimension**	**Bezug**		
		Individuell	individuell-relational	kollektiv
Akkulturation	Prozess	Prozess des Erwerbs kulturell üblicher Eigenschaften (kognitiv, identifikativ)	Prozess der Aufnahme interethnischer Beziehungen; Statuserwerb	Prozess der kulturellen Homogenisierung von Kollektiven
Assimilation	Zustand	Ähnlichkeit in Fertigkeiten, Orientierungen, Bewertungen (kognitive und identifikative Assimilation)	Interethnische Rollenausübung; Statuseinnahme (soziale und strukturelle Assimilation)	Kulturelle Einheitlichkeit eines Kollektivs bei institutionalisierter Differenzierung
Integration	Zustand	Gleichgewicht und Spannungsfreiheit des Persönlichkeitssystems	Gleichgewicht und Spannungsfreiheit relationaler Bezüge	Latente Gleichgewichtigkeit eines Makrosystems

Die Hauptrichtung von Naucks Kritik an Esser bezieht sich auf dessen methodologischen Individualismus. Nauck hingegen stellt in das Zentrum seiner Analyse nicht den individuellen Migranten, sondern familiale Gruppen, die er unter dem Aspekt der kollektiven Entscheidungsfindung und des kollektiven Handelns untersucht (Nauck 1985; 1989). Aus dieser Perspektive fällt der Familie als vermittelndes Subsystem zwischen der Aufnahmegesellschaft und dem individuellen Migranten eine starke Gewichtung zu. In Abgrenzung von Essers methodologischem Individualismus rückt damit ein wichtiger Aspekt der gesellschaftlichen Rahmenbedingungen, unter denen sich Migration und die Vergesellschaftung von Immigranten vollziehen, in den Vordergrund.

Heckmann

In seinem 1981 erschienenen Buch „Die Bundesrepublik: ein Einwanderungsland?“ analysiert Friedrich Heckmann Zuwanderung als Teildisziplin einer Minoritätensoziologie. Unter Minderheiten versteht Heckmann keine geschlossenen Entitäten, sondern Minderheiten sind prinzipiell auch einer größeren Gesellschaft zugehörig und zeichnen sich darüber hinaus durch eine gruppeninterne Ausdifferenzierung aus.

In dieser Perspektive haben Fragen der Assimilation für Heckmann eine eher nebensächliche Bedeutung (Heckmann 1981: 139). Assimilation wird für ihn relevant im Zusammenhang mit psychologisch orientierten Erklärungsansätzen zur Lage von Minderheiten sowie im Zusammenhang mit der zweiten Zuwanderergeneration. Ausführlich setzt sich Heckmann mit psychologisch orientierten Erklärungsansätzen zum Minderheitenthema auseinander, so mit verschiedenen Theorien zu Vorurteilen, Diskriminierung, Marginalisierung und „Inter-Group Relations“ (IGR).[3] Heckmann jedoch geht es um eine breite gesellschaftliche Analyse von Zuwanderung. An den genannten Theorien kritisiert er, dass diese „eine ungerechtfertigte Transformation von Ergebnissen der sozialpsychologischen Gruppendynamik auf größere soziale Systeme“ vornähmen (Heckmann 1981: 141). Er kritisiert ihre ahistorische Vorgehensweise und ihre Beschränkung auf Handeln und Persönlichkeitsstruktur, die makrosoziologische Fragestellungen ausklammere. Sein Anspruch hingegen zielt auf die Entwicklung und Anwendung eines sozialstrukturellen Konzepts auf die Zuwandererbevölkerung in der Bundesrepublik ab.

Dennoch bilden Theorien über psychosoziale Dispositionen im Verhältnis zwischen Zuwanderern und Bevölkerungsmehrheit einen großen Schwerpunkt seiner Darstellung. Gemeinsam ist ihnen, dass sie auf die Probleme der psychosozialen Anpassung sowohl von Zuwanderern an die Mehrheitsgesellschaft als auch umgekehrt abheben. Heckmanns Assimilationsbegriff bleibt in diesem Kontext vage. Implizit wird deutlich, dass diese Probleme der psychosozialen Anpassung behoben sein werden, sobald irgendwann im Generationenprozess eine Assimilation eingetreten sein wird. Assimilation, so lässt sich mit Vorsicht resümieren, wird nicht als ein möglicherweise schmerzhafter Ablösungsprozess verstanden, auch nicht als etwas, das von außen aufgezwungen wird, sondern ist ein Phänomen, das sich gewissermaßen selbstverständlich im Generationenprozess vollzieht.

Für die Analyse von Assimilation ist daher vor allem die zweite Zuwanderergeneration entscheidend. Heckmann stützt sich auf vorhandene Studien

3 Ein Beispiel für die IGR-Theorie ist der „race relation cycle“, wie er von Park und Burgess formuliert wurde, mit seiner Typologie von Inter-Gruppenbeziehungen: Wettbewerb, Konflikt, Anpassung, Assimilation.

über die Kinder von Gastarbeitern aus den siebziger Jahren, wenn er für diese Generation starke Assimilationswünsche annimmt, die jedoch mit den kulturellen Orientierungen der Elterngeneration kollidieren. Assimilation erscheint hier als ein Generationenkonflikt. Kinder besitzen gegenüber ihren Eltern einen Assimilationsvorsprung und verschieben damit das natürliche Machtgefälle zwischen den Generationen, was die Ursache für schwer zu lösende familiäre Konflikte bilden kann (Heckmann 1981: 202).

Anders als bei Esser sind bei Heckmann ethnische Communities überaus positiv konnotiert. Unter einer Community beziehungsweise ethnischen Kolonie versteht Heckmann die Bürger einer bestimmten Nationalität, die in einem fremden Land arbeiten und wohnen, aber ihre nationale Identität erhalten (Heckmann 1981: 216). Dabei meint Kolonie nicht eine bloße Gruppe von Menschen gleicher Nationalität, sondern das Konzept impliziert einen von den Mitgliedern zu gestaltenden Prozess sowie das Vorhandensein interner Organisation. Kolonien erfüllen im Integrationsprozess eine positive Funktion, womit sich Heckmann argumentativ in eine Gegenposition zu Essers „ethnischer Segmentation“ stellt:

> „Die Fragen nach Kontakten zwischen deutscher und ausländischer Bevölkerung oder der Vereinszugehörigkeit von Ausländern als Integrationsmaß sind falsch gestellt und evozieren falsche Antworten; zu untersuchen gilt es, welche Sozialsysteme die ausländische Bevölkerung selbst entwickelt hat, um ihre Angehörigen zu integrieren, nicht in die deutsche Gesellschaft als Einwanderungsgesellschaft, sondern in die Gesellschaft der Einwanderer in Deutschland. Die Frage der Integration, wie sie heute üblicherweise diskutiert wird, stellt sich überhaupt erst mit späteren Wandlungs- und Auflösungsprozessen der Kolonie und der Assimilation der Einwanderer in einem Prozess, der über mehrere Generationen verläuft“ (Heckmann 1981: 218).

Die Existenz von Kolonien ist für Heckmann ein vorübergehendes Phänomen, das im Verlauf der Zeit zwangsläufig in einem Sog der Assimilierung untergehen wird. Bis dahin bilden Kolonien eine wichtige Instanz zur Stabilisierung ihrer Mitglieder, um den mit der Anpassung verbundenen Stress abzufedern.[4] Assimilation als solche wird hierbei nicht problematisiert, sondern bildet ein eher beiläufiges Endresultat von Vergesellschaftung im Zuwanderungsland.

4 Wie Heckmann hat auch Elwert (1982) auf die strategische Funktion von Ethnisierung im Vergesellschaftungsprozess von Immigranten hingewiesen. Demnach bieten ethnische Communities im Prozess der Niederlassung einen Schutzraum, aus dem heraus sich Zuwanderer auf ihre neuen Lebensbedingungen hin orientieren können.

Integration und Assimilation bei Hoffmann-Nowotny

Mit seinen in den siebziger und achtziger Jahren entstandenen Untersuchungen hat Hans-Joachim Hoffmann-Nowotny einen wichtigen Beitrag zur soziologischen Erklärung von Migration geliefert. Herausragende Stichworte wie „anomische Spannung“ und „Unterschichtung“ sind Derivate einer sozialstrukturell orientierten Analyse, die den globalen Kontext von Migration zwischen Abwanderungs- und Zuwanderungsland zu erfassen suchte. Ausgangspunkt seiner Analyse ist die extensive Gastarbeitermigration seit Ende der fünfziger Jahre. Hoffmann-Nowotnys Theorie, die in ihren konzeptionellen Grundzügen Anfang der siebziger Jahre entwickelt wurde (hier vor allem Hoffmann-Nowotny 1973), ist in der gegenwärtigen Diskussion etwas in den Hintergrund geraten, wirkt aber in ihrer stringenten, empirisch solide fundierten Argumentation noch immer anregend für gegenwärtige Debatten um die Integration und Assimilation von Immigranten.

Migration begreift Hoffmann-Nowotny als den Abbau anomischer Spannungen im internationalen Maßstab: Mittels individueller Mobilität wird versucht, Entwicklungsunterschiede, die zwischen dem Herkunfts- und dem Zuwanderungsland bestehen, abzubauen. Im Aufnahmeland führt Immigration zunächst zu einer Unterschichtung, das heißt die Zugewanderten nehmen gesellschaftliche Statuspositionen ein, die sich noch unterhalb der internen sozialen Stratifikation befinden. Hoffmann-Nowotny spricht in diesem Kontext davon, dass sich gesellschaftliche Schichtungen im internationalen Maßstab im Einwanderungsland reproduzieren (Hoffmann-Nowotny 1987: 48). Im Abwanderungsland wiederum bewirkt Emigration einen Abbau latenter oder manifester sozialer Spannungen.

Im Zuwanderungsland können Migranten nicht ohne weiteres mit Gegebenheiten rechnen, die soziale Mobilität und Integration ermöglichen. Vielmehr entsteht eine Konkurrenz um vermeintlich oder real gefährdete Arbeitsplätze, die sich zwischen den Immigranten und den von beruflichem Abstieg bedrohten einheimischen Gruppen abspielt. Als solche identifiziert Hoffmann-Nowotny zum einen aufstiegsorientierte inländische Gruppen, die jedoch dafür nicht genügend qualifiziert sind, sowie solche Gruppen, die sich nicht ihrem Qualifikationsniveau entsprechend entlohnt sehen, also Gruppen, die in der autochthonen Unterschicht und unteren Mittelschicht angesiedelt sind. Im Verhältnis zwischen Einheimischen und Zugewanderten registriert Hoffmann-Nowotny die Herausbildung eines „neofeudalen“ Syndroms: Die Anwesenheit der Gastarbeiter wird zwar akzeptiert, doch werden die Integration und ein vollwertiger Mitgliedschaftsstatus in der Gesellschaft verweigert (Hoffmann-Nowotny 1987: 54). Diskriminierung und Abwehr können sich in der autochthonen Gesellschaft so weit steigern, dass die Ausweisung der Migranten gefordert wird. Bei der Identifizierung dieses sozialen Gefälles geht es Hoffmann-Nowotny darum, Fremdenabwehr nicht aus individueller Disposition heraus, sondern als ein „in der Struktur unserer Gesellschaften und der Position des einzelnen“ (Hoffmann-Nowotny 1987: 55) angelegtes Phänomen zu erklären.

Für die Integration von Migranten bedeutet dies, dass der grundsätzlichen Aufgeschlossenheit und Integrationsbereitschaft der Aufnahmegesellschaft eine primäre Bedeutung zukommt. Hoffmann-Nowotny unterscheidet hier grundsätzlich zwischen der Integration und der Assimilation von Zuwanderern. In dieser Unterscheidung rekurriert er auf Eisenstadt (1954), der in seinem Konzept der Absorption zwischen der Akkulturation, der integralen persönlichen Anpassung der Zuwanderer und der vollständigen Dispersion in die Institutionen der Aufnahmegesellschaft unterschieden hatte (Eisenstadt 1954: 11). Analog zu Eisenstadt setzt Hoffmann-Nowotny daher Assimilation mit Akkulturation („Partizipation an der Kultur“) und Integration mit institutioneller Dispersion („Partizipation an der Gesellschaft“) gleich (Hoffmann-Nowotny 1973: 172).[5] Die Teilhabe an der Kultur der Aufnahmegesellschaft ist jedoch in mehrfacher Weise problematisch. Zum einen werden die Anstrengungen, die Migranten für die kulturelle Partizipation unternehmen, ganz entscheidend von der Integrationsbereitschaft der Aufnahmegesellschaft beeinflusst. Wer an den Rand der Gesellschaft fixiert werde, entwickle keine besonderen Anstrengungen, um an der Kultur des Einwanderungslandes zu partizipieren. Zum anderen müsse der Kulturbegriff als solcher in Frage gestellt werden: Unter Kultur werde gemeinhin die dominierende Kultur der Mittelschichten verstanden, die als Verhaltensstandard für die der Unterschicht zugehörigen Einwanderergruppen nicht zugänglich ist. Assimilation könne daher allenfalls die Angleichung von Immigranten „an die ihrer jeweiligen Schichtlage entsprechende Subkultur“ bedeuten (Hoffmann-Nowotny 1973: 176) – wobei in diesem Argument der Kern der späteren Theorie der segmentierten Assimilation (siehe S. 97ff.) bereits vorformuliert ist.

Um Assimilation zu bewerkstelligen, so Hoffmann-Nowotny, muss eine erfolgreiche Integration stattgefunden haben. Je größer die Chancen von Einwanderern und ihrer Kinder seien, an der Einwanderungsgesellschaft und ihren verschiedenen Teilsystemen zu partizipieren, desto größer werde die Wahrscheinlichkeit für eine Assimilation. Forderungen an die Zugewander-

5 In Bezug auf die von Gordon vorgenommene Aufgliederung des Assimilationsbegriffs findet Hoffmann-Nowotny am ehesten eine Entsprechung von Integration/Assimilation in den Gordon'schen Kategorien von „behavioral assimilation“ und „structural assimilation“. Allerdings komme der Strukturaspekt von Integration, welchen Hoffmann-Nowotny besonders hervorhebt, bei Gordon „nicht sehr stark“ zum Ausdruck. So werde bei Gordon der Zusammenhang zwischen sozialer Interaktion und gesellschaftlicher Marginalität nicht thematisiert (Hoffmann-Nowotny 1973: 173).

ten, die Kultur der Aufnahmegesellschaft zu übernehmen, und – in negativer Diktion – den Vorwurf, die Zugewanderten zeigten zuwenig Bereitschaft hierzu, sieht Hoffmann-Nowotny als Teil einer Abgrenzungsstrategie:

„Es ist deshalb offensichtlich mehr als eine Vermutung, wenn man die Hinweise auf die mangelnde Assimilation oder Assimilationsbereitschaft der Gastarbeiter – und zwar mit Bezug auf die dominierende Kultur – mit dem genannten Aspekt des Versuchs der neofeudalen Absetzung der Einheimischen in Zusammenhang bringt. Sie erscheint nämlich um so eher legitimiert, je mehr man auf eine kulturelle Andersartigkeit der Einwanderer hinweisen kann, auch wenn diese in keiner Weise deren Teilnahme an der Gesellschaft des Einwanderungslandes beeinträchtigt" (Hoffmann-Nowotny 1987: 62).

Darüber hinaus müssen auch die Erwartungen an die Möglichkeit einer vollständigen Assimilation in der ersten Einwanderergeneration relativiert werden. Assimilation impliziere einen „die Persönlichkeitsstruktur umwandelnden Lernprozess" (Hoffmann-Nowotny 1973: 269, Fn. 24), der in einem umfassenden Sinn nur in der frühen Kindheit und Jugend bewerkstelligt werden könne. Erwartet werden könne von erwachsenen Immigranten allenfalls eine partielle Assimilation oder auch Akkulturation, worunter Hoffmann-Nowotny die selektive Übernahme einzelner Elemente der Kultur der Aufnahmegesellschaft versteht.

Anhand der Auswertung empirischer Daten, die durch eine Befragung von schweizerischen und italienischen Männern in Zürich gewonnen wurden, belegt Hoffmann-Nowotny, dass unabhängig von der tatsächlichen Aufenthaltsdauer der Grad der Assimilation gering bleibt, wenn Einwanderer in einer Position der strukturellen Marginalität verbleiben: „Alle auf eine Assimilation der Einwanderer zielenden Maßnahmen müssen deshalb wirkungslos bleiben, wenn nicht vorab oder gleichzeitig ihre Integration gefördert wird" (Hoffmann-Nowotny 1973: 194).[6] Hingegen spielte die kulturelle Nähe von Zuwanderern an die Kultur der Aufnahmegesellschaft eine untergeordnete Rolle für deren Assimilation. Italienische Zuwanderer blieben in der französischsprachigen Schweiz ähnlich gering assimiliert (verifiziert anhand der Sprachkenntnisse) wie in der deutschsprachigen Schweiz. Die Widerstände, die sich sowohl von institutioneller Seite als auch von Seiten der Bevölkerung gegen die Immigranten richteten, waren dabei in beiden Landesteilen vergleichbar hoch (Hoffmann-Nowotny 1973: 195).

6 Dabei allerdings bildete die im Herkunftsland erworbene berufliche Qualifikation eine wichtige Determinante für die ökonomische Integration.

Zwischenresümee 1: Begriffliche Dimensionen von Assimilation

In einer kritischen Würdigung der bisher referierten Theorien stellen sich die folgenden Fragen:

- Welche begrifflichen Übereinstimmungen beziehungsweise Differenzen bestehen zwischen den Autoren?
- Welcher Unterschied zwischen Integration und Assimilation besteht in der Perspektive dieser Theorien?
- Welches ist der räumliche Referenzrahmen von Assimilation?

Die ersten beiden Fragen können nicht getrennt voneinander beantwortet werden, da sich semantische Differenzen in der Begriffsbedeutung auch auf die Unterscheidung zwischen Assimilation und Integration beziehen.

„Integration" wird als Begriff in der Assimilationstheorie im Sinne einer persönlichen Integrität oder, auf kollektiver Ebene, im Sinne einer Systemstabilität verwendet. So kann persönliche Zufriedenheit eine personale Integrität ausdrücken, die keineswegs an Assimilation gebunden ist. Grundsätzlich ist Integration auch bei einem geringen Assimilationsgrad möglich, wenn die mit der Migration verbundenen individuellen Erwartungen erfüllt werden. Hoffnungen auf eine stärkere Eingliederung werden dann oftmals von der Elterngeneration auf die nachfolgende Generation übertragen. Umgekehrt können stark assimilierte Migranten subjektiv Desintegration erfahren, wenn ihre hohen Erwartungen an Partizipation in der Aufnahmegesellschaft nicht erfüllt werden und sie unter einem Spannungsverhältnis zwischen persönlichen Erwartungen und der Wirklichkeit leiden (Blume/Kantowsky 1988: X).

Bei allen definitorischen Bemühungen um eine Klärung der Begriffsinhalte ist es der Sozialwissenschaft nicht gelungen, eine eindeutige begriffliche Grundlage in der Integrations- beziehungsweise Assimilationsdiskussion zu schaffen: „[J]edes Projekt macht sich seine Begriffe selber, das Endresultat ist eine Art wissenschaftlicher Schlagwortversand zum beliebigen Gebrauch der Politiker" (Bayaz et al. 1984: 160). So ist die Begriffsbestimmung im Umfeld von Integration und Assimilation auch in der akademischen Theorieproduktion keineswegs einheitlich. Beispielsweise haben Hoffmann-Nowotny und Esser jeweils ambitionierte Taxonomien zur Begrifflichkeit für migrationsrelevante Vergesellschaftungsprozesse entwickelt, unterscheiden sich jedoch vielfach in der Semantik dieser Begriffe. Insbesondere die Begriffe „Assimilation" und „Integration" werden von ihnen in differenter Weise verwendet (Tab. 5). Dies bedeutet nicht, dass die jeweils divergierend verwendeten Begriffe nicht in Übereinstimmung zu bringen sind, doch erfordert ihre Verwendung im konkreten Forschungskontext jeweils eine erneute Erklärung ihrer Bedeutung.

Gemeinsam ist den Theorien hingegen, dass sich der Referenzrahmen von Vergesellschaftung implizit oder explizit auf die nationale Gesellschaft fokussiert. Klassische Migrationstheorien, zu denen auch die Assimilationstheorie gehört, fassen Migration als eine Bewegung auf, die sich zwischen zwei gegebenen Punkten, dem Ausgangs- und dem Zielort, vollzieht. Migration ist in dieser Perspektive der Übergang von einem Bezugsort zum einem anderen.

Tab. 5: Divergierende Bedeutung von „Assimilation" und „Integration" bei Hoffmann-Nowotny und Esser (Quelle: Savelsberg 1982: 69, zitiert nach Blume 1988: 9)

Begriffe von Esser u.a. 1979		entsprechen Begriffen von Hoffmann-Nowotny 1973 und Hoffmann-Nowotny/Hondrich 1981
Personale Assimilation	Kognitive Assimilation	Assimilation
	Identifikative Assimilation	
Strukturelle Assimilation	Statusassimilation	Strukturelle Integration
	Soziale Assimilation	Soziale Integration
Integration	Spannungsfreiheit des Persönlichkeitssystems	Spannungsfreiheit
	Systemstabilität oder -gleichgewicht	Gegenteil: Anomie

Für diese Perspektive der Bezugsorte wurde der Begriff des „Container-Konzepts" geprägt (z.B. Pries 2001: 5), insbesondere wenn es sich um internationale Migration von einem Nationalstaat in einen anderen handelt. Migration wird nicht als eine reguläre Daseinsform verstanden, wie dies etwa in nomadischen Gesellschaften der Fall ist, sondern als „eine Form des Übergangs von einem Vergesellschaftungszusammenhang zum anderen" (Pries 2001: 6). In dieser Perspektive erscheint Migration als ein anomischer Zustand, der durch eine möglichst reibungslose Anpassung an den neuen Kontext möglichst rasch zu beheben ist.[7] Aus dem Blickwinkel dieser Kritik begreift die Assimilationstheorie Migration und ihre sozialen Folgen als ein Problem der Anpassung von Immigranten an die Aufnahmegesellschaft, ihre

7 Nicht zuletzt deshalb spielen in der Migrationsforschung des frühen 20. Jahrhunderts Konzepte der Anomie eine große Rolle: so der „marginal man" bei Robert E. Park (1928) und der „Fremde" bei Georg Simmel (1908).

dominierenden Gruppen und an die Dominanzkultur. Gegen diese nationalstaatliche Fokussierung von Assimilationstheorie richtet sich die Kritik von Seiten der Transnationalismus-Theoretiker, die im Folgenden diskutiert werden soll.

Transnationalismus als Herausforderung des Assimilationsparadigmas?

Gegen die Hegemonie des Integrations-/Assimilationsparadigmas ist in den neunziger Jahren der Transnationalismus aufgetreten, worunter weniger eine elaborierte Theorie als vielmehr eine bestimmte Perspektive, Phänomene der Vergesellschaftung von Migranten in den Blick zu nehmen, zu verstehen ist. Eine zentrale Begründung für diese erneuerte Sichtweise bestand darin, dass sich die Qualität internationaler Wanderungsbewegungen am Ende des 20. Jahrhunderts derart verändert habe, dass sie mit dem herkömmlichen Theoriebestand (Push- und Pull-Faktoren, Theorien der Integration) nicht mehr zu erklären sei (siehe beispielsweise Glick-Schiller/Basch/Blanc-Szanton 1992; Pries 1997). Internationale Migration ist in der Perspektive des Transnationalismus eine Folgeerscheinung der globalen kapitalistischen Entwicklung und der verstärkten Herausbildung globaler Arbeitsmärkte. Die Globalisierung der Arbeit macht Migranten zu Akteuren, welche nicht bloß einen einmaligen Ortswechsel vollzogen haben, sondern die kontinuierliche Bezugssysteme personaler und monetärer Art über nationalstaatliche Grenzen hinweg aufbauen. Transnationalismus konstituiert sich durch wiederholte Wanderung, auch verbunden mit Formen der zeitweiligen Remigration, durch die Bewahrung familiärer Zusammenhänge über die Grenzen hinweg, durch Pendelmigration, durch dauerhafte finanzielle Transfers und durch die soziale Einbettung in die Community. Als methodisches Konzept ist Transnationalismus auf die Untersuchung der Alltagspraxis internationaler Migranten in ihren vielfältigen sozialen Bezügen fokussiert.

Der wesentliche Vorwurf der Transnationalimus-Theoretiker gegenüber der Assimilationstheorie bezieht sich auf deren methodischen Nationalismus. Hingegen argumentieren Transnationalisten, dass die Anpassung von Migranten an strukturelle Kontexte erfolge, die aus den entstehenden transnationalen Räumen resultieren. Anders als Assimilationskonzepte, die davon ausgehen, „dass es in der Tat doch weiter einen institutionellen und kulturellen Kern der jeweiligen nationalstaatlich definierten Aufnahmegesellschaften gebe, der auf die Migranten (aller Generationen) über alle Differenzen und Distanzen hinweg als eine Art unwiderstehlicher zentripedaler Kraft wirkt und sie […] letztlich über die Generationen hinweg auf den Weg der Assimilation an diesen Kern zwingt“ (Esser 2004: 44), betonen transnationalistische Konzepte die überragende Bedeutung übernationaler Institutionen und die weltweiten Interdependenzen verschiedener Kulturen, welche Orientierungen und Bindungsmöglichkeiten bereitstellen. Assimilationstheorie gilt in dieser Perspektive als mono- und ethnozentristisch.

Wenn im Folgenden Bommes' Kritik an der Assimilationstheorie ausführlich referiert wird, so geschieht dies vor allem deshalb, weil Bommes einen der seltenen Versuche unternimmt, die Assimilationstheorie von einem grundsätzlich theoretischen Standpunkt aus zu widerlegen. Bommes' Kritik rekurriert auf die Systemtheorie, aber auch auf den Transnationalismus, wobei Bommes allerdings nicht explizit dem Lager der Transnationalismus-Theoretiker zuzuordnen ist.

Der von Esser und den Theoretikern des Transnationalismus vertretenen These der prinzipiellen Unvereinbarkeit von Assimilation und Transnationalismus widerspricht Bommes (2001; 2005), der stattdessen die inhärenten Gemeinsamkeiten zwischen beiden Theorien herausarbeitet. Gestützt auf die Systemtheorie schlägt Bommes vor, bei der Erforschung von Integration „den Blick nicht ausschließlich oder vorrangig auf die Eigenschaften der Migranten als ihre individuellen Inklusionsvoraussetzungen zu richten, sondern die systemspezifischen Strukturbedingungen zu untersuchen, unter denen Migranten und ihre Ausstattungen zur Geltung kommen" (Bommes 2001: 114). In Anlehnung an Luhmann wird das Individuum nicht als „gesellschaftliches Wesen" aufgefasst, sondern die Relation zwischen Individuum und Gesellschaft ist ein sich wechselseitig beeinflussendes Verhältnis von System (das Individuum als „lebendes System" [Autopoiesis]) und Umwelt. Individuen sind aus Gründen der physischen und psychischen Selbsterhaltung genötigt, an gesellschaftlichen Subsystemen, seien es Arbeitsmarkt, Bildung, Gesundheitswesen, Freizeitgestaltung und dergleichen mehr, zu partizipieren. Um diese Partizipation zu bewerkstelligen, muss das Individuum gewisse Eintrittsbedingungen erfüllen, um den von Systemseite aus formulierten Inklusionsnormen zu entsprechen. Diese Zugangsnormen „setzen eine bestimmte Selbstdisziplinierung der Individuen voraus, verlangen ihnen systemspezifische Kompetenzen ab, muten ihnen entsprechende Formen der Selbstrepräsentation zu und sehen auch Möglichkeiten ihrer Exklusion vor" (Bommes 2001: 111). Mechanismen der Inklusion und Exklusion werden zur entscheidenden Variable in Bommes' Kritik. So betrachtet die Assimilationstheorie erfolgreiche bzw. gescheiterte Inklusion nicht als einen möglicherweise problematischen Systemmechanismus, sondern übersetzt diese „unmittelbar in Ungleichheitsprobleme, die ihr als Anzeichen für Integrationsprobleme gelten" (ebd.). Untersuche man jedoch die systemspezifischen Strukturbedingungen, unter denen Migranten mit ihrer individuellen Ausstattung den Zugang zur Aufnahmegesellschaft suchen müssen, dann erscheinen vermeintliche Probleme der Migranten nicht mehr als individuelle Defizite der kulturellen oder qualifikatorischen Anpassung, sondern als Problem der politischen Verwaltungen oder Bildungseinrichtungen und ihrer Definitionsmacht darüber, was als Problem der Integration zu betrachten sei. Dabei solle, so Bommes, das Problem der Ungleichheit in einer systemtheoretischen Sichtweise nicht negiert, aber unter einer alternativen methodischen Perspektive erklärt werden.

Der Theorie des Transnationalimus hält Bommes entgegen, dass Migranten selbstverständlich in transnationale Bezüge eingebunden seien, doch sei es unbegründet, deswegen vollkommen neue Konzepte in der Migrationsforschung zu fordern. Anders als Multikulturalisten und Transnationalisten behaupten, impliziere Migration in jedem Falle auch Assimilation. Das Handeln von Migranten ist jedoch nicht zuvörderst auf eine nationale Gesellschaft bezogen, sondern auf die eigenen Bedürfnisse. Bedürfnisse können sein eine Arbeit oder Ausbildung zu benötigen, medizinische Versorgung zu brauchen, die eigene Familie zusammenführen zu wollen etc. Gesellschaft als solche ist ein Abstraktum und kann für den einzelnen Migranten nicht der Bezugspunkt einer Assimilation, einer Ähnlichwerdung, werden. Vielmehr findet Assimilation dann statt, wenn Migranten die Rollenerwartungen, die innerhalb der einzelnen sozialen Organisationen und Bezugssysteme an sie herangetragen werden, erfüllen. Soziale Netzwerke können diese Form von Assimilation nicht verhindern, sondern lediglich vermittelnd und modifizierend eingreifen (Bommes 2005). In dieser Sichtweise, so Bommes, sei Assimilation schlichtweg eine Trivialität; sie gehöre zur Grundvoraussetzung des Lebens in der modernen Gesellschaft. In der differenzierten Gesellschaft der Moderne zu leben heißt, sich in einer kontextabhängigen Weise an die differenzierten Subsysteme der modernen Gesellschaften und ihre Erwartungen anzugleichen (zu assimilieren). Kurz und bündig: Alle Individuen in der modernen Gesellschaft müssen sich assimilieren (Bommes 2005).

Die unterschiedlichen Positionen von Transnationalismus und Assimilationismus, so Bommes, seien keineswegs auf unversöhnliche theoretische Standpunkte zurückzuführen. Das Hauptargument der Transnationalisten sei, dass die Globalisierung zu einer Entkopplung der unterschiedlichen Sphären von Assimilation (kognitiv, strukturell, sozial und identifikatorisch) führe. Assimilationstheoretiker hingegen argumentierten, dass sich die einzelnen Sphären von Assimilation gegenseitig verstärken. In dieser Verkopplung bzw. Entkopplung der Dimensionen von Assimilation sieht Bommes den wesentlichen Unterschied zwischen Assimilationisten und Transnationalisten; nicht in einem tatsächlichen theoretischen Antagonismus.

Bommes' Position wird empirisch unterstützt durch Goeke (2006), der anhand empirischer Daten gegen einen strikten methodischen Dualismus zwischen Transnationalismus und Assimilation argumentiert. Er führt das Beispiel kroatischer Transmigranten an, die, als Kinder von kroatischen Gastarbeitern überwiegend in Deutschland sozialisiert, als junge Erwachsene nach

Kroatien migrieren, um das dortige Hochschulwesen für ihre berufliche Bildung zu nutzen. So haben auch Absolventen mit einem deutschen Fachabitur in Kroatien die Möglichkeit, sich an einer Universität einzuschreiben – eine Möglichkeit, die ihnen in Deutschland bislang verwehrt ist (Goeke 2006: 346). Weiterhin konnten die von Goeke befragten Absolventen in Kroatien auf spezielle familiäre Ressourcen zurückgreifen (z.B. eine dort verfügbare Wohnung), die die Entscheidung für Kroatien als Studienland erleichterten. Goeke deutet diese Entscheidung als eine erfolgreiche strukturelle Assimilation in das Bildungssystem. Die jungen Transmigranten nutzen verfügbare Ressourcen, um ihren Bildungsaufstieg zu bewerkstelligen: „Die Wanderung an sich ist zugleich Ausdruck von einem systemspezifischen Anpassungsinteresse an die Organisation Universität“ (Goeke 2006: 346). Assimilation und Transmigration schließen sich also in diesen Beispielen nicht aus; vielmehr erscheint die Transmigration als eine notwendige Vorbedingung für den beruflichen Aufstieg. Nach dem Esser'schen Begriffsschema müsste man daher diese deutsch-kroatischen Transmigranten als strukturell assimiliert bezeichnen, obwohl sie sich nicht auf das Bildungssystem der Zuwanderungsgesellschaft festgelegt haben. Die Esser'sche These des gegenseitigen Ausschlusses von Transnationalismus und Assimilation sieht Goeke hiermit empirisch widerlegt.

Zwischenresümee 2: Die Position der Assimilationstheorie innerhalb des deutschsprachigen Theoriefundus

Mit ihrem explizit handlungstheoretischen Ansatz ist die Esser'sche Theorie ein Unikum in der deutschsprachigen Migrationssoziologie geblieben. In der empirischen Migrationsforschung werden oftmals Versatzstücke der Esser'schen Theorie verwendet, um in thematisch begrenzten Studien empirische Phänomene anhand theoretischer Axiome zu verorten. Eine Ressource für die Forschung bildet dabei der handlungstheoretische Ansatz. So griffen Blume und Kantowsky in ihrer Untersuchung des Eingliederungsprozesses von südostasiatischen Flüchtlingen gezielt auf das Esser'sche Assimilationskonzept zurück, da es nicht nur für die Analyse der gesamtgesellschaftlichen Folgen der Eingliederung von Migranten geeignet schien, sondern insbesondere auch für die Analyse individueller Eingliederungsverläufe. Dabei halten die Autoren die strikte theoretische Unterscheidung zwischen Assimilation und Integration „aus wissenschaftlich-analytischen betreuungspraktischen und ausländerpolitischen Gründen“ (Blume 1988: 11) für unverzichtbar.

Aus dem Fundus der Assimilationstheorie ist in der neueren quantitativen Forschung zudem das Paradigma der strukturellen Annäherung wieder verstärkt zur Anwendung gekommen. So operationalisiert beispielsweise Heckmann (2001) die Assimilationstheorie, um in einem europäischen Vergleich nationalstaatliche Integrationsstrategien zu analysieren, wobei der Fokus auf institutionelle Mechanismen der Vergesellschaftung gelegt wurde. Zugrunde gelegt wird dabei ein Integrationskonzept, das auf Vorstellungen von Assimilation bei Milton M. Gordon und Hartmut Esser rekurriert:[8] Als Integration wird „die Inklusion neuer Bevölkerungsgruppen in die bestehenden sozialen Strukturen" (Heckmann 2001: 21) begriffen. Hierbei wird analog zur Assimilationstheorie zwischen vier Dimensionen von Integration unterschieden: strukturelle, kulturelle, soziale und identifikative Integration (Heckmann 2001: 21f.). Aus der Gordon'schen Theorie wurde das Stufenmodell von Assimilation übernommen, das von der Annahme ausgeht, dass strukturelle Integration die Vorbedingung für die Akkulturation von Migranten bilde. So werden Daten aus dem Sozioökonomischen Panel herangezogen, die den Nachweis dafür erbringen, dass sich zwar die strukturelle Integration von Migranten in Deutschland kontinuierlich verbessert habe, die soziale und kulturelle Integration jedoch nicht in einem vergleichbaren Ausmaß Schritt gehalten habe (Heckmann 2001: 26). In pragmatischer Weise wird das Assimilationsparadigma in der Studie jedoch ergänzt durch Ansätze aus der Theorie des sozialen Kapitals, aus der Ethnizitätsforschung, aus der Geschlechterforschung und durch das Marginalitätskonzept. Der methodische Zugang wird also eklektisch auf die konkrete Fragestellung hin zugespitzt – ein Verfahren, das in der Migrationsforschung sehr populär ist. Als erfolgreiche Integration definiert Heckmann die zunehmende Angleichung in den Lebensbedingungen und ethnisch-kulturellen Orientierungen zwischen Immigranten und der einheimischen Bevölkerung verbunden mit einem Rückgang der ethnischen Stratifikation (Heckmann 2001: 22). Ähnlich wie Esser konstatiert auch Heckmann eine gegenläufige Bewegung zwischen Integration, verstanden als Eingliederung in die bestehenden Strukturen, und ethnischer Grenzziehung zwischen autochthoner und zugewanderter Bevölkerung.

Die Inklusion zugewanderter Bevölkerungsgruppen in die bestehenden sozialen und institutionellen Strukturen ist auch der Ansatzpunkt der in den vergangenen Jahren politisch sehr geförderten Indikatorenforschung.[9] Diese schlägt sich insbesondere in vielfältigen Bemühungen um die Entwicklung von Integrations-Monitorings nieder und ist Begleiterscheinung einer Integrationspolitik, die in Deutschland wie in anderen europäischen Ländern zuneh-

---

8 Heckmann und seine Ko-Autoren verzichten bewusst auf den Begriff „Assimilation", da er, so Heckmann, in der breiten Öffentlichkeit unweigerlich emotionale Reaktionen und Konnotationen von kultureller Unterdrückung hervorrufe (Heckmann 2001: 21).

9 Siehe beispielsweise Berliner Institut für Vergleichende Sozialforschung 2007.

mend zum Objekt einer rationalen Politikplanung geworden ist.[10] In die Verwendung von Indikatoren wird hierbei vielfach die Hoffnung gesetzt, einen objektiven Maßstab für die Bewertung von Prozessen der sozialen Differenzierung zu gewinnen, die anderweitig schwer zu überblicken sind. Ziel dieser Forschung ist der Nachweis der Angleichung der Lebensformen von zugewanderter und autochthoner Bevölkerung mittels der Auswertung statistischer Daten. In diesem Policy-Bereich lebt die Assimilationstheorie mehr oder weniger in einer anwendungsbezogenen Form fort.

Ein weiterer Aspekt der Assimilationstheorie schlägt sich in der Forschung zu den verschiedenen Generationen von Migranten nieder (vgl. dazu Aumüller 2007a). Die klassische Assimilationstheorie geht davon aus, dass der Grad der Angleichung an die Zuwanderungsgesellschaft kontinuierlich über die verschiedenen Generationen voranschreitet. In Deutschland ist dieses Paradigma allerdings aus den Reihen der Assimilationstheoretiker selbst relativiert worden, nicht zuletzt durch Esser, der anhand empirischer Daten feststellte, dass externe Faktoren – neben anderen – einen großen Einfluss auf den Verlauf von intergenerationellen Integrationsprozessen nehmen (Esser 1990). Obwohl die zweite und dritte Migrantengeneration im öffentlichen Diskurs einen großen Raum einnehmen, ist in Deutschland die Datenlage hinsichtlich der einzelnen Migrantengenerationen zu unzureichend, um belastbare empirische Ergebnisse zu ermöglichen. Der hauptsächliche Grund dafür ist, dass die offizielle Bevölkerungsstatistik bislang nach dem Kriterium der Staatsangehörigkeit geführt wird, so dass eingebürgerte Zuwanderer und Aussiedler mit deutscher Staatsangehörigkeit nicht als Migranten zu identifizieren sind (Aumüller 2007b: 267). So ist die These der zunehmenden Integration in der zweiten Generation bislang nur in Studien verifiziert worden, die thematisch und von der Auswahl der Samples her eingeschränkt sind (in Deutschland beispielsweise Boos-Nünning/Karakasoğlu 2005; Bundesministerium für Familie, Senioren, Frauen und Jugend 2000; Rohr 2004).

Assimilation und Integration: Bedeutungsverschiebungen in der Verwendung zweier Begriffe

Es soll an dieser Stelle versucht werden, die Begriffe „Assimilation“ und „Integration“ voneinander abzugrenzen und dabei neuere theoretische Stand-

10 In Deutschland sind diese Integrations-Monitorings vor allem auf der lokalen Ebene vorangetrieben worden, um eine Planungsgrundlage für kommunale Entscheidungsprozesse zu schaffen (siehe beispielsweise Straßburger [2001] für Frankfurt am Main; Landeshauptstadt Wiesbaden [2004]; Senatsverwaltung für Integration, Arbeit und Soziales [2007]). Allgemein zu dieser Entwicklung siehe Turgut/Aumüller (2007).

punkte zum Integrationsbegriff einzubeziehen. Dabei wird ersichtlich werden, dass die Bedeutungsgehalte stark divergieren und in ihrer Verwendung häufig an einzelne Autoren gebunden sind.

Um den Integrationsbegriff wurden in der akademischen Debatte seit den neunziger Jahren zahlreiche Positionen aufgebaut, die den Begriff entweder für den politischen Gebrauch präzisieren wollen oder ihn aufgrund seiner Missverständlichkeit ablehnen. Verbreitete kritische Argumente gegen den Integrationsbegriff beziehen sich darauf, dass er die Sichtweise der aufnehmenden Gesellschaft in den Vordergrund stelle und eine eigenständige Perspektive der Migranten ausschließe. Michael Banton (2006) reflektiert kritisch den Integrationsbegriff in den westlichen Gesellschaften und bezeichnet ihn als den terminologisch kleinsten gemeinsamen Nenner, der sich nur deshalb durchsetzen könne, weil andere Begriffe noch weniger tauglich seien. Er kritisiert ein allgemeines Partizipationsverständnis von Integration, wonach Immigrantengruppen dann integriert seien, wenn ihre Partizipation, gemessen in aggregierten Quantitäten, derjenigen der autochthonen Bevölkerung ähnelt:

> „One current research approach is to measure political participation and to conclude that an immigrant group is integrated to the degree that, in aggregate, its participation resembles that of the native majority. On that view, immigrants will be integrated when their participation in alcoholism, drug abuse, paedophilia and pornography is similar to that of the majority. If that is not the kind of integration that is sought, how is it to be defined?" (Banton 2006: 1).

Begriffe von Integration, so Banton, sind gesellschaftlich und kulturell bedingt. Ein Integrationsbegriff, so wie er für die Kultur westlicher Gesellschaften definiert werden könnte, wäre Integration als die Ermöglichung von sozialer Mobilität. Es ist die Stärke von Bantons bedauerlicherweise unveröffentlichtem Aufsatz, dass er zum Nachdenken darüber anregt, wie Integration aufgefasst werden kann unter ökonomischen Bedingungen, die nicht mehr ohne weiteres zu aufwärts gerichteter sozialer Mobilität führen.

Die Unbestimmtheit des Integrationsbegriffs begreifen andere Autoren wiederum als seinen großen Vorzug. In seiner Offenheit könne sich der Begriff auf Individuen beziehen oder auch auf Kollektive; er könne reflexiv verwendet werden („sich integrieren") oder auch transitiv („jemanden integrieren"), da der Begriff als solcher noch gar nicht die Art der Einbeziehung bezeichne. Diese Vielschichtigkeit des Begriffs müsse positiv aufgefasst werden, zumal auch mögliche Begriffsalternativen, wie etwa „Niederlassung" oder „Eingliederung", nicht unproblematisch seien (Bauböck 2001: 28).

„Integration" kann grundsätzlich in dreifacher Weise interpretiert werden (siehe Bauböck 2001: 31): Der Aspekt der Inklusion bezieht sich auf „den Eintritt oder die Aufnahme in ein System von Einheiten" (ebd.) und betrachtet

Integration unter der Perspektive der Anpassung von Immigranten an die Aufnahmegesellschaft. Der Aspekt der Kohäsion hingegen hebt auf die integrierende Fähigkeit des Einwanderungslandes ab und stellt heraus, dass Integration nur dann gelingen könne, wenn sich die aufnehmende Gesellschaft selbst als Einwanderungsland begreife. Der Aspekt der Föderation schließlich hebt auf ein Verständnis von Integration als Systemstabilität im Sinne des Esser'schen Integrationsbegriffs ab.

Ein weiterer Versuch der begrifflichen Operationalisierung zielt darauf ab, Integration auf bestehende Integrationsregime zu beziehen, d.h. die Art und Weise, wie Staaten politisch mit Einwanderung und der Vergesellschaftung von Immigranten umgehen. In der US-amerikanischen Migrationssoziologie wurde hierzu das Konzept der „modes of integration" entwickelt (beispielsweise bei Portes/Rumbaut [1990] und Portes/Zhou [1993]). Diese „modes of integration" bezeichnen spezifische Konstellationen aus Politikstrategien der Aufnahmegesellschaft, den Werten und Vorurteilen der Aufnahmegesellschaft und kollektiven Charakteristika der Einwanderergruppen (Bauböck 2001: 36). Die Art und Weise der Vergesellschaftung resultiert dann aus der jeweiligen Konfiguration der genannten Faktoren.

Die Forschung zu Integrationsregimen wiederum bezieht sich primär auf den Aspekt der Aufnahmegesellschaft. Hier wurden von Autoren verschiedene Modelle vorgelegt, ohne dass dies zu einer allgemein akzeptierten wissenschaftlichen Typologisierung geführt hätte. So unterscheidet Castles zwischen einem exklusionären, einem assimilationistischen und einem inklusionären Modell (Castles 1994: 21f.). Exklusionäre Regime basieren auf einem Prinzip des ius sanguinis; Einwanderer haben die Möglichkeit, Mitglieder der Zivilgesellschaft zu werden – sei es als Arbeitskräfte, Steuerzahler, Eltern oder in anderen sozialen Rollen –, sind vom politischen Prozess jedoch ausgeschlossen. Vorbilder für dieses Modell waren für Castles in den neunziger Jahren Deutschland, Österreich, die Schweiz und Belgien (Castles 1994: 21). Unter assimilationistischen Regimen fasste Castles zum einen das republikanische Modell in Frankreich, zum anderen aber auch „imperiale Modelle" wie beispielsweise in Großbritannien und den Niederlanden zusammen. Der gemeinsame Nenner dieser Modelle ist eine relativ vereinfachte Einbürgerung (ius soli). Allerdings erscheint dieser Regimetypus in sich nicht stimmig, da er völlig unterschiedliche Zugangsweisen zu Problemen der ethnischen Differenz und gesellschaftlicher Vorurteile beziehungsweise Rassismus einbezieht (Castles 1994: 22). Als Typus des pluralistischen inklusionären Modells klassifizierte Castles schließlich die Politik klassischer Einwanderungsländer, wie der USA, Kanadas und Australiens, die auf dem Prinzip der Akzeptanz kultureller Differenz beruht. Eine alternative Klassifizierung wurde von Soysal (1994) vorgelegt, die zwischen einem korporatistischen Regimetyp, unter den sie beispielhaft Schweden und die Niederlande fasst, einem liberalen Typus (repräsentativ dafür: Schweiz und Großbritannien), einem etatistischen Typus (beispielhaft: Frankreich) und einem fragmentalen Typus (beispielhaft: die Einwanderungsländer am Persischen Golf) unterscheidet. Deutschland erscheint in diesem Tableau als ein korporatistisch-etatistischer Mischtypus (Soysal 1994: 36ff.).

Zu Recht hat Bauböck darauf hingewiesen, dass alle diese Klassifizierungsversuche dazu tendieren, die tatsächliche Komplexität staatlicher Integrationspolitiken zu reduzieren (Bauböck 2001: 38). Die Zuordnung einzelner Länder in diesen Schemata erscheint dabei willkürlich, da sich die Modelle auf einige wenige Charakteristika von Integrationspolitik verengen.

Wie die angeführten Beispiele illustrieren, hilft die gegenwärtige Sozialwissenschaft nicht weiter, um eine begrifflich klare Trennung zwischen „Integration" und „Assimilation" zu schaffen. Der Integrationsbegriff ist in seiner wissenschaftlichen Verwendung zu diffus, um eine wirkliche taxonomische Grundlage zu schaffen, auf der eine klare Abgrenzung zu Assimilation hin erfolgen könnte. Zugleich haben sich Wissenschaftler von der Tabuisierung des Assimilationsbegriffs im politischen Diskurs beeinflussen lassen und bevorzugen stattdessen den „politisch korrekten" Begriff der Integration.[11] Im politischen Diskurs wiederum hat sich ein verschwommener common sense breit gemacht, wonach eine wie auch immer geartete Partizipation Leitbild von Integration sein müsse. Weiterhin bezieht sich dieser common sense auf die an sich diffuse Vorstellung, dass Integration ein zweiseitiger Prozess sei, der Zuwanderer und Aufnahmegesellschaft gleichermaßen betreffe. Wie diese diskursiven Gemeinplätze mit politischem Gestaltungsausdruck angefüllt werden können, bleibt dann der konkreten Auseinandersetzung zwischen den politischen Lagern überlassen.

Zusammenfassend lässt sich also feststellen, dass – ähnlich wie in anderen europäischen Ländern (siehe unten) – der Assimilationsbegriff in Deutschland im Verlauf der achtziger Jahre untertaucht, um durch den in der Verwendung flexibleren Begriff der Integration substituiert zu werden. Der Begriff „Assimilation" wird seitdem fast ausschließlich im Rückblick zur Bezeichnung historischer Zuwanderungs- und Eingliederungsprozesse verwendet: Man spricht von der Assimilation der Juden im 19. Jahrhundert und von der der Polen zu Beginn des 20. Jahrhunderts. In Bezug auf zeitgenössische Vergesellschaftungsprozesse wird der Begriff hingegen weitgehend tabuisiert. Stattdessen sind wesentliche Konnotationen des Assimilationsbegriffs in dem Begriff „Integration" aufgegangen. Verstanden wird darunter grosso modo die Eingliederung von Immigranten in die verschiedenen sozialen Systeme der Gesellschaft. Politisch steht bei diesem Verständnis ein Regulierungsansatz im Vordergrund; Integration ist ein Prozess, der der politischen Regulierung bedarf

11 Siehe Fußnote 8.

und mit entsprechender Institutionalisierung verbunden ist. Die politische Regulierung von Zuwanderungsbewegungen gilt als eine notwendige ergänzende Maßnahme von Integration.

Zugleich wird der Integrationsbegriff in der politischen Debatte zunehmend gegen eine kulturell pluralistische Gesellschaft positioniert. Tatsächlich aber verschleiert der Begriff, dass sich in den westlichen Zuwanderungsländern die Migrantenbevölkerungen stark diversifiziert haben und deswegen für die allgemeine Wahrnehmung sehr diffus geworden sind. Die Gesamtheit der zu Integrierenden erfasst, um auf das Beispiel Deutschland zu rekurrieren, Ausländer wie auch Deutsche ausländischer Herkunft, Neuzuwanderer wie auch die zweite Generation von Zuwanderern, deutschstämmige Aussiedler wie zunehmend auch geduldete Flüchtlinge, die über Jahre hinweg in einem ausgegrenzten Zustand gehalten wurden. Integration in die sozialen Systeme wird mittlerweise aber nicht mehr nur als ein Erfordernis für Zuwanderer, sondern auch für die sozial deklassierten Teile der autochthonen Gesellschaft begriffen. Die Ausgrenzung wird kulturalisiert. Das in den achtziger und neunziger Jahren oftmals öffentlich propagierte „Recht auf Verschiedenheit“ wird nun als eine Bedrohung der gesellschaftlichen Kohäsion wahrgenommen. Vor allem im Sprachgebrauch der bürgerlichen Mitte hat der Integrationsbegriff eine Bedeutung erhalten, wie sie ursprünglich der mittlerweile tabuisierte Assimilationsbegriff inne gehabt hat. Allerdings können beide Begriffe nicht undifferenziert gleichgesetzt werden: Die Gesellschaft des beginnenden 21. Jahrhunderts ist eine andere als die bürgerliche Gesellschaft des 19. Jahrhunderts, in die hinein die Assimilation der jüdischen Bourgeoisie erfolgte, und eine andere als die Klassengesellschaft des frühen 20. Jahrhunderts, in deren Arbeiterschaft sich die Ruhrpolen hinein assimilierten. Integration ist ein fragileres und schwierigeres Unterfangen geworden und erfolgt nicht mehr in eine klar identifizierbare Klasse hinein. Die Unsicherheiten, die auf der politischen Bühne den Umgang mit den Begriffen charakterisieren, spiegeln im Grunde die Unsicherheiten des gesellschaftlichen Wandels wider.

Exkurs: Assimilatorische Konzepte in Westeuropa

In vielen Staaten Westeuropas hat seit Beginn des gegenwärtigen Jahrzehnts eine verstärkte nationalistische Politik im Hinblick auf die Eingliederung von Immigranten stattgefunden. Dieser Politik haben sich auch Staaten mit einer bislang prononcierten multikulturalistischen und antirassistischen Politik wie die Niederlande und Großbritannien angeschlossen. Der Auslöser für zunehmende assimilatorische Diskurse und Politikstrategien mögen vordergründig der Anschlag auf das World Trade Center am 11. September 2001 und dadurch hervorgerufene Ängste in den Bevölkerungen gewesen sein. Viel mehr aber ist dieser Politikwechsel Ausdruck eines Strukturwandels von Immigration, für den neue, vermeintlich adäquate Mittel der politischen Regulierung benötigt werden. Seit Beginn der Gastarbeitermigration nach dem zweiten Weltkrieg war Integrationspolitik in den europäischen Aufnahmeländern auf die Integration von Migranten in den Arbeitsmarkt und die sozialstaatlichen Strukturen fokussiert. Im Verlauf der Jahrzehnte wurde es jedoch immer schwieriger, die soziale Lage von Immigranten als das entscheidende Kriterium für Integration zu verwenden, da der Anteil der klassischen Arbeitsimmigranten beständig geringer wurde. Gegenwärtige Einwanderungen von Aussiedlern, Flüchtlingen und Familienangehörigen erfolgen bei weitem nicht immer nur mit der Intention, Zugang zum Arbeitsmarkt zu finden. Einwanderung ist ein strukturell vielfältiges Phänomen geworden. Die europäischen Einwanderungsländer sehen sich veranlasst, für all diese disparaten Einwanderergruppen Integration zu bewerkstelligen und entsprechende Kriterien für Integration zu definieren. Viele europäische Länder haben auf diese neuen Formen der Immigration reagiert, indem auf die Bedeutung der kulturellen Integration hingewiesen wurde: der Erwerb der Staatssprache, die Anpassung an kulturelle Normen und Standards als der gemeinsame Nenner einer ethnisch, kulturell und strukturell immer stärker disparaten Bevölkerung.

Im Folgenden möchte ich exemplarisch einen kurzen Seitenblick auf veränderte wissenschaftliche Diskurse und politische Konzepte in Großbritannien und Frankreich werfen. Während Großbritannien seit den sechziger Jahren als Paradigma für eine staatlich geförderte Politik der Gleichstellung und des Antirassismus galt, stand Frankreich jahrzehntelang für eine explizit assimilatorische Politik.

Im Zuge der Masseneinwanderung nach dem zweiten Weltkrieg war in Großbritannien eine assimilatorische Politik verfolgt worden, die jedoch bald unter starke Kritik geriet. Diese entzündete sich an der Einsicht, dass bestimmte Merkmale von Differenz, wie etwa phänotypische Unterschiede, nicht ausgelöscht werden können und dass zudem Assimilation durch Diskriminierung verhindert werde. Kulturelle Unterschiede sollten nicht einfach in die private Sphäre verbannt werden (Anders/Wadia 2007: 506). Der 1965 erlassene Race Relations Act bildete den Auftakt für eine Reihe politischer Instrumentarien, mit denen die Diskriminierung von Personen auf der Grundlage von Hautfarbe, „Rasse“, ethnischer oder nationaler Herkunft bekämpft wurde. Eine Integration von Immigranten und Angehörigen ethnischer Minderheiten, so die damalige Annahme, könne nicht stattfinden, ohne dass staatlicherseits Chancengleichheit und die Förderung einer kulturell pluralistischen Gesellschaft garantiert werden. Innerhalb eines politischen Rahmens des Multikulturalismus wurde über Jahrzehnte hinweg eine Politik der Gleichstellung, der Antidiskriminierung und des Ausgleichs in den „race relations“ verfolgt, die sich zu einem großen Teil militanter Aktionen und eines entschiedenen Lobbying durch zivilgesellschaftliche Gruppen und Community-Organisationen verdankte. Der Umschwung erfolgte schrittweise, ausgelöst zunächst durch gewalttätige Unruhen, die 2001 in mehreren nordenglischen Städten mit einer zahlenmäßig starken muslimischen Bevölkerung erfolgten, und insbesondere durch das Bombenattentat in der Londoner U-Bahn am 7. Juli 2005. Zunehmend wurde in der öffentlichen Debatte eine Unvereinbarkeit von Islam und liberaler Demokratie unterstellt und damit insofern ein Umdenken in der Regierungspolitik ausgelöst, als die Beweislast für Integration nunmehr auf die Immigranten und ethnischen Communities vornehmlich muslimischer Zugehörigkeit abgewälzt wurde. Im Jahr 2004 forderte der Leiter der staatlichen Commission for Racial Equality, Trevor Philipps, in einer öffentlichen Stellungnahme dazu auf, die Politik des Multikulturalismus über Bord zu werfen, da sie Segregation fördere, und plädierte dafür, einen Kern von „Britishness" in den Immigranten-Communities sicherzustellen (Anders/Wadia 2007: 500). Philipps' Stellungnahme löste unter den britischen Immigranten einen Schock aus, handelte es sich bei ihm doch um den Leiter jener Behörde, deren Aufgabe es ist, Rassendiskriminierung zu beseitigen und Spannungen zwischen den verschiedenen gesellschaftlichen Gruppen abzubauen.

In der akademischen Debatte in Großbritannien haben assimilatorische Konzepte bislang noch keine Prominenz erlangt. Catherine Anders und Khursheed Wadia führten 2005 im Rahmen eines europäischen Forschungsprojekts zu Indikatoren von Integration und die zweite Generation von Zuwanderern (Berliner Institut für Vergleichende Sozialforschung 2007) Befragungen unter britischen Politikern und integrationspolitischen Experten durch, wobei sie unter den Befragten eine auffällige Verwirrung und fehlende Übereinstimmung über die Relevanz multikulturalistischer beziehungsweise integrativer Politikkonzepte feststellten. In ihren Äußerungen vermieden die Befragten Stellungnahmen, die als assimilatorisch ausgelegt werden konnten, betonten aber im Zusammenhang mit Integration stark – und nach Ansicht der Autorinnen in unreflektierter Weise – die Bedeutung von „sozialer Kohäsion" (Anders/Wadia 2007: 501).

In Frankreich fand bereits seit dem 19. Jahrhundert eine kontinuierliche, kolonial bedingte Einwanderung statt. Mit Hilfe der zentralstaatlichen Institutionen einerseits und einem jakobinischen Gesellschaftsideal andererseits wurde dabei die Verwandlung von Einwanderern in Franzosen bewerkstelligt. Schule und Armee bildeten die zentralen Assimilationsagenturen. Eine wichtige Rolle spielte darüber hinaus die Arbeit in den großen Industriebetrieben Nord- und Ostfrankreichs. Die Eingliederung in den industriellen Sektor und die politische Mobilisierung der Arbeitsimmigranten durch linke Parteien und Gewerkschaften trugen weiterhin zur strukturellen und sozialen Assimilation bei. Dieses Amalgam aus institutionellem und ideologischem Zugriff wurde charakteristisch für das republikanische Modell der Vergesellschaftung von Immigranten in Frankreich (Schnapper 1995: 92).

Wie in der Vergangenheit so erfolgt auch heute die Eingliederung der Zuwanderer auf Basis der individuellen Staatsbürgerschaft, wobei intermediäre Organisationen keine Rolle spielen. Mit der relativ rasch stattfindenden Einbürgerung wurde der einzelne Migrant zum französischen Staatsbürger mit gleichen Rechten und Pflichten. Diese Form der Assimilation bildete und bildet ein leitendes politisches Prinzip, das in der Praxis allerdings in dieser reinen Form niemals exekutiert wurde. So wurde beispielsweise jüdischen Kindern in den staatlichen Schulen zugestanden, dass sie samstags nicht schreiben mussten. Kulturelle Vielfalt im persönlichen und sozialen Leben wurde durchaus toleriert, fand jedoch keinen Eingang in die Sphäre öffentlicher Politik (Schnapper 1995: 93).

Zwar fand in der politischen Diktion der siebziger Jahre ein Wechsel im Sprachgebrauch statt: Anstelle von „Assimilation" war nun von „Integration" die Rede. Das politische Ziel aber blieb dasselbe: aus Ausländern, oder zumindest ihren Kindern, Franzosen zu machen. Integration „à la française" bedeutet die Integration des Individuums in eine demokratische und individualistische Gesellschaft. Dieses Verständnis wurde in Frankreich derart internalisiert, dass Forderungen, auf die spezifischen Bedürfnisse der Immigrantenbevölkerung und ihrer Kinder mit Hilfe spezieller Maßnahmen einzugehen, nie sonderlich populär wurden. Diese Politik der „Differenzblindheit", die die Integration der Immigranten in eine allgemeine Sozialpolitik anstrebt, geht von der Annahme aus, dass durch eine vollkommen gleichberechtigte Teilhabe sich Integration sozusagen von selbst herstelle. Erst allmählich bilden sich Ansätze einer spezifischen Integrationspolitik heraus, zu der Elemente wie die systematische Sprachförderung für Neuzuwanderer gehören. Auch die Multikulturalismusdebatte der achtziger und neunziger Jahre blieb ein eher randständiges Thema, das sich auf Organisationen wie SOS-Racisme und Sozialarbeitermilieus beschränkte. Statt einer gezielten Förderung von Immigranten wird in Frankreich eine Strategie der stadtteilorientierten Sozialarbeit verfolgt, die betont egalitär orientiert ist. Nationale Integrationspolitik findet ihren deutlichsten Niederschlag in der Stadtpolitik, doch wird es vermieden, diese als Integrationspolitik zu definieren (Sackmann 2001: 87).

In Frankreich erfolgen Debatten um Begriffe wie „Assimilation", „Integration" oder „Ethnizität" stärker aus einem ideologischen, historisch und kulturell geprägten Kontext heraus und sind weniger ein Ausdruck wissenschaftlicher Reflexion. Bisweilen mangelt es ihnen im politischen Diskurs an definitorischer Trennschärfe, so dass die Begriffe auch synonym gebraucht werden (Dewitte 1999: 7). In keiner Weise resultieren diese Terminologien aus der objektiven wissenschaftlichen Beobachtung der Vergesellschaftung von Immigranten, sondern sind Ausdruck einer ideologischen Konfrontation zwischen den politischen Lagern (Gaillard 1997: 125). So ergab eine Inhaltsanalyse der Presseberichterstattung von *Le Monde* zwischen 1989 und 1992, dass die Begriffe vollkommen willkürlich gewählt wurden und Ausdruck der jeweiligen politischen Ausrichtung ihrer Nutzer waren. Aber auch in der wissenschaftlichen Publizistik war keine Übereinstimmung in der Definition und Verwendung der Begriffe „Assimilation“, „Integration“ und „Insertion“ festzustellen. Umgekehrt ist in Frankreich erst seit den achtziger Jahren eine wissenschaftliche Debatte um die Rolle der ethnischen Communities entstanden (Gaillard 1997: 126).

Hingewiesen wurde auf das unterschiedliche Begriffsverständnis von „Assimilation“ im US-amerikanischen und französischen Kontext: In den Vereinigten Staaten wurde und wird Einwandererminoritäten die Legitimität zugesprochen, verändernd auf die Einwanderungsgesellschaft einzuwirken – eine Ideologie, die sich auch in der praktischen Realisierung immer wieder als gültig erwiesen hat. Hingegen dominierte in Frankreich von jeher ein jakobinisches Gesellschaftsideal: Assimilation ist ein tief verwurzelter Mechanismus der nachrevolutionären französischen Gesellschaft, wie er auch in der französischen Kolonialgeschichte Anwendung fand. Bis zu den achtziger Jahren war Assimilation die unangefochtene politische Option der Vergesellschaftung von Einwanderern und Minderheitenangehörigen: „L'assimilation correspondait très bien à la volonté politique française post-coloniale d'accepter les immigrants, à condition qu'ils se coulent complètement dans la matrice culturelle“ (Gaillard 1997: 124).

Der gesellschaftliche Wandel hat auch in Frankreich seit den neunziger Jahren zu einer gesellschaftlichen Verunsicherung geführt und zwingt dazu, das Verhältnis zwischen Markt, Gesellschaft und Staat neu zu definieren. Entsprechend ist auch ein Wandel in den großen gesellschaftlichen Assimilationsagenturen zu konstatieren. So bildet zwar die Schule nach wie vor eine wichtige Sozialisationsinstanz, jedoch hat sich praktisch gezeigt, dass junge Migranten (oder Franzosen mit Migrationshintergrund) bei vergleichbaren schulischen Leistungen immense Schwierigkeiten beim Übergang in das Berufsleben erfahren. Der Wandel der industriellen Arbeitswelt hat für Arbeitslosigkeit im großen Maßstab gesorgt, von der Migranten überproportional stark betroffen sind, und damit die Möglichkeiten sozialer Beziehungen reduziert. Auch die Rolle der Armee als Sozialisationsinstanz hat sich relativiert, da kontinuierlich weniger Franzosen der wehrpflichtigen Jahrgänge eingezogen wurden (Schnapper 1995: 93).

Verkürzt lässt sich das französische Begriffsverständnis von Assimilation auf die Übernahme der französischen Staatsbürgerschaft reduzieren (Gaillard 1997: 129). Integration wiederum bedeutet die Eingliederung in die verschiedenen Subsysteme von Gesellschaft. Beides setzt zumindest partiell eine Bindung an die Werte und Normen der Aufnahmegesellschaft voraus. Assimilation also ist an einen juristischen Begriff gebunden (Staatsbürgerschaft); Integration wiederum wird nicht, wie in der deutschen Migrationssoziologie, als ein indifferenter Gleichgewichtszustand verstanden, sondern setzt Akkulturation voraus. In der politischen Linken wird dabei der Vergesellschaftungsprozess stärker als ein zweigleisiges Geschehen in den Blick gefasst, der auch der Mehrheitsgesellschaft zumindest eine gewisse Veränderungsbereitschaft abverlangt (Sackmann 2001: 83f.).

Die in Europa zu beobachtende Tendenz hin zu einem Neonationalismus im Umgang mit Immigranten hat in vielen Zuwanderungsländern seit dem Beginn des neuen Jahrzehnts zu verstärkten Forderungen der Anpassung an nationalstaatliche kulturelle Standards und eine entsprechende Politik der Sprach- und Bildungsförderung geführt. Diese kulturelle Anpassung trägt deutliche assimilatorische Züge. Dennoch ist das nationalstaatliche Verständnis darüber, was Assimilation und was Integration ist, unterschiedlich und in der jeweiligen Tradition der Vergesellschaftung von Zuwanderern begründet. Am Beispiel Großbritanniens und Frankreichs sollten kontrastierende Begriffsbedeutungen aufgezeigt werden. Insgesamt gibt es im europäischen Kontext kein taxonomisches Verständnis von Assimilation, sondern die Bedeutung des Begriffs muss im jeweiligen Kontext neu geklärt werden.

Die jüdische Assimilation im 19. Jahrhundert

Politische Diskurse um Assimilation treten in Deutschland erstmals im Zuge der nationalistischen Bewegung im frühen 19. Jahrhundert auf, zunächst im Kontext der politischen Emanzipation der Juden in Deutschland. Zwar lebten bereits zuvor große Minderheiten- und Zuwanderergruppen in Deutschland: neben Juden Hugenotten, italienische Arbeitswanderer und Wanderhändler, Zigeuner und andere. Für eine ständische Gesellschaft, die eine Gesellschaft von Ungleichen ist, hat die Existenz von noch Ungleicheren jedoch nicht dieselbe Relevanz wie für einen Nationalstaat, der im weitesten Sinne von einem Verständnis bürgerlicher Gleichheit ausgeht. Beispielhaft dafür ist die Situation der Zigeuner. Obwohl als „Vogelfreie" entrechtet und sozial marginalisiert und in den deutschen Kleinstaaten immer wieder willkürlicher Verfolgung ausgesetzt, unterhielten sie dennoch Verbindungen zu allen Gesellschaftsschichten. Man nahm ihre Dienstleistungen in Anspruch; man schätzte ihr musikalisches Virtuosentum, und in der einfachen Landbevölkerung hielt man respektvolle Distanz gegenüber dem ihnen nachgesagten Wahrsager- und Zauberwesen. Eine staatliche Disziplinierung setzte erst mit der Reichsgründung von 1871 ein. Erst der Obrigkeitsstaat, der über zentralisierte Verwaltungs- und Kontrollmaßnahmen verfügte, war in der Lage, umfassende Programme zur „Bekämpfung des Zigeunerunwesens" einzurichten (siehe Hehemann 1992). Die Zuwandererminderheit der Hugenotten wiederum erhielt kulturelle und wirtschaftliche Privilegien von den Landesherrschaften, um sich in den deutschen Ländern anzusiedeln und dort in Ermangelung eines einheimischen protokapitalistischen Bürgertums eine wirtschaftliche Entwicklung zu stimulieren.

Die vorangegangenen Kapitel haben sich ausführlich mit migrationssoziologischen Theorien der Assimilation im Rahmen von Zuwanderung befasst. In den folgenden Kapiteln wird es nunmehr verstärkt um politische Diskurse gehen. Die Absicht dabei ist, eine historische Perspektive zur politischen

Verwendung des Assimilationsbegriffs seit dem 19. Jahrhundert bis in die Gegenwart zu entfalten. Die Darstellung konzentriert sich auf die Situation in Deutschland.

Einer der frühen historischen Diskurskontexte bezog sich auf die Emanzipation der Juden in Deutschland seit dem Beginn des 19. Jahrhunderts. Es soll im Folgenden darum gehen, ohne Anspruch auf Vollständigkeit einige markante Positionen im Diskurs um die jüdische Assimilation hervorzuheben. Es ist dies erstens die Position der aufgeklärten Befürworter einer jüdischen Emanzipation. Tatsächlich wurde die jüdische Emanzipation zunächst als ein administratives Projekt aufgeklärter nichtjüdischer Zeitgenossen insbesondere im preußischen Staatsdienst betrieben. Eine zweite Position wurde von der jüdischen Orthodoxie vertreten und lässt sich als ambivalent bis ablehnend gegenüber einer Assimilation charakterisieren. Schwerer als das Zugeständnis politischer Rechte wog in den Augen der Orthodoxie der Verlust des religiösen Zusammenhalts durch die Auflösung tradierter innerjüdischer Normen. Daneben gewann im Verlauf des 19. Jahrhunderts eine jüdische Reformbewegung immer stärkere Bedeutung, wodurch eine innerjüdische Aufklärung, die Haskalah, eingeleitet wurde. Eine dritte Position in diesem Diskurs möchte ich mit den Namen Hannah Arendt und Gershom Scholem in Zusammenhang bringen. Es geht dabei um den Verlust einer kulturellen Identität bei fortdauernder Exklusion durch die Mehrheitsgesellschaft, und es geht, insbesondere bei Hannah Arendt, um die Zurückweisung von Assimilation als Verlust eines kollektiven Selbstbewusstseins als Ausgeschlossene, als Parias, aus dem allein heraus ein politisches Bewusstsein für die Position als distinkte religiös-nationale Gruppe entwickelt werden kann.

Die jüdische Emanzipationsbewegung

Für die rechtliche und politische Gleichstellung der deutschen Juden im 19. Jahrhundert ist weithin der Begriff der jüdischen Emanzipation gebräuchlich. Der Begriff „Emanzipation“ wurde aus dem englischen Kontext übernommen. Er leitet sich vom lateinischen „emancipatio“ („Freilassung“) ab und bezog sich zunächst auf die Freilassung von Sklaven. Der Begriff wurde Ende des 18. Jahrhunderts von den irischstämmigen Katholiken in England verwendet, die für ihre politische und religiöse Freiheit kämpften. Im Jahr 1828 wurden die irischen Katholiken den Anglikanern gleichgestellt; der Treueeid auf den Staat durfte nicht länger nur nach anglikanischem Bekenntnis abgelegt werden. Auch Katholiken konnten nun die Zulassung zum Staatsdienst beanspruchen. Damit gab es auch keinen Grund mehr, Juden von öffentlichen Ämtern auszuschließen (Katz 1988: 215).

Seit diesem Zeitpunkt etwa auch ging der Begriff in den deutschen Sprachgebrauch über. Bis dahin waren in der Diskussion um die politische

Gleichstellung von Juden Bezeichnungen wie „Naturalisierung“, der französische Begriff „Régéneration“ oder der Terminus „bürgerliche Verbesserung“ gebräuchlich (Katz 1988: 211). Diese begriffliche Vielfalt illustriert zugleich, dass es sich bei der jüdischen Emanzipation um einen politischen Prozess handelte, der alle europäischen Staaten mit jüdischen Minderheiten betraf. Allerdings variierten diese Bewegungen in den einzelnen europäischen Ländern hinsichtlich ihres Verlaufs und ihrer politischen Dynamik.

Die jüdische Emanzipationsbewegung kam in Deutschland im Zuge der politischen Aufklärung im letzten Viertel des 18. Jahrhunderts auf und erreichte ihre Vollendung mit der völligen rechtlichen Gleichstellung der Juden in Folge der Reichsgründung 1871. Von ihrer politischen Dynamik her lässt sich die jüdische Emanzipationsbewegung in die beiden Hauptphasen von 1780 bis 1815 und von 1840 bis 1871 untergliedern. Diese beiden Phasen und der dazwischen liegende Abschwung des politischen Emanzipationsprozesses spiegeln die politische und gesellschaftliche Entwicklung von der Ära der Aufklärung bis zur Reichsgründung durch Bismarck wider. Mit dem Begriff der Emanzipation wurde in erster Linie der Abbau der rechtlichen Schranken bezeichnet, der die jüdische Minderheit von der christlichen Mehrheitsgesellschaft trennte.

Einen wirksamen Anstoß für die jüdische Emanzipationsbewegung bildete das 1781 erschienene Buch von Christian Wilhelm Dohm „Über die bürgerliche Verbesserung der Juden“. Darin vertrat Dohm, Staatsrat in preußischen Diensten und mit Moses Mendelssohn befreundet, die These, dass die den Juden vorgehaltenen Fehler auf ihrer Entrechtung beruhten und die Gewährung gleicher Rechte sie gleichwohl zu guten Staatsbürgern machen würde. Dohm war ein typischer Vertreter einer aufgeklärten bürgerlichen Schicht, welche keineswegs aus einer philosemitischen Intention heraus eine jüdische Emanzipation propagierte. Vielmehr wurde der Zustand der Juden und ihre unterdrückte politische und soziale Existenz im Staat als unerträglich empfunden – weniger für die Juden selbst als für das Selbstbild eines aufgeklärten Staatswesens (Rürup 1997: 123). Die soziale Situation der jüdischen Bevölkerung in Deutschland war geprägt von Armut. Hausier-, Leih- und Trödelhandel bildeten eine wichtige Erwerbsquelle. Juden besaßen kein gesichertes Niederlassungsrecht, kein Recht auf freie Berufswahl, kein Recht auf Eheschließung. Die gesellschaftliche Ausgrenzung der Juden war allenthalben wahrnehmbar. In den Augen der deutschen Aufklärer war jüdisch zu sein ein Stigma, das es nicht aufzuwerten, sondern auszumerzen galt. „Der Jude ist noch mehr Mensch als Jude“, schrieb C.W. Dohm in seiner genannten Schrift (zitiert nach Rürup 1997: 124). Um sozusagen den Menschen im Juden herauszukehren, war es notwendig, die Bedingungen zu ändern, unter denen Juden zu leben hatten. Die fortschrittlich gesinnten Aufklärer waren sich darin einig, dass dies nur auf dem Wege einer Aufhebung der Rechtsbeschränkungen für Juden zu erreichen war.

Eine wichtige Trägerschicht für die jüdische Emanzipation war das aufgeklärte Beamtentum in den absolutistischen deutschen Staaten. Dessen Repräsentanten propagierten das Leitbild „einer neuen, die Schranken von Ständen, Korporationen und Konfessionen überwindenden Gesellschaft, freilich unter der Führung und Autorität des Staates" (Rürup 1997: 125f.). Anders als im revolutionären Frankreich, wo den Juden 1791 durch einen einmaligen Rechtsakt die vollen bürgerlichen Rechte zugestanden wurden, konzipierte die Bürokratie in Deutschland einen stufenweisen Übergang zur völligen Rechtsgleichheit. Dohm etwa vertrat die Auffassung, dass die rechtliche Gleichstellung der Juden mit erzieherischen Maßnahmen verbunden werden sollte – also mit erneuten Sonderrechten und Benachteiligungen:

> „Emanzipation sollte hier nicht ein einmaliger Akt, sondern ein langwieriger Prozess sein. Die volle Gleichstellung sollte erst Abschluss und Krönung des gesellschaftlichen Integrationsprozesses sein. Die Judenemanzipation wurde so in den deutschen Staaten weiterhin zu einer Sache der Bürokratie, jenes fortschrittlich gesinnten und durch die Aufklärung geprägten Teils der Beamtenschaft, der sich vielfach als Erzieher des Volkes zur bürgerlich-industriellen Gesellschaft verstand und dadurch den spezifischen Charakter der bürgerlichen Emanzipation in Deutschland bestimmte" (Rürup 1997: 128).

Dieser abgestufte Emanzipationsprozess erwies sich als verhängnisvoll, da in den weiterhin bestehenden Rechtsungleichheiten sich antijüdische Vorurteile stets aufs Neue bestätigten. Der stufenweise Emanzipationsprozess hatte zur Folge, dass die Juden ständig genötigt wurden, Fortschritte in ihrer Emanzipation nachzuweisen, damit weitere rechtliche Gleichstellungsmaßnahmen eingeleitet werden konnten.

Die erste Phase der Judenemanzipation war um 1815 abgeschlossen und hatte, so Rürup, „die Unterschiede in den Rechtsverhältnissen der Juden in Deutschland eher vermehrt als vermindert" (Rürup 1997: 133). In der darauf folgenden gesellschaftlichen Restaurationsphase konnte von einer Erweiterung dieser Rechte keine Rede mehr sein. Ein erwachender Nationalismus in Deutschland und die kurze Blüte der historischen Romantik nährten zu diesem Zeitpunkt eine erneute Welle antijüdischer Propaganda und Feindseligkeit (Katz 1988: 213). Insgesamt wurde die rechtliche Emanzipation von der Mehrheit der Bevölkerung abgelehnt, insbesondere von der Landbevölkerung. Erst wieder mit der bürgerlichen Revolution von 1848 und in ihrer Folgezeit zeichnete sich die Vollendung der rechtlichen Gleichstellung der Juden ab. Das Prinzip einer Staatsbürgerschaft ohne Ansehung der Konfession setzte sich erst 1869 mit der Verfassung des norddeutschen Staatenbundes durch, die nach der Reichsgründung im Jahr 1871 für das Deutsche Reich übernommen wurde. Zu diesem Zeitpunkt schließlich war die rechtliche Gleichstellung der Juden vollendet.

Problematisch am Modell der schrittweisen Emanzipation war, dass das Endresultat dieses Anpassungsprozesses schwer zu bestimmen war. Wann war auf jüdischer Seite der gebotene „Fortschritt" erreicht, um eine neuerliche Stufe der rechtlichen Emanzipation einzuleiten? Durch die vorsichtige Konzession von Bürgerrechten maßte sich die Staatsbürokratie die Rolle eines Erziehungsinstituts an, welche Wilhelm von Humboldt bereits 1809 in einem Gutachten, in dem er sich für die sofortige rechtliche Gleichstellung der Juden aussprach, zurückwies (Rürup 1997: 149). Tatsächlich wurde die rechtliche und gesellschaftliche Exklusion der Juden durch den immens verlängerten Emanzipationsprozess perpetuiert: „Der Politik der allmählichen Gleichstellung […] war es in erster Linie zu verdanken, dass es in Deutschland fast ein Jahrhundert lang eine ‚Judenfrage' gab, und zwar nicht nur in der Phantasie von Judenfeinden, sondern in der Wirklichkeit der Politik und Gesetzgebung der deutschen Staaten" (Rürup 1997: 152). Dieses Problem der Reifikation, der Festschreibung von gesellschaftlicher Exklusion durch die fortgesetzte Betonung defizitärer Merkmale, welche eine Inklusion unmöglich machen, findet sich durchaus auch in zeitgenössischen Diskursen zur Integration von Einwanderern und ihren Nachkommen wieder.

Die schrittweise Judenemanzipation in den deutschen Staaten des 19. Jahrhunderts erscheint rückblickend als ein Resultat der politisch-gesellschaftlichen Transition von einer ständisch organisierten zu einer bürgerlichen Gesellschaft. Die Prinzipien einer liberalen Politik, die Forderung nach Gleichheit aller Bürger mussten in ihrem universalen Anspruch auch die jüdische Bevölkerungsgruppe einbeziehen. Der politische Prozess der jüdischen Emanzipation erfolgte dabei nicht bruchlos, sondern war in Deutschland – wie auch in anderen europäischen Ländern – von heftigen politischen und öffentlichen Debatten um die rechtliche und politische Gleichstellung begleitet. Zugleich muss die wechselseitige Durchdringung externer Faktoren wie auch solcher Entwicklungen, die in den jüdischen Gemeinden selbst stattfanden, beachtet werden. Neben einem sich immer stärker durchsetzenden rationalistischen Denken, das beispielsweise in der Idee des Säkularismus, der Entkopplung von Staat und Religion wirksam wurde, fand auch in der jüdischen Gemeinschaft selbst eine immer stärkere Anpassung an die kulturellen Gepflogenheiten der nichtjüdischen Mehrheitsgesellschaft statt.

Auf die jüdischen Gemeinden selbst hatten externe Faktoren seit dem 18. Jahrhundert einen starken Assimilationsdruck ausgeübt. Seit dem Mittelalter war die Mehrheit der deutschen Juden in den so genannten Landgemeinden organisiert. Diese selbstverwalteten Gemeinden vermittelten zwischen der deutschen Obrigkeit und der jüdischen Bevölkerung, sie zogen die Steuern ein und kontrollierten weitgehend das gemeinschaftliche Leben der Juden. Zugleich übten die Gemeinden eine religiöse Funktion aus; sie bestellten Rabbiner und schlichteten religiöse Streitigkeiten. Der einzelne Jude befand sich daher allenfalls in einem mittelbaren Verhältnis zur staatlichen Obrigkeit. Die unmittelbaren sozialen Kontakte zur nichtjüdischen Umgebung waren stark eingeschränkt. Erst bis Anfang des 19. Jahrhunderts wurde schrittweise die gesetzlich verordnete Ansiedlung der Juden in Ghettos aufgehoben, so dass lange Zeit kaum soziale Kontakte zwischen Juden und Nichtjuden in der unmittelbaren Wohnumgebung bestanden. Aus dem ständisch organisierten Berufsleben waren die Juden weitgehend ausgeschlossen; ihre ökonomische Aktivität konzentrierte sich, von der verarmten Unterschicht bis zur kleinen sozialen Elite, auf Handelstätigkeiten. Seit dem 18. Jahrhundert jedoch gerieten die jüdischen Landgemeinden immer stärker unter staatliche Kontrolle. Es wurde ihnen auferlegt, die Buchhaltung und Niederschriften geschäftlicher Transaktionen in deutscher Sprache abzufassen. Die zunehmende Kontrolle durch eine nichtjüdische Bürokratie verursachte in den Gemeinden einen Anpassungsdruck auch kultureller Art. Die jüdische Selbstverwaltung wurde somit faktisch aufgehoben, ein Umstand, der einen wichtigen Grundstein für die nachfolgende jüdische Assimilation bildete (Katz 1988).

Im Judentum selbst gab es Auseinandersetzungen zwischen religiös Orthodoxen und Befürwortern einer religiösen Reform. Für die Orthodoxie bildete die Tradition eine überlebensnotwendige Quelle der Orientierung in einer Situation der Diaspora. Für jüdische Theologen war der gesellschaftliche Säkularisierungsprozess, der das Judentum mit anderen Sekten und Religionen gleichstellte, durchaus ein Problem. Nach ihrer Auffassung waren die Juden nicht lediglich eine religiöse Gruppe, sondern die jüdischen Gesetze und Lehren legitimierten zugleich eine Gemeinschaft, die sich als ein Volk unverkennbarer Abstammung mit einer urkundlich belegten Geschichte und klar umrissener Sendung verstand:

> „Als eine Minderheit inmitten anderer Völker bestand für sie [die Juden; J.A.] die Gefahr der Auflösung in der Mehrheit, wenn sich nicht eine Widerstandskraft manifestierte, was die Soziologen als Abwehrmechanismus bezeichnen würden. Man kann das ganze System jüdischer religiöser Praktiken, Speisegesetze sowie die Einhaltung besonderer Fest- und Fasttage, gestützt durch den Glauben an die göttliche Bedeutung jüdischer Absonderung, als Abwehrmechanismus betrachten" (Katz 1988: 227).

Ein sehr diffiziles Thema bildeten in diesem Zusammenhang Eheschließungen zwischen Christen und Juden. Mit der gesetzlichen Einführung der obligatorischen Zivilehe 1874/75 wurde das Verbot religionsverschiedener Eheschließungen aufgehoben. Bis zu diesem Zeitpunkt wurden bürgerliche Ehen durch eine kirchliche Trauung geschlossen, d.h. die Eheschließenden hatten sich dem kanonischen Kirchenrecht zu unterwerfen. Weder die christlichen Kirchen noch auch das jüdische Religionsgesetz erkannten bis dahin Heiraten außerhalb der Religionsgemeinschaft an. Die Heirat zwischen Christen und Juden war bis zur Einführung der Zivilehe nur durch Übertritt zum Christentum möglich.

Wie Lange (1991) in seinem Aufsatz aufzeigt, spielten rassische Gesichtspunkte in den Erwägungen um die Zulassung des Konnubiums im 19. Jahrhundert keine Rolle. Ein rassistisch begründeter Antisemitismus bildet sich erst allmählich seit der Mitte des 19. Jahrhunderts heraus. Zu Beginn des 19. Jahrhunderts bedeutete jüdisch zu sein, nicht als rassisch andersartig, sondern als „abergläubisch" wahrgenommen zu werden. Unter den Befürwortern einer jüdischen Emanzipation wurde bisweilen das Argument einer moralischen Aufwertung der Juden durch die rechtliche Gleichstellung und Zulassung gemischt-religiöser Ehen verwendet: „Wenn ein armer Christ in eine wohlhabende Judenfamilie einheiraten würde, könnte der Staat gleich zwei Fliegen mit einer Klappe schlagen: die moralische Veredelung der Juden und die Teilnahme der Christen am jüdischen Vermögen" (Lange 1991: 51). So seien christlich-jüdische Heiraten ein geeignetes Mittel, um die ethnischen Besonderheiten, das „Orientalisch-Volkstümliche" der jüdischen Bevölkerungsgruppe zum Verschwinden zu bringen.

Die biologistische Vorstellung eines auf Blutsverwandtschaft beruhenden Volkes war im frühen 19. Jahrhundert noch nicht dezidiert ausgeprägt. Die Verschmelzung von Judentum und Christentum durch interreligiöse Heirat schien Gegnern wie Befürwortern der Judenemanzipation in Deutschland gleichermaßen eine angemessene Strategie zur „Lösung der Judenfrage": Für die Befürworter wurden Juden dadurch auf die moralische Stufe von Christen emporgehoben. Gegner der Judenemanzipation hingegen sahen darin die Möglichkeit einer Auflösung der segregierten Gemeinschaftsstrukturen durch die familiäre Vermischung der Religionsgruppen – wobei Vorstellungen einer Hybridisierung keineswegs existierten. Vielmehr wurde das Konnubium mit der Konvertierung zum Christentum und einer selbstverständlich christlichen Erziehung der gemeinsamen Kinder gleichgesetzt. Vermischung bedeutete also in jedem Fall Assimilation und Aufgabe der Herkunftskultur.

Selbstverständlich reagierte die rabbinische Orthodoxie feindselig gegen solches Ansinnen, und auch außerhalb der Orthodoxie gab es unter den Juden nur wenige Befürworter von Mischehen. Die freie Wahl des Ehepartners tauchte in Resolutionen und Denkschriften, die von jüdischer Seite im Kampf um die Emanzipation verfasst wurden, nicht auf. Tatsächlich wurden Kinder, die aus christlich-jüdischen Verbindungen stammten, nur in wenigen Ausnahmefällen jüdisch erzogen (Lange 1991: 58).

Politische Vorstöße, die Mischehe zu legalisieren, stießen zu Beginn des 19. Jahrhunderts sowohl auf Seiten der Kirchen als auch des Rabbinats auf entschiedenen Widerstand. Vor der Einführung der Zivilehe gab es in Deutschland nur zwei Kleinstaaten, die gemischte Ehen zuließen. 1812 gestattete der Großherzog von Mecklenburg-Schwerin die Eheschließung zwischen christlichen und jüdischen Untertanen. Erwartet wurde damit eine Schwächung des Judentums. Allerdings musste der Großherzog auf Druck der judenfeindlichen Junker sein Edikt 1817 bereits wieder zurücknehmen. Im Großherzogtum Sachsen-Weimar-Eisenach waren seit 1823 interreligiöse Eheschließungen zulässig. In der Praxis dürfte dieser Erlass keine große Bedeutung gehabt haben, da in dem Kleinstaat nur wenige Hundert Juden lebten (Lange 1991: 56). Die Abwehr gegen Mischehen weichte bis zur Mitte des Jahrhunderts immer stärker auf. Binnen weniger Jahrzehnte hatten weite Teile des Judentums den Aufstieg in die bürgerliche Mittelschicht geschafft, waren zu Bildung und Wohlstand gelangt. Auch die familiäre Verbindung von Juden und Nichtjuden erlangte nun stärkere Akzeptanz. Die Zivilehe wurde 1848/49 in den Entwurf für eine bürgerliche Verfassung aufgenommen, scheiterte dann aber mit dem Zusammenbruch der Revolution.

Hermann Lange, der sich eingehend mit dem Streit um die christlich-jüdische Ehe im 19. Jahrhundert befasst hat, kommt zu dem Schluss, dass die Mischehe letztlich doch nicht die erwartete wichtige Rolle für die Assimilation der Juden gespielt habe. Christlich-jüdische Eheschließungen blieben durch das 19. Jahrhundert hindurch in realen Zahlen eher ein marginales Phänomen. Von weitaus wichtigerer Bedeutung seien hingegen der Bildungsaufstieg und die Übernahme bürgerlicher Berufe durch Juden gewesen (Lange 1991: 77f.).

Die rechtliche Emanzipation der Juden vollzog sich im Rahmen sozialer und politischer Veränderungen, die auf eine allgemeine gesellschaftliche Modernisierung und Durchsetzung des Prinzips der Verfassungsmäßigkeit abzielten. In der Perspektive einer rationalistischen Modernisierung von oben bedeutete Emanzipation die vollständige Individualisierung von Personen und ihren Ansprüchen. Assimilation bedeutete die Abstraktion von ethnischen und religiösen Eigentümlichkeiten, die Auflösung aller Bindungen mit Ausnahme des nationalen Kollektivs. Diese Politik, so schrieb Sartre später in seinen „Überlegungen zur Judenfrage", „möchte den Juden von seiner Religion, seiner Familie, seiner ethnischen Gemeinschaft trennen, um ihn in den demokratischen Schmelztiegel zu stecken, aus dem er allein und nackt wieder herauskommen wird als ein individuelles und einsames Partikel, das allen anderen Partikeln gleicht" (Sartre 1994: 37). Vom Standpunkt des Antisemitismus wie auch einer liberalen Menschenrechtsposition aus befindet sich „der Jude" in einer Situation zwischen Scylla und Charybdis: Für den Antisemiten hat er als Jude aufgehört, Mensch zu sein, für den liberalen Menschenrechtler muss er, um Mensch zu sein, aufhören, Jude zu sein.

Tatsächlich blieb im aufgeklärt-liberalen Bürgertum eine Abneigung gegen „das Jüdische" bestehen, dessen pauperisierte Rückständigkeit mit verweigertem Fortschritt gleichgesetzt wurde. Besonders manifest etwa wurde diese Abneigung in der liberalen protestantischen Theologie, die sich gegen Talmud und die rabbinische Tradition wandte, welche „den Rationalisten und Liberalen ein Gräuel" waren (Rürup 1997: 138). Dem Judentum wurde vorgeworfen, dass es sich von jeher dem Fortschritt verschlossen habe. Die Emanzipation der Juden war daher nur auf der Grundlage einer individuellen Anpassung denkbar, nicht aber als Emanzipation einer ganzen Religionsgemeinschaft. In einem württembergischen Kommissionsbericht hieß es dazu, „dass der Jude entjudet" werden solle (zitiert nach Rürup 1997: 138). Hier scheint neben dem antijüdischen Stereotyp der Fortschrittsverweigerung eine Erwartungshaltung der neuen Staatselite durch, die von den Staatsbürgern eine Anpassung an Haltungen und Gesinnungen eines nationalistischen aufgeklärten Bürgertums erwartete.

Stark zur Belebung und Perpetuierung antijüdischer Vorurteile trug die um 1815 aufkommende historische Romantik bei, deren Protagonisten sich gegen rationalistische Ideen und die Durchsetzung eines aufgeklärten Staatsideals wandten. Hier kam, in Reaktion auf die napoleonischen Eroberungen, ein Nationalismus zur Ausprägung, der sich mit christlicher Symbolik verband. Die jüdische Emanzipation erfuhr von den Vertretern der historischen Romantik eine starke Ablehnung (Katz 1988: 220).[1] Kulturalistische Argumente wurden dagegen vorgebracht: dass die Juden an ihre besonderen Bräuche und Religionsgesetze gebunden seien, dass sie in ihren Traditionen erstarrt seien, wodurch ihre Integration unmöglich werde (z.B. Heinrich E.G. Paulus, Bruno Bauer). Diese Argumente erinnern in ihrer kulturalistischen Ausrichtung an gegenwärtige Debatten um die grundsätzliche Integrierbarkeit des Islam in westliche Gesellschaften. Eine Kooptation von Juden in nichtjüdische Gesellschaftskreise fand hingegen nicht statt. Juden blieben gesellschaftlich marginalisiert, auch dort, wo sie im kulturellen Leben in Erscheinung traten. So erregten jüdische Salons öffentliche Aufmerksamkeit, trugen faktisch aber nicht zur gesellschaftlichen Akzeptanz ihrer jüdischen Repräsentanten bei.

Die innere Reform des Judentums

Der Prozess der politischen Emanzipation, die staatsbürgerliche Gleichstellung der Juden in Deutschland, war begleitet von einem inneren Reformprozess der Religionsgemeinschaft. In der Vorstellung der Aufklärer, die eine jü-

1 Ein prominenter Vertreter der „Christlichen Tischgesellschaft" war Ernst Moritz Arndt, der mit seiner Kritik am Judentum ein Vorläufer des späteren rassisch motivierten Antisemitismus ist.

dische Emanzipation propagierten, sollten sich die Juden nicht als Gemeinschaft emanzipieren, sondern als Individuen. Das Judentum selbst, die Religion, galt dabei als ein überkommenes Relikt, das der Emanzipation eher hinderlich sei und dessen Verschwinden im Verlauf des Emanzipationsprozesses erwartet wurde. So verfasste Wilhelm von Humboldt, der für die Emanzipation der Juden eintrat, im Vorfeld des preußischen Emanzipationsedikts von 1812 ein Gutachten („Gutachten vom 17. Juli 1809"), in dem er schreibt:

„Man sorge, wie das Edikt sehr gut thut, für aufgeklärte und gelehrte Rabbiner, bestelle ja keinen Ober-Rabbiner, als insofern es die Juden von selbst thun, mache die Bande zwischen den einzelnen jüdischen Kirchen recht locker, führe nicht eine eigene Orthodoxie unter den Juden ein, sondern befördere durch natürliche und billige Toleranz vielmehr Schismen, und die jüdische Hierarchie wird von selbst zerfallen. Die Individuen werden gewahr werden, dass sie nur ein Ceremonial-Gesetz und eigentlich keine Religion hatten, und werden, getrieben von dem angeborenen menschlichen Bedürfnis nach einem höheren Glauben, sich von selbst zu der christlichen wenden" (zitiert nach Rahe 1990: 92).

Innere Reform des Judentums bedeutete ein Abrücken von der überlieferten orthodoxen Lebensweise. Dies betraf für die Kultgemeinschaft essentielle Fragen, wie etwa den Schulbesuch der Kinder am Sabbat oder die Öffnungszeiten von Geschäften. Sie berührte Fragen der Tischgemeinschaft mit Nichtjuden, das Einhalten der Speisegesetze. Innere Reform bedeutete die Aufgabe der religiösen Traditionen und Vorschriften und Hinwendung zu einem verinnerlichten Glauben, wie ihn der Protestantismus vorlebte. Innere Reform bedeutete aber auch eine Lockerung der innergemeinschaftlichen Bindung, den Verlust des sozialen Rückhalts, welcher „für den einzelnen Juden den Antisemitismus erträglicher machte" (Rahe 1990: 94). Die Aufgabe des Gemeinschaftsbezugs bedeutete zugleich, antisemitischen Attacken einer nichtjüdischen Umwelt ungeschützt ausgesetzt zu sein.

Wilhelm von Humboldts oben geäußerte Erwartung, dass das deutsche Judentum allmählich im Christentum aufgehen würde, hat sich nicht bestätigt. Die Konvertierung zum Christentum blieb ein marginales Phänomen. Für das Deutsche Reich wurde für das gesamte 19. Jahrhundert eine Gesamtzahl von etwa 22.500 Übertritten aus dem Judentum zum Christentum geschätzt, was angesichts des langen Zeitraums eine minimale Anzahl ist (Rahe 1990: 113). Auch jüdisch-christliche Eheschließungen blieben zahlenmäßig ein eher marginales Phänomen.

Der Verlust des gemeinschaftlichen Rückhalts im Zuge der jüdischen Emanzipation bedeutete Vereinzelung, Individualisierung, und zugleich trat das Problem einer Identitätsfindung ein, das der Einzelne nun mit sich selbst abzumachen hatte. Diese Identitätsproblematik resultierte zum einen aus der Schnelligkeit, mit der sich der Emanzipationsprozess im 19. Jahrhundert vollzog. Zugleich waren Juden sowie Nichtjuden dieser Zeit vor die Herausforderungen einer allgemeinen Modernisierung gestellt. Schließlich bezog sich die mühevolle Identitätsfindung darauf, ein neues Selbstbild als Jude innerhalb einer nichtjüdischen, offen oder latent antisemitischen Umgebung zu finden (Rahe 1990: 94).

Das Judentum in Deutschland reagierte auf die politische und gesellschaftliche Emanzipation mit einer religiösen Reform, die wesentliche Elemente des liberalen Protestantismus aufgriff. Verbunden war diese mit Personen wie Abraham Geiger und Samuel Friedländer. Charakterisieren lässt sich diese Reform als eine Konfessionalisierung der jüdischen Religion, eine Verschiebung von einer ritualisierten Glaubenspraxis hin zu einer Verinnerlichung des Glaubens. Rahe bezeichnet die von Seiten der Orthodoxie stark angegriffene Reformbewegungen als die „positive Seite" der Assimilation, als einen Beleg „für das Festhalten an einer jüdischen Identität auf der Grundlage einer Neudefinition des Judentums, die der jüdischen Tradition ebenso gerecht werden wollte wie den völlig neuen Herausforderungen, denen sich das Judentum im Zeitalter der Aufklärung und Emanzipation gegenübergestellt sah" (Rahe 1990: 98). Es ging den Reformern darum, die jüdische Religion von einer Gesetzesreligion hin zu einer humanitären, vernunftgemäßen Religion zu transformieren. Die Befürworter der Reform hielten einen Wandel der Religion für unumgänglich, um das Judentum unter den Bedingungen von Emanzipation und gesellschaftlicher Modernisierung zu erhalten.

Assimilation aus jüdischer Sicht: Gershom Scholem und Hannah Arendt

Religiöse Assimilation bedeutete insbesondere die Auflösung der Traditionen und einer religiösen Praxis, die an Speisegesetze, Synagogengottesdienste und das Begehen jüdischer Feiertage gebunden war. Jüdische Kinder und Jugendliche verloren sehr schnell den Bezug zur Religion ihrer Eltern, denn diese war bald nicht mehr mit konkreter Alltagserfahrung verbunden, sondern wurde ein Abstraktum. Konkret erfahrbar blieb allerdings die Konfrontation mit dem offenen oder latenten Antisemitismus, der in der nichtjüdischen Gesellschaft weiter bestand. Diese Erfahrung ist immer wieder als schmerzhaft geschildert worden. Assimilation, wie sie etwa der jüdische Religionsphilosoph Gershom Scholem (1897-1982) in seiner Kindheit erlebte, wurde als ein Prozess der Auflösung empfunden.

Gershom Scholem wurde in Berlin als Sohn einer liberalen, assimilierten Familie geboren. Weitgehend traditionslos erzogen, fand er als Jugendlicher Zugang zur jüdischen Überlieferung und emigrierte nach Israel. Durch seine Studien zur Kabbala trug er entscheidend zur Anerkennung der jüdischen Mystik als eine der tragenden Traditionen des Judentums neben emanzipiertem Reformjudentum und der Orthodoxie bei. In seinen Erinnerungen „Von Berlin nach Jerusalem“ schildert er eindringlich den Verlust von Religiosität in einer assimilierten Berliner Familie zu Beginn des 20. Jahrhunderts:

„Ein junger Jude am Anfang dieses Jahrhunderts stand, wenn er nicht aus der streng gesetzestreuen Minorität stammte, einem Prozess fortschreitender geistiger Zerfaserung des Judentums gegenüber. Es gab da etwas Atmosphärisches, was aus der Umgebung eindrang; etwas Bewusstes, in dem sich der Wunsch nach Selbstaufgabe und zugleich doch nach menschlicher Würde und Treue zu sich selbst dialektisch verschränkten; etwas von bewusstem Bruch mit der jüdischen Tradition, von der verschiedenartigste und oft seltsame Stücke atomisiert noch herumlagen, und von nicht immer bewusstem Hineinschlendern in eine Welt, die an deren Stelle kommen sollte. [...] Die Hoffnung auf gesellschaftliche Emanzipation, die der 1867-1870 beendeten politischen folgen sollte, teilweise auch geradezu Hoffnung auf Verschwinden im deutschen Volk – eine Hoffnung, die von den nichtjüdischen Kämpfern für diese Emanzipation weitgehend geteilt und ermuntert wurde – lag in verschieden stark bewusstem Widerstreit mit der allgemeinen Erfahrung des wachsenden Antisemitismus, eine Erfahrung, der sich nur rein imaginäres Wunschdenken verschließen konnte“ (Scholem 1997: 30).

Assimilation, so urteilt Scholem in seinen Erinnerungen, war eher ein Wunschdenken der Juden in Deutschland denn eine tatsächlich an die Juden herangetragene Anforderung. Es ist eine paradoxe Haltung, die den Umgang mit „Fremden“, mit „Ausländern“, mit „Einwanderern“ bis heute kennzeichnet: Die Fremden sollen sich anpassen, zugleich sollen sie in ihrer Andersartigkeit erkennbar bleiben. Scholem exemplifiziert diese Haltung an dem Soziologen und Nationalökonomen Werner Sombart, der sich in einer 1912 veröffentlichten Äußerung für die formale rechtliche Gleichstellung der Juden aussprach, die Juden zugleich aber aufforderte, von dieser Gleichstellung keinen Gebrauch zu machen – womit er sich vor allem auf die Beschäftigung von Juden im öffentlichen Dienst bezog (Scholem 1997: 31f.). Scholem beschreibt diese Haltung zu Beginn des 20. Jahrhunderts gegenüber den Juden in der deutschen Gesellschaft folgendermaßen:

„Aber eines ist klar: die breite Schicht [des liberalen Judentums, J.A.], von der ich hier spreche, und ihre geistigen und politischen Repräsentanten *wollten* glauben, an die Assimilation, an die Verschmelzung mit einer Umgebung, die ihnen im großen und ganzen gleichmütig bis wenig wohlwollend gegenüberstand. Es ist auch wahr, dass bis zu einem gewissen Grad, der heute sehr verschieden beurteilt wird, die deutsche Umgebung diesen Prozess ermuntert und begrüßt hat, während starke andere Elemente in ihr sich davon gestört und beunruhigt fanden“ (Scholem 1997: 31).

Scholem spricht in Bezug auf diese jüdische Haltung von „Selbstbetrug" und meint damit die jüdische Bereitschaft zur Selbstaufgabe, zur Aufgabe von Gruppenzusammenhalt und religiöser Tradition, die in der Hoffnung erfolgte, in der nichtjüdischen, „deutschen" Gesellschaft aufgehen zu können.

Die Ambivalenz im Umgang mit der jüdischen Emanzipation war nicht nur ein Charakteristikum der nichtjüdischen Mehrheitsgesellschaft, sondern auch der Juden selbst im Umgang mit den eigenen Traditionen. Nicht ohne Komik ist Scholems Schilderung, wie eine zwischen Liberalismus, Residuen der orthodoxen Überlieferung und Zionismus hin und her gerissene weitläufige jüdische Familie in Berlin zu Beginn des 20. Jahrhunderts versucht, gemeinsam Weihnachten oder Chanukka zu feiern – was eigentlich gefeiert wurde, ließ sich für den heranwachsenden Gerhard Scholem nie zweifelsfrei klären. Weihnachten wird in der Familie Scholem mit Weihnachtsbaum, Festbraten und großer Bescherung für Dienstboten, Verwandte und Freunde gefeiert – nicht als christliches Fest, sondern als ein „deutsches Volksfest", wie die Mutter den Kindern erklärt, das die Familie nicht als Juden, sondern als Deutsche mitfeiere. Als Weihnachtsgeschenk erhält der 14-jährige Gerhard ein Porträt Theodor Herzls, des Begründers der Zionistischen Bewegung, da er sich ja, wie die Eltern die Auswahl des Geschenks begründen, so sehr für den Zionismus interessiere. Im Haus des Onkels hingegen wird an Weihnachten Chanukka, das jüdische Lichterfest, gefeiert, mit einem großen Makkabäerball – und einer Bescherung mit Geschenken, die, wie die jungen Kusinen Scholems erläutern, vom „lieben Chanukkamann" gebracht worden seien (Scholem 1997: 32f.). Mischehen traten im weiteren Familienkreis durchaus auf, blieben aber immer problematisch und führten niemals zu einem ungezwungenen Umgang der christlichen Angeheirateten mit dem jüdischen Familienclan.

Hannah Arendt hat sich in ihren Schriften wiederholt mit der jüdischen Emanzipation im 19. Jahrhundert auseinandergesetzt.[2] In ihrer Sicht war der Versuch der Assimilation ein Fehlschlag, da er den Juden in Deutschland und Europa keineswegs volle Anerkennung gebracht habe, hingegen aber die Entstehung eines politischen Selbstbewusstseins verhindert habe. Ihre Aufarbeitung dieses Prozesses ist ein Plädoyer dafür, der Gefahr der Überanpassung durch Assimilation zu widerstehen.

In ihrer Biographie über Rahel Varnhagen (1771-1833), der jüdischen Zeitgenossin der Berliner Romantik, legt Hannah Arendt ein Stück Geschichtsschreibung des deutschen Judentums im 19. Jahrhundert vor und schildert den ambivalenten Charakter der jüdischen Assimilation zwischen gesellschaftlicher Teilhabe und Identifikationsverlust. Arendt, die den Haupt-

2 Neben „Rahel Varnhagen" vor allem in „Elemente und Ursprünge totaler Herrschaft" (1986).

teil dieses Werkes in den Jahren vor der nationalsozialistischen Machtergreifung verfasste, interpretiert die Geschichte der jüdischen Emanzipation am Vorabend des sich bereits abzeichnenden Untergangs des deutschen Judentums. Der Versuch der Assimilation, des Verschmelzens, hat diesen Untergang nicht verhindern können.

In ihrer biographischen Studie schildert Arendt das Projekt einer Assimilation aus der Perspektive einer gebildeten, gesellschaftlich ambitionierten, bürgerlichen Jüdin. Rahel Varnhagen steht am Beginn einer Epoche der jüdischen Assimilation, die Arendt rückblickend aus der Sicht des endgültigen Scheiterns nach 1933 interpretiert. Faszinierend an Arendts Buch ist die Verknüpfung von subjektiver Wahrnehmung von Assimilation, die sie Varnhagens umfangreichem Briefwechsel entnimmt, mit einer Analyse des gesellschaftlichen Wandels in Deutschland in der nachnapoleonischen Epoche.

Als problematisch an der Assimilation der deutschen Juden charakterisiert Arendt das Eingeständnis der „eigenen Minderwertigkeit" durch die Juden, die bereitwillige Übernahme der Fremdeinschätzung der christlichen Mehrheitsgesellschaft, die in den Juden nur die „Glieder eines unterdrückten, ungebildeten, zurückgebliebenen Volkes" (Arendt 1981: 19) sieht und die in einer bereitwilligen Abstoßung der gesamten jüdischen Geschichte und Tradition resultiert. Rahel Varnhagen, die 1771 als ältestes Kind des wohlhabenden Berliner Kaufmanns Levin Markus in eine orthodoxe jüdische Familie hineingeboren wurde, wird als eine typische Figur des assimilierten jüdischen Milieus in der Berliner Gesellschaft um die Wende vom 18. auf das 19. Jahrhundert dargestellt. Als Salondame und Repräsentantin des geistigen Lebens ihrer Epoche erlangte sie gesellschaftliche Prominenz. Arendt verdeutlicht die Hinwendung zu einem intellektuell-aufklärerisch bestimmten Lebensentwurf als den Versuch, einer jüdischen Gemeinschaftsbindung zu entkommen. Doch der individuelle Versuch einer Flucht aus der religiösen Herkunft bleibt vergeblich, denn: „als Vorurteil in den Köpfen anderer wird es eben doch zur leidigsten Gegenwart" (Arendt 1981: 21).

In der Bildung, in der Betonung der menschlichen Vernunft und der vernunftmäßigen Überwindung alter Vorurteile hatte noch Moses Mendelssohn ein halbes Jahrhundert vor Rahel Varnhagen die Möglichkeit einer Assimilierung an eine nichtjüdische Umwelt gesehen, ohne das eigene Judentum aufgeben zu müssen. Die Möglichkeit gesellschaftlicher Anerkennung durch die Aneignung eines aufgeklärten Bildungsideals ist in der Generation Rahel Varnhagens bereits wieder eingeschränkt. Gefordert sind nun der soziale Aufstieg sowie die Abkehr von der jüdischen Religion, um eine zweifelhafte Chance auf gesellschaftliche Akzeptanz zu erlangen. Daniel Friedländer verfasst 1799 das „Sendschreiben einiger jüdischer Hausväter", in dem die Juden – unter Berufung auf Aufklärung, Vernunft und moralisches Gefühl – aufgefordert werden, sich taufen zu lassen, um sich „öffentlich der Gesellschaft einzuverleiben" (Arendt 1981: 37). Der Theologe Schleiermacher wehrt sich gegen dieses Ansinnen „und hebt gegen den Appell an Vernunft und moralisches Gefühl das Eigentümliche des Christentums hervor, das durch solche Proselyten nur verwässert werden könne" (Arendt 1981: 37). Hier wird von christlicher Seite ein „Eigentümliches", ein unaufhebbar Wesenhaftes der Religionen konstruiert, das den Religionswechsel, mithin die generelle Möglichkeit, außerhalb eines religiösen Kategorienschemas wahrgenommen zu werden, für Juden unmöglich macht. Es ist der Herder'sche Nationenbegriff, der hier seine Anwendung auf die Juden findet. Herder hatte die Juden mit ihrer Geschichte und mit dem Alten Testament identifiziert und somit den Nationengedanken auf das Judentum übertragen. Dieses nationalistische Verständnis des Judentums bestimmt die Wahrnehmung der Juden in Deutschland bis in das 20. Jahrhundert hinein. Als Gruppe ist der gesellschaftlichen Stigmatisierung nicht zu entkommen; Assimilation ist nur möglich als die individuelle Anpassung an eine nichtjüdische Mehrheitsgesellschaft – und diese individualistische Strategie bestimmt auch nahezu ein Leben lang die gesellschaftlichen Ambitionen der Rahel Varnhagen.

Die jüdischen Salons der Romantik beschreibt Hannah Arendt als den Versuch des individuellen Ausstiegs aus dem Judentum, der Assimilation an die gehobene bürgerliche Schicht der Nichtjuden. Rahel Varnhagens Salon in der Berliner Jägerstraße wird in den Jahren von etwa 1790 bis 1806 zum Anlaufpunkt einer künstlerisch-intellektuellen Gesellschaft, in der sich Adel und Bürgertum vermischen. Eine Attraktion des bei ihr versammelten Kreises ist der preußische Prinz Louis Ferdinand. Arendt deutet diese jüdischen Salons als einen Katalysator, als einen gesellschaftlich gewissermaßen neutralen Bereich, in dem sich Adlige, Angehörige der höfischen Gesellschaft und ein bürgerliches Gelehrten- und Künstlertum, für deren sozialen Umgang in der ständischen Gesellschaft sonst kein Platz war, zwanglos treffen konnten. Allerdings bleibt das Phänomen der jüdischen Salons auf eine gesellschaftliche Übergangsepoche beschränkt:

> „Sowenig wie die deutsche Bildung in irgendeiner Gesellschaftsschicht verankert war, sowenig waren die jüdischen Salons, obwohl Zentren gebildeter Geselligkeit, ein Zeichen für die gesellschaftliche Verwurzelung der deutschen Juden. Das genaue Gegenteil ist der Fall: gerade weil die Juden außerhalb der Gesellschaft standen, wurden sie für kurze Zeit eine Art neutralen Bodens, auf dem sich die Gebildeten trafen. Und genau wie der jüdische Einfluss auf den Staat erlischt, sobald das Bürgertum sich seiner bemächtigt hatte, genauso wird – nur viel früher schon – das jüdische Element in der Gesellschaft wieder eliminiert, sobald sich nur die ersten Ansätze einer bürgerlichen gebildeten Geselligkeit zeigten" (Arendt 1981: 63).

Die Besonderheit der – letztlich kurzlebigen – jüdischen Salons beruhte auf ihrer Position in einer ständisch geprägten Gesellschaft, die 1806 nach der napoleonischen Eroberung Preußens zerbrach. Es gelingt Rahel Varnhagen nach 1806, dem Ereignisjahr, das einen tiefgreifenden Wandel in der gesellschaftlichen Struktur Deutschlands auslöste, nicht mehr, noch einmal einen vergleichbar repräsentativen Kreis von Freunden und Bekannten um sich zu sammeln. Die französische Besetzung Berlins (1806-1808) leitete den politischen und gesellschaftlichen Aufstieg des Beamtentums ein, das neben dem alteingesessenen Landadel und den höheren Offizieren zur Stütze der preußischen Gesellschaft wird. Das gesellschaftliche Leben Berlins wird von nun an exklusiver; es bilden sich Tischgesellschaften, deren gesellschaftlicher Zugang eingeschränkt wird mit Statuten, die „Frauen, Franzosen, Philistern und Juden" (Arendt 1981: 120) den Zugang verbieten. Diese Gruppen galten – mit Ausnahme der Frauen – als Vertreter der Aufklärung. Der Unmut des preußischen Junkertums über die Stein-Hardenbergschen Reformen ergoss sich nun über die Juden, deren rechtliche Emanzipation von der preußischen Beamtenschaft in Angriff genommen wurde, ungeachtet der Tatsache, dass es vor dem Zusammenbruch von 1806 der Adel gewesen war, der als erste gesellschaftliche Gruppe sozialen Umgang mit Juden pflegte. Den Ausschluss von Frauen aus den Tischgesellschaften interpretiert Arendt als einen Angriff auf die jüdischen Salons der Zeit, die von Frauen geführt wurden (Arendt 1981: 121).

Rahel Varnhagen erlebt ihr Judentum als persönliches Stigma, als das entscheidende Merkmal, das ihr ein erfülltes, ihren Begabungen gemäßes Leben verwehrt. Arendt schildert die subjektive Tragik der Assimilation aus der historischen Perspektive einer Frau, der die Option auf gesellschaftlichen Aufstieg durch beruflichen Erfolg von vornherein verwehrt ist. Beträchtliche Lebensenergie verwendet die junge Rahel Varnhagen darauf, über eine Mischehe dem Judentum zu entkommen. Mehrere Liebesbeziehungen zu nichtjüdischen Männern, so ein langjähriges Verlöbnis mit dem preußischen Adligen Graf von Finckenstein, scheitern jedoch. Rahel Varnhagen stürzt sich in die geistigen und politischen Strömungen ihrer Zeit, pflegt den Umgang mit bedeutenden intellektuellen und künstlerischen Repräsentanten der Epoche, mit Schleiermacher, Schlegel, Wilhelm von Humboldt, Friedrich Gentz, nimmt auf, macht sich Ideen und intellektuelle Weltbilder zu eigen. Arendt bewertet diese überbordende Adaptionsfähigkeit kühl als Traditionslosigkeit, ja Traditionsblindheit Varnhagens, die ihrer jüdischen Herkunft mit aller Macht entkommen möchte (Arendt 1981: 83).

In den Berliner Intellektuellenkreisen war die Haltung gegenüber Juden ambivalent: Man liest antisemitische Hetzschriften (so Carl Grattenauers Pamphlet „Wider die Juden"), verkehrt aber dennoch in jüdischen Häusern. Friedrich Gentz, Achim und Bettina von Arnim, auch Clemens Brentano sind Personen aus Varnhagens Freundeskreis (mit Gentz verbindet sie zeitweise eine Liebesbeziehung), die antisemitische Einstellungen pflegen. Diese Doppeldeutigkeit der eigenen Haltung lässt sich, so Arendt, aber genauso auf die aufgeklärte Schicht der Berliner Juden um 1800 übertragen: „Die Berliner Juden halten sich selbst für Ausnahmen. So wie jeder Antisemit seine Berliner Ausnahmejuden kannte, so kannte jeder Berliner Jude mindestens zwei Ostjuden, denen gegenüber er sich als Ausnahme fühlte“ (Arendt 1981: 87).

Varnhagen selbst nimmt den – je nachdem – latenten oder offenen Antisemitismus in ihrem intellektuellen Bekanntenkreis hin und macht sich ihn zu eigen, indem er ihren Selbsthass auf ihr Jüdischsein steigert. Sie vergesse die Schmach, als Jüdin geboren zu sein, keine Sekunde, schreibt sie an ihren Bruder. „Ich trinke sie im Wein, ich trinke sie mit der Luft; also in jedem Atemzug. […] Der Jude muss aus uns ausgerottet werden; das ist heilig wahr, und sollte das Leben *mit*gehen“ (Arendt 1981: 117). Ihre weitgespannte Korrespondenz gibt Einblick in eine gesteigerte innere Empfindsamkeit der Person. Der „Stolz auf eine innere Welt“, auf eine „besondere Großartigkeit, die man zur Schau stellen will“ wird in einer noch immer ständisch geprägten Gesellschaft zum Surrogat für eine fehlende Anerkennung aufgrund der persönlichen Herkunft. Nach außen hin distanziert sie sich von ihrer Herkunftskultur. Sie, die vor ihrer Vermählung mit August Varnhagen im Jahr 1814 Rahel Levin hieß, lässt zwischenzeitlich ihren Namen in Friederike Robert umändern. Als sie 1814 den Diplomaten und Schriftsteller Varnhagen heiratet, lässt sie sich taufen.

Nach dem Niedergang ihres Salons orientiert sich Rahel Varnhagen am Nationalismus Fichtes. Im Aufbruch der ständischen Gesellschaftsstruktur setzt sie ihre Hoffnungen darauf, einen Platz in einer neuen Welt zu finden, deren Träger nicht ein durch Geburt und Geschichte privilegierter Stand ist, sondern die gesamte Nation (Arendt 1981: 125). Für ihre jüdische Herkunft sieht sie in dieser neuen Welt jedoch keinen Platz. In ihrer patriotischen Begeisterung übersieht sie den aufkeimenden Antisemitismus, der das ständische Kriterium der sozialen Exklusion – Jude sein bedeutete im Alten Reich, keinen Stand zu haben – durch das religiös definierte Kriterium jüdisch-nichtjüdisch beziehungsweise christlich-nichtchristlich ersetzt.

Die Auflösung der ständischen Gesellschaft bedeutet aber auch, dass bisherige gesellschaftliche Koalitionen aufgelöst werden. Lange Zeit hatte eine gesellschaftliche Verbindung zwischen den Juden in ihrer Funktion als Geldleiher und dem Adel bestanden. Daraus resultierten gesellschaftliche Verbindungen zu einer Zeit, als Adel und Bürgertum noch keinerlei Umgang miteinander pflegten. In dem Maße, wie ein öffentliches geregeltes Kreditwesen entstand, lockerte sich auch die ursprüngliche Beziehung zwischen jüdischen Finanziers und dem Adel. Zur selben Zeit wie die Judenemanzipation in Preußen politisch auf den Weg kam, fanden sich die Juden gesellschaftlich isoliert: „Das Bürgertum hat sie nicht aufgenommen und der Adel hat sich zurückgezogen. Dieses neue Abgewiesensein wird schon während und vor dem

Kriege 1813/14 deutlich, um dann nach 1815 sich ganz offen zu manifestieren" (Arendt 1981: 170f.).

Rahel Varnhagen erreicht ihren gesellschaftlichen Aufstieg schließlich durch die Heirat mit August Varnhagen von Ense, den sie 1814, im Alter von 43 Jahren, ehelicht. August Varnhagen hatte, ursprünglich aus eher bescheidenen bürgerlichen Verhältnissen stammend, als politischer Schriftsteller und Diplomat im preußischen Staatsdienst eine bemerkenswerte Karriere vollzogen. Wilhelm von Humboldt kommentiert die Eheschließung sarkastisch: „Man sagt mir, ... dass Varnhagen die kleine Levy nunmehr geheiratet hat. So kann sie noch einmal Gesandtenfrau und Exzellenz werden. Es ist nichts, was die Juden nicht erreichen" (zitiert nach Arendt 1981: 187f.). Der gesellschaftliche Aufstieg auch nach der Judenemanzipation bleibt mit dem Hinweis auf das Parvenuhafte der jüdischen Existenz verbunden.

Das persönliche Versagen Varnhagens sieht Hannah Arendt darin, dass sie die Geschichtlichkeit der existierenden Verhältnisse nicht erkennt, sondern ihre Paria-Situation als ein Geworfensein in die Welt, als ein subjektives Ausgeliefertsein an das Schicksal deutet. Varnhagen deutet jüdisch zu sein lange Zeit ihres Lebens als ein individuelles Schicksal, „so unentrinnbar wie ein Buckel oder ein Klumpfuß" (Arendt 1981: 202). Das Unvermögen einer nichtjüdischen Gesellschaft, die nicht in der Lage ist, Assimilation zu ermöglichen, übersieht sie. Sie äußert keine Solidarität mit ihren jüdischen Glaubensgenossen und versteht es nicht „ihr privates Unglück in allgemeine gesellschaftliche Zusammenhänge einzuordnen" (Arendt 1981: 167). Die vielfältigen Strategien der gesellschaftlichen Anerkennung, des sozialen Aufstiegs, die Rahel Varnhagen im Laufe ihres Lebens praktiziert, scheinen ihre Lebenskraft vollkommen zu absorbieren.

Nur in der persönlichen Anstrengung sieht Rahel Varnhagen die Chance, dem Judentum zu entkommen. In dieser Haltung ist sie einem Parvenu vergleichbar, der seine gesamte Lebensenergie dem gesellschaftlichen Aufstieg aufopfert und in seiner Selbstbezogenheit nicht mehr zum Blick auf historische und gesellschaftliche Zusammenhänge fähig ist. Der soziale Aufstieg wird ganz der subjektiven Befähigung zugeschrieben. In der nichtjüdischen Gesellschaft jedoch wird dieser Aufstieg nicht honoriert, bleibt der Aufsteiger Jude:

> „Hat man seine Herkunft verleugnet um jeden Preis, [...] hat man sich ganz allein, auf eigene Faust von dem natürlichen gesellschaftlichen Boden, der auch mit dem Paria mitgeboren wird, getrennt, glaubt man, dass Judentum eine schlechte, Unglück bringende Eigenschaft sei, die ‚ausgerottet' werden muss, hat man bis in alle Konsequenzen verzichtet auf die Hilfe der anderen, auf die Existenz und die historische Gegebenheit des ganzen Volkes, so mag man wohl einen Augenblick lang ein Individuum sein, mächtig durch seines ‚Herzens Kraft und was mein Geist mir zeigt'

[...], um sehr bald aus solch erhabener Höhe in die Hände der Feinde zu fallen, die, glücklich einmal einen ganz isolierten Juden erwischt zu haben, gleichsam einen Juden an sich, ein Abstraktum ohne gesellschaftliche und geschichtliche Bindung, ihn so behandeln werden, als sei er der Inbegriff des Judentums, als gäbe es auf der ganzen weiten Welt nur ihn, an dem man dartun könnte, was Judesein in der Gesellschaft ist und war" (Arendt 1981: 205).

Erst am Ende ihres Lebens nimmt Rahel Varnhagen ihr Judentum an: „Was so lange Zeit meines Lebens mir die größte Schmach, das herbste Leid und Unglück war, eine Jüdin geboren zu sein, um keinen Preis möcht' ich das jetzt missen", soll sich Rahel nach Überlieferung August Varnhagens auf ihrem Sterbelager geäußert haben (zitiert nach Arendt 1981: 15).

Arendt prägt mit ihrer Studie über Rahel Varnhagen eine Auffassung von Assimilation, die ganz auf das Subjekt zentriert ist. In den gängigen Konzepten von Assimilation, sei es im US-amerikanischen Kontext oder im deutschen, ist Arendt nicht aufgegriffen worden; ihre Rezeption blieb auf den akademischen Diskurs zur jüdischen Geschichte beschränkt. Dennoch erscheint mir der Rückgriff auf Arendt wichtig, weil sie eine wichtige Gewährsperson für eine subjektbezogene Auffassung von Assimilation ist, auf die sowohl Befürworter wie auch Gegner des Assimilationsparadigmas rekurrieren.

Assimilation ist für Arendt ein Zustand des Ganz oder Garnicht. Man könne sich nicht „von außen aussuchen, woran man sich assimilieren möchte, was einem gefällt und was einem missfällt; dann darf man das Christentum so wenig auslassen wie den zeitgenössischen Judenhass" (Arendt 1981: 207f.). Diese radikale Auffassung Arendts' widerspricht jeglichen Modellen verschiedener „Dimensionen" oder „Bereiche" von Assimilation. Die Vorstellung einer Wahlfreiheit unter verschiedenen Dimensionen der Assimilation – eine Anpassung an verschiedene Variablen der Assimilation, wie sie etwa Gordon (1964: 71) vorschlägt – wird damit negiert. Für Arendt ist die Konsequenz aus dieser Auffassung nicht Integration, nicht Assimilation, sondern die bewusste Annahme einer Paria-Existenz. Denn letztlich scheitert Assimilation an einer Gesellschaft, für die der Parvenu stets ein solcher bleibt. Die Anpassung ist zur Nutzlosigkeit verdammt. Paria sein heißt, die eigene Herkunft anzunehmen, sich nicht auf „politische Dummheit, Minderwertigkeitskomplexe und Geldscheffeln" (Arendt 1989: 20) der Parvenus einzulassen.

Fazit: Das „Dilemma der Assimilation"

Die Emanzipation der deutschen Juden seit dem 19. Jahrhundert beschreibt eine Situation, die an anderer Stelle als „Dilemma der Assimilation" bezeichnet wurde (Kovács 1988). Dieses Dilemma liegt darin begründet, dass die Kriterien für Assimilation verschwommen oder willkürlich sind und dass das

Ziel von Assimilation, „genauso zu sein wie die anderen“, tendenziell unerreichbar ist. Im Falle der deutschen Juden (wie auch anderer jüdischer Bevölkerungen in Europa) sollte die vollständige politische Emanzipation erst im Gegenzug für geleistete Assimilation gewährt werden. Die Kriterien für Assimilation werden dabei von der Mehrheitsgesellschaft festgelegt und mit dem Wechsel der politischen und wirtschaftlichen Lage gegebenenfalls mit neuen Inhalten gefüllt. Trotz formaler rechtlicher Gleichstellung bleibt die unterschiedliche Herkunft stets für eine erneute Ausgrenzung der Assimilierten mobilisierbar. Die gewaltsame Ausgrenzung und Verfolgung der Juden unter dem Nationalsozialismus bietet hierfür das erschütterndste Beispiel.

Assimilation findet im jüdischen Kontext in Verbindung mit einer aufgeklärten Emanzipation des Individuums und Entbindung von Gruppensolidaritäten statt. Der individuelle Aufstieg in die bürgerliche Gesellschaft blieb aber prekär. In einem drastischen Bonmot hat Jean-Paul Sartre den Juden als denjenigen definiert, „den die Nationen nicht assimilieren wollen“ (Sartre 1994: 43). Tatsächlich ist Assimilation unmöglich, weil „der Andere“ letztlich durch Distinktion, durch die willkürliche Unterscheidung zwischen Wir-Gruppe und Sie-Gruppe ausgeschlossen wird. Der Verlust der Gruppensolidarität macht die jüdische Bevölkerung angreifbar für militanten Antisemitismus. So konnten beispielsweise ostjüdische Einwanderer, die seit etwa 1880 in großem Umfang nach Deutschland zuwanderten, mit keiner übergreifenden jüdischen Solidarität rechnen. Die Begriffe „Ostjudentum“ und „Westjudentum“ waren weniger eine Bezeichnung für den geographischen Ursprung als vielmehr Metaphern für Verarmung, Ghetto, religiöse Orthodoxie und kulturelle Rückständigkeit einerseits und gehobene Bürgerlichkeit und kulturelle Progressivität andererseits. Der Verlust eines jüdischen Gruppenbewusstseins durch Assimilation geht – so Hannah Arendt – einher mit der Unfähigkeit, politische Angelegenheiten zu beurteilen und richtig einzuschätzen.

Was aus heutiger Sicht von der jüdischen Assimilation des 19. Jahrhunderts in der Wahrnehmung bleibt, ist bizarrerweise das Bedauern über den Verlust einer jüdischen Kultur. Kontrastiert man etwa die Wahrnehmung der historischen jüdischen Assimilation mit Assimilationsforderungen gegenüber zeitgenössischen Einwandererminderheiten, so wird deutlich, wie diese Diskurse kulturalistisch aufgeladen sind. So hat der Holocaust in Deutschland zu einer Neubewertung der kulturellen Assimilation der deutschen Juden geführt. Nicht die im 19. Jahrhundert schrittweise durchgesetzte politische Emanzipation und der soziale Aufstieg der deutschen Juden wurden einer kritischen Revision unterzogen, wohl aber der Verlust der kulturellen Identität. Die Vernichtung der deutschen Juden unter der nationalsozialistischen Diktatur hat jüdische Kultur im Deutschland der Nachkriegszeit unangreifbar gemacht. Entstanden ist eine öffentliche Förderung jüdischer Kulturpflege, welche ihren großzügigsten Ausdruck in der Aufnahme von mehr als 100.000 jüdischen

Kontingentflüchtlingen aus der ehemaligen Sowjetunion gefunden hat. Neben einer Art moralischer Wiedergutmachung ist hier auch von offizieller deutscher Seite der Wille am Werk, den im Verschwinden begriffenen jüdischen Gemeinden in Deutschland neues Leben zuzuführen. Jüdische Kultur in Deutschland wird gefeiert, wie beispielsweise bei der Einweihung der neuen Synagoge in München am 9. November 2006; die Förderung der jüdischen Kultur gerät zu einem Stück deutscher Identitätspolitik.

Gegen all dies ist nichts einzuwenden, allerdings kontrastiert es in augenfälliger Weise mit dem öffentlichen Diskurs, der seit den historischen Umbrüchen von 1989 und insbesondere seit dem magischen „09/11" um die kulturelle Bedeutung des Islam geführt wird. Die Debatte um die prinzipielle „Integrierbarkeit" des Islam (Beispiel: Necla Kelek in der Frankfurter Allgemeinen Zeitung vom 15. Dezember 2007) zeigt an, dass die willkürliche Festlegung von Integrationskriterien fortdauert und das „Dilemma der Assimilation" keineswegs überwunden ist.

Nationalismus und „Volkstumsforschung": Assimilationsdiskurse im frühen 20. Jahrhundert

Nachdem im vorangegangenen Kapitel die jüdische Assimilation untersucht wurde, soll es nun darum gehen, inwieweit sich Prozesse der „Germanisierung" und Ausgrenzung von Wanderarbeitern und anderen Migrantengruppen seit dem Ende des 19. Jahrhunderts bis in die Mitte des 20. Jahrhunderts in ein konzeptionelles Kontinuum von Assimilation einordnen lassen.

Für diesen großen Zeitraum lassen sich im Zusammenhang mit Migrationsbewegungen und ethnischen Beziehungen zwei große thematische Kontexte identifizieren. Mit der Reichsgründung im Jahr 1871 kommt die Frage einer deutschen Staatszugehörigkeit auf und ist eine neu entstehende nationale Bürokratie mit der Formulierung von Staatsangehörigkeitsgesetzen befasst. Fragen der nationalen Inklusion und Exklusion – wer ist Deutscher und wer nicht – erhalten damit eine Bedeutung, die im vorangegangenen Zeitalter der Kleinstaatlichkeit nicht gegeben war. Diese Diskussion, die im Zeichen einer nationalstaatlichen Kohärenz stand, erfolgte vor dem Hintergrund einer zunehmenden Mobilität in der Bevölkerung, die durch Verarmung in den ländlichen Gebieten, eine rasche Industrialisierung und eine wachsende, gewerbsmäßig organisierte Auswanderung ausgelöst wurde. Nach dem Ende des ersten Weltkrieges verändert sich dieser nationalistisch geprägte Diskurs hin zu einer völkischen Orientierung. In den Sozialwissenschaften der zwanziger Jahre setzt sich eine Ethnizitäts-, Nationalismus- und Minderheitenforschung durch, die auf essentialistische Deutungen von ethnischen Bindungen rekurriert und eine dezidierte Haltung der Assimilationsabwehr transportiert.

Im Folgenden geht es darum, wichtige Akteure in der akademischen und politischen Diskussion zu identifizieren und politisch relevante Konzepte von Assimilation zu diskutieren. Dabei werden typische Argumentationsmuster und diskursive Strategien in exemplarischer Weise dargestellt. In den ersten

Teilen des Kapitels wird überblicksweise die deutsche Minderheitenpolitik vom Kaiserreich bis zum Nationalsozialismus skizziert. Am Beispiel der polnischen Minderheit werden Strategien der Assimilation und politischen Ausgrenzung von Migranten für die genannte Epoche aufgezeigt. Einen weiteren thematischen Schwerpunkt dieses Kapitels bildet schließlich eine Darstellung des völkischen Diskurses seit den zwanziger Jahren mit seinen Implikationen für akademische Konzepte der Assimilation und Dissimilation.

Migration und ethnische Beziehungen seit der Reichsgründung 1871

Einwanderungspolitik als Arbeitsmarktpolitik

Über die Entwicklung der ethnischen Beziehungen und mithin Fragen von Integration und Assimilation in Deutschland liegen für die Zeit vor 1945 relativ wenige einschlägige Studien vor. Einen Forschungsschwerpunkt über historische Integrationsprozesse von Zuwandererminderheiten zu Beginn des 20. Jahrhunderts bilden bislang verschiedene Arbeiten über die Assimilation der Polen in Deutschland (vgl. Kleßmann 1978; 1984; Frackowiak 2006). Dabei hat sich die historische Migrationsforschung in Deutschland sehr stark auf den Zusammenhang zwischen Arbeitsmarktentwicklung und Migrationsprozessen konzentriert. Zuwanderung hatte in Deutschland seit der Reichsgründung 1871 eine primär arbeitsmarktpolitische Funktion und wurde strikt reguliert (vgl. dazu Dohse 1979). Die Frage der Assimilation stellte sich nur partiell und bezog sich prinzipiell auf die Arbeitsmigranten aus Westpolen, die ihrer Staatsangehörigkeit nach Reichsdeutsche waren. Im Zentrum der Erforschung von Zuwanderungsprozessen nach Deutschland bis 1945 stehen daher die Paradigmen „ausländische Wanderarbeiter" (bis 1918) und „ausländische Zwangsarbeiter" (während des Nationalsozialismus). Zu diesen Themen hat in den vergangenen Jahrzehnten verstärkt eine historische Migrationsforschung stattgefunden, auf die im Folgenden zurückgegriffen wird.

Seit dem Ende des 19. Jahrhunderts wurden Einwanderungsprozesse primär von konjunkturellen Entwicklungen auf dem Arbeitsmarkt bestimmt. Die rechtliche Situation der „Fremdarbeiter" war stets prekär; ihre Zuwanderung unterlag häufig einem Rotationsprinzip und einer starken polizeilichen Reglementierung des Aufenthalts.

Aus staatlicher Sicht bildete die Einwanderung in das Deutsche Reich seit dem Ende des 19. Jahrhunderts ein Phänomen, das politische Steuerung erforderte und entsprechend auch hervorrief. Noch die überseeischen Massenauswanderungen des 19. Jahrhunderts waren ein unreguliertes Phänomen, in das der Staat nicht eingriff. Erst an der Wende zum 20. Jahrhundert hin entstand eine staatliche Einwanderungspolitik, die vollständig unter dem Kalkül der Arbeitsmarktentwicklung stand und als „Fremdarbeiterpolitik“ firmierte. Ebenfalls zu diesem Zeitpunkt kehrte sich der Trend zur Massenemigration um und Deutschland wurde zu einem, in der damaligen offiziellen Diktion, „Arbeitseinfuhrland“. Die industrielle Entwicklung gelangte in Deutschland zu einem ersten Höhepunkt und löste starke Binnenwanderungsbewegungen von den ländlichen in die städtischen Regionen aus. In der Folge entstand ein Arbeitskräftebedarf, der sich nur durch die Rekrutierung ausländischer Arbeiter abdecken ließ, und zwar sowohl in den städtischen Industrien als auch insbesondere in der von Abwanderung betroffenen Landwirtschaft. Vor allem in den Agrarregionen des östlichen Preußen mussten massenhaft ausländische Arbeitskräfte angeworben werden, die in einer arbeitsrechtlich prekären Situation und zu Niedriglöhnen beschäftigt wurden und ständig von Ausweisung bedroht waren (Bade 1984: 437). Die Anzahl der vor dem ersten Weltkrieg in Deutschland beschäftigten ausländischen Wanderarbeiter wird auf deutlich über eine Million geschätzt (Bade 1984: 440). Die größten Gruppen bildeten dabei Polen aus dem russischen Kongresspolen sowie Polen und Ruthenen aus dem österreichischen Galizien. Im Westen Deutschlands stellten die so genannten Ruhrpolen eine große Einwanderergruppe; diese sprachen Polnisch und pflegten eine polnische Nationalkultur, waren aber preußisch-deutsche Staatsangehörige. Zahlenmäßig mit großem Abstand folgten dann italienische Arbeitskräfte, die insbesondere im Bauwesen und später auch im Bergbau und in der Montanindustrie (v.a. im lothringischen Revier) beschäftigt waren (Bade 1984: 441).

Staatsangehörigkeit und Ausländerpolitik

Mit der staatlichen Kontrolle des Arbeitsmarktes verbunden war der Ausbau wohlfahrtsstaatlicher Strukturen, der dazu beitrug, dass Kriterien der Inklusion von Leistungsberechtigten formuliert werden mussten. Die Unterscheidung zwischen Inländern und Ausländern war ein wichtiges Kriterium, um den Kreis der Leistungsberechtigten zu definieren. Die Zunahme transnationaler Migration seit dem späten 19. Jahrhundert bedeutete eine große Herausforderung für den im Aufbau befindlichen Rechts- und Verwaltungsstaat, der sich zugleich durch eine restriktive Ausländerpolitik legitimieren konnte: „Die Zuwanderung und der Aufenthalt von Ausländern wurden als ein Problem der Sicherung der öffentlichen Ordnung verhandelt, die von jeher eine der wichtigsten Staatsaufgaben darstellte“ (Oltmer 2005: 67). Als ein solcherart definierter Faktor der öffentlichen Sicherheit fiel die Regelung von Ausländerangelegenheiten in die Kompetenz der Innenministerien. Im Kaiserreich war die Innenverwaltung und entsprechend damit die Zuwanderungs- und Ausländerpolitik Ländersache. So existierte bis 1934 in Deutschland keine direkte deutsche Reichsangehörigkeit, sondern diese wurde von der Staatsangehörigkeit zu einem deutschen Bundesstaat abgeleitet. Deutscher also war man als Bayer, Preuße, Sachse usw. Erst 1934 wurde mit der Gleichschaltung der Länder durch die Nationalsozialisten die Länderstaatsangehörigkeit abgeschafft und eine unmittelbare Reichsangehörigkeit eingeführt. Insgesamt aber war die Migrationsverwaltung zu Beginn des 20. Jahrhunderts und während der Weimarer Republik durch eine starke institutionelle Fragmentierung gekennzeichnet: Beteiligt an der staatlichen Steuerung von Migration waren das Reichsinnenministerium und das Reichsarbeitsministerium; für Auswanderer wiederum war das Reichswanderungsministerium zuständig (siehe Oltmer 2005).

Begleitet war die Entstehung des Nationalstaats in Deutschland von einem ethnischen Nationalismus, der Staatszugehörigkeit als eine auf Abstammung begründete Gemeinschaft auffasste. „Deutschtum“ wurde als eine die Grenzen des Nationalstaats überschreitende Kategorie der Vergemeinschaftung verstanden, die sich auch auf im Ausland lebende deutsche Minderheiten, das so genannte Auslandsdeutschtum, bezog. Entsprechend exklusiv wurde die Frage der deutschen Staatsangehörigkeit behandelt – eine Tatsache, die schließlich noch bis zum Ende des 20. Jahrhunderts fortdauern sollte. Deutlich wurde dies beispielsweise bei den Debatten um den Entwurf eines Reichs- und Staatsangehörigkeitsgesetzes, die 1912 und 1913 im Reichstag geführt wurden. Parteiübergreifend sprach sich die Mehrheit der Reichstagsabgeordneten dafür aus, den Erwerb der deutschen Staatsangehörigkeit durch Ausländer zu erschweren. Dieser Ausschluss bezog sich insbesondere auf zugewanderte Ostjuden, aber auch auf Polen aus den russischen und österreichisch-ungarischen Teilungsgebieten: „[...] eine solche massenhafte Naturalisation wäre doch wirklich kein Gewinn für unser Deutschland“ (Redebeitrag des Abgeordneten Belzer von der Zentrumspartei, zitiert nach Oltmer 2005: 46). Allein die Sozialdemokratische Partei trat dafür ein, den Erwerb der Staatsbürgerschaft zumindest für die Kinder von Einwanderern zu ermöglichen (ebd.). Die Einführung der Weimarer Reichsverfassung änderte an dieser restriktiven Handhabung der Staatsangehörigkeit nichts. In den „Richtlinien für die Behandlung von Einbürgerungsanträgen“ vom 1. Juni 1921 heißt es:

> „Fernhaltung von Schädlingen und sorgfältige Auswahl der dauernd in die Volksgemeinschaft Aufzunehmenden ist gerade in der Zeit des Wiederaufbaus in besonderem Maße notwendig. [...] Auch im Hinblick auf den Mangel an Wohnungen, Nahrungsmitteln und Arbeitsgelegenheit erscheint eine strenge Prüfung der Voraussetzungen für die Einbürgerung zur Zeit allgemein geboten, um dadurch dem starken, die Notstände noch vermehrenden Zustrom fremdstämmiger Einwanderer entgegen zu wirken“ (zitiert nach Oltmer 2005: 48).

Zugleich wird das Prinzip einer ethnischen Hierarchisierung erkennbar, das unter der nationalsozialistischen Herrschaft zur äußersten Radikalisierung gelangte. Insbesondere zielte die Ausgrenzungspolitik auf Einwanderer aus ost- und südosteuropäischen Ländern ab. Aber auch „deutschstämmige Ausländer“, die aus Osteuropa zuwanderten, besaßen keinen Einbürgerungsanspruch. In der politischen Debatte zu Beginn des 20. Jahrhunderts, die sich darum drehte, wie die Landflucht in den ostelbischen Gebieten durch eine Rekrutierung ausländischer Landarbeiter ausgeglichen werden könne, wurde der Ansiedlung von „deutschstämmigen Rückwanderern“ aus Russland der Vorzug gegeben. Beispielsweise hieß es in einem Beitrag zur Reihe „Jahrbücher für Nationalökonomie und Statistik“ (1915):

> „Wir müssen entweder deutsche Stammesgenossen bei uns ansiedeln oder aber Polen und andere Angehörige minderwertiger Nationalitäten. [...] Dass diese deutschen Kolonisten Russlands für uns ein besseres Menschenmaterial sind als diese ausländischen Wanderarbeiter, das ist doch keine Frage“ (zitiert nach Oltmer 2005: 148).

Die Zuwanderungspolitik während des Kaiserreichs und der Weimarer Republik lässt sich also als hochgradig restriktiv und selektiv charakterisieren. Generell wurde versucht, Integration zu unterbinden. So intervenierte beispielsweise nach Ende des ersten Weltkrieges das Reichsinnenministerium erfolgreich gegen das Anliegen des Reichsarbeitsministeriums, russische Emigranten und „Ostjuden“ in den Arbeitsmarkt einzubinden. Die massenhafte Zuwanderung dieser beiden Gruppen galt als unerwünscht, und eine Integration, so wurde argumentiert, würde nur weitere Zuwanderung forcieren (Oltmer 2005: 86). Integrationspolitik war dort, wo sie stattfand, von hoher Selektivität einerseits und starkem Assimilationsdruck andererseits geprägt. Exemplarisch soll dies im Folgenden anhand der Assimilation von Polen im Deutschen Reich dargestellt werden.

„Situative Identität“: Zur Assimilation der Polen in Deutschland

Es ist kennzeichnend für eine assimilatorische Politik, dass sie mit einer hohen Selektivität und generellen Haltung der Fremdenabwehr verbunden ist. Angleichung und Exklusion von Minderheiten (beziehungsweise Abschottung der Mehrheitsbevölkerung gegenüber Minderheiten) bilden die beiden Seiten derselben Medaille. Anschaulich lässt sich dies anhand der Situation der polnischen Minderheit in Deutschland zu Beginn des 20. Jahrhunderts aufzeigen. Die Polen, die sich seit Ende des 19. Jahrhunderts an Rhein und Ruhr, aber auch in anderen Regionen Deutschlands niederließen, waren eine fremdsprachige Minderheit, die rechtlich den Status von preußischen und deutschen

Staatsbürgern besaß. In ihrer gesellschaftlichen Position waren sie jedoch Ausländern vergleichbar und mit entsprechenden Integrationsproblemen konfrontiert. Der staatliche Umgang mit den polnischen Zuwanderern war sehr stark von außenpolitischen Erwägungen bestimmt. Der politische Kampf preußischer, russischer und österreichischer Polen um die Wiederherstellung des polnischen Nationalstaates wurde mit Misstrauen und Skepsis verfolgt (Bade 1984: 441). Hinzu kam in Preußen der „Kulturkampf" mit seinem ausgeprägten Antikatholizismus. Politisch wurde daher einerseits eine Strategie der „Germanisierung" der in Deutschland ansässigen Polen verfolgt, andererseits wurde versucht, eine Kettenwanderung von Polen außerhalb des Deutschen Reichs zu unterbinden, um keine Situation der Re-Ethnisierung entstehen zu lassen. In einer behördlichen Vorschrift über die Beschäftigung polnischer Arbeiter nicht-deutscher Staatsangehörigkeit (ohne Jahresangabe; vermutlich von 1909) wird die Abwehr polnischer Kultur und Ethnisierung auf deutschem Staatsgebiet deutlich. Verfolgt wird mit dieser Vorschrift, wie es darin heißt,

> „ein doppeltes Ziel, einmal die Fernhaltung stamm- oder gesinnungsverwandter ausländischer Elemente von der einheimischen polnischen Bevölkerung in den Grenzprovinzen und sodann die Abwehr der Massenansiedlung ausländisch-polnischer Arbeiter auch innerhalb des übrigen Staatsgebiets. Sie rechtfertigen sich aus der unabweisbaren Erwägung, dass die mühsam eingeleitete Überführung der einheimischen Polen in das deutsche Volkstum durch den fortgesetzten Zuzug fremder Elemente unmöglich gemacht würde. Sie stehen und fallen daher mit der gesamten preußischen Polenpolitik, deren ganzes, in jahrzehntelanger Arbeit aufgebautes Ergebnis mit einem Schlage in Frage gestellt wäre, sobald der Widerstand gegen eine von außen her erfolgende Vermehrung der ansässigen polnischen Bevölkerung nachlassen würde" (zitiert nach Bade 1984: 441f.).

Die Assimilation der polnischen Minderheit erfolgte innerhalb eines nationalistischen Interpretationsrahmens. In der deutschen Öffentlichkeit wurden die zugewanderten Polen stark im Kontext der polnischen Nationalbewegung wahrgenommen; die polnische Subkultur mit einer eigenen Sprache und einem eigenen Vereinswesen wurde von den Deutschen als soziale und politische Separation perzipiert (Kleßmann 1984: 487). Von den Polen wurde erwartet, dass sie sich auf einige Frist „germanisieren" lassen würden. Als wichtige Instanzen dieser Assimilation galten die schulische Bildung sowie soziale Kontakte mit Deutschen. So heißt es in einem Bericht des Bochumer Landrats von 1884, dass „durch die Volksschulen, Verheiratungen und den fortgesetzten Verkehr mit der deutschen Bevölkerung ohnehin auf die Dauer die Germanisierung der polnischen Elemente hier in der Gegend" erfolge (zitiert nach Kleßmann 1984: 497). Die Einrichtung eines polnischen Privatunterrichts wurde von den preußischen Schulbehörden untersagt. Mancherorts wurden „Polenklassen“ eingerichtet, in denen besonders deutsch-national gesinnte Lehrer den Unterricht erteilten. Hierbei ging es nicht um Hilfe zur Integration, sondern um die rasche sprachliche und kulturelle Anpassung der polnischen Minderheit (Kleßmann 1984: 501).

Der assimilatorische Druck auf die polnische Minderheit lockerte sich vorübergehend während der Weimarer Republik. In der Weimarer Verfassung wurde der Minderheitenschutz deutlich erweitert. So bestimmte Artikel 113 der Weimarer Verfassung, dass „die fremdsprachigen Volksteile des Reichs [...] durch die Gesetzgebung und Verwaltung nicht in ihrer freien, volkstümlichen Entwicklung, besonders nicht im Gebrauch ihrer Muttersprache beim Unterricht, sowie bei der inneren Verwaltung und der Rechtspflege beeinträchtigt werden“ dürfen. Damit verbunden war erstmals die Möglichkeit, polnische Schulen oder Schulklassen einzurichten. Die Wiederherstellung der Polnischen Republik im Jahr 1918 lief jedoch für die polnische Minderheit in Deutschland auf ein Optionsverfahren hinaus, indem sich ihre Mitglieder zwischen einer polnischen und einer deutschen Staatsbürgerschaft entscheiden mussten. Insgesamt beförderte diese „Loyalitätsfrage“ die Assimilation unter denjenigen Polen in Deutschland, die sich nicht für die polnische Staatsangehörigkeit entscheiden wollten.

Das Optionsverfahren fand in den Jahren 1920 bis 1922 statt; die in Deutschland sesshaften Polen konnten sich, aus welchen subjektiven Gründen auch immer, für die Staatsbürgerschaft der Zweiten Polnischen Republik entscheiden. Artikel 91 des Versailler Vertrages regelte dabei die Frage der Staatsangehörigkeit in den an Polen abgetretenen bisherigen deutschen Gebieten. Analog zur Möglichkeit, in den abgetretenen Gebieten für die deutsche Staatsangehörigkeit zu optieren, wurde auch den in Deutschland verbliebenen Polen die Möglichkeit eingeräumt, innerhalb einer festgelegten Frist die polnische Staatsangehörigkeit anzunehmen. Insgesamt wurde diese Option in einem geringen Ausmaß angenommen; von den in Rheinland und Westfalen lebenden Polen optierten etwa zehn bis zwölf Prozent der Berechtigten für die polnische Staatsangehörigkeit. Für die Region Bitterfeld ermittelte Frackowiak mit einem geschätzten knappen Fünftel der Berechtigten einen damit verglichen relativ hohen Anteil von polnischen Migranten, die die polnische Staatsbürgerschaft annahmen (Frackowiak 2006: 84). Mit dieser Option war nur in seltenen Fällen eine tatsächliche Rückkehr nach Polen verbunden. In den zwanziger Jahren erfolgte schließlich die tendenzielle Auflösung der polnischen Subkultur in Deutschland, wobei Rückwanderung in den autonomen polnischen Staat eine wichtige Rolle spielte. Für die verbliebenen Polen in Deutschland erhöhte sich dadurch faktisch der Assimilationsdruck.

Der staatliche Zwang zur Anpassung spitzte sich für die polnische Minderheit nach der nationalsozialistischen Machtübernahme zu. Zwar hatte Hitler zu Beginn seiner Diktatur öffentlich erklärt, auf eine weitere Germanisierungspolitik gegenüber den Ruhrpolen, wie sie in Kaiserreich und Weimarer Republik praktiziert wurde, zu verzichten,[1] doch in der Praxis fand eine permanente Diskriminierung durch untergeordnete Amts- und Parteiebenen, SA-Angehörige und Privatpersonen statt, welche die sprachliche und kulturelle Assimilation der polnischen Minderheit im Deutschen Reich beschleunigte (Bott-Bodenhausen 1996: 11). Die Situation für die in Deutschland lebenden Polen veränderte sich ab 1939, nachdem die deutsche Wehrmacht in Polen einmarschiert war und die Nationalsozialisten den polnischen Staat zerschlagen hatten. Bereits seit der nationalsozialistischen Machtergreifung war es zu vermehrtem öffentlichen Druck auf die polnische Minderheit gekommen. Die in Deutschland lebenden Minderheiten wie die Lausitzer Sorben und die Masuren in Ostpreußen wurden nach 1933 forciert in die „Volksgemeinschaft" eingegliedert; Minderheitenorganisationen wurden gleichgeschaltet, ihre kulturelle Autonomie schrittweise abgeschafft. Für die Polen fand dieser Prozess ab 1939 statt. Die polnischen Vereine wurden zwangsweise aufgelöst. Somit bestand die polnische Minderheit „nur noch aus Individuen, deren Bestimmung es gemäß der Sichtweise der Nationalsozialisten war, so schnell wie möglich unter Verlust aller Individualität im deutschen ‚Volkskörper' aufzugehen" (Frackowiak 2006: 91).

Personen, die bis 1939 polnische Staatsbürger waren, wurden nun einer verordneten Selektion für die deutsche Staatsbürgerschaft unterworfen. Zur polnischen Community zählten neben den ursprünglichen Arbeitsimmigranten (insbesondere den Ruhrpolen) auch solche Zuwanderer, die während des ersten Weltkriegs als Zwangsarbeiter oder Kriegsgefangene nach Deutschland gekommen und aus verschiedenen Gründen nicht mehr nach Polen zurückgekehrt waren. Von den bisherigen polnischen Staatsbürgern erhielten diejenigen, die aus den nach Kriegsbeginn im September 1939 an das deutsche Reich angegliederten polnischen Gebieten stammten, am 26. Oktober 1939 per Erlass die deutsche Staatsbürgerschaft. Entziehen konnte man sich der deutschen Staatsbürgerschaft nicht. Dies betraf insbesondere jüngere Männer, die zum Dienst in der Wehrmacht geeignet waren (Frackowiak 2006: 91f.).

Die betroffenen Polnischstämmigen mussten im Rahmen dieses aufgezwungenen Einbürgerungsverfahrens einen Fragebogen ausfüllen. Gefragt wurde nach bisheriger Staatsbürgerschaft, Muttersprache und deutscher

1 So äußerte Hitler in einer programmatischen Grundsatzrede vom 17. Mai 1933 vor dem Deutschen Reichstag: „Indem wir in grenzenloser Liebe und Treue an unserem eigenen Volkstum hängen, respektieren wir auch die anderen Völker aus dieser selben Gesinnung heraus […]. Wir kennen daher auch nicht den Begriff des Germanisierens. Die geistige Mentalität des vergangenen Jahrhunderts, aus der heraus man glaubte, aus Polen und Franzosen Deutsche machen zu können, ist uns genauso fremd, wie wir uns leidenschaftlich gegen jeden umgekehrten Versuch wenden" (zitiert nach Oenning 1996: 89).

Sprachkenntnis, Mitgliedschaft in deutschen und polnischen Organisationen und Parteien, Volkszugehörigkeit des Ehepartners, nach jüdischen Vorfahren; außerdem wurde ein schriftliches Bekenntnis zum deutschen Volkstum verlangt. Obwohl diese Bögen von den Kreisbehörden daraufhin zu überprüfen waren, ob sich unter den „Antragstellern“ auch „unerwünschter Bevölkerungszuwachs“ befinde, wurde die deutsche Staatsbürgerschaft in der Regel zunächst ohne weitere Selektion erteilt. Dieses Verfahren wurde ab 1941, im Zuge der forcierten Durchsetzung des rassenideologischen Programms der Nazis, revidiert. Antragsteller für die deutsche Staatsbürgerschaft wurden nun auf ihre Nähe zum „Deutschtum“ hin kritisch durchleuchtet; Einbürgerungsbegehren wurden in vier Abstufungen beschieden. Auch die bisher erteilten Staatsbürgerschaften an die Polen im deutschen Reich wurden daraufhin revidiert und erneut mussten die 1939 zwangsweise eingebürgerten Personen einen Fragebogen ausfüllen (so genanntes Volkslistenverfahren). Gruppe 1 der beschiedenen Anträge umfasste nun den „wertvollen Bevölkerungszuwachs“, für den folgende Kriterien galten: „die – auch innerliche – positive Einstellung der Beteiligten zum Deutschtum; deren Bekenntnis zum Deutschtum, auch vor dem Krieg, und durch welche Tatsachen und Handlungen sich dies ausdrückte; die Qualität der Arbeitsleistungen des Betreffenden (mit Zeugnis des Arbeitgebers); einwandfreies polizeiliches Führungszeugnis; Erziehung der Kinder im deutschen Sinne“ (Frackowiak 2006: 93). Die Staatsangehörigkeit Klasse 2 umfasste so genannte passive deutschstämmige Personen, womit hauptsächlich die in Deutschland geborenen Kinder von Einwanderern gemeint waren. Die Mehrheit der ersten polnischen Zuwanderergeneration jedoch erhielt die Volksliisteneinstufung in Gruppe 3 und bildete somit Staatsangehörige auf Widerruf. Die Einstufung in Gruppe 4 wiederum bedeutete die Ablehnung der deutschen Staatsbürgerschaft. Dies betraf sehr viele Personen, die bereits älter als 60 Jahre waren. Sie waren damit als staatenlos eingestuft und besaßen entsprechend einen minderen Rechtsstatus. Wehrpflichtige befanden sich praktisch überhaupt nicht in dieser Gruppe (Frackowiak 2006: 94).

Jürgen Frackowiak (2006) hat in seiner sehr detailreichen Studie die historischen Dokumente zur Assimilation der polnischen Zuwanderer im Bitterfelder Raum bis 1945 aufgearbeitet und in sehr aufschlussreicher Weise das Wechselspiel zwischen nationalen Orientierungen der Zuwanderer und der nationalstaatlichen Entwicklung Polens aufgezeigt. Assimilation, so wird in seiner Studie deutlich, ist für die Einwanderer eine Angelegenheit der sich bietenden Opportunitäten und ist ein durchaus reversibler Prozess, der durch die Entwicklungen der internationalen Politik beeinflusst wird. Insgesamt geht Frackowiak von einer „situativen Identität“ unter den polnischen Einwanderern und ihren Nachkommen im Deutschen Reich aus. Tatsächlich fand insbesondere während der Weimarer Republik und in den ersten Jahren der nationalsozialistischen Herrschaft eine Assimilation unter den eingewanderten Polen statt, die sich in beruflicher Mobilität und zunehmenden deutsch-polnischen Eheschließungen ausdrückte. Zugleich wurden aber auch kulturelle Traditionen und die polnische Sprache gepflegt, blieb also eine kulturelle Eigenständigkeit erhalten. Die von den Nationalsozialisten auferlegte Zwangsassimilation konnte diese kulturellen Partikularitäten nicht vollständig unterbinden, sondern forderte in ihrer Zwanghaftigkeit vielmehr zum Widerstand heraus. Dennoch fand unter der zweiten und dritten polnischen Zuwanderergeneration nach und nach ein Prozess der vollständigen Assimilation statt. Nach Kriegsende besannen sich jedoch manche ursprünglich polnischen Staatsbürger in der Sowjetischen Besatzungszone ihrer polnischen Herkunft und remigrierten nach Polen, um der drückenden Not der Nachkriegszeit zu entgehen – ein weiterer Beleg dafür, wie ethnische Orientierungen in der polnischen Community an historisch gegebene Opportunitäten angepasst wurden (Frackowiak 2006: 98).

Ausländer- und Zwangsarbeiterpolitik unter der nationalsozialistischen Herrschaft

Konzepte der Assimilation spielten in der nationalsozialistischen Bevölkerungspolitik kaum eine Rolle. Die nationalsozialistische Bevölkerungspolitik zielte ab auf Ausschaltung des Andersartigen: nicht jedoch durch eine möglicherweise forcierte Angleichung des Anderen, sondern durch die gewaltsame Segregation, Herabwürdigung auf einen Untermenschen- oder Sklavenstatus, die physische Entfernung durch eine projektierte Aussiedlung in eroberte Gebiete oder durch Vernichtung. Wir finden hier kein konzeptionelles Paradigma, das eine Kontinuität zu früheren oder späteren Assimilationsdiskussionen herstellen könnte. Dennoch wirkt der nationalsozialistische Eliminierungsbegriff noch heute unterschwellig in der öffentlichen Zuwanderungsdiskussion in einer antithetischen Weise fort, indem er Assoziationen von Auslöschung erzeugt und im öffentlichen Diskurs einen Bedeutungsbereich eröffnet, der mit der akademischen Diskussion nicht mehr kompatibel ist (siehe Kapitel „Devianzen der Anpassung").

Unter dem nationalsozialistischen Regime galt die „Germanisierung" oder „Umvolkung" als ein Ausleseprinzip und nicht als ein Mittel der rechtlichen und kulturellen Homogenisierung der ansässigen Bevölkerung. Von einem Anpassungsdruck, der auf Nicht-Staatsangehörige im Deutschen Reich ausgeübt worden wäre, kann nicht die Rede sein. Die Reichsbevölkerung sowie die Bevölkerung in den besetzten Gebieten wurde nach volkstumspolitischen Kategorien hierarchisiert in „Reichsstaatsbürger", „Reichsstaatsbürger auf Widerruf", „Schutzangehörige" sowie Personen ohne Rechtsstatus, wozu insbesondere die Juden und Zigeuner zählten (Hansen, G. 1996: 197, Fn. 1). Anstelle einer forcierten Homogenisierung fand bevölkerungspolitisch eine „Selektion und Differenzierung entlang sozialer, konfessioneller und geschlechtlicher Grenzen“ (Hansen, G. 1996: 198) statt.

Insbesondere in den besetzten Gebieten wurde eine Doppelstrategie von Assimilation und Segregation zugleich angewandt – festgemacht an der rassischen und politisch-ideologischen Kategorisierung von Bevölkerungsgruppen. G. Hansen (1996) exemplifiziert diese Doppelstrategie anhand der Schulpolitik im besetzten Polen von 1939 bis 1945. Hier baute die deutsche Besatzungsmacht ein vielfach segregiertes Schulwesen auf, das Bildungschancen nach der ethnischen Zugehörigkeit und der ideologischen „Zuverlässigkeit“ der Herkunftsfamilie einräumte. Jüdischen Schülerinnen und Schülern war der Besuch öffentlicher Schulen untersagt. Bildungsmöglichkeiten bestanden für sie lediglich im Rahmen eines staatlich reglementierten jüdischen Privatschulwesens. Zigeunerkinder, die nicht die deutsche Staatsbürgerschaft besaßen, waren vom Schulbesuch ausgeschlossen. Für die Beschulung von Zigeunerkindern mit deutscher Staatsbürgerschaft wurde die Einrichtung besonderer Schulen empfohlen, sofern eine ausreichende Anzahl solcher Schülerinnen und Schüler in einem Einzugsgebiet vorhanden war – was zumeist nicht der Fall war. Auch „Negermischlinge“ sollten nach den gleichen Grundsätzen behandelt werden (Hansen, G. 1996: 205). So urteilt Hansen, dass eine solche „ethnische Ausdifferenzierung eines Schulsystems […] in der Geschichte des deutschen Bildungswesens keine ähnlich umfassenden Vorläufer“ gekannt habe (ebd.): „Die hochdifferenzierte, ethnisch angeleitete Schulorganisation kannte je einen Ort für Assimilation, ein bisschen weniger Assimilation, assimilative Segregation/segregative Assimilation, ein bisschen mehr Segregation und Ausschluss“ (Hansen, G. 1996: 208).

Assimilation im Schulunterricht müsste sich insbesondere in einem fundierten, nachhaltigen Deutschunterricht bemerkbar machen. Tatsächlich aber wurde Deutschunterricht für nicht-deutschsprachige Kindern in den besetzten Gebieten von Laienlehrkräften ohne einschlägige didaktische Vorbildung und ohne Unterrichtsmaterial erteilt. Eine Assimilation – im Sinne von Eindeutschung und Nazifizierung – war für Kinder aus den Abteilungen 1 und 2 der „Deutschen Volksliste“ vorgesehen: Dies waren Kinder von „Volksdeutschen“, die vor 1939 in Polen ansässig waren sowie von deutschsprachigen polnischen Staatsbürgern. Kinder aus den Abteilungen 3 und 4 der „Volksliste“, die als völkisch herabgestuft kategorisiert waren, wurden segregiert und einem qualitativ und quantitativ mangelhaften Schulunterricht zugeführt (Hansen, G. 1996: 206f.).

In der Arbeitsmarktpolitik wiederum stand die nationalsozialistische Führungsschicht vor dem Dilemma, einerseits einer Ideologie des „Herrenmenschentums“ zu huldigen und entsprechend „nicht-arische“ Zuwanderung abwehren zu müssen, andererseits aber notgedrungen ausländische Arbeitskräfte zu rekrutieren, um insbesondere nach Kriegsbeginn die mobilisierungsbedingten Ausfälle in der Produktion abzufangen. Dieser so genannte Ausländereinsatz war ein mehr oder weniger offenes Zwangsarbeitssystem. Die zumeist aus den eroberten Ländern importierten Arbeitskräfte wurden von der deutschen Bevölkerung separiert und in eine nach Herkunftsnationen gegliederte Hierarchie der Unterdrückung gepresst (Herbert 1992: 356). Die nationalsozialistische Rassenlehre schuf die ideologische Grundlage für eine Eingliederung ausländischer Arbeitskräfte auf der Stufe von Parias oder Sklaven. Im Parteiprogramm der NSDAP war bereits 1920 formuliert worden, dass die Einwanderung Nichtdeutscher zu verhindern sei. Gleich nach der Machtübernahme der NSDAP wies das preußische Innenministerium an, dass Grenzübertritte auf das preußische Territorium „mit allen zur Verfügung stehenden Mitteln" zu verhindern seien (Lehmann 1984: 572). Zugleich erforderte die forcierte Aufrüstung immer stärker die Rekrutierung ausländischer Arbeitskräfte insbesondere für die Rüstungsindustrie. Lehmann zitiert aus einem Besprechungsprotokoll in der Reichsanstalt für Arbeit vom Januar 1938, worin Göring die Anwerbung ausländischer Arbeitskräfte „ohne Rücksicht auf Volkstumsbelange" forderte, „denn ‚wenn einmal die Grenzen erweitert werden würden, so käme es nicht darauf an, wie viel Volksdeutsche in dem Gebiet säßen'" (zitiert nach Lehmann 1984: 575).

Spätestens mit Beginn des Krieges bauten Parteiführung und Bürokratie ein Zwangsarbeitssystem auf, das auf der gewaltsamen Verschleppung von Arbeitskräften aus den besetzten Gebieten beruhte und Millionen von Menschen betraf. Etwa seit 1937 gab es im Deutschen Reich eine Verknappung von Arbeitskräften, deren Ursachen in Arbeitsbeschaffungsmaßnahmen, der forcierten Aufrüstung und dem Ausbau der chemischen und elektrotechnischen Industrie lagen. Verschärft wurde diese Knappheit durch den Kriegsausbruch. Der Einsatz ausländischer Arbeitskräfte während des Krieges speiste sich aus drei Quellen: aus Ausländern, die durch „Anwerber" in den besetzten Gebieten rekrutiert wurden, aus Kriegsgefangenen, die Zwangsarbeit verrichteten, und schließlich durch die Zwangsarbeit von KZ-Häftlingen (Heckmann 1981: 149, Fn. 17). Während des zweiten Weltkrieges wurden zahlreiche Anordnungen erlassen, die darauf abzielten, eine mögliche Fraternisierung zwischen „Fremdarbeitern" und der einheimischen Bevölkerung zu unterbinden. Detaillierte Segregationsanordnungen sollten ergänzend zur rassenideologischen Unterscheidung zwischen Herrenmenschen und Arbeitssklaven eine wie auch immer geartete Integration der Fremd- und Zwangsarbeiter in die einheimische Bevölkerung verhindern.

Ab 1939 waren Millionen von Ausländern per Anwerbung zum Arbeitseinsatz nach Deutschland gekommen; weitere Millionen wurden ab 1942 zum Arbeitseinsatz im „großdeutschen" Reich gezwungen. Großmann (1984) analysiert exemplarisch die politisch angeordnete Segregation dieser Arbeitskräfte in Bayern. Obwohl offiziell unerwünscht, kam es aufgrund des immensen Arbeitskräftebedarfs durchaus zu Familiennachzug unter den Fremdarbeiterfamilien. Die betreffenden Familien wurden dann gemeinschaftlich untergebracht. Tatsächlich waren die persönlichen Beziehungen zwischen Fremdarbeitern und ihren Arbeitgebern, wie Großmann anhand von Dokumenten zum Arbeitseinsatz in Bayern feststellt, oftmals menschlicher und solidarischer, als dies aufgrund der öffentlichen Herabwürdigung dieser Menschen aus Polen und den besetzten Ostgebieten zu erwarten gewesen wäre. Dies betraf insbesondere den Einsatz von zugewanderten Arbeitskräften in den landwirtschaftlichen Betrieben Bayerns. Von politischer Seite jedoch waren keinerlei Integrationsmaßnahmen vorgesehen. Den Kindern polnischer und sowjetischer Arbeiter war der Besuch deutscher Schulen, auch wenn sie über deutsche Sprachkenntnisse verfügten, verboten (Großmann 1984: 590). Die bayerische Regierung erließ – häufig auf Anordnung der Reichsregierung – eine Vielzahl von Segregationsmaßnahmen, die von getrennter Unterbringung, separater Verköstigung, Verbot jeglicher Mobilität und Tragen einer sichtbaren Kennzeichnung auf der Oberbekleidung reichten. Allerdings, so Großmann, erwiesen sich diese Maßnahmen bisweilen im alltäglichen Arbeitseinsatz als nicht praktikabel, so dass sie von den örtlichen Arbeitgebern und der beaufsichtigenden Polizei stillschweigend übergangen wurden.

Resümierend lässt sich feststellen, dass in den Epochen von Kaiserreich, Weimarer Republik und Nationalsozialismus Ausländerpolitik unter dem Primat des Arbeitsmarktes stand. Darüber hinaus bildeten außenpolitische Erwägungen insbesondere in der Haltung gegenüber den immigrierten Polen einen wichtigen Bestimmungsfaktor für Strategien der Eingrenzung und Ausgrenzung. Mit dem Beginn des zweiten Weltkriegs wiederum führten militärische Erwägungen (Rekrutierung von Soldaten) zu einer partiellen Einbindung zugewanderter fronttauglicher Bevölkerungsgruppen. Zugleich lassen sich für den Zeitraum von 1871 bis 1945 unterschiedliche Assimilationsstrategien der nationalen Regierungen identifizieren: Während des Kaiserreichs kommt es zu einer dezidierten staatlichen Assimilation (Germanisierung) von solchen Migrantengruppen, die – unter außenpolitischen Erwägungen – als potenziell „loyal“ gegenüber dem deutschen Staat und seinen imperialistischen Zielen eingeschätzt wurden. Germanisierung bedeutete für die betroffenen Minderheiten, dass eigenkulturelle Aktivitäten von staatlichem Misstrauen und tendenzieller Unterdrückung begleitet waren. Formalrechtlich verbessert sich der Minderheitenschutz in den Jahren der Weimarer Republik; dennoch blieb die Politik gegenüber Immigranten restriktiv, war sie geprägt von einer weitgehenden Abschottung des Arbeitsmarktes gegenüber Einwanderergruppen und einem faktisch weiterhin bestehenden Assimilationsdruck, der sich insbesondere im Schulwesen deutlich machte. Unter dem Nationalsozialismus hingegen weichen Assimilationsstrategien einer rassistisch artikulierten Ausgrenzungspolitik, die die Germanisierung von Nicht-Deutschen nur noch in Ausnahmefällen vorsah. Germanisierungsmaßnahmen betrafen nur solche nationalen Minderheiten, welche unter Anwendung rassischer Kriterien als „germanisierungswürdig" galten (so beispielsweise die Sorben). Andere ethnische Minderheiten, wie etwa die Polen in den besetzten Gebieten ab 1939, galten per definitionem als nicht „eindeutschbar", so dass Assimilation zu einem Mittel der elitären völkischen Selektion wurde.

Assimilation in den völkischen Diskursen seit den zwanziger Jahren

Es soll in diesem Abschnitt versucht werden, Assimilation für die Zeitepoche vom deutschen Kaiserreich bis zum Ende der NS-Zeit eingehender begrifflich und konzeptionell zu fassen. Insgesamt ist die Quellenlage hierzu jedoch recht dürftig. In der deutschsprachigen Geschichtswissenschaft liegen zwar zahlreiche Publikationen zur bevölkerungsgeschichtlichen Forschung in Deutschland seit den zwanziger Jahren vor. Beispielhaft zu nennen wären hier die Aufsätze in dem von Mackensen (2006) herausgegebenen Sammelband mit einer beeindruckenden Fülle an Quellenangaben, die die umfängliche Forschung auf diesem Gebiet im vergangenen Jahrzehnt dokumentieren. Lediglich Pinwinkler (2006) jedoch hat den Versuch unternommen, die begriffliche Verwendung von Assimilation in unterschiedlichen Kontexten systematisch aufzuarbeiten, und hat dazu vielfältiges verstreutes Quellenmaterial zusammengeführt. Dabei ist für die genannte Ära kein geschlossenes methodisches Konzept von Assimilation erkennbar. Assimilation gerät in einer historischen Epoche gesteigerter Nationalitätenpolitik in Mitteleuropa zu einem sozialdarwinistischen Konzept, das die Unterlegenheit von Bevölkerungsgruppen im „Wettstreit der Völker" bezeichnet.

Eingebettet waren Assimilationsdiskurse des frühen 20. Jahrhunderts in eine Volkstumstheorie, an der von akademischer Seite aus neben Geschichtswissenschaftlern auch Volkskundler (Soziologen), Ethnologen und Bevölkerungsstatistiker partizipierten. Dabei ist festzustellen, dass die Übergänge zwischen dem akademischen Diskurs und einer populistischen Volkstumspolitik fließend waren, sowohl hinsichtlich der konzeptionellen Ausrichtung des Diskurses selbst als auch hinsichtlich der öffentlichen Rolle ihrer führenden Protagonisten.

Das Objekt dieses Diskurses waren in erster Linie die deutschen Minderheiten im Ausland. Ihren historischen Ursprung hatte die deutsche Volkstumspolitik in den Ideen einer großdeutschen Kulturnation, die in der zweiten Hälfte des 19. Jahrhunderts artikuliert wurden. Bis zum ersten Weltkrieg wurden diese Ideen jedoch nur von einem kleinen Kreis von Aktivisten propagiert. Erst durch den Verlauf des Krieges wurden diese Ideen auch von der politischen Elite aufgenommen, und es entstand aus ihnen ein Amalgam aus einer Menschenrechtspolitik für die deutschen Minderheiten im Ausland, aus Ansprüchen auf eine Revision der Versailler Verträge und einer zunehmend aggressiven Außenpolitik (Blaschke 1984: 35). Die völkische Diktion prägte zunehmend auch die intellektuellen Debatten in der Weimarer Republik und radikalisierte sich vollends während des Nationalsozialismus. Im akademischen Kontext wurde die Idee einer Volksgemeinschaft einer modernistischen Soziologie entgegengesetzt, die im Ruch stand, von sozialistischen und marxistischen Theoremen imprägniert zu sein und deren Vertreter während des Nationalsozialismus in die äußere oder innere Emigration gezwungen wurden.

Wie oben erwähnt, waren Vertreter unterschiedlicher Fachrichtungen an den akademischen Debatten beteiligt. Eine wichtige Rolle spielte die Bevölkerungswissenschaft. Nach dem ersten Weltkrieg fanden sich auf der Grundlage der Verträge von Versailles, Sèvres und Trianon Bevölkerungen quasi über Nacht als nationale Minderheiten in neu gegründeten Nationalstaaten wieder. Entsprechend waren die zwanziger Jahre eine Phase der intensiven Minderheitenforschung. Eine Generation von Bevölkerungswissenschaftlern und Statistikern mühte sich damit ab, völkische Ideologie in operationalisierbare Konzepte umzusetzen: „Für die Methodik der Statistik war es konstitutiv, Volksgruppen nach bestimmten sozialen und kulturellen Kriterien voneinander abzugrenzen und damit eine Homogenität zu imaginieren, die den komplexen ethnisch-sozialen Strukturen nie entsprach“ (Pinwinkler 2003: 479). Fragen der Assimilation wurden insbesondere im Rahmen der Minderheitenstatistik diskutiert: Wie konnten Vorstellungen von Kultur-, Sprach- und Abstammungsgemeinschaft messbar gemacht werden? Hier sollten beispielsweise Konstruktionen wie etwa die Unterscheidung zwischen „Muttersprache“, „Denksprache“, „Familiensprache“ „Haushaltungssprache“ und „Umgangssprache“ Aufschluss geben über die Dynamik von Akkulturation (Pinwinkler 2003: 148). Im Nachhinein mutet dies als ein kurioser Versuch an, die Herder'sche „Kulturnation“ in statistischen Variablen umzusetzen. Darüber hinaus fließen biologistische und sozialdarwinistische Denkmuster in den Diskurs ein: „‚Kämpfe‘ zwischen den einzelnen Völkern werden zum eigentlichen Angelpunkt eines historisch-statistischen Blickwinkels der Minderheitenbeziehungen erhoben, welcher die bisher vorherrschende ‚etatistische‘ Betrachtungsweise überwinden sollte“ (Pinwinkler 2003: 175).

Die deutschsprachige Soziologie der Zwischenkriegszeit stand unter dem Einfluss völkischen Denkens, das spätestens seit der Machtübernahme durch die Nationalsozialisten eine hegemoniale Position bezog. Namhafte Vertreter der sich herausbildenden akademischen Soziologie hatten sich migrationsrelevanten Themen von verschiedenen Positionen aus genähert, so zum Beispiel Max Weber in einigen frühen Aufsätzen (beispielsweise 1894) von einer nationalistisch geprägten Sichtweise auf die Frage der polnischen Landarbeiter in den ostelbischen Gebieten oder Georg Simmel (1992) in seinem 1908 erschienenen „Exkurs über den Fremden“, der eher von einem modernistisch-kulturanthropologischen denn raumsoziologischen Standpunkt aus zu begreifen ist. Theoretische Konzepte von „Assimilation“ und „Dissimilation“ jedoch traten erst im Zusammenhang mit der völkischen Theorieproduktion seit etwa 1920 auf. Die fachliche Zuordnung dieser Theoretiker, die „Volksforschungen“ oder „Bevölkerungsgeschichte“ betrieben, ist nicht immer leicht, nicht zuletzt seit den dreißiger Jahren, da die politische Konfrontation der akademischen Einrichtungen mit dem nationalsozialistischen Regime zu Verschiebungen in den Fachbezeichnungen führte. Nur wenige von diesen Theoretikern, die zwischen den zwanziger und fünfziger Jahren mit Konzepten von Assimilation und Dissimilation operierten, dürften in der heutigen Wissenschaft noch bekannt sein. Auch lassen sich keine prominenten Versuche der begrifflichen Systematisierung erkennen, sondern vielmehr handelt es sich um verstreute Textstellen, von denen Pinwinkler zahlreiche in seinem 2006 veröffentlichten Aufsatz zur Bevölkerungsgeschichte von 1920 bis 1960 zusammengetragen hat (Pinwinkler 2006). Gemeinsam ist diesen Textstellen jedoch zumeist, dass sie sich auf das so genannte „Grenz- und Auslandsdeutschtum“ beziehen (Pinwinkler 2006: 25). Es geht also nicht um die wie auch immer geartete Eingliederung von Zuwanderern, sondern um die „Umvolkung“ von Bevölkerungsteilen, häufig im Zusammenhang mit der Ziehung neuer nationaler Grenzen.

Verwendet wurde der Assimilationsbegriff in einer durchgängig normativen Weise:

> „Soziologen/‚Volksforscher‘ und Psychologen zielten darauf ab, jene sozialen, ethnischen und/oder ‚rassischen‘ Kräfte zu erforschen, die Aufschluss darüber geben sollten, wie groß der ‚Halt‘ oder die ‚Widerstandsfähigkeit‘ eines ‚Volkstums‘ gegenüber Einflüssen anderer ‚Volkstümer‘ sei und wie diese begründet werden könnten“ (Pinwinkler 2006: 26).

Assimilation galt in jedem Fall als ein Indiz völkischer Schwäche:

> „Jenes ‚Volk‘, das als das biologisch vorgeblich Schwächere bloßes Objekt der ‚Umvolkung‘ war, erlitt diese mehr, als es sie beeinflussen konnte. Um die Passivität der assimilierten Gruppe zu behaupten, wurden nicht zuletzt sozialdarwinistische Erklärungsmuster herangezogen, etwa jenes eines sozial, kulturell oder ‚rassisch‘ begründeten ‚Gefälles‘ zwischen dem ‚umvolkenden‘ und dem ‚umgevolkten‘ ‚Volk‘ als notwendige Vorbedingung der Verschmelzung“ (Pinwinkler 2006: 26).

Dabei wurde unter Assimilation der Wechsel ethnischer Selbstzuschreibung („Volksgesinnung“) verstanden. Anders als in neueren Konzeptionen ging es keinesfalls um die – gegebenenfalls objektiv messbare – strukturelle Angleichung der Lebensbedingungen von Minderheiten an die der Mehrheitsbevölkerung. Gängige synonyme Begriffe bezogen sich entweder auf biologistische Sachverhalte, wie beispielsweise „Aufsaugung“, oder auf den Wechsel ethnischer Identität, wie „Umvolkung“ oder „Volkstumswechsel“, der spezifischer auch in Begriffen wie „Germanisierung“, „Eindeutschung“ oder – im Gegenstück – als „Entdeutschung“, „Polonisierung“, „Tschechisierung“, „Madjarisierung“ etc. ausgedrückt wurde.

Weniger als analytisches Instrument wurde Assimilation vielmehr als politischer Begriff verwendet. Die Politisierung des Begriffs spitzte sich zu nach der Machtübernahme der Nationalsozialisten. Ein negatives Pendant wurde mit dem Begriff „Dissimilation“ geschaffen. Bezeichnet wurde damit die politisch gesteuerte Absonderung von Bevölkerungsgruppen, die „Entmischung“ von Bevölkerungsgruppen nach ethnischen Kriterien. Politische Bedeutung gewann der Begriff besonders im Zusammenhang mit den 1935 erlassenen Nürnberger Rassegesetzen, auf deren Grundlage Juden per Gesetz aus dem „deutschen Volk“ ausgeschlossen wurden. Erörtert wurde unter „Dissimilation“ aber auch die Möglichkeit, ehemals deutschstämmige Bevölkerungsteile in Osteuropa aufzuspüren und als „deutsches Blut“ „wiederzugewinnen“ (Pinwinkler 2006: 27).[2] In der europäischen Minderheiten- und Volksgruppenpolitik seit den zwanziger Jahren wurde „Dissimilation“ auch im Sinne einer „völkischen Flurbereinigung“ (Prehn 2004: 146) multiethnischer Regionen diskutiert. Bei diesen Diskussionen ging es um Ordnungskonzepte, die auf ein ethnisch-regionales Selbstbestimmungsrecht im Rahmen eines föderalen europäischen Rechtssystems abzielten (Prehn 2004: 146).

Insgesamt herrscht in der völkisch orientierten Literatur zu Assimilation wenig begriffliche Konkretisierung. Auch für die Bevölkerungsstatistik bleibt der Begriff kaum operationalisierbar und beschränkt sich in seiner empirischen Nachweisbarkeit zumeist auf die Kriterien des Sprachwechsels und des Konnubiums. Anders als in den zeitgleichen wissenschaftlichen Diskussionen in den Vereinigten Staaten bleibt die soziologische Modellbildung marginal. Als Ausnahmebeispiele für eine – zumindest rudimentäre – Modellbildung sollen hier die wissenschaftlichen Überlegungen von Karl C. von Loesch (1925) und Rudolf Heberle (1936) näher vorgestellt werden.

Karl Christian von Loesch

Der Ethnologe und Volkstumstheoretiker Karl Christian von Loesch (1880-1954) war neben Max Hildebert Boehm der „profilierteste Kopf ethnopoliti-

2 Beispielsweise wurde in der 1933 von Hans Frank, dem späteren Generalgouverneur des besetzten Polen, gegründeten Akademie für Deutsches Recht ein Unterausschuss eingerichtet, der sich mit „Fragen der Assimilation und Dissimilation“ beschäftigte (Pinwinkler 2006: 27).

scher Wissenschaft“ (Tilitzki 2002: 1033) in der Weimarer Republik und im Dritten Reich. Von der nationalsozialistischen Volkstumspolitik hielt er sich jedoch fern; er blieb politisch unkompromittiert und unterhielt offensichtlich auch Beziehungen zum Kreis der Widerstandskämpfer, die das Attentat vom 20. Juli 1944 durchführten. Im Jahr 1925 erschien in einem für den Deutschen Schutzbund für das Grenz- und Auslandsdeutschtum edierten Band Loeschs Aufsatz „Eingedeutschte, Entdeutschte und Renegaten“, in dem er eine wissenschaftliche Aufarbeitung des „Umvolkungsvorgangs“ und seiner „Gesetze“ einforderte (von Loesch 1925: 213). Sein Augenmerk lag hierbei auf der „Entdeutschung“ als dem Vorgang, in dem Deutsche – sei es in Grenzgebieten, sei es in der Emigration – nicht nur die Staatsbürgerschaft aufgeben, sondern vor allem ihre „völkische“ Identität. Dabei forderte von Loesch einerseits wissenschaftliche Genauigkeit in der Analyse ein, andererseits aber warf er der „exakten Wissenschaft“ seit dem Ende des 19. Jahrhunderts vor, dass sie „das Psychologische [...] fast überall stiefmütterlich behandel[e]“ (von Loesch 1925: 214). In dieser Ambivalenz zwischen einer strukturanalytisch orientierten Bearbeitung und völkischer Rhetorik liest sich der Aufsatz durchgängig. So erfordere die Analyse der „Umvolkung“ die Einbeziehung von „Untersuchungen über fremde Staaten, ihre Wirtschaft, ihre Gesellschaft und ihr Schulwesen, z.B. über die entnationalisierende Wirkung der Schule in den Vereinigten Staaten“ (von Loesch 1925: 214). Auch die vergleichende Perspektive der „Entwicklung von Angehörigen anderer Völker“ (von Loesch 1925: 215) sei dabei heranzuziehen. Darüber hinaus seien auch der historische Prozess der Nationalstaatsbildung sowie ökonomische Umbrüche, zuletzt vor allem die Industrialisierung, für die Erklärung heranzuziehen, denn „Deutschsein ist, so widersinnig dies auch klingen mag, in gewissem Sinne kein Dauerzustand, sondern eine Entwicklung“ (von Loesch 1925: 221). Hieraus lässt sich vorsichtig ein situatives Verständnis von Ethnizität interpretieren.

Den Prozess der „Umvolkung“ oder Assimilation illustriert von Loesch am Exempel der in die Vereinigten Staaten ausgewanderten Deutschen. Unter den Auswanderern findet, vermittelt über die Schule und die neue Umgebung, eine Assimilation statt, die sich modellhaft über vier Generationen hinzieht. Von Loeschs „Entdeutschungsschema“ lehnt sich an die klassischen Drei-Generationen-Modelle an, die sich primär über Phasen des Sprachwechsels in den Generationen konstruieren. Darüber hinaus konstruiert er noch eine vierte Generation hinzu, in der sich die gewissermaßen völkische Abwendung vom Deutschtum vollzieht:

„4. Zustand: Die dritte Generation [der im Zuwanderungsland geborenen Nachkommen, J.A.] schämt sich der deutschen Abkunft oder sie hat sie vergessen; sie macht jedenfalls von ihr keinen Gebrauch mehr. Die Entdeutschung ist vollendet, das ‚Blut‘ spricht nicht mehr. Ob der Familienname auch entdeutscht wird, ist unwesentlich“ (von Loesch 1925: 230).

Der Sprachwechsel ist für von Loesch also nur ein Faktor des Assimilationsvorganges. Hinzu kommen, in vielleicht noch entscheidenderem Maße, die „Annahme anderer politischer Ideale, [die] Verlagerung der Anschauungszentren und [die] Übernahme fremder Lebensart“ (von Loesch 1925: 233).

Ganz in der Diktion seiner Zeit interpretiert aber auch von Loesch Assimilation als eine Auseinandersetzung zwischen „starken“ und „schwachen“ Bevölkerungen. So habe sich beispielsweise die amerikanische Urbevölkerung nicht gegen die überlegenen, kräftigeren und widerstandsfähigeren weißen Kolonisatoren durchsetzen können. Umgekehrt aber können „[s]chwache, willige Einwanderer [...] von der eingesessenen Bevölkerung eingevolkt oder angeglichen (assimiliert) werden“ (von Loesch 1925: 232). Das Bekenntnis zum Volkstum bleibt eine hohe moralische Verpflichtung für das Individuum. Aus Gründen der Entscheidungsschwäche besonders verwerflich sind für von Loesch daher bilingual sozialisierte Personen – von Loesch wählt hier bewusst die Individualform, denn Gruppenbildung würde nach seiner Überzeugung unweigerlich ein völkisches Bekenntnis nach sich ziehen –, wie sie in den Grenzregionen häufig auftreten:

„Doppelsprachigkeit ist in Grenzlanden häufig, nicht nur als Folge von Mischehen. Doppelsprachig sind vielfach Menschen, die von völkisch-geschlechtslosen Eltern abstammen, deren Seelenlage noch der des 18. Jahrhunderts entspricht, die noch niemals vor die Wahl ‚deutsch oder nichtdeutsch‘ gestellt waren, denen das Bewusstsein von Staatsangehörigkeit und Staats- (richtiger wohl) Dynastietreue genügte, die noch nicht im Sinne des modernen Nationalgefühls erweckt waren und eine ‚Berufung‘ erfahren hatten“ (von Loesch 1925: 235).

Trotz der völkischen Diktion liegt hier der Versuch einer analytischen Systematisierung des Assimilationsprozesses zugrunde. Das entscheidende Kriterium für Assimilation ist der „Volkstumswechsel“, der jedoch in einem „exakten“ Wissenschaftsverständnis bei von Loesch nicht operationalisierbar wird.

Rudolf Heberle

Auch die kurze Abhandlung „Auslandsvolkstum – Soziologische Betrachtungen zum Studium des Deutschtums im Ausland“ von Rudolf Heberle, die 1936 in Leipzig erschien, hebt sich ungeachtet der völkischen Diktion ihres Titels dadurch hervor, dass eine Systematik der Vergesellschaftung von Migrantengruppen vorgenommen wird. Heberle, der 1938 zur Emigration in die USA gezwungen wurde, schließt an die von ihm umfänglich rezipierte US-amerikanische Migrationssoziologie an und formuliert objektive Kriterien für die soziologische Untersuchung von Diasporagruppen im Ausland. Er stellt verallgemeinerbare Regelhaftigkeiten in den Faktoren von Emigration fest, die sich, anders als der Titel vermuten lässt, nicht ausschließlich auf die Auswanderung von Deutschen beziehen. Assimilation, wofür Heberle synonym die Begriffe „Angleichung" und „Entvolkung" wählt, erfolgt über die Stadien der Anpassung an Konventionen und im Zuwanderungsland übliche Umgangsformen, die sprachliche Akkulturation sowie, in entscheidender Weise, über den sozialen Aufstieg:

„Ein sehr wesentlicher Faktor ist nun der soziale Aufstieg. Er führt, einerlei in welchen Berufen er erfolgt, fast immer zur Entvolkung, außer wenn die Volksgruppe selbst eine Herrenschicht bildet; denn die zur wirtschaftlichen oder geistigen Oberschicht gehörigen deutschen Familien haben z.B. in USA viel näheren Umgang mit den Amerikanern gleicher sozialer Lage als mit ihren Landsleuten in den mittleren und unteren Schichten, mit denen sie zwar durch das ausgebildete Vereinswesen oft noch verbunden sind, das aber den täglichen, beruflichen und geselligen Umgang nicht zu ersetzen vermag" (Heberle 1936: 32).

Heberles Schrift lässt sich durch eine eigenartige Zwitterstellung zwischen völkischer „political correctness" und moderner Migrationssoziologie kennzeichnen – eine Art wissenschaftlicher Mimikry, die den Autor dennoch nicht vor der Emigration bewahrte. Anders als bei von Loesch jedoch bilden nicht „Stärke" und „Schwäche" von „Volksgruppen" den Referenzrahmen für die Analyse von Assimilation, sondern, ähnlich wie bei Park, die Anpassung an moderne, großstädtische Lebensweisen in der Industriegesellschaft.

Max Hildebert Boehm

Vollends in ein psychologisierend völkisches Fahrwasser gerät der Assimilationsbegriff unter den Volksgruppentheoretikern während des Nationalsozialismus. Beispielhaft soll dies anhand der Ausführungen des Ethnologen und „Volkstheoretikers" Max Hildebert Boehm aufgezeigt werden. Seit den zwanziger Jahren war Boehm einer der führenden Ideologen der völkisch argumentierenden Konservativen in Deutschland. Nach der nationalsozialistischen Machtübernahme übernahm er 1933 einen für ihn eingerichteten Lehrstuhl für Volkstheorie und Volkstumssoziologie an der Universität Jena, den er bis 1945 bekleidete. Boehm war während des Nationalsozialismus eine wichtige Figur an der Nahtstelle zwischen ideologischer Sinnproduktion und politischer Konzeptualisierung. Nach seiner Entlassung aus dem öffentlichen Dienst gründete er nach dem Krieg die „Ost-Akademie" in Lüneburg und publizierte zu Themen der Flüchtlings-, Vertriebenen- und Deutschlandpolitik (siehe ausführlicher Prehn 2004). In der Bundesrepublik der fünfziger und sechziger Jahre gehörte er zu den intellektuellen Vertretern einer national-konservativen Rechten.

Boehm bezieht sich in seiner Schrift „Volkstumswechsel und Assimilationspolitik“ (1938) auf Karl Christian von Loesch, radikalisiert aber seine Darstellung in einem gesteigerten völkischen Denken hin zu einer vollkommenen Abwehr von Assimilation. Als Ursache der politischen Auseinandersetzungen um Minderheitenrechte nach dem ersten Weltkrieg sieht Boehm eine Assimilationspolitik in den europäischen Nationalstaaten, welche er als „eines der unerfreulichsten Erbstücke des jakobinischen Frankreich im Laufe des 19. Jahrhunderts“ (Boehm: 1938, 134) bezeichnet. Boehm bemüht sich, den Terminus „Assimilation“ zu vermeiden und spricht stattdessen von „Volkstumswechsel“. Besonders wichtig ist es ihm, zwischen einem transitiven und intransitiven Wortgebrauch zu unterscheiden, etwa im Sinne von „Magyarisierung“ und „Magyarifizierung“ (Boehm 1938: 135). Damit soll der Unterschied zwischen einem „spontanen und freiwilligen“ und einem „von außen erzwungenen oder aufgedrängten Volkstumswechsel“ (Boehm 1938: 135) angezeigt werden.

Assimilation oder „Volkstumswechsel“ ist für Boehm ein prozesshafter Vorgang, den er folgendermaßen beschreibt:

„Echter Volkstumswechsel liegt überall da vor, wo sich eine Person, eine Familie, eine ganze Gruppe aus der klaren und eindeutigen Zugehörigkeit zu einem angestammten Volk löst und über eine unumgängliche Zwischenstufe der Verzwitterung und der völkischen Schwebung zu einem anderen Volk hinüberwechselt“ (Boehm 1938: 135).

Charakteristisch für den Aufsatz ist seine entschiedene Ablehnung von Assimilation. In einem abwertenden Ton spricht er vom „Assimilanten“, in dessen „Seele und Gehaben“ sich zwei „miteinander streitende Volkstümer“ solcherart paralysieren, „dass vorübergehend eine eigentümliche volkliche Farblosigkeit und Verwaschenheit, also wirklich eine Art Volkstumslosigkeit“ entstehen kann (Boehm 1938: 136). Seine Argumentation ist von mehreren Motiven durchzogen, zu denen die Abwehr von Individualismus und Modernismus und der Rekurs auf die psychische Integrität des Individuums durch die Teilhabe am Volkstum gehören. Als wichtigste Agentur einer „planmäßigen Entvolkungspraxis“ identifiziert er die Schule, welche im Schüler „auf ein fast wehrloses Opfer trifft und die Keimkräfte des neuen Volkstums bereits in die unterbewussten Seelenschichten einsenken kann“ (Boehm 1938: 138).

Die systematische Erfassung der „Methodik der Umvolkung“ hält Boehm deshalb für sinnvoll, um daraus „ein System zweckmäßiger Assimilationsabwehr“ zu entwickeln (Boehm 1938: 141). Dennoch zeichnet sich bei Boehm keine verallgemeinernde Analyse des Assimilationsprozesses ab, auch deshalb, da sich der „Volks"-Begriff analytisch schwer operationalisieren lässt. „Volk" ist nach Boehm eine Gemeinschaft, die sich „durch Blut (Rasse) und Raum (Boden), Kultur (Volkstum) und Schicksal (Geschichte)" konstituiert (Boehm 1938: 140). Diese Konstitutionsfaktoren von „Volk" arbeitet Boehm heraus, damit „[d]ie Methodik der Umvolkung [...] systematisch erfasst und daraus ein System zweckmäßiger Assimilationsabwehr entwickelt werden" könne (Boehm 1938: 141). Hinsichtlich der Abstammung etwa können biologische Sachverhalte zwar nicht geändert werden, doch bestehe eine wichtige Aufgabe der Assimilationsabwehr etwa darin, Namensänderungen, durch die „die besondere völkische Herkunft einzelner Familien planmäßig verdunkelt wird" (Boehm 1938: 141f.), durch eine „gewissenhafte Ahnenforschung, wie sie offiziell nur im nationalsozialistischen Deutschland in vorbildlicher Weise sichergestellt wird" (ebd.: 142) nachzuvollziehen und damit Tendenzen der „Umvolkung" Einhalt zu gebieten. Eine weitere wichtige Aufgabe von Assimilationsabwehr sei es, „die blutmäßige Überfremdung durch Einheirat in Familien des anderen Volkes" (Boehm 1938: 142) politisch zu bekämpfen. An dieser Stelle treibt Boehms Argumentation in absurder Weise rassistische Blüten. So schreibt er in Bezug auf die nationalsozialistische Rassengesetzgebung der Nürnberger Gesetze:

> „Wenn nun auch bestimmt zu hoffen ist, dass die entschlossenen und vom echten Volkswillen getragenen rechtlichen Maßnahmen des nationalsozialistischen Deutschland auf diesem Teilgebiet blutlicher Überfremdungsgefahren eine wirksame Schranke aufrichten werden, so wird es doch dabei bleiben, dass immerhin innerhalb des für freie Gattenwahl reservierten arischen Konnubialbezirkes z.B. gewisse slavische oder romanische Frauentypen im Einzelfall auf den deutschen Mann eine starke Anziehungskraft ausüben werden" (Boehm 1938: 143).

Ein Gegenmittel gegen diese „Anziehungskraft" sieht Boehm in einer „verstärkten völkischen Selbstzucht und Verantwortlichkeit des Einzelnen und der Familie" (Boehm 1938: 143). Besonders seien es „völkisch ungestützte Einzelgänger in fremdvölkischer Umgebung" (ebd.: 142f.), also Emigranten oder Angehörige von Diasporabevölkerungen, die zum Konnubium tendierten.

Den Raumfaktor in der Bestimmung von „Volk" bezieht Boehm auf Diasporabevölkerungen, die oftmals einer assimilatorischen Politik unterliegen. Insbesondere bezieht er sich auf den Zusammenhang zwischen „Umvolkungspraxis und Kryptobolschewisierung" (ebd.: 147) in der Sowjetunion, die er in völkischen Begriffen interpretiert. Die antimodernistische Stoßrichtung seines Arguments wird deutlich, wenn er etwa schreibt:

> „Am widerstandsfähigsten gegenüber Umvolkungsgefahren haben sich Volksgruppen erwiesen, die einen gesunden Ausgleich zwischen Landvolk und Städtertum mit

sozialer Vollstufigkeit, also mit der Möglichkeit zu ständischer Gliederung verbanden“ (Boehm 1938: 146).

Die Stärkung von Diasporabevölkerungen und ihre möglichst weitgehend ökonomische Autarkie sind daher wichtige Schritte zur Bewahrung der „Volkszugehörigkeit“. Dies sind Argumentationsfiguren, wie sie in modifizierter Diktion Jahrzehnte später in Debatten um Multikulturalismus und Parallelgesellschaften wieder auftauchen werden.

Kultur und Volkstum verbindet Boehm primär mit der Pflege der Muttersprache. Das Motiv der psychischen Integrität klingt an, wenn er argumentiert, dass „[j]ede sprachliche Absonderung [...] eine überaus schwerwiegende Teilumvolkung [sei], die nur unter günstigen Ausnahmebedingungen und unter schweren seelischen Opfern durch eine sprachliche Rückvolkung aufgehoben“ werden könne (Boehm 1938: 148). Eine entscheidende Funktion komme hier der Schule zu. „Volkstumsschutz“ in der Diaspora erfordere eine „volkseigene, wirklich vom Geist der Volksgemeinschaft durchwaltete Schule“ (ebd.), wohingegen das staatliche Schulwesen unweigerlich die sprachliche Assimilation nach sich ziehe. „Umvolkung“ sei darüber hinaus häufig mit einer nationalistischen Umdeutung von Geschichte verbunden, die „einer oft größenwahnsinnigen Phantasie oder Selbsttäuschung“ (ebd.: 156) entspringe und das Traditionsbewusstsein der einzelnen Volksgruppen vernichte.

Boehms Aufsatz gipfelt abschließend in einem Bekenntnis zur nationalsozialistischen Ausgrenzungspolitik und rechtfertigt von einem akademischen Standpunkt aus den gesellschaftlichen Ausschluss der deutschen Juden:

„Die nationalsozialistische Regierung ist auch die erste, die sich gerade vom Boden eines gesteigerten und gefestigten nationalen Selbstbewusstseins aus grundsätzlich gegen die Assimilationspolitik des 19. Jahrhunderts gewandt hat. Völlig zu Unrecht ist die Ausschaltung der Juden aus dem deutschen Volksleben im Reich zur allgemein herrschenden Unterdrückung von Minderheiten in Parallele gesetzt worden. Die Erscheinungen stehen vielmehr in einem diametralen Gegensatz. Die meisten Volksgruppen in andersvölkischer Umwelt sind der Gefahr der Assimilation ausgesetzt. Das Judentum hatte sich freiwillig – gegen gefühlsmäßigen Widerstand des deutschen Volkes – diesem durch Selbstassimilierung aufgedrängt, und dieser Vorgang, ein Ergebnis des Liberalismus im 19. Jahrhundert, ist biologisch und soziologisch durch Akte entschlossener Dissimilation weitgehend rückgängig gemacht worden“ (Boehm 1938: 157f.).

Bemerkenswert an dem Aufsatz von Boehm – und dies sei auch die Begründung dafür, weshalb er hier in gewisser Breite referiert wird – ist, dass er einige Argumentationsfiguren entfaltet, die in Deutschland auch Jahrzehnte später gesellschaftliche Debatten um Assimilation prägen. Generell ist Assimilation als ein Mittel der Vergesellschaftung abzulehnen. Boehm übernimmt das romantisierende Bild einer statischen Gesellschaft, in der es keine konkurrierenden Klassen gibt, sondern das „Volkstum“ ein homogenisierendes Band zwischen „gehobeneren und niederen gesellschaftlichen Schichten“ (ebd.: 146) herstellt. „Vereinzelung“ und „Entwurzelung“, Individualismus und Mobilität sind bedrohliche Folgeerscheinungen eines gesellschaftlichen Modernismus, denen nur der völkische Zusammenhang Einhalt gebieten kann. Es wird an späterer Stelle noch zu zeigen sein, wie Antimodernismus als unterschwellige Rhetorik die Kritik an der Assimilation durchzieht.

Verbunden mit dem antimodernistischen Motiv ist das Motiv der durch Assimilation gefährdeten psychischen Integrität. Persönliche Orientierung, so Boehm, werde durch die gefühlsmäßige Verbundenheit mit der „Volksgemeinschaft“ hergestellt. Der drohende Verlust der psychischen Integrität ist eine rhetorische Figur, die in der Migrationsdebatte durchgängig auftaucht und im völkischen Gemeinschaftsbegriff auf die Spitze getrieben wird. Marginalisierung und Randständigkeit werden bei Boehm auf den Verlust der „Volkszugehörigkeit“ zurückgeführt; der Verlust der Gruppe bedeute persönliche Orientierungslosigkeit.

In weiten Passagen liest sich Boehms Aufsatz wie ein Vorgänger zu zeitgenössischen Debatten um die Abschottung von Migrantenbevölkerungen in „Parallelgesellschaften“. Boehms Diktum der Bewahrung von „Volkszugehörigkeit“ ist ein Plädoyer für die ethnische Enklave. Völkische Minderheiten bilden im Idealfall eine im Inneren vertikal gestufte soziale Einheit, die den „Aufstieg und Abstieg im eigenvölkischen Rahmen“ (Boehm 1938: 147) gestattet. Assimilation aus Gründen der sozialen Mobilität wird damit hinfällig. Wenn Boehm sich zufrieden darüber äußert, dass es der erleichterte Reiseverkehr „völkischen Einzelgängern“ (sprich: Migranten) ermögliche, „bei der Gattenwahl dem Grundgebot der Volkstumsbewahrung treuzubleiben und die Umvolkungsabsichten seiner fremdvölkischen Umwelt zu durchkreuzen, da eine Reise zur Brautschau im Mutterland oder in einer nähergelegenen geschlossenen Deutschtumssiedlung gegenüber früheren Zeiten leichter durchführbar ist“ (Boehm: 1938, 143f.), so erinnert dies unweigerlich – unter einem umgekehrt bewertenden Vorzeichen – an neuere Diskussionen um „türkische Importbräute“.

Fazit: Assimilationsabwehr und Antimodernismus

Assimilation, so ist resümierend festzustellen, bleibt bis in die Mitte des 20. Jahrhunderts in den völkischen Diskurs eingebunden und wird – anders als zeitgleich in der US-amerikanischen Migrationssoziologie – als ein kollektiver Prozess diskutiert. Außereuropäische Prozesse der Migration und Integration wurden in der deutschsprachigen Fachwissenschaft nicht perzipiert; und auch Deutsche im Ausland (im zeitgenössischen Wortgebrauch: „Überseedeutschtum“) waren in der deutschsprachigen Forschung kaum ein Thema (Pinwinkler 2003: 163). Entsprechend blieben die zeitgenössischen Debatten in der US-amerikanischen Migrationssoziologie überwiegend jenseits des Horizonts der deutschsprachigen Minderheitenforschung.

Assimilation ist in der völkischen Diktion der Weimarer Republik und des nationalsozialistischen Regimes durchgängig negativ besetzt. Intellektuelle Diskurse von Assimilation und Dissimilation zielen darauf ab, ethnische und religiöse Minderheiten auszugrenzen und die Exklusivität der Eigengruppe zu propagieren. Die Abwehr von Assimilation steht für eine antimodernistische Sichtweise in der Soziologie und Geschichtswissenschaft, die sich gegen die Begleiterscheinungen der mobilisierten Industriegesellschaft wendet, als welche „Individualismus“, „Vermassung“, „Verlust der Bodenständigkeit“ (Pinwinkler 2006: 29) gebrannntmarkt werden. Verbunden ist dieser Diskurs mit einem räumlichen Konzept von Gesellschaft: „ein Volk – ein Raum“. Das gleichberechtigte Zusammenleben von Ethnien hat in dieser Vorstellung keinen Platz; vielmehr dominierte die „Forderung nach ethnisch identifizierbaren Räumen“ (Blaschke 1984: 66). Die völkisch-konservative Argumentation ist gegen den modernen Nationalstaat und die ihm inhärente Tendenz, ethnische Minderheiten zu assimilieren, gerichtet. Vielmehr opponierten deren intellektuelle und politische Repräsentanten gegen die zeitgenössische liberale Minderheitenpolitik des Völkerbundes, die auf Schutzrechte im Rahmen der Nationalstaaten anstelle von Autonomie- und Gruppenrechten abzielte. Freiwillige Migration kommt in den Überlegungen völkischer Ideologieproduzenten nicht vor. Vielmehr ist die Migrationsabwehr eine zentrale Komponente völkischen Gedankenguts sowohl bis 1945 als auch danach in der argumentativ abgeschwächten Form eines „Europa der Völker“ bis in die fünfziger und sechziger Jahre hinein. Ein drittes Merkmal ist die qualitative Unterscheidung von Gruppen mittels genealogischer und rassischer Kriterien und deren Hierarchisierung:

> „War die soziale Differenzierung zwischen ethnischen Gruppen noch um 1900 überwiegend sprachlich-kulturell konnotiert, so wandelte sich dieser Zugang in historiographischen Diskursen spätestens im Lauf der 1920er und 1930er Jahre grundlegend: ‚Rasse‘, ‚Blut‘ und ‚Leistung‘ beanspruchten nunmehr jene qualitativen Kategorien zu sein, anhand derer distinkte Bevölkerungsgruppen hierarchisch voneinander abgegrenzt werden sollten“ (Pinwinkler 2006: 44).

Eine Radikalisierung der Assimilationsabwehr fand unter dem Nationalsozialismus statt. Der biologistisch geprägte Diskurs um „Rasse“, „Volkstum“ und „Volkszugehörigkeit“ exkludierte all diejenigen, die nach den Kriterien der NS-Ideologen als „rassisch“ oder „völkisch minderwertig“ kategorisiert wurden. Diese Kategorisierungswut der Nazis erinnert an die vielfachen juristischen Abstufungen von Immigranten im bundesrepublikanischen Ausländerrecht, welche bis in die Gegenwart reichen. Zwar wurden im bundesrepublikanischen Recht jegliche ethnischen Kriterien sorgfältigst eliminiert. Jedoch gemahnt die Beschäftigung mit dem nationalsozialistischen Auslesesystem an die stets vorhandene Beziehung zwischen Assimilation und Segregation. Assimilation ist ohne die Ausgrenzung derjenigen, die sich nicht assimilieren wollen oder sollen, nicht denkbar.

Das Ausmaß soziologischer Modellbildung ist gering. „Umvolkungsprozesse“ werden anhand unterschiedlicher Kategorien erklärt. So wird bei manchen Autoren „Umvolkung“ mit dem Kriterium der sprachlichen Assimilation belegt. Es dominieren aber Erklärungsmuster, die auf biologistische Kriterien wie „Rasse“ und „Blut“ zurückgreifen (Engberding 2006: 306). Das Interesse von Bevölkerungswissenschaftlern und Historikern konzentriert sich insbesondere auf den „Volkstumskampf“ in den deutschen Ostgebieten. Völlig außer Betracht bleiben bei den völkischen Theoretikern hingegen Modelle bereits abgeschlossener Assimilation, wie die der polnischen Immigranten im Ruhrgebiet oder des jüdischen Bürgertums seit dem 19. Jahrhunderts. Diese historischen Prozesse der Assimilation von Minderheiten ließen sich in Kategorien des „Volkstumskampfes“ nicht erklären. Anders als in der US-amerikanischen Migrationssoziologie des frühen 20. Jahrhunderts stand nicht soziologische Modellbildung im Vordergrund der wissenschaftlichen Aktivität, sondern die Wissenschaft machte sich einer völkischen und später destruktiven rassistischen Herrschaftsideologie dienstbar.

Assimilationsdiskurs nach 1945

In den Nachkriegsjahren waren schätzungsweise 13 Millionen deutschstämmige Vertriebene aus den ehemaligen Ostgebieten in die beiden Nachfolgerstaaten des Deutschen Reiches zu integrieren (Heckmann 1981: 149). Vorstellungen von Assimilation spielten hier kaum eine Rolle. Die Kriegszerstörungen hatten die Lebensbedingungen für Ansässige und Vertriebene stark nivelliert. Die gemeinsame Erfahrung von Krieg und Niederlage, die allgemeine wirtschaftliche Not und der gemeinsame kulturelle Kontext bewirkten, dass ethnische Binnendifferenzierungen zwar nicht verschwanden, aber doch in den Hintergrund gerieten. Ein staatlich organisierter Lastenausgleich sorgte dafür, dass soziale Grenzen zwischen den Einheimischen und den Neuzugewanderten minimiert wurden. Erst Jahrzehnte nach dem Kriegsende tauchte das Thema Integration und Assimilation im öffentlichen Diskurs der Bundesrepublik Deutschland wieder auf, und nun im Zusammenhang mit der absehbar dauerhaften Niederlassung der rekrutierten Gastarbeiterbevölkerung.

Völkische Traditionen bleiben auch nach 1945 in der Nationalitäten- und Volksgruppenforschung virulent, so beispielsweise bei Max Hildebert Boehm

(1957/58), der nach seiner Entfernung aus dem Staatsdienst in Lüneburg eine Akademie gründete und sich mit Fragen der Flüchtlings- und Vertriebenenpolitik befasste, und Theodor Veiter (1958), der sich bis zu seinem Tod im Jahr 1994 als österreichischer Volksgruppentheoretiker profilierte. Auch hier finden sich genealogische und essentialistische Vorstellungen von völkischer Zugehörigkeit. Die rassische Diktion verschwindet allerdings aus dem Begriffsgebrauch. Assimilation wird nun vielmehr im Sinne von kultureller „Angleichung“ oder „Akkulturation“ verstanden und wird insbesondere an Kriterien wie Konnubium und Übergang von der Muttersprache zu einer sekundär erworbenen Sprache festgemacht (Pinwinkler 2006: 32).

Assimilation im bundesrepublikanischen Migrationsdiskurs

In diesem Kapitel soll es um neuere politische Diskurse zu Zuwanderung und Zuwanderungspolitik[1] in Deutschland gehen. Die Analyse zielt dabei darauf ab, inwieweit sich in diesen Diskursen Ideen von Assimilation manifestieren – sowohl in rhetorischer als auch in politisch-konzeptioneller Weise. Resümiert man die nunmehr seit fast fünf Jahrzehnten stattfindende bundesrepublikanische Zuwanderungs- und Integrationspolitik, so lässt sich im Rückblick eine ordnungspolitische Reglementierung des Aufenthalts von Ausländern einerseits und eine relativ konfliktarme Inkorporation von Zuwanderern mit anerkanntem Aufenthalt in den Wohlfahrtsstaat andererseits feststellen. Ideen von Assimilation hingegen hatten ihren Ort überwiegend dort, wo sie eine symbolische Wirksamkeit entfalten konnten, vor allem im politischen Diskurs, in der öffentlichen Rede von Zuwanderern und der Art ihrer Eingliederung in das gesellschaftliche System der Bundesrepublik.

Eine Voraussetzung von Diskursanalyse ist es, das Verhältnis zwischen Interessen und Ideen zu klären. Dieses Verhältnis beschreibt Max Weber folgendermaßen: „Interessen (materielle und ideelle), nicht: Ideen, beherrschen unmittelbar das Handeln der Menschen. Aber: die Weltbilder, welche durch ‚Ideen' geschaffen werden, haben sehr oft als Weichensteller die Bahnen bestimmt, in denen die Dynamik der Interessen das Handeln fortbewegte" (zi-

1 Wenn im Folgenden von Zuwanderungspolitik die Rede ist, so ist damit die Gesamtheit staatlicher Maßnahmen gemeint, die sich auf ganz unterschiedliche Typen von Immigranten beziehen und die von unterschiedlichen Akteursebenen implementiert werden. So sind auf Bundes- und Länderebene mehrere Ministerien und Verwaltungen für die Konzipierung und Implementierung von politischen Maßnahmen zuständig. Die Kompetenzbereiche differieren im Hinblick auf die unterschiedlichen Kategorien von Zuwanderern und schließen die Ausländer-, Asyl- und Vertriebenenpolitik wie auch die auf Werkvertragsarbeiter und illegale Einwanderer bezogene Politik ein.

tiert nach Berliner Institut für Vergleichende Sozialforschung o.J.: 3, Fn. 5). Die öffentliche Rede ist nie frei von Interessen der Diskursteilnehmer, andererseits besitzt öffentliche Rede immer auch ideologischen Charakter. Diskurse handeln darüber hinaus nicht unbedingt von eigenen, realen Interessen, sondern häufig von einem vermuteten Interesse der in der politischen Rede vertretenen Klientel. Wenn hier summarisch von politischem Diskurs die Rede ist, darf nicht darüber hinweggesehen werden, dass die öffentlichen bundesrepublikanischen Debatten über Zuwanderung und Integration insgesamt in ein komplexes Akteursgeflecht eingebunden sind, in dem zum Teil Gruppeninteressen benannt werden können, in dem aber auch diffuse oder reale Befürchtungen wirken. Darüber hinaus spielen tradierte Weltbilder eine Rolle, die im Großen und Ganzen bestimmten politischen Lagern zugeordnet werden können.

In der Bundesrepublik waren im Hinblick auf Zuwanderung und die Integration von Immigranten stets divergierende Interessen vorhanden. So hatten die großen Industrieunternehmen von jeher ein Interesse an der geregelten Zuwanderung von billigen Arbeitskräften. Die mittelständische Industrie sowie kleinere Betriebe hingegen hatten vor allem ein Interesse an billigen Hilfsarbeitern, das auch die Verwendung illegaler Arbeitskräfte nicht ausschloss. Den Kommunen lag und liegt interessegemäß an einer Begrenzung zusätzlicher Sozialhilfekosten. Die Gewerkschaften wiederum waren interessiert an der Rekrutierung einer möglichst begrenzten Anzahl tariflich gebundener ausländischer Arbeitskräfte und banden diese Klientel gleichzeitig aktiv in ihre Organisationen ein. Die politischen Parteien wiederum waren in ihren Äußerungen zu Zuwanderung und Integration eingebunden einerseits in die Notwendigkeit, pragmatische Konzepte zur Steuerung von Zuwanderung und Regelung der damit anfallenden sozialen und rechtlichen Probleme zu konzipieren, und andererseits den vermuteten Interessen ihrer politischen Klientel entgegenzukommen, die im Großen und Ganzen als eher einwanderungsfeindlich galt. Daraus wird ersichtlich, dass auch auf der Ebene einzelner politischer Organisationen divergierende Interessen zu integrieren waren und sind. Symbolischen Repräsentationen von Politik kommt angesichts dieser faktischen Ambivalenz eine erhöhte Bedeutung zu.

Im Folgenden soll ein Überblick über die öffentlichen Debatten zur Zuwanderung seit Beginn der Gastarbeiteranwerbung in den späten fünfziger Jahren gegeben werden. In Bezug auf die öffentlichen Diskurse zu Integration und Assimilation sollen drei Phasen unterschieden werden: der „Gastarbeiterdiskurs“ bis in die siebziger Jahre, die Debatte um die Einwanderungsgesellschaft in den achtziger und neunziger Jahren und, seit Beginn des neuen Jahrhunderts, die Debatte um die zweite und dritte Generation, die sich in ihrer Problemanalyse häufig an Schlagworten wie „Segregation“ oder „Parallelgesellschaft“ festmacht.

Eine Bemerkung zur begrifflichen Verwendung vorab: Wenn im Folgenden die Rede von Integration ist, so geschieht dies im Bewusstsein, dass es auf den verschiedenen Akteursebenen in diesem Diskurs ganz unterschiedliche Auffassungen von dem gibt, was „Integration" bedeutet. Auf die Eigenart des Integrationsbegriffs, viele verschiedenartige Bedeutungen in sich zu vereinigen, wurde bereits in früheren Kapiteln hingewiesen. Von den verschiedenen Akteuren im politischen und medialen Prozess wird der Begriff konzeptionell sehr unterschiedlich gehandhabt. Die Vorstellungen über das Ausmaß der wünschenswerten politischen Steuerung von Integration differieren beträchtlich. So verstehen politische und administrative Einrichtungen unter Integration die Förderung der Eingliederung von Personen mit Migrationshintergrund durch die Implementierung von Maßnahmen, etwa zur beruflichen und sozialen Eingliederung. Der Steuerungsaspekt hat dabei im vergangenen Jahrzehnt auf den verschiedenen Ebenen lokaler, regionaler und nationaler Politik stark an Relevanz gewonnen; politische Regulierungen haben sich stärker auf eine strukturelle Förderung von Migranten in den Bereichen Bildung und Arbeit verlegt. Hingegen dominierten zeitlich vor der Schröder-Ära eher solche Vorstellungen, wonach Integration ein Prozess ist, der von den verschiedenen gesellschaftlichen Gruppen idealerweise ohne politische Intervention ausgehandelt werden sollte. Mit dem Instrument einer Integrationspolitik sollte auf offensichtliche Defizite dieses Aushandlungsprozesses reagiert und sollten drohende gesellschaftliche und individuelle Konflikte verhindert werden. Zivilgesellschaftliche Akteure, die für die Integration von Zuwanderern aktiv sind – wie etwa Kirchen, Wohlfahrtsverbände und Nichtregierungsorganisationen – verstehen unter Integration wiederum die Gleichberechtigung der Eingewanderten mit den Einheimischen. Schließlich bleibt noch die Perzeptionsebene der politischen Verlautbarungen und der Medien. Hier wird häufig auf die individuelle Anpassungsleistung der Zugewanderten abgestellt. „Die einzelnen Ausländerinnen und Ausländer beurteilt man nach ihrer individuellen Integrations*bereitschaft* und die verschiedenen Nationalitäten nach ihrer kulturell-herkunftsbedingten Integrations*fähigkeit*" (Treibel 1999: 60ff.; Hervorhebungen im Original). Wenn vom öffentlichen oder politischen Diskurs zu Einwanderung und Integration gesprochen wird, ist daher zu berücksichtigen, dass der konsensual geprägte Integrationsbegriff durchaus unterschiedliche Vorstellungen von der Art und den Notwendigkeiten der Eingliederung von Immigranten umfasst.

„Ausländerpolitik" in der Phase der Gastarbeitereinwanderung

Die Integration der ausländischen Arbeitnehmer und ihrer Familien war in den ersten Jahrzehnten bundesrepublikanischer Zuwanderungspolitik als

„Ausländerpolitik" konzipiert. Diese erste Phase einer Zuwanderungs- und Integrationspolitik war von einem stark ausländerrechtlich-reglementierenden Umgang mit den angeworbenen Arbeitsimmigranten geprägt, die lange Zeit weitgehend unter dem Gesichtspunkt einer disponiblen Reservearmee auf dem Arbeitsmarkt betrachtet wurden. Arbeitsmarktpolitische Erwägungen besaßen im Umgang mit den „Gastarbeitern" und ihren Familien Priorität. Integrative Maßnahmen von sozial- und übergreifender gesellschaftspolitischer Bedeutung waren hingegen nachrangig. Auf diesen Befund verwies das 1979 von dem ersten Ausländerbeauftragten der Bundesregierung, Heinz Kühn, verfasste Memorandum zu „Stand und Weiterentwicklung der Integration der ausländischen Arbeitnehmer und ihrer Familien in der Bundesrepublik Deutschland", das in der Folge als „Kühn-Memorandum" bekannt wurde und dessen kritische Bestandsaufnahme und vorgeschlagenen Implikationen auch heute noch, dreißig Jahre, nachdem es verfasst wurde, von einer beeindruckenden Aktualität sind.

Einige wichtige Faktoren kennzeichnen den Diskurs der „frühen Jahre". Kennzeichnend ist die Hartnäckigkeit, mit der über Jahre hinweg die Dauerhaftigkeit der Einwanderungssituation in den politischen Verlautbarungen der jeweils regierenden Parteien bestritten wurde. So entstanden unklare Konzeptionen einer Integration „auf Zeit", die sich im Wesentlichen auf Maßnahmen der Arbeitsmarktintegration der angeworbenen Migranten und solche einer in sich widersprüchlichen schulischen Integration von Migrantenkindern konzentrierten (Kühn 1979: 83).

Konzepte einer umfassenderen Integrationspolitik, die über die Regelung der unmittelbaren Belange der Gastarbeiter hinausging, wurden spätestens dann notwendig, als in der Folge des Anwerbestopps von 1973 ein verstärkter Nachzug von Familienmitgliedern zu den in der Bundesrepublik lebenden Arbeitsmigranten einsetzte. Es kamen Kinder und Ehepartner, deren Integrationsbedarf nicht mehr mit einer auf Arbeitsmarkteingliederung konzentrierten Politik zu decken war, die bis dahin im Wesentlichen aus Hilfen zur Eingewöhnung im Berufsleben bestanden hatte. Über das unmittelbare Erwerbsleben hinaus waren nun weitere Lebensbereiche der Einwanderer vor allem in die Sozial- und Bildungspolitik einzubeziehen.

Die nachziehenden Familienmitglieder trafen in Deutschland auf rechtliche Bestimmungen, die den Zugang zum Arbeitsmarkt stark kanalisierten. Ehepartner und Kinder, die sich jenseits des Schulalters befanden, erhielten eine Arbeits- oder Ausbildungserlaubnis erst nach einer Sperrfrist (von fünf Jahren) und nach Anwendung des Vorrangigkeitsprinzips für deutsche Arbeits- oder Lehrstellensuchende. Sehr widersprüchlich stellte sich die schulische Integration der Zuwandererkinder dar. Der Schulunterricht für junge Zuwanderer war insbesondere in der Frühphase der Einwanderung stark von reintegrativen Erwägungen bestimmt. Die Erwartung der Rückkehr bestimmte die Ausgestaltung des Unterrichts, der in manchen Bundesländern zunächst in reinen „Ausländerklassen" organisiert wurde. Die gemeinsame Erziehung deutscher und ausländischer Kinder in gemischten Klassen setzte sich nur allmählich durch. Anstatt zielgerichtet auf den Erwerb deutscher Schulabschlüsse hinzuarbeiten, wurde häufig eine Doppelstrategie der Hinführung auf Bildungsziele sowohl des Herkunftslandes als auch des Aufnahmelandes durchgeführt, die letztlich in keinem Bereich annehmbare Resultate zeitigte (Kühn 1979: 89). Bereits 1979 stellte Kühn in seinem Memorandum die Forderung nach einer gezielten vorschulischen Förderung von Kindern mit Migrationshintergrund auf, um herkunftsbedingte Sprach- und Wissensdefizite möglichst bis zur Einschulung auszugleichen. Obwohl sich die „Ausländerpädagogik" bereits in den siebziger Jahren als eine ernsthaft betriebene akademische Disziplin etablierte und seitdem kontinuierlich am Aufbau einer fundierten Wissensbasis gearbeitet wurde, kann das föderale Schulsystem in Deutschland bis heute noch keine befriedigenden Resultate in der schulischen Integration von Schülerinnen und Schülern mit Migrationshintergrund aufweisen.

In rechtlich-administrativer Hinsicht zeichnete sich diese frühe Phase durch weite Ermessensspielräume der Verwaltungen bezüglich des Aufenthalts- und Arbeitserlaubnisrechts aus. Damit stand ein Instrumentarium zur Verfügung, das es den Behörden ermöglichte, flexibel auf die personellen Anforderungen des Arbeitsmarktes zu reagieren (vgl. Kühn 1979: 85). Weiterhin stand den Ausländerbehörden ein breiter Ermessensspielraum im Hinblick auf Ausweisungsmöglichkeiten zur Verfügung, mit denen gesetzliche Verstöße der Zuwanderer und ihrer Familienmitglieder geahndet werden konnten. Die Einheit der Familie war hier von nachrangiger Bedeutung. Eine rechtliche Gleichstellung der Zugewanderten war hingegen nur im engeren arbeits- und sozialrechtlichen Sinn gegeben. Ein rechtlicher Anspruch auf den Erwerb der deutschen Staatsangehörigkeit für langjährig ansässige Ausländer und Ausländer der zweiten Generation war erst mit der Reform des Ausländergesetzes von 1990 möglich.

Deutlich wurde in dieser frühen Phase bereits die starke Fragmentierung von Zuständigkeiten und Kompetenzen, welche für die bundesrepublikanische Integrationspolitik kennzeichnend ist. Seit dem Anwerbestopp von 1973 wurde die Einwanderungspolitik immer stärker auf die soziale Betreuung der Zuwanderer reduziert. Die Bundesländer und die Wohlfahrtsverbände wurden nun immer stärker in das System der Einwanderungs- und Integrationspolitik integriert. Integrationspolitik ist seit dieser Phase der Zuwanderung aufgeteilt zwischen Bund, Ländern, Kommunen, Sozialpartnern, Kirchen, Wohlfahrtsverbänden und privaten Einrichtungen – je nach integrationsrelevantem Bereich. Der Versuch einer Koordination dieser fragmentierten Zuständigkeiten fand erstmals 1977 statt, als die „Bund-Länder-Kommission zur Fortentwicklung einer umfassenden Konzeption der Ausländerbeschäftigungspolitik" eingerichtet wurde. Die Aufgabe dieser Kommission war es, integrative Vorschläge vor allem im Hinblick auf das Aufenthalts- und Arbeitserlaubnisrecht sowie auf eine intensive Förderung der ausländischen Kinder und Jugendlichen zu erarbeiten (Kühn 1979: 85). Dieser Koordinierungsmechanismus wurde künftig wiederholt angewandt, etwa durch die Berufung eines Sachverständigenrats für Zuwanderung und Migration durch den damaligen Innenminister Schily im Jahr 2003 (der bereits im Jahr darauf wieder aufgelöst wurde), den von Kanzlerin Merkel einberufenen Integrationsgipfel im Juli 2006 oder gegenwärtig die Islamkonferenz von Innenminister Schäuble.

Auch in der Migrationsforschung der sechziger Jahre standen ökonomische Aspekte der Ausländerbeschäftigung im Vordergrund. Es ging um Fragen, wie sich die Zuwanderung von ausländischen Arbeitskräften auf das soziale Schichtungssystem des Aufnahmelandes auswirkt, um die Eingliederung der Gastarbeiter in die Betriebe, ihre soziale Sicherung und um gesamtwirtschaftliche Fragen der Ausländerbeschäftigung. In der öffentlichen Wahrnehmung blieb die Zuwanderung der Gastarbeiter lange Zeit ein auf Befristung angelegtes Phänomen. Die Anwerbung von Gastarbeitern erfolgte auf der Grundlage von zeitlich befristeten Arbeitsverträgen. Zwar wurden diese Verträge – sowohl auf Betreiben der deutschen Arbeitgeber als auch der angeworbenen Arbeiter selbst – häufig rasch in unbefristete Anstellungen umgewandelt, doch hatte das Modell der zirkulären Migration bis in die siebziger Jahre hinein durchaus seine Relevanz. Von 1962 bis 1972 kamen circa fünf Millionen ausländische Arbeitskräfte in die Bundesrepublik, von denen etwa drei Millionen das Land wieder verließen (Bade/Bommes 2000: 169).

In den siebziger Jahren rückten soziale Probleme des Aufenthalts ausländischer Arbeitskräfte und – bedingt durch die einsetzende Familienzusammenführung – auch Probleme der Integration der zweiten Ausländergeneration stärker in das politische und öffentliche Interesse. Im wissenschaftlichen Bereich wurden Fragen der Vernetzung und Organisationsbildung unter den Migranten, ihrer Wohnsituation, ihrer Familienbildung in der Zuwanderungsgesellschaft untersucht. In Bezug auf die zweite Generation standen zunächst vorrangig Fragen ihrer schulischen Bildung im Vordergrund. Migration wurde zu einem wissenschaftlichen Thema, das neben der Volkswirtschaftslehre auch die Politische Wissenschaft, die Soziologie, Pädagogik und Ethnologie mit einbezog.

Das Thema Integration wurde in den sechziger und frühen siebziger Jahren keineswegs in seiner gesellschaftlichen Totalität wahrgenommen. Zuwanderer erhielten in der Öffentlichkeit ein eher marginales Interesse und galten als ein administrativ zu regulierendes Phänomen. Fremdenfeindlichkeit äußerte sich in Ignoranz, in Arroganz; die Zuwanderer der ersten Generation hingegen hielten sich zurück, fügten sich in ihre arbeitsmarktpolitische Rolle und äußerten noch kaum Forderungen auf gesellschaftliche Teilhabe. Integration als ein dauerhaftes, die gesamte Gesellschaft berührendes Phänomen wurde nicht thematisiert.

Erst im Verlauf der siebziger Jahre entstand eine politische und öffentliche Auseinandersetzung um das Thema Zuwanderung, die die Frage nach einer längerfristigen Eingliederung der Immigranten überhaupt erst aufkommen ließ. Obwohl seit dem Anwerbestopp von 1973 eine weitere Zuwanderung von Ausländern als unerwünscht galt, intensivierte sich die Einwanderung nach Deutschland: in den siebziger Jahren vorrangig durch den Nachzug von Familienmitgliedern aus dem Herkunftsland; in den achtziger und neunziger Jahren schließlich durch eine hohe Flüchtlingszuwanderung sowie die Einwanderung von Aussiedlern und Spätaussiedlern. Seit Ende der siebziger Jahre wurde deutlich, dass die politisch intendierte Rückkehr von Zuwanderern mittels finanzieller Rückkehrförderung oder restriktiver Abschiebungsdrohungen nicht erfolgreich war.

Erst jetzt auch wird die symbolische Seite des Einwanderungsdiskurses deutlich. Bereits 1979 hatte der frühere nordrhein-westfälische Ministerpräsident Heinz Kühn eine umfassende und nachhaltige Integration der in Deutschland lebenden Ausländer gefordert. Diese Forderung nach einer rationalen Politik ging in der Folge aber in einer symbolhaften Politik der Abgrenzung gegenüber Einwanderungsbewegungen unter, wie sie vor allem für den Politikstil der christlich-liberalen Koalition von 1982 bis 1998 kennzeichnend wurde. Die rhetorische Abwehr von Integration sowie die wiederholte, mehr oder weniger explizite Mobilisierung ausländerfeindlicher Ressentiments im Zuge von Wahlkampagnen darf jedoch nicht darüber hinwegtäuschen, dass sich dennoch große Teile der Zuwandererbevölkerung dauerhaft in Deutschland etablierten und durch administratives und wohlfahrtsstaatliches Handeln de facto gesellschaftlich integriert wurden.

Die bundesrepublikanische Integrationspolitik lässt sich auch noch über die sechziger und siebziger Jahre hinaus durch das Paradox kennzeichnen, dass Einwanderung und Integration rhetorisch negiert wurden, faktisch aber zahlreiche rechtliche und administrative Integrationsleistungen durchgesetzt wurden, die in vielen gesellschaftlichen Bereichen eine De-facto-Integration bewirkt haben (vgl. dazu Bade/Bommes 2000). Ausländer- und Migrationspolitik war in Deutschland „lange eine widersprüchlich wirkende Politik, deren kleinster gemeinsamer Nenner das von den späten 1970er Jahren bis in die frühen 1990er Jahre von allen Bundesregierungen wiederholte Einwanderungs-Dementi war“ (Bade/Bommes 2000: 165).

Deutschland wird Einwanderungsgesellschaft: Die Multikulturalismus-Debatte

In den achtziger Jahren setzt eine deutliche Diversifizierung der Zuwanderung nach Deutschland ein. Bedingt durch die zu Beginn der achtziger Jahre rasant zunehmende Flüchtlingszuwanderung rückte das Thema Asyl in den Vordergrund der öffentlichen Diskussion.

Für den öffentlichen und wissenschaftlichen Diskurs der achtziger und neunziger Jahre ist insbesondere die Multikulturalismus-Debatte mit den antagonistischen Positionen, die sie hervorbrachte, bestimmend. Die Debatte um einen Multikulturalimus orientierte sich an einem Konzept multiethnischer Gesellschaft, das in Kanada entstanden war. Dort wurde seit 1971 offiziell eine „Politik des Multikulturalismus in einem zweisprachigen Rahmen" verfolgt, die auf eine angemessene Förderung jener Bevölkerungsgruppen abzielte, die sich weder der anglophonen Mehrheit noch der frankophonen Minderheit zurechneten. Im Jahr 1988 wurde diese Politik mit der Einführung des „Canadian Multiculturalism Act" rechtlich kodifiziert. Auf den verschiedenen Ebenen des politischen Systems wurde eine Politik implementiert, die auf einer grundsätzlichen Akzeptanz kultureller Verschiedenheit, Umsetzung von Diversity-Strategien und einer grundsätzlichen Chancengleichheit aller ethnischen Gruppen basierte. Damit kontrastierte Kanada mit der „Schmelztiegel"-Ideologie in den Vereinigten Staaten. Das Ideal ist die Integration des Einzelnen in die Zuwanderungsgesellschaft, ohne die eigene kulturelle Zuschreibung aufgeben zu müssen (vgl. Geißler 2003).

Eine tiefergehende Diskussion um Multikulturalismus fand in erster Linie im nordamerikanischen Kontext statt und wurde vor allem unter Sozialphilosophen geführt. Neben der kanadischen Entwicklung zu einer multikulturellen Politik hin waren es in den USA die Debatten um eine politische Anerkennung von Differenz, die markante Beiträge hervorbrachten. Hier sammelten sich unter dem Begriff einer „Politik der Differenz" die Forderungen von Feministinnen, Homosexuellen, Behinderten, zugewanderten Minderheiten etc. nach gesellschaftlicher Anerkennung und öffentlicher Förderung. Als befördernd für die öffentliche Durchschlagskraft der Debatte hat sich dabei sicherlich die Tatsache erwiesen, dass die Forderungen nach einer Anerkennung von Differenz von sozialen Gruppen aus der gesellschaftlichen Mitte vorgetragen wurde und ihre Artikulation nicht auf gesellschaftlich und sozial marginalisierte Zuwanderergruppen beschränkt war.

Einen knappen, wenn auch sehr instruktiven Einblick in die nordamerikanische sozialphilosophische Debatte um den Multikulturalimus gab Charles Taylor in einem Band, der Anfang der neunziger Jahre auf Deutsch erschien und auch in der deutschen Debatte weithin rezipiert wurde (Taylor 1997). Taylor entwickelt hier einen spezifischen Kontext von individueller und kollektiver Anerkennung, der mit der Emanzipation des Individuums und der Entstehung liberaldemokratischer Gesellschaften in der Neuzeit entsteht. Die Notwendigkeit individueller und kollektiver Anerkennung erscheint in einer Gesellschaftsformation, die sich von ständischen Ehrprinzipien gelöst hat und an dessen Stelle die Würde des Individuums in den Mittelpunkt stellt. Die

Idee von Authentiziät, von der ganz individuellen und unverwechselbaren Art, Person zu sein, stellt das Individuum vor das Problem, „in einem fortdauernden Dialog und Kampf mit signifikanten Anderen“ (Taylor 1997: 27) Anerkennung herausfordern zu müssen. Das Thema erscheint aber auch in der öffentlichen Sphäre, wo immer stärker die gleichheitliche Anerkennung partikularer Gruppen eingefordert wird. Daraus folgt das Postulat einer Politik der Differenz, welche „die unverwechselbare Identität eines Individuums oder einer Gruppe [und] ihre Besonderheit gegenüber allen anderen“ (Taylor 1997: 28) anerkennt. Assimilation, so Taylor, bedeutet hierbei die Unterdrückung von Differenz und Authentizität; Assimilation heißt, eine dominierende oder von einer Mehrheit gestützte Identität aufzuzwingen (Taylor 1997: 29). Assimilation, so Taylor, „ist die Todsünde gegen das Ideal der Authentizität“ (ebd.).

Taylors Abhandlung ist ein Plädoyer für eine Politik der Anerkennung des Wertes der unterschiedlichen Kulturen, die in einer Gesellschaft aufeinander treffen. Dahinter steht bei Taylor die Einsicht über die Unmöglichkeit einer „gerechten“ Beurteilung von Kulturen und er fordert das Eingeständnis, „dass wir von jenem letzten Horizont sehr weit entfernt sind, vor dem sich der relative Wert unterschiedlicher Kulturen deutlich erweisen würde“ (Taylor 1997: 71). Die Anerkennung von Differenz erfordert eine Auseinandersetzung mit der anderen Kultur, wobei Auseinandersetzung oder Dialog durchaus auch den Wandel von Kulturen mit einschließt.

Liberale Gegenpositionen zu einer Politik des Multikulturalismus haben hingegen stets betont, dass Individualrechte, gegebenenfalls unterstützt durch Bestimmungen zur Antidiskriminierung, Vorrang vor kollektiven Zielen haben sollten. Im Hinblick auf eine „Idee des guten Lebens“ solle sich der Staat neutral verhalten und sich darauf beschränken, sicherzustellen „dass die Bürger, gleichgültig welche Anschauungen sie haben, fair miteinander umgehen und dass der Staat alle gleich behandelt“ (Taylor 1997: 51). Ferner weisen liberale Kritiker darauf hin, dass kulturelle Systeme oder Gemeinschaften einem Prozess des Wachstums und des Wandels unterliegen; dieser sollte nicht durch politisches Handeln unterdrückt werden. Zudem trage eine Politik der Differenz tendenziell zu einer stärkeren Fragmentierung der Gesellschaft bei (siehe Rockefeller 1997).

Die nordamerikanische Debatte ist als weitaus elaborierter zu werten als jene Multikulturalismus-Debatte, die in Deutschland seit den achtziger Jahren geführt wurde. In Deutschland wurde das Konzept vor allem in der politischen Linken und in der Pädagogik diskutiert. Einen wichtigen Anstoß für die deutsche Debatte bildete eine 1980 erschienene Ausgabe des *Kursbuch* mit dem Titel „Vielvölkerstaat Bundesrepublik“. Autoren aus der Politikwissenschaft, der Pädagogik und der Sozialpsychologie postulierten multikulturelle Politikstrategien auch für die Bundesrepublik. In ihrer schärfsten Form kritisierten die Anhänger des Multikulturalismus den „Zwang zur Germanisierung“, der durch die deutsche Integrationspolitik ausgeübt werde. Gemeinsam war den Befürwortern eines Multikulturalismus-Konzeptes die Überzeugung, dass „Integration“ in der Bundesrepublik gescheitert sei.

In der Pädagogik fand etwa ab Mitte der achtziger Jahren in Bezug auf den Umgang mit Zuwandererkindern ein Paradigmenwandel statt: weg von der Ausländer-Sonderpädagogik, die ihrer Klientel Defizite in der Sprachfähigkeit, Bildung und kulturellen Orientierung unterstellte, hin zu einer Sichtweise, die die Beziehungen zwischen Mehrheitsgesellschaft und Zuwandererminderheiten in den Vordergrund stellte. Konzepte von Integration und Assimilation wurden problematisiert. Vorstellungen einer von Migrationsprozessen unberührten Mehrheitskultur wurden relativiert und es entstand stärker ein Bewusstsein dafür, dass sich Minderheiten und Mehrheiten wechselseitig beeinflussen (Jungk 2001: 99f.). Es entstanden Modelle einer interkulturellen Erziehung, in denen die Perspektive und die lebensweltlichen Bezüge von Immigrantenkindern stärker in die reguläre Unterrichtspraxis an den Schulen eingebracht und anerkannt wurden.

Anders als in Kanada beeinflusste die deutsche Debatte die nationale Integrationspolitik auf der Ebene der Bundesregierung in eher geringem Maße. In weiten Teilen hatte die deutsche Multikulturalismusdebatte einen feuilletonistischen und folkloristischen Einschlag. Annette Treibel urteilte über die deutsche Multikulturalismus-Debatte, dass für die Mehrheit der Bevölkerung Multikulturalismus vor allem multikulturellen Konsum bedeutete (Treibel 1999: 65). Blaschke (1995) wandte in einer kritischen Bestandsaufnahme der Debatte ein, dass die deutsche Diskussion weitgehend ohne einen internationalen Theorietransfer stattfand und dass eine gründliche Analyse der institutionellen und sozialstrukturellen Veränderungen in der Einwandererbevölkerung und ihrer strukturellen Verankerung in der Einwanderungsgesellschaft ausgeblieben sei. Er sah in den starken korporatistischen und föderalen Traditionen der Bundesrepublik die Ursache dafür, dass sich hier keine Strategien des Multikulturalismus durchsetzen konnten. Anders als in anderen europäischen Ländern (z.B. den Niederlanden und Großbritannien) waren typische Politikstrategien des Multikulturalismus, wie etwa die Akzeptanz von doppelter Staatsbürgerschaft und die Institutionalisierung einer Antidiskriminierungspolitik, in der bundesrepublikanischen Politik der achtziger und neunziger Jahre nicht mehrheitsfähig. In institutioneller Hinsicht bedeutete Integrationspolitik vor allem die Einsetzung von Ausländerbeauftragten auf allen Ebenen des politischen Systems, deren Funktion hauptsächlich in der Vermittlung zwischen staatlicher Bürokratie und ethnischen Selbstorganisationen bestand. Diese flächendeckende Verbreitung von Ausländerbeauftragten in den alten und neuen Bundesländern, die unabhängig von der tatsächlichen Zuwandererquote erfolgte, wurde als ein Indiz für den andauernden paternalistischen Umgang mit Immigranten gewertet (Blaschke 1995: 328). Kommunale Aktivitäten, wie die Einrichtung des Amtes für multikulturelle Angelegenheiten in Frankfurt, das 1989 auf Initiative der hessischen Grünen eingerichtet wurde und das explizit mit größeren Kompetenzen ausgestattet wurde als sonst für die kommunalen Ausländerbeauftragten üblich,[2] blieben eine Ausnahme.

Blickt man gegenwärtig aus einem Abstand von zwei Jahrzehnten auf die Multikulturalismus-Debatte zurück, so muss man konstatieren, dass sie sich im bundesrepublikanischen Kontext nicht gegen den Gedanken einer dominanten Nationalkultur durchsetzen konnte. Kulturelle Unterschiede werden toleriert und finden ihren Schutz durch die individualrechtlichen Bestimmungen des Grundgesetzes. Ein gesetzlicher Minderheitenschutz existiert für Einwanderer in Deutschland nicht. Hingegen ist vielfach Kritik gegen das Konzept vorgetragen worden. So wurde dem Multikulturalismus vorgeworfen, dass er als Schlagwort häufig politische Entschlusslosigkeit kaschiere und interethnische Konflikte harmonisiere (Treibel 1999: 65). Der Multikulturalismus gehe unterschiedslos von der Gleichwertigkeit verschiedener Wertesysteme aus und relativiere diese dadurch in einer unzulässigen Weise. Feministisch orientierte Kritik am Multikulturalismus zielte darauf ab, dass dieser die Unterdrückung von Frauen und Mädchen in Einwandererfamilien in verantwortungsloser Weise übergehe. Vielfach geht die Kritik am Multikulturalismus zusammen mit einer grundsätzlichen Kritik am Islam, der in seiner traditionellen Ausrichtung nicht mit der freiheitlichen Grundordnung vereinbar sei. Manche ursprünglichen Befürworter distanzierten sich im Verlauf der achtziger Jahre wieder vom Multikulturalismus und werteten diesen als eine Modeerscheinung.

Politische Früchte trug die Multikulturalismus-Debatte erst während der rot-grünen Regierungskoalition von 1998 bis 2005. Die flächendeckende Einrichtung von kommunalen und regionalen Ausländerbeauftragten wurde bereits angesprochen. Ihnen obliegt es, vor Ort eine Politik des Miteinanders von Mehrheitsgesellschaft und lokaler Bevölkerung mit Migrationshintergrund zu moderieren – wenn auch politische Kompetenzen. Als ein wichtiges Resultat langjähriger politischer Debatten ist zudem die Einführung einer doppelten Staatsbürgerschaft mit dem reformierten Staatsbürgerschaftsgesetz von 2000 zu sehen. Das von der rot-grünen Koalition eingebrachte Gesetz führte das Territorialprinzip in das Staatsbürgerschaftsrecht ein und markierte die endgültige Abwendung vom ius sanguinis. In Deutschland geborene Kinder von Zuwanderern mit ausländischer Staatsbürgerschaft erhalten nun zusätzlich zur Staatsbürgerschaft der Eltern auch die deutsche – sofern die El-

2 Erster Dezernent des Amtes für multikulturelle Angelegenheiten wurde der frühere Studentenführer Daniel Cohn-Bendit.

tern dies wünschen. Das Staatsbürgerschaftsgesetz von 2000 hält bis zum 23. Lebensjahr die Option auf eine doppelte Staatsbürgerschaft offen – zu diesem Zeitpunkt jedoch müssen sich die Berechtigten abschließend für eine der beiden Staatsbürgerschaften entscheiden. Dennoch dürfen diese Resultate nicht allzu euphorisch gewertet werden. Eine Antidiskriminierungspolitik etwa wurde im nationalen Rahmen erst durch einschlägige Richtlinien der EU und nach langem politischen Disput initiiert.[3] Und die unter dem Label der „Integrationsförderung" betriebene Politik, die ihren Höhepunkt in der Verabschiedung des Zuwanderungsgesetzes von 2005 fand, hat eine Verschärfung des Diskurses um Defizite der Integration nicht verhindern können.

„Parallelgesellschaften" und „Leitkultur": Ein neuer Nationalismus zu Beginn des 21. Jahrhunderts?

Rhetorik und Strategien der Integrationspolitik bewegen sich in Deutschland seit der Ära der rot-grünen Koalition auf zwei Ebenen: So lässt sich von einer neonationalistischen Rhetorik sprechen, die auf den Erwerb der deutschen Sprache, von Werten und sozialen Orientierungen der deutschen Aufnahmegesellschaft dringt und unter die man etwa die öffentliche Diskussion um „Parallelgesellschaften" und „Leitkultur" subsumieren kann. Dieser Rhetorik soll in diesem Abschnitt ein wesentliches Augenmerk gewidmet sein. Politisch hat sich hingegen seit der Regierungsübernahme der rot-grünen Koalition im Jahr 1998, die mit dem Versprechen angetreten war, Deutschland ein modernes Zuwanderungsgesetz zu verschaffen, immer stärker ein klarer Policy-Ansatz in der Integrationspolitik durchgesetzt. Seit Inkrafttreten des Zuwanderungsgesetzes im Jahr 2005 hat es vielfältige Bemühungen gegeben, das Thema Integrationspolitik auf die Agenda nationaler Politik zu setzen und eine größere

3 Eine aktive Antidiskriminierungspolitik wurde in der Bundesrepublik erst durch mehrere Vorgaben der Europäischen Union eingeleitet. Ausgelöst wurde ein nationales Gesetzgebungsverfahren zur Antidiskriminierung durch die Antirassismus-Richtlinie 2000/43/EG zur Anwendung des Gleichbehandlungsgrundsatzes ohne Unterschied der Rasse oder der ethischen Herkunft und die Richtlinie 2000/78/EG zur Festlegung eines allgemeinen Rahmens für die Verwirklichung der Gleichbehandlung in Beschäftigung und Beruf, die beide im Jahr 2000 vom europäischen Ministerrat erlassen wurden. Ein Antidiskriminierungsgesetz in Anlehnung an die europäischen Rahmenabkommen zum Schutz vor Diskriminierung wurde nach langjähriger kontroverser parlamentarischer Debatte in Deutschland erst am 29. Juni 2006 vom Bundestag beschlossen und trat als Allgemeines Gleichbehandlungsgesetz (AGG) in Kraft. Im AGG wurde eine breite Palette von Diskriminierungsmerkmalen berücksichtigt. Verboten sind unmittelbare und mittelbare Diskriminierungen aufgrund von Geschlecht, Rasse oder ethnischer Herkunft, Religion oder Weltanschauung, Alter, Behinderung und sexueller Identität einer Person.

Transparenz hinsichtlich der vielfältigen, bislang verstreuten Integrationsmaßnahmen herzustellen. Auf nationaler Ebene sind dabei – nicht zuletzt aufgrund ihrer hohen symbolischen Bedeutsamkeit – der von Kanzlerin Merkel initiierte Nationale Integrationsgipfel sowie der Nationale Integrationsplan zu nennen. Auch die Kommunen, die sich seit Beginn der Gastarbeiterzuwanderung – auch über Phasen hoher Zuweisungszahlen von Spätaussiedlern und Bürgerkriegsflüchtlingen hinweg – durch sehr pragmatische, wenn auch kaum wahrgenommene integrationspolitische Strategien des Durchlavierens ausgezeichnet haben, haben in ihrer strategischen Funktion eine deutliche Aufwertung erfahren.

Mit der Regierungsübernahme im Jahr 1998 nutzte die rot-grüne Regierungskoalition das Thema Migration, um sich ein gegenüber der Vorgängerregierung prägnantes politisches Profil zuzulegen. Mit der Ankündigung der „Green-Card"-Regelung inszenierte sich Kanzler Gerhard Schröder als Initiator einer pragmatischen und ideologiefreien Einwanderungspolitik. Mediengerecht inszeniert, sollte die „Green-Card"-Initiative suggerieren, dass sich die neu installierte rot-grüne Regierung klar gegenüber der abgewählten christlich-liberalen Koalition Helmut Kohls abgrenzte. Die Reform des Staatsbürgerschaftsgesetzes (in Kraft seit 2000) und der Entwurf eines Zuwanderungsgesetzes (in Kraft seit 2005) wurden angekündigt. Ausländerarbeit und Integrationspolitik sollten nicht länger als eine Arbeit mit Randgruppen verstanden werden, die in der Domäne von Wohlfahrtsorganisationen und Ausländerbeiräten liegt. Stattdessen sollte Integration zu einer staatlichen Querschnittsaufgabe aufgewertet werden, mit der sich alle politischen Ebenen und Ressorts zu befassen haben (Welt 2001: 34).

Hintergrund des zentralstaatlichen Integrationsprogramms war die etwa seit Ende der neunziger Jahre viel beschworene „gescheiterte Integration" der Einwanderer in Deutschland. Die Feststellung dieses Scheiterns war eng verbunden mit der Krise des Wohlfahrtsstaates und dem in den neunziger Jahren vorangetriebenen Umbau des sozialstaatlichen Systems. Wie auch in anderen europäischen Ländern setzte sich in den neunziger Jahren die Ansicht durch, dass es vor allem die ungenügende „Humankapital-Ausstattung" der Zuwanderer sei, und hier insbesondere mangelnde Kenntnisse der deutschen Sprache, die eine rasche Integration in den Arbeitsmarkt, welcher als Fokus von sozialer Integration gilt, vereitle. In Deutschland konzentriert sich das im Rahmen des Zuwanderungsgesetzes erlassene Integrationsprogramm des Bundes darauf, mit Hilfe staatlich geförderter Sprach- und Integrationskurse die Verwendbarkeit von Zuwanderern, und hier in erster Linie von Neuzuwanderern, auf dem Arbeitsmarkt zu verbessern. Mit der Umwandlung des vormaligen Bundesamtes für Flüchtlinge zu einer Behörde mit umfassenden Kompetenzen im Bereich der Integrationsförderung, Migrationsforschung und Flüchtlingsanerkennung (Bundesamt für Migration und Flüchtlinge, BAMF) hat der Bund ein eigenes Integrationsmanagement aufgebaut und in eine Policy-Strategie eingegliedert, die in ihrer Konzeption weit über den früheren ausländerpolitischen Ansatz hinausreicht (vgl. dazu Michalowski 2006).

Ein dritter Diskursstrang schiebt sich im deutschen Kontext seit Beginn des neuen Jahrhunderts besonders in den Vordergrund. Dieser dreht sich um die zweite und dritte Generation der Immigranten einerseits und um die Integration des Islam in Deutschland andererseits. Bei der Diskussion um die mittlerweile erwachsene zweite und heranwachsende dritte Generation der Immigranten geht es um eine Art Integrationsbilanz im zeitlichen Längsschnitt, auf deren Defizite mit einer Strategie der „rückwirkenden" Integration reagiert werden soll, ohne dass klar wird, worin diese – über den Einbezug in die Sprach- und Orientierungskurse hinaus – bestehen soll. Im Mittelpunkt der Debatte um den Islam steht die Feststellung kultureller Distanz und eine Bewertung der grundsätzlichen Integrationsfähigkeit insbesondere von Muslimen. Weitgehend unter Vernachlässigung der verfügbaren empirischen Untersuchungen zur Integration dieser Immigrantenpopulationen wird in der Öffentlichkeit das Bild einer großteils gescheiterten Integration popularisiert, deren Ursachen primär in mangelndem Integrationswillen und in der kulturellen Fremdheit der Immigranten zu suchen sind. In diesem Kontext sind die mehrfach aufgeflammten öffentlichkeitswirksamen Debatten um „Parallelgesellschaften" und „Leitkultur" zu verstehen, die die gegenseitige Wahrnehmung von Zuwanderern und Zuwanderungsgesellschaft in hinderlicher Weise strukturieren.

Exkurs: Die öffentliche Diskussion um „Parallelgesellschaften" und „Leitkultur"

In Folge der islamistischen Anschläge in westlichen Großstädten zu Beginn des neuen Jahrhunderts erhalten Bedrohungsszenarien Konjunktur, die sich in den europäischen Zuwanderungsländern in unterschiedlicher Weise in restriktiven sicherheitspolitischen Bestimmungen niedergeschlagen haben. Begleitet wird diese Entwicklung von Diskussionen um die Integrationsfähigkeit und -bereitschaft der zugewanderten Bevölkerungsgruppen. Zwei Schlagworte aus der deutschen Debatte seien hier genannt: die „Parallelgesellschaft" und die „Leitkultur". Neu ist das Bild segregierter und integrationsunwilliger Zuwanderergruppen indes nicht. Bereits zu Beginn der achtziger Jahre erschienen in den Medien Berichte über die Entstehung von „Türkenghettos", beispielsweise in Berlin-Kreuzberg. Seit den Terroranschlägen in New York, Madrid und London ist das Thema der Integration insbesondere der zweiten Zuwanderergeneration über den Aspekt der gesellschaftlichen Kohäsion hinaus in ein sicherheitspolitisches Fahrwasser geraten.

Das Schlagwort der Parallelgesellschaft schwebt im deutschen Diskurs, seit Wilhelm Heitmeyer vermutlich erstmals den Begriff in einem Gespräch mit der *Zeit*, das 1996 geführt wurde, auf die Aktivitäten religiös-politischer Minderheiten in Deutschland bezog. Ursprünglich bezog sich der Begriff auf die Dissidentenbewegungen der früheren kommunistischen Ostblockstaaten und deren Bemühungen, vom diktatorischen Zentralstaat unabhängige Institutionen aufzubauen. Heitmeyer nutzte den Begriff, um die anhaltende Zuwendung türkischer Jugendlicher in Deutschland zum Islam und ihre von ihm konstatierte Prävalenz für islamisch-fundamentalische Organisationen zu charakterisieren. In diesen Organisationen sah Heitmeyer bedrohliche Vorreiter einer „schwer durchschaubare[n] ‚Parallelgesellschaft' am Rande der Mehrheitsgesellschaft" (Heitmeyer 1996). Der Begriff führt seitdem eine bemerkenswerte Doppelexistenz als wissenschaftliches Konzept einerseits und propagandistischer Begriff einer Politik, die in der Tradition der Fremdenabwehr steht, andererseits. So haben einerseits Sozialwissenschaftler den Versuch unternommen, überprüfbare Kriterien für die Verifizierung des Konzepts anhand messbarer sozialer Entwicklungen aufzustellen, so beispielsweise Meyer (2002) und Bade (2004). Meyer etwa nennt folgende Kriterien, die soziale Kollektive aufweisen müssen, damit der Sachverhalt der Parallelgesellschaft erfüllt wird: ethno-kulturelle bzw. kulturell-religiöse Homogenität; eine „nahezu vollständige" lebensweltliche und zivilgesellschaftliche sowie „weitgehende" ökonomische Segregation; eine „nahezu komplette Verdoppelung der mehrheitsgesellschaftlichen Institutionen"; eine „formal freiwillige Form der Segregation" sowie „siedlungsräumliche oder nur sozial-interaktive Segregation, sofern die anderen Merkmale alle erfüllt sind" (Meyer 2002: 196). Versuche, diese Kriterien per quantitativer Sozialforschung nachzuweisen, haben einen eher schwachen Befund hinsichtlich des tatsächlichen Vorliegens „parallelgesellschaftlicher" Strukturen in der deutschen Gesellschaft ergeben.[4] Insgesamt aber ist dem Begriff im wissenschaftlichen Bereich eine Karriere verwehrt geblieben, da er entweder als „verheerender Kampfbegriff" (Öhler 2005) oder „deutscher Mythos" (Nowak 2006) suspekt geblieben ist oder verfügbare empirische Belege ins Feld geführt werden, die den Befund einer tatsächlich existierenden Parallelgesellschaft nicht zulassen (z.B. Bade 2006; Esser 2007; alle zitiert nach Worbs 2007: 8).

Seine eigentliche Karriere hat der Begriff jedoch in der politischen Arena gemacht. Im politischen Bereich hat der Begriff vollends jeden analytischen Anspruch verloren und wird dazu missbraucht, Bedrohungsszenarien im Zusammenhang mit Immigration einen Anschein von Wissenschaftlichkeit zu

4 Einen Überblick über verfügbare empirische Befunde zur gesellschaftlichen Segregation von Zuwanderergruppen in der Bundesrepublik, mit einem Schwerpunkt auf Mediennutzung und Wohnsegregation, gibt Worbs (2007).

verleihen. Das politische Spektrum der Apologeten einer „Parallelgesellschaft“ reicht vom früheren SPD-Innenminister Schily über Politiker der beiden christlichen Parteien (Edmund Stoiber, Wolfgang Bosbach) bis in das rechtsextremistische Parteienspektrum hinein (vgl. Hiscott 2005: 7). Angelehnt an traditionelle Vorstellungen eines „Staates im Staat“ wird die Entstehung kommunitärer Institutionen suggeriert, die das staatliche Gewaltmonopol in Frage stellen und somit eine Bedrohung für die öffentliche Ordnung darstellen. Zugleich wurde der Begriff von deutschen Politikern verwendet, um auch Konzepte des Multikulturalismus zu diffamieren (ebd.). Ein weiteres Kennzeichen der Debatte ist es, dass der Begriff ausschließlich zur Charakterisierung ethnisch-kultureller Minderheiten in der Bundesrepublik verwendet wird. Tatsächliche oder vermeintliche Separierungstendenzen anderer gesellschaftlicher Gruppen, etwa finanziell bestens situierter Kreise, wie sie beispielsweise für die Region des Starnberger Sees beschrieben wurden (vgl. Lebert/Willeke 2006), bleiben völlig unberücksichtigt. Es ist die unglückliche Vermengung von „Parallelgesellschaft“ als einem analytischen Konzept einerseits und einem politisch-propagandistischen Schlagwort andererseits, die diesen Begriff gefährlich macht. Von wissenschaftlicher Seite sollte daher von der Verwendung des Begriffs abgesehen werden, zumal aus der Migrationsforschung Konzepte zur Untersuchung von Zuwanderer-Communities zur Verfügung stehen, die analytische Einsicht ermöglichen und genügend Abstand zu radikaler politischer Zuspitzung halten.

Eng verflochten ist die Diskussion um die drohende Entstehung von Parallelgesellschaften mit der politischen Debatte um die deutsche Leitkultur. Hier wiederum schließt sich der Kreis zu neueren Konzepten der Assimilation. Die Rede von der Assimilation erscheint heute im Gewand einer Akkulturationsdebatte. Insbesondere die Christlich-Demokratische Union hat sich diese Rede zu Beginn dieses Jahrzehnts zu eigen gemacht. Auslöser der Debatte war der damalige CDU-Fraktionsvorsitzende Friedrich Merz, der 2000 im Rahmen der Zuwanderungsdebatte forderte, dass sich Zuwanderer der „deutschen Leitkultur“ anpassen müssten. Damit sei zum Beispiel unvereinbar, Islamschulen außerhalb der deutschen Schulaufsicht zu unterhalten oder Mädchen zwangsweise zu verheiraten. Diese Position schlug sich auch in der „Arbeitsgrundlage für die Zuwanderungs-Kommission der CDU Deutschlands“, veröffentlicht am 06.12.2000, nieder. Darin wird die Gemeinsamkeit des kulturellen und geschichtlichen Erbes betont: „Die Gemeinsamkeit unseres kulturellen und geschichtlichen Erbes und unser gemeinsamer Wille zur Freiheit und Einheit sind Ausdruck nationaler Identität.“ Erneut aufgegriffen wurde die Diskussion im Jahr 2005 durch den CDU-Politiker und Bundestagspräsidenten Norbert Lammert, der die Rückbesinnung auf „gemeinsame kulturelle Wurzeln, auf die gemeinsame Geschichte, auf gemeinsame religiöse Traditionen“ als Grundlage einer politischen Leitidee in Europa einforderte

(Die Welt, 13. Dezember 2005). Schließlich taucht die Idee der Leitkultur im Grundsatzprogramm der CDU vom Mai 2007 auf, worin die Eingliederung von Ausländern als „politische Schlüsselaufgabe" und „auch Bereicherung" bezeichnet wird. So heißt es im Grundsatzprogramm:

> „Unsere gemeinsame Sprache, Geschichte sowie das Leben und Handeln in einem gemeinsamen Nationalstaat begründen ein patriotisches Zusammengehörigkeitsgefühl. [...] Bedingungen unseres Zusammenlebens sind zuerst: die deutsche Sprache zu beherrschen, achtungsvoll dem Mitbürger zu begegnen und zu Leistung und Verantwortung bereit zu sein. [...] Dieses umfassende Verständnis macht unsere Leitkultur in Deutschland aus und ist Grundlage für den Zusammenhalt unserer Gesellschaft. Deutschland ist Integrationsland" (Grundsatzprogramm der CDU, Mai 2007, zitiert nach Süddeutsche Zeitung, 08.05.2007).

Perfiderweise wird Zuwanderern bei der Rede von der „Leitkultur" nicht klar gemacht, was in diesem Zusammenhang eigentlich von ihnen erwartet wird. Mit einem allgemeinen Bekenntnis zur demokratischen Grundordnung der Bundesrepublik dürften die wenigsten Zuwanderer Schwierigkeiten haben. Auch fehlende Deutschkenntnisse sind zumindest in der zweiten Generation kein wirkliches Problem mehr, auch wenn bisweilen die Fähigkeiten in der gesprochenen Sprache denen in der Schriftsprache deutlich voraus sind. Mehr als ein Inklusionsangebot für „die Ausländer" ist die Leitkulturdebatte daher von kritischen Beobachtern als ein simuliertes Integrationsangebot für die autochthone Bevölkerung gewertet worden (vgl. Nassehi 2001). Die Rede von der Leitkultur verdeckt den Blick auf die Komplexität der Moderne, bietet einen diskursiven Ausgleich für die Unsicherheiten der Lebensgestaltung in der postindustriellen Gesellschaft: die Bedrohung des Arbeitsplatzes, die Konkurrenz um Ausbildungsplätze, die prekäre soziale Sicherheit. Die Lebenssituation in den westlichen Gesellschaften ist von einer für den Einzelnen abstrakten Konkurrenzsituation geprägt, die nicht eigentlich ein Gesicht hat, nicht personell greifbar wird. Die Leitkulturdebatte bietet hier eine scheinbare Kompensation an: „Nur den Immigranten können wir es verdanken, dass die autochthone Bevölkerung des Landes als eine Gruppe simuliert werden kann, die durch eine gemeinsame Kultur zusammengehalten wird" (Nassehi 2001: 11). Die Debatte hat sich jedoch auch in den Köpfen der Zugewanderten festgesetzt, verstört und verhindert die persönliche Orientierung. Die Überzeugung, auf eine nicht bestimmbare Weise ungenügend zu sein, bestimmt das Lebensgefühl von Immigranten in Deutschland, und nicht das Gefühl, in Deutschland zu Hause zu sein.[5]

5 „Integriert ist der, der sich in Deutschland zu Hause fühlen kann", äußerte der Vorsitzende des Verbandes Türkisch-Deutscher Unternehmervereine, Ihsan Öner, in einem Gespräch mit deutschen Politikern (Süddeutsche Zeitung,

„Integration ja – Assimilation nein"?

Sich über die Vergesellschaftung von Immigranten sprachlich zu verständigen, ist seit jeher ein heikles Unterfangen. Begriffe, welche eigentlich die Funktion haben, den intersubjektiven Austausch zu ermöglichen, werden in der Debatte von den politischen Fraktionen unterschiedlich besetzt und ideologisiert. Einen Minimalkonsens gewährt der Begriff der Integration, dessen beliebige Konnotierbarkeit bereits an früherer Stelle erörtert wurde. „Integration ja – Assimilation nein" ist eine Leerformel, hinter die sich die Vertreter der meisten politischen Parteien wie auch der Migrantenorganisationen selbst versammeln. In dem folgenden Abschnitt geht es auf der Grundlage zweier exemplarischer diskursiver Ereignisse darum, zum einen den politischen Gehalt des Integrationsbegriffs in der gegenwärtigen nationalen Debatte zu bestimmen. Zum anderen soll die Ideologisierbarkeit des Assimilationsbegriffs in der öffentlichen Debatte anhand der Erdoğan-Kontroverse im Februar 2008 aufgezeigt werden.

Anhand einer jüngeren Bundestagsdebatte soll präzisiert werden, welche Elemente konstitutiv für herrschende politische Vorstellungen von Integration sind. Den Integrationsbegriff der Bundesregierung präzisiert die Integrationsbeauftragte Maria Böhmer (CDU) in einem Beitrag zur Bundestagsdebatte über die Lage der Ausländer in Deutschland am 19. Juni 2008:

> „Unser Ziel heißt deshalb: gleichberechtigte Teilhabe. Wir setzen an bei der Verbesserung der Lebens- und Arbeitsbedingungen: bei Bildung, Arbeit, Wohlstand, sozialer Anerkennung und politischer Teilhabe" (Das Parlament, Debattendokumentation der 169. Sitzung des 16. Deutschen Bundestages am 19. Juni 2008).

Als Pfade zur Erlangung dieser Teilhabe werden die sprachliche Akkulturation und die Übernahme der deutschen Staatsbürgerschaft genannt:

12.06.2007, 6f.). In diesem dokumentierten Gespräch, an dem neben Öner der iranischstämmige Schriftsteller Said, die ehemalige Bundesausländerbeauftragte Marieluise Beck, der nordrhein-westfälische Integrationsminister Armin Laschet und der schleswig-holsteinische Innenminister Ralf Stegner teilnahmen, wurde deutlich, dass die Wahrnehmung der Integrationsproblematik unter den deutschen Politikern von einem klaren Policy-Ansatz geprägt ist – es geht darum, welche Maßnahmen der Integrationsförderung den größten Eingliederungserfolg und die Vermeidung sozialer Marginalisierung versprechen. Die beiden zugewanderten Gesprächsteilnehmer hingegen manifestierten in ihren Beiträgen, wie stark die Vorstellung, assimiliert sein zu müssen, sich anpassen und kulturelle Werte übernehmen zu müssen, den Charakter der Zwanghaftigkeit angenommen hat („Das Megathema des nächsten Jahrzehnts", Süddeutsche Zeitung, 12.06.2007, 6f.).

„Wir müssen hier etwas ändern, vor allem im Bildungssystem. Entscheidend ist aber auch, ob zu Hause deutsch gesprochen wird und ob die Eltern ihre Kinder wirklich unterstützen." (Ebd.)

Betrachtet man dabei die von der Integrationsbeauftragten angemahnten Maßnahmen, so ergibt sich daraus ein klassisches Assimilationsschema. So erklärt Böhmer, dass „alle Kraft in Bildung" zu investieren und insbesondere eine stärkere individuelle Förderung der Kinder und Jugendlichen anzustreben sei. An konkreten Maßnahmen dieser Förderung zählt Böhmer auf: „systematische Sprachförderung, Sprachstandstests und das Verständnis anderer Kulturen". Eine weitere notwendige Maßnahme benennt Böhmer:

„Wir müssen die Lehrerinnen und Lehrer besser auf die neue Schulwirklichkeit vorbereiten. [...] Viele, die Kinder unterrichten, sind überhaupt nicht auf diese Situation vorbereitet." (Ebd.)

Wer einmal eine öffentliche Schule mit hohem Migrantenanteil von innen gesehen und gar einige Zeit dort hospitiert hat (wie die Autorin an Schulen in Berlin-Neukölln), wird dieser Forderung mit Überzeugung zustimmen. Verwirklicht werden soll dieses Ziel allerdings nicht durch eine gezielte Qualifizierung von Lehrpersonal; vielmehr mündet die Forderung der Staatsministerin in die Erkenntnis: „Deutsch als gemeinsame Sprache ist unverzichtbar." Politische Teilhabe wiederum soll durch die Erlangung der deutschen Staatsbürgerschaft bewerkstelligt werden – und „natürlich gehört ein Einbürgerungstest dazu" (Böhmer, ebd.):

„Sie [die Immigranten; J.A.] müssen Kenntnisse von unserer Geschichte und unserer gesellschaftlichen Ordnung haben." (Ebd.)

So betet die Integrationsbeauftragte das hohe Mantra der einseitigen Anpassung. Die einzige Stelle ihres Debattenbeitrags, die eine gewisse Vermutung von Gegenseitigkeit zulässt, ist die Forderung, dass die Elternarbeit im Bildungsbereich zu verstärken sei.[6]

6 In der Debatte wurden die unterschiedlichen Positionen der im Bundestag vertretenen Parteien zur Integration von Immigranten deutlich. Abgeordnete der SPD wiesen in ihren Debattenbeiträgen auf noch bestehende rechtliche Ausgrenzungen von Einwanderern hin, etwa im Rahmen von ausländerrechtlichen Bestimmungen, welche die Bekämpfung von Zwangsheiraten erschweren. Weitere Forderungen bezogen sich auf eine Verbesserung der Situation von illegalen Einwanderern und geduldeten Flüchtlingen. Zudem wurde für eine Hinnahme der Mehrstaatlichkeit von Immigranten plädiert. Die in der Debatte vertretenen FDP-Abgeordneten unterstützten die Politik der deutschen Sprachförderung und stellten darüber hinaus auf ein flexibleres Zuzugssystem für ausländische Fachkräfte (Stichwort: Punktesystem) sowie auf Probleme der Anerkennung auslän-

Mit der Festlegung auf die Faktoren der Übernahme der Kultur der Gesellschaftsmehrheit, worunter insbesondere die sprachliche Assimilation und die stärkere Einbindung in das bestehende Schulsystem verstanden wird, sowie der Übernahme der deutschen Staatsbürgerschaft beinhaltet dieser Integrationsbegriff wesentliche Variablen des klassischen Assimilationsbegriffs. Anders aber noch als bei Gordon bedeutet dieses Verständnis von Assimilation eine Anstrengung, die vor allem das Individuum zu erbringen hat. Die Bekämpfung von Vorurteilen und Diskriminierung – ebenfalls Variablen des Gordon'schen Assimilationsbegriffs – wird in ihrer Einforderung den Oppositionsparteien überlassen.

Die Rede, die der türkische Ministerpräsident Erdoğan im Februar 2008 bei seinem Deutschland-Besuch vor türkischstämmigen Einwanderern in Köln hielt, ist mitsamt den heftigen und kontroversen Reaktionen, die sie in der politischen Öffentlichkeit hervorrief, ein anschauliches Beispiel für das unterschiedliche Verständnis, das der Assimilationsbegriff in den verschiedenen Interessengruppen auslöst. Der folgende Auszug aus Erdoğans Rede soll den rhetorischen Kontext der Begriffsverwendung aufzeigen:

> „Die Tatsache, dass Sie seit 47 Jahren Ihre Sprache, Ihren Glauben, Ihre Werte, Ihre Kultur bewahrt haben, vor allem aber, dass Sie sich gegenseitig stets unterstützt haben, diese Tatsache liegt jenseits aller Anerkennung. Ich verstehe die Sensibilität, die Sie gegenüber Assimilation zeigen, sehr gut. Niemand kann von Ihnen erwarten, Assimilation zu tolerieren. Niemand kann erwarten, dass Sie sich einer Assimilation unterwerfen. Denn: Assimilation ist ein Verbrechen gegen die Menschlichkeit" (zitiert nach Süddeutsche Zeitung Nr. 38, 12.02.2008).

Zugleich befürwortet Erdoğan die sprachliche Akkulturation der Immigranten. Einige Sätze weiter heißt es in der Rede:

> „Selbstverständlich werden unsere Kinder Türkisch lernen. Das ist Ihre Muttersprache und es ist Ihr natürlichstes Recht, Ihre Muttersprache Ihren Kindern weiterzugeben. Jedoch würden Sie, wenn Sie die Sprache des Landes erlernen, in dem Sie leben, [...] in jeder Hinsicht davon profitieren. [...] Wenn Sie die Sprache des jeweiligen Landes nicht beherrschen, nicht lernen, so fallen Sie unweigerlich in eine Situation der Benachteiligung". (Ebd.)

---

discher Bildungsabschlüsse ab. Der Abgeordnete der Grünen hob auf Härten in der gegenwärtigen ausländerrechtlichen Situation von Migranten ab und kritisierte in diesem Zusammenhang insbesondere die starre Position des Bundesinnenministeriums. Die Debattenvertreterin der Linkspartei stellte die Probleme der Integration in den Kontext der sozialen Ausgrenzungen im Zuge der Agenda-Politik, von der Immigranten in besonders hohem Maße betroffen seien (siehe Das Parlament, Debattendokumentation über die Lage der Ausländer in Deutschland, 169. Sitzung des 16. Deutschen Bundestages am 19. Juni 2008).

Erdoğan verbindet ein offensichtliches politisches Interesse damit, wenn er unterschwellig seine Landsleute in Deutschland vor der Assimilation warnt. Er signalisiert die politische Botschaft, dass die türkische Regierung ihren Einfluss auf die Diaspora behalten möchte, von der das „Mutterland" wichtige Impulse für die nationale Wirtschaft erhält und die einen Zugang der Türkei zur europäischen Politik offen hält. Zugleich sind Türken im Ausland eine nicht unbedeutende innenpolitische Klientel, da Auslandstürken das Wahlrecht in der Türkei behalten, und Erdoğans Rede ist somit auch als Wahltaktik zu interpretieren. Falsch wäre es, Erdoğans Anspruch einseitig als einen Anspruch auf kulturelle Überlegenheit des Türkischen, vergleichbar etwa mit der Rolle des Englischen und Französischen in Deutschland, zu interpretieren. Die rhetorischen Mittel, die Erdoğan für die Rede nutzt, sind jedoch bemerkenswert: Zwar werden in Deutschland lebende Türken nicht explizit davor gewarnt, sich aus freien Stücken zu assimilieren – schließlich ist die Assimilation für Teile einer ursprünglich türkischen Bevölkerung bereits Realität geworden –, jedoch lässt der Ausdruck „Verbrechen gegen die Menschlichkeit" diffuse Assoziationen zu, die bis hin zur historischen Erfahrung des Genozids reichen.

Die Reaktionen deutscher Politiker auf Erdoğans Rede zeigen, wie dehnbar das Verständnis des Assimilationsbegriffs in der politischen Debatte ist. Die frühere Vorsitzende der Zuwanderungskommission Rita Süssmuth (CDU) äußerte sich folgendermaßen:

„Erdoğans Auftritt hatte eine vermittelnde und positive, aber auch eine konfrontative Seite. Die konfrontative ergab sich nicht aus dem Anliegen, sondern aus der Wortwahl: Erdoğan will keine Abgrenzung und keine Enklaven der Türken in Deutschland, er will dies genauso wenig wie wir. [...] Aber Erdoğan hat die falschen Worte benutzt, mit der Warnung vor Assimilierung hat er einen Popanz aufgebaut: Es will doch hierzulande niemand, dass ein Mensch, der verschiedene Identitäten hat, diese auslöscht" (zitiert nach Süddeutsche Zeitung Nr. 38, 14.02.2008).

Eine gegenteilige Interpretation zieht der saarländische Ministerpräsident Peter Müller (CDU) aus der Rede:

„Ministerpräsident Erdoğan täuscht. Deshalb sind Zweifel an seinem Integrationswillen angebracht. Wenn er wirklich Integration will, dann hätte er in Köln seine Landsleute aufgerufen, endlich ihre Frauen gleichberechtigt zu behandeln und die Grundlagen des gesellschaftlichen Zusammenlebens in Deutschland zu akzeptieren. Er verwendet den falschen Begriff, wenn er sich gegen Assimilation ausspricht und vermittelt damit den Eindruck, dass er türkische Parallelgesellschaften in Deutschland will. Dies ist für uns inakzeptabel" (zitiert nach Süddeutsche Zeitung Nr. 38, 14.02.2008).

Gemeinsam ist Süssmuths und Müllers Stellungnahmen, dass sie einen „falschen" Gebrauch des Assimilationsbegriffs unterstellen, aber aus derselben Rede völlig gegensätzliche Folgerungen ziehen. In der Kommentierung geht es im Grunde gar nicht darum, welche Botschaft Erdoğan in seiner Rede tatsächlich kommuniziert, sondern die beiden Sprecher transportieren eigene Bilder der Vergesellschaftung („türkische Parallelgesellschaften in Deutschland" bei Müller versus „keine Enklaven der Türken in Deutschland" bei Süssmuth) und tragen diese in die öffentliche Debatte.

Es sollte anhand der Beiträge sowohl in der Bundestagsdebatte als auch der Erdoğan-Debatte deutlich geworden sein, dass erstens der gegenwärtige Integrationsbegriff in der nationalen Debatte zentrale Elemente des „klassischen" Assimilationsbegriffs in sich aufgenommen hat. Dies bezieht sich vor allem auf die Akkulturation von Einwanderern. Zentrale Themenbereiche dieser Debatte sind die sprachliche Akkulturation von Einwanderern und die schulische Förderung junger Menschen aus Migrantenfamilien. Zweitens wird durch den Integrations- beziehungsweise impliziten Assimilationsbegriff im konservativen politischen Lager zugleich eine Gruppe der „Nicht-Integrationswilligen" ausgegrenzt, welche die Akteure einer möglichen „Parallelgesellschaft" bilden und sich in dieser rhetorischen Funktion potenziell zum „inneren Feind" eignen. Über die rhetorische Konstruktion einer Minderheit entsteht das Gegenbild einer „Mehrheit", die in einer nicht genauer definierten Weise zusammengehalten wird. Ganz im Sinne früher nationalistischer Ideen landet die gesellschaftliche „Mehrheit" wieder da, wovon einst im 19. Jahrhundert die Nation ihren Ausgang genommen hat: bei der gemeinsamen Sprache als „einigendem Band". „Das Erziehungsmonopol ist heute [für den Staat, J.A.] weitaus wichtiger und zentraler als das Monopol auf die legitime Gewalt", schreibt Ernest Gellner (1991: 57) über die überragende Bedeutung der Akkulturation für die nationale Kohäsion. Diese Bedeutung hält insofern weiterhin an, als die großen gesellschaftlichen Kohäsionsmechanismen der Nachkriegszeit Wohlstand, Arbeitsmarkt und Sozialstaat im Zuge des sozialstaatlichen Umbaus ihre integrierende Kraft verloren haben.

Fazit: Welche Rolle spielt Assimilation in der bundesrepublikanischen Ausländerpolitik?

Überblickt man die mehr als vier Jahrzehnte der bundesrepublikanischen Zuwanderungs- und Integrationspolitik, so sticht, bei allem Wandel, ein kontinuierliches Merkmal ins Auge: die beständige Ambivalenz zwischen öffentlichem Diskurs und realer Politik. „Deutschland ist kein Einwanderungsland" ist *ein* – im Angesicht der Realität unhaltbarer – Mythos; Deutschland habe bis zu den Reformen der rot-grünen Koalition keine Integrationspolitik betrieben ein anderer. Einwanderungs- und Integrationspolitik hat seit Beginn der Gastarbeiteranwerbung in verschiedenen Formen stattgefunden – mag man diese als „eher ungestaltet" (Brumlik/Leggewie 1992: 430) bezeichnen oder, wie Blaschke (1995), diese eher auf der föderalen und kommunalen Ebene ansiedeln.

Blickt man auf die politischen Maßnahmen und die schrittweise Transformation der bundesrepublikanischen Ausländerpolitik in eine Einwanderungs- und Integrationspolitik, so sind assimilatorische Konzepte tatsächlich von geringer Relevanz gewesen. Mit zunehmender Aufenthaltsdauer wurden die Immigranten in den Wohlfahrtsstaat integriert, und das ursprüngliche Konzept, sich mittels „Gastarbeiter" eine disponible Reservearmee auf dem Arbeitsmarkt zu schaffen, konnte sich tatsächlich nur kurzfristig halten. Die deutsche Integrationspolitik lässt sich durch einen stetigen Zuwachs insbesondere an sozialen Rechten charakterisieren, wenn auch immer noch beträchtliche rechtliche Ungleichheiten zwischen Personen mit und ohne deutschen Pass bestehen. Die Reform des Staatsbürgerschaftsgesetzes von 2000 sowie das neue Zuwanderungsgesetz von 2005 drücken vor allem die Anerkennung der Tatsache aus, dass sich ein großer Teil der in den vergangenen Jahrzehnten zugewanderten Personen dauerhaft in Deutschland niedergelassen hat. Dies bedeutet jedoch noch keine Liberalisierung des Umgangs mit Menschen ausländischer Herkunft.

In einem gängigen Verständnis bedeutet Assimilation die freiwillige oder erzwungene Aufgabe kultureller Besonderheiten. Assimilation bedeutet einen Verlust an Tradition und eigenkultureller Orientierung. Im Gegenzug wird eine bessere ökonomische und soziale Position erreicht und die Mitglieder der Minderheitengruppe werden rechtlich denen der Mehrheit gleichgestellt. Eine erzwungene Assimilation hat in Deutschland seit 1945 nicht stattgefunden. Fremdheit als solche wird akzeptiert, und oft ist es für Immigranten schwierig, diesen zugewiesenen Raum der Fremdheit zu verlassen. So werden Kopftuchträgerinnen akzeptiert, da sie das Klischee der traditionellen, unterdrückten und auf das Leben in der ethnischen Enklave beschränkten muslimischen Frau bedienen. Sie provozieren erst dann Widerstand und Abwehr, wenn sie etwa als Lehrerin in den öffentlichen Dienst übernommen werden wollen und damit eine Integration beanspruchen, ohne ihre Zugehörigkeit zu einer anderen Religion verstecken zu wollen (Terkessidis 2002: 38).

Dennoch lässt sich nicht leugnen, dass entgegen aller Debatten um Multikulturalismus, Hybridität und Transnationalismus der Herder'sche Begriff der nationalen Kultur eine erstaunliche Resistenz besitzt. So stellt sich die Frage, ob Forderungen nach Assimilation, ob die verstärkte Akkulturationsdebatte der vergangenen Jahre nicht auch als eine Reaktion gegen die Verbreitung globaler Orientierungen – sei es durch die zunehmende Bedeutung transstaatlicher politischer Institutionen, sei es durch die Durchsetzung globaler Konsum- und Medienmuster – gedeutet werden können. Es handelt sich bei der rhetorischen Forderung um Akkulturation, um Anpassung an eine „Leitkultur", eher um eine mentale Aufrüstung gegen Erscheinungen der Globalisierung, zu denen neben dem Verlust an wohlfahrtsstaatlichen Sicherheiten auch das Phänomen einer gesteigerten Migration gehört, denn um ein reales Programm an Anforderungen, das von den betroffenen Immigranten und deren Nachkommen tatsächlich abgearbeitet werden könnte. Peter Burke hat in diesem Zusammenhang darauf hingewiesen, dass die Gefahr des Verlustes traditioneller Orientierungen einen Narzissmus in der Mehrheitsbevölkerung auslösen könne, der sich in Abgrenzung bis hin zu Gewalt gegen das Andere manifestiert: „Es besteht eine intensivere Sorge um Reinheit als gewöhnlich, die sich in einer extremen Form in Erscheinungen der ethnischen Säuberung äußern kann oder aber in einer milderen Form, wie bei der Kampagne der französischen Regierung gegen ‚Franglais'" (Burke 2002: 29). Als bedrohlich wird nicht die andere Kultur als solche empfunden. Vielmehr verschwindet Kultur als „homogener Block", als der stabile Überbau der eigenen Orientierung und der Einordnung eigenen Handelns. Es ist die Vielfältigkeit der Migrantenkulturen, die schwindlig macht, auch die (erzwungene) Fähigkeit vieler Migranten, zwischen Zuschreibungen und Kulturen zu wechseln und sich damit flexibel den jeweiligen Gegebenheiten und Anforderungen ihrer unterschiedlichen Lebenswelt anzupassen. Diese Migrantinnen und Migranten leben vor, was die Auflösung fester Formen des Arbeitslebens, traditioneller Familienstrukturen, Nachbarschaften etc. auch von den „Autochthonen" verlangt. Akkulturation, die Übernahme bewährter Handlungsmuster, erscheint hier als eine Abwehr neuer Herausforderungen an das eigene Leben, die beängstigen.

In ähnlicher Weise urteilt Nassehi (2001) über die Leitkulturdebatte. Allein dass eine solche Debatte überhaupt stattfindet, zeige, dass das Stadium kultureller Homogenität (wenn eine solche je bestanden hat) längst überwunden ist. Die Leitkulturdebatte ist eine Reaktion auf die multikulturelle Gesellschaft mit dem Begriffsinstrumentarium des 19. Jahrhunderts. Tatsächlich muss bereits jede nationale Gesellschaft als kulturell fragmentiert verstanden werden, durch eine faktische Vielfalt der Lebensstile, der sozialen und kulturellen Milieus.

Es genügt jedoch nicht, in diesem Kontext auf die identifikatorischen Defizite der Mehrheitsgesellschaft zu verweisen. Vielmehr richten Forderungen nach Assimilation und Anpassung an eine Leitkultur, so diffus sie auch sind, Schäden im Integrationsvermögen der Zuwanderer, und gerade der Anpassungswilligsten, an. Es besteht die Gefahr, dass das Gefühl, bei allen Bemühungen den Anforderungen der Mehrheitsgesellschaft nicht gerecht werden zu können, Lähmung verursacht oder langfristig Formen der Verweigerung provoziert.

Die Debatten der vergangenen Jahrzehnte haben bewirkt, dass „Assimilation“ und „Integration“ keine analytischen Kategorien mehr sind (wie sie von de Theoretikern, in ihrer Unterscheidung vielleicht am prägnantesten von Esser, formuliert wurden), sondern ideologische Begriffe, die zur symbolischen Inszenierung von Politik verwendet werden.

Devianzen der Anpassung: Akkulturative Belastung und erzwungene Assimilation

Bei der Analyse öffentlicher Diskurse wurde deutlich, dass Assimilation in der politischen Debatte häufig auf einen negativen Pol der erzwungenen Anpassung bezogen wird. Dabei wird unterstellt, dass es genau die Eigenschaft des Zwanges sei, welche „Assimilation" von „Integration" – letztere als ein von Freiwilligkeit geprägter Vorgang verstanden – unterscheide. In diesem Kapitel wird versucht, den Faktor „Zwang" in den Debatten genauer zu fassen: Wo wird in Prozessen der Assimilation Zwang manifest und welche wissenschaftlichen Beiträge gibt es zu der Frage, inwieweit Prozesse der Assimilation mit Manifestationen von Zwang – seien diese intrapersoneller Art oder extern auferlegt – verbunden sind?

Im Verlauf der Geschichte sind immer wieder drastische und brutale Maßnahmen eingesetzt worden, um Bevölkerungsgruppen zu einem bestimmten kulturellen Verhalten zu zwingen. Umerziehungslager oder Haftstrafen für den öffentlichen Gebrauch der Muttersprache, das Verbot der Religionsausübung, das Entfernen von Kindern aus ihren Familien sind eindeutig als schwere Menschenrechtsverletzungen erkennbar. Aber es gibt subtilere Mechanismen der kulturellen Anpassung, deren Zwangscharakter nicht einfach zu durchschauen ist. Die bereitwillige Unterwerfung der eroberten jüdischen Bevölkerung unter die Fruchtbarkeitskulte der assyrischen und babylonischen Eroberer in den vorchristlichen Jahrhunderten, der wiederholte Religionswechsel von Minderheiten im Osmanischen Reich und anderen geschichtlichen Imperien, der soziale Aufstieg von Nachfahren aus Einwandererminoritäten durch die Übernahme von Sprache und kulturellen Gepflogenheiten in den Zuwanderungsländern sind willkürlich gewählte Beispiele, aber werfen alle dieselbe Frage auf, nämlich wie viel Anpassung an äußere Gegebenheiten möglich ist, um noch als „freiwillig" bezeichnet zu werden. Und inwieweit kann ein Individuum Veränderungen seiner „Identität" zulassen, ohne Schaden an der Psyche zu nehmen?

Umgekehrt sind in der Migrationsgeschichte immer wieder Gruppen als „nicht assimilierbar" oder „integrationsunwillig" etikettiert worden. Italiener in den Vereinigten Staaten im frühen 20. Jahrhundert, Polen in Frankreich (ebenfalls um 1900) und heute die Muslime allgemein in den europäischen Zuwanderungsländern – sie galten und gelten als unfähig zur Anpassung, und die Fähigkeit, gleichberechtigte Staatsbürger sein zu können, wurde und wird ihnen abgesprochen.

Wissenschaftliche Untersuchungen zu erzwungener Assimilation und ihren Folgen für die Integrität des Individuums und sozialer Kollektive konzentrieren sich auf zwei Fachrichtungen: Die Sozialpsychologie erforscht, in welcher Weise sich Akkulturation und akkulturative Belastungen auf individuelle Dispositionen auswirken. Die Minderheitenforschung befasst sich mit der rechtlichen Situation von nationalen Minderheiten und untersucht politische Maßnahmen, welche die kulturelle Autonomie dieser Gruppen beeinflussen. Sozialpsychologie und Minderheitenforschung unterscheiden sich vor allem in ihrer Sichtweise auf ihren Forschungsgegenstand, der im ersteren Fall tendenziell das Individuum und im letzteren Fall tendenziell das Kollektiv in den Blick nimmt. Dabei ergeben sich jedoch auch gewisse Überschneidungen zwischen individueller und kollektiver Perspektive, etwa wenn es um die Analyse von Sprach- und Schulpolitik geht.

Das Konzept der akkulturativen Belastung

Assimilation ist unter dem Aspekt der akkulturativen Anpassung insbesondere in der Sozialpsychologie untersucht worden. Der Fokus dieser Untersuchungsweise liegt auf der Anpassung des Individuums an soziale Kollektive (vgl. Berry 1996). Dabei geht es um Muster und problematische Begleiterscheinungen der psychologischen Anpassung. In den Blick genommen werden die besonderen Belastungen, denen Migranten als Individuen im Prozess der Vergesellschaftung in einem neuen sozialen Kontext ausgesetzt sind. Die interkulturelle Psychologie deutet psychologische Akkulturation als einen Vorgang der Anpassung, dessen Folgen für das Individuum zunächst noch unbestimmt sind. Psychologische Akkulturation impliziert einen möglichen Wandel von Selbstzuschreibung, Werthaltungen, Verhaltensweisen und Einstellungen des Individuums (Liebkind 1994: 160). Berry (1996: 172) kritisiert die auch in der Fachwissenschaft häufig stattfindende semantische Vermischung von psychologischer Akkulturation, worunter ein Vorgang der individuellen Anpassung mit zunächst ungewissem Ausgang verstanden wird, mit der normativen Forderung nach vollständiger Akkulturation, die sich auf Kollektive bezieht. Kollektive Akkulturation bedeute nicht, dass alle Individuen in gleicher Weise den Wechsel zu einer anderen Kultur hin vollziehen. Die interkulturelle Psychologie befasst sich mit Belastungen, denen das Individuum im Akkulturationsprozess ausgesetzt ist. Die individuellen Probleme der akkulturativen Anpassung und Lösungsstrategien, welche das Individuum ergreift, werden im Allgemeinen unter dem Begriff der akkulturativen Belastung („acculturative stress“) zusammengefasst. Die Interaktion zwischen Individuum und Umwelt steht hier im Mittelpunkt; mit dieser expliziten Konzentration auf das relationale Moment wurde zugleich das ältere „Kulturschock“-Paradigma modifiziert (Berry 1996: 175). Im Konzept der akkulturativen Belastung wird Bezug genommen auf auslösende Stressoren, die ihre Ursache im Prozess der psychologischen Akkulturation haben. Devianzen dieser Belastung äußern sich in einem herabgesetzten psychischen Gesundheitszustand, häufig in Form von Depression oder gesteigerter Ängstlichkeit, in Gefühlszuständen von Marginalisierung und Entfremdung und erhöhten psychosomatischen und psychischen Symptomen (Berry 1992: 75).

Stresstheoretische Untersuchungen gehen davon aus, dass Assimilation nur eine mögliche Option des Kultur- und Sozialkontakts zwischen autochthonen und zugewanderten Bevölkerungsgruppen ist – Alternativen zur Assimilation bilden die Integration, Segregation und Marginalisierung (siehe auch das Optionsschema bei Esser auf S. 107):

Tab. 6: Vier Akkulturationsstrategien als Variablen der beiden Faktoren interkultureller Austausch und Beibehaltung von Gruppenidentität (Quelle: Berry 1992: 82)

	Variable 1: Wird die Beibehaltung kultureller Identität und Charakteristika als erstrebenswert eingeschätzt?	
	Ja	Nein
Variable 2: Wird die Aufnahme von sozialen Beziehungen zu anderen Gruppen als erstrebenswert eingeschätzt?		
Ja	Integration	Assimilation
Nein	Separation	Marginalisierung

Wie auch in dem handlungstheoretischen Ansatz bei Esser wird angenommen, dass dem Individuum in seinem Vergesellschaftungsprozess vier Variablen des Verhaltens zur Verfügung stehen, die sich in simplifizierter Form um die beiden Fragen drehen, ob persönlicher Kontakt mit Individuen oder Gruppen der Mehrheitsgesellschaft aufgenommen wird und ob das Individuum Wert darauf legt, die eigenen kulturellen Besonderheiten beizubehalten. Aus sozialpsychologischer Sicht spricht einige Plausibilität für die Annahme, dass die „Integrations"-Option nach obigem Schema, also Beibehaltung der eigenkulturellen Orientierung und soziale Interaktion mit der Mehrheitsgesellschaft, für das Individuum das verhältnismäßig niedrigste psychische Belastungsniveau verspricht. Auch verfügbare empirische Studien stützen diesen Befund (vgl. Berry et al. 1987; Rumbaut 1991). Assimilation als solche führt jedoch nicht notwendigerweise zur psychischen Devianz. Festzuhalten ist, dass es sich bei diesen Akkulturationsoptionen in erster Linie um ein theoretisches Modell und weniger um empirisch verifizierte Erkenntnis handelt (Liebkind 1994: 160).

Als problematische Folgen der Akkulturation werden in der Literatur vor allem soziale Desintegration und persönliche Belastungsstörungen des Individuums genannt. Zu letzteren zählen Depressionen, Angstzustände und psychosomatische Störungen. Problematisch an der wissenschaftlichen Verifizierung des Konzepts ist bislang, dass die Sozialpsychiatrie kaum über geeignete Messinstrumente verfügt, um kulturelle Abweichungen in den Mustern mentaler Erkrankungen angemessen zu erfassen (Liebkind 1994: 165). Skalen zur Messbarkeit psychischer Abweichungen orientieren sich an westlichen medizinischen Standards, so dass letztlich ungeklärt bleibt, inwieweit es sich bei „akkulturativer Belastung" um ein Konstrukt handelt, das geeignet ist, psychische Devianzen im Anpassungsprozess von Personen mit unterschiedlichem kulturellen und sozialen Hintergrund angemessen nachzuweisen und zu erklären.

Für kritische Positionen gegen das Assimilationsparadigma, welche sich auf Bedrohungen der personalen Integrität beziehen, bedeutet dies, dass der Nachweis des personalitätsbedrohenden Charakters von Assimilation aufgrund unsicherer methodischer Voraussetzungen nur schwierig zu erbringen ist. Bereits das Unterfangen, die Variable „Ethnizität" für die empirische Messung operationalisierbar zu machen, ist in der Praxis stets mit Problemen behaftet.[1] Zum anderen bleibt die Rolle weiterer endogener und exogener Einflussfaktoren auf den Akkulturationsprozess unbestimmt. Zu diesen Einflussfaktoren zählen auf der Seite des Individuums etwa die Migrationsmotivation, persönliche Erwartungen, die mit der Migration verbunden sind, sowie der soziale und der Bildungsstatus. Aber auch kulturelle Faktoren, wie z.B. die Persistenz familiärer Rollenbilder und kulturbedingte Erziehungsstile, üben

1 Zu den Schwierigkeiten, Ethnizität im Kontext von empirischen Erhebungen messbar zu machen, vergleiche Liebkind 1994: 164f.

einen wichtigen Einfluss auf die personale Integrität aus (vgl. etwa Liebkind [1994] zur Akkulturation vietnamesischer Flüchtlinge in Finnland). Exogene Einflussfaktoren beziehen sich auf Einstellungen und institutionelle Mechanismen auf Seiten der Mehrheitsgesellschaft, welche den Anpassungsprozess beeinflussen (vgl. Berry 1992: 83). Die hohe Variabilität dieser Faktoren macht die empirische Verifizierung des Einflusses von Assimilation auf die personale Integrität anhand eingegrenzter Fallstudien schwierig.

Kulturelle Homogenisierung in der Sprach- und Schulpolitik

Formen erzwungener Assimilation lassen sich eindeutig leichter identifizieren, sofern sie mit repressiven institutionellen Mechanismen verbunden sind. Die Art der Sozialisationsagenturen in der Aufnahmegesellschaft entscheidet darüber, in welcher Weise die Vergesellschaftung von Immigranten vonstatten geht. Hinsichtlich einer mit Akkulturation verbundenen Assimilation kommt den sprachlichen Sozialisationsagenturen ein entscheidender Einfluss zu. Generell ist die Herrschafts- und Machtausübung mittels Sprache (Linguizismus[2]) ein in den Sozialwissenschaften noch wenig erforschtes Gebiet. Wenig erforscht sind zudem die Auswirkungen repressiver Sprachpolitik sowohl auf die Sprache selbst als auch auf die psychische Disposition ihrer Sprecherinnen und Sprecher (Bott-Bodenhausen 1996: 10). Als wichtigste Agenten in der Durchsetzung sprachlicher Systeme gelten Schul- und Bildungssysteme sowie Medien. Schulen und Medien sind diejenigen Instanzen, welche Gesellschaften sprachlich, kulturell und ideologisch homogenisieren (Skutnabb-Kangas 2004: 7).

Politische Strategien der sprachlichen Homogenisierung sind eng mit der Herausbildung der europäischen Nationalstaaten verbunden. Ob Bretonisch in Frankreich, Italienisch in Südtirol oder die Unterdrückung des Katalanischen in Spanien vor allem unter der Franco-Diktatur – die sich neu formierenden Nationalstaaten zielen, mit unterschiedlichen Begründungen, auf die sprachliche Homogenisierung des „Staatsvolkes“ ab. Puschmann (1996) etwa zeigt anhand der Sprachenpolitik gegenüber der polnischen Minderheit in Preußen im 19. Jahrhundert, wie mit der Reichsgründung 1871 der Germanisierungsdruck auf die fremdsprachliche Minderheit einen Höhepunkt erlebte. Maß-

2 Der Begriff „Linguizismus“ wurde Anfang der achtziger Jahre durch die Arbeiten von Tove Skutnabb-Kangas und Jim Cummings geprägt. Auf der Grundlage von Untersuchungen zur Zweisprachigkeit von Minderheiten plädieren die beiden Wissenschaftler dafür, den besonderen Wert von Muttersprache und Zweisprachigkeit anzuerkennen. Zur Überwindung des Linguizismus sind daher besondere pädagogische Konzepte aufzulegen und in die Sozialisation der Mitglieder von Minderheiten einzubringen.

nahmen, die dazu ergriffen wurden, waren beispielsweise die schrittweise Eliminierung des Polnischen in den höheren Schulen, die Germanisierung polnischer Personen- und Ortsnamen, die Durchsetzung des Deutschen als alleinige Amts-, Geschäfts- und Gerichtssprache auch in denjenigen polnischen Territorien, die nach den polnischen Teilungen von 1772, 1793 und 1795 an Deutschland gelangt waren, und die Versetzung polnischer Lehrer und Beamter in die westlichen Provinzen des Deutschen Reichs (Puschmann 1996: 20). Die Erfolge dieser repressiv durchgesetzten Germanisierungspolitik waren zweischneidig: Sie beförderte einerseits tatsächlich die Assimilation von Teilen der polnischen Migrantenbevölkerung, die sich zur Arbeitsaufnahme in den westlichen Provinzen des Reichs niedergelassen hatten; rief andererseits aber auch massiven Widerstand in weiten Teilen der polnischen Bevölkerung Posens und Westpreußens herauf, wo der Germanisierungsdruck die Herausbildung eines polnischen Nationalbewusstseins förderte und der Sprachenkampf zugleich durch die polnische katholische Kirche religiös ideologisiert wurde (Puschmann 1996: 21).

Begründungsmuster für die Unterdrückung sprachlicher Minderheiten sind unterschiedlich: So ist die Repression damit begründet worden, dass die öffentliche Verwendung von Minderheitensprachen die sprachliche Einheit und damit auch den politisch-administrativen Zusammenhalt des Staates bedrohe; oder die Minderheitensprache wird zu einem Dialekt herabgewürdigt; oder die Marginalisierung beziehungsweise Unterdrückung der Sprache wird damit begründet, dass durch die Begünstigung der Nationalsprache prinzipiell gleiche Aufstiegschancen für die Mitglieder der Minderheit ermöglicht werden sollen. Letzteres Argument dominiert den gegenwärtigen Umgang mit den Sprachen der Zuwandererminderheiten (nicht nur) in Deutschland.

Wie die historische Entwicklung zeigt, ist die Entstehung und Durchsetzung einer Nationalsprache ein komplexer Prozess, in dem kulturelle Entwicklungen und politische Interventionen ineinander greifen. Die Durchsetzung des Hochdeutschen als deutsche Nationalsprache erfolgte in einem Jahrhunderte währenden Prozess. So dauerte es bis in das 19. Jahrhundert, bis sich das Deutsche als Unterrichtssprache in der höheren Bildung gegen das Lateinische durchsetzen konnte. Im 17. Jahrhundert setzten sich Sprachgesellschaften, wie die Fruchtbringende Gesellschaft, die Deutschgesinnte Genossenschaft, der Elbschwanenorden oder der Pegnesische Blumenorden, für eine von fremden Einflüssen purifizierte deutsche Sprache ein. Die Idee der Muttersprachenschule wurde ebenfalls im 17. Jahrhundert geboren. Zu dieser Zeit war das deutsche Sprachgebiet von vielerlei fremdsprachlichen Einflüssen geprägt: Latein war die Sprache des Klerus und einer kleinen akademischen Schicht; Händler und Handwerker aus benachbarten Ländern wiederum brachten französische, schwedische, italienische, polnische und andere Spracheinflüsse in die deutschen Länder.

Im 18. Jahrhundert entwickelte sich die deutsche Sprache zur Literatursprache. Dichter wie Friedrich Gottlob Klopstock (1724-1803), der ein früher Vertreter des deutschen Nationalstaatsgedankens war, bereiteten einer deutschen Literatursprache den Weg. Die deutsche Literatursprache galt als Grundlage einer imaginierten deutschen Kulturnation, und erst der Literatur gelang am Ende des 18. Jahrhunderts, worin akademische Institutionen, Behörden- und Fachsprachen sowie die Umgangssprache zuvor gescheitert waren: nämlich das Bewusstsein eines „Deutsch-Seins" mit Hilfe eines Bewusstseins für Sprache und Kunst zu schaffen (Frühwald 1986: 133).

Im Verlauf des 19. Jahrhunderts wurde Sprache zu einem Objekt politischer Intervention. Im Jahr 1854 wurde erstmals im Königtum Hannover eine verbindliche Orthographie für alle Schulen erlassen; weitere Erlasse erfolgten in Hessen 1858, in Württemberg 1861 und in Preußen 1862. Die sprachliche Homogenisierung wurde zu einem forcierten politischen Ziel nach der Reichsgründung 1871. Wie in vielen anderen europäischen Ländern auch, galt Vielsprachigkeit nun als eine Bedrohung des nationalen Zusammenhalts. Im Deutschen Reich betraf dies vor allem die Minderheitensprachen der Dänen, Polen, Lothringer und Sorben. Der Gebrauch des Dänischen als Unterrichtssprache für die dänische Minderheit in Schleswig beispielsweise wurde zwischen 1909 und 1926 durch das preußische Kulturministerium gänzlich untersagt. Eine repressive Sprachenpolitik wurde bis zum Ende des ersten Weltkrieges insbesondere auch in den preußisch-polnischen Gebieten exekutiert. Aus sprachpolitischen Gründen wurde die polnische Sprache in verschiedene Dialekte klassifiziert, um möglichst kleine polnische Sprachminderheiten zu schaffen (Glück 1979: 124). In diesem Kontext wurde zugleich die Idee einer deutschen Staatssprache konstituiert, welche praktische Konsequenzen in den Bereichen Justiz, Armee, Schule und Verwaltung hatte. Damit wurde „die nationalitätenspezifische Zielprojektion der Germanisierung aller nichtdeutschen Bevölkerungsgruppen" (ebd.: 129) implementiert. Die Idee der „Staatssprache" zielte darauf ab, die deutsche Sprache in den polnischen Gebieten per Dekret als alleinige Sprache für zahlreiche Handlungssituationen rechtlicher, administrativer und legislativer Art durchzusetzen. Der öffentliche Gebrauch von Sprache wurde in Kategorien wie Geschäftssprache, Gerichtssprache, Armeesprache, Kirchensprache und Schulsprache unterteilt. In der preußischen Armee entstand eine „Kommandosprache", die sicherstellen sollte, dass polnische Soldaten den Befehlen in deutscher Sprache Folge leisten konnten. Polnisch blieb Unterrichtssprache in den Schulen; doch entstanden seit Ende des 19. Jahrhunderts Pläne, zumindest die höhere Bildung in den polnischen Gebieten auf die deutsche Unterrichtssprache umzustellen.

Gegen diese Germanisierung gab es zahlreiche Widerstände. Erfolgreich mobilisierte der katholische Klerus in den polnischen Gebieten die bäuerliche Bevölkerung, unter anderem durch Unterschriftensammlungen ihrem Protest gegen die deutsche Sprachpolitik Ausdruck zu geben. Seit 1881 entstanden auf Initiative polnischer Arbeitsmigranten in Berlin Schulen, in denen polnische Kinder zweimal wöchentlich muttersprachlichen Unterricht in polnischer Geschichte und Kultur erhielten. Unter Bismarck wurden diese Schulen zeitweilig verboten. Die polnischen Migranten reagierten auf dieses Verbot mit der konspirativen Organisation von Lese- und Schreibkursen in polnischer Sprache (Puschmann 1996: 21). Die Auseinandersetzung erreichte ihren Höhepunkt in den ersten Jahren des 20. Jahrhunderts, als auch der selbst organisierte Religionsunterricht in polnischer Sprache von den deutschen Behörden untersagt wurde. Zahlreiche polnische Kinder begaben sich in einen Schulstreik, der von ihren Eltern und dem polnischen Klerus unterstützt wurde. Der 1908 erlassene „Sprachen- und Maulkorberlass" schließlich schränkte die polnische Selbstorganisation stark ein und verbot den Gebrauch der polnischen Sprache in öffentlichen Veranstaltungen sowie in jeglichem Schulunterricht. Die preußische Politik der forcierten Assimilation mobilisierte einen erheblichen Widerstand nicht nur der Polen in Posen, Pommern, Schlesien, West- und Ostpreußen, sondern auch unter den Migranten in Berlin, an Rhein und Ruhr.

Ein Bruch in der Assimilationspolitik gegenüber nationalen Minderheiten erfolgte erst mit der Gründung der Weimarer Republik. In der Weimarer Reichsverfassung wurde das kulturelle Selbstbestimmungsrecht ethnischer Minderheiten anerkannt. Sprachminderheiten erhielten nun das Recht, Schulunterricht in der eigenen Sprache einzurichten. Allerdings behielt das Deutsche seine führende Rolle, da es insbesondere in Ost- und Zentraleuropa eine bedeutende Rolle als internationale Sprache innehatte. Dieser Minderheitenschutz fand sein Ende mit der Machtübernahme durch die Nationalsozialisten, welche eine rassistische Politik der forcierten Germanisierung einerseits und Ausgrenzung „rassisch minderwertiger" Bevölkerungsgruppen andererseits einleitete.

Die Gastarbeiter-Zuwanderung seit den späten fünfziger Jahren war zunächst als Rotations-Modell konzipiert, so dass staatliche Maßnahmen zur Integration und zum Sprachenerwerb nicht notwendig erschienen. Die schulischen Belange der zahlenmäßig zunächst noch kleinen Gruppe der Gastarbeiterkinder wurden von der staatlichen Schulpolitik ignoriert. Erst seit Beginn der siebziger Jahre bildete sich in den Bundesländern allmählich eine Schulpolitik für die Kinder der Arbeitsmigranten heraus, die sich, entsprechend der politischen Ausrichtung der einzelnen Länderregierungen, in einem Spannungsfeld zwischen Rückkehrorientierung und Integration bewegte. Bis in die achtziger Jahre erhielten sich in den Ländern ganz unterschiedliche Formen der Beschulung von „Ausländerkindern", die von reinen „Ausländerklassen" über Förderklassen und -unterricht für Migrantenkinder bis hin zur völligen Nichtbeachtung von Migrantenkindern als eigene Gruppe mit einem speziellen Bedarf an ausbildungsbegleitenden Hilfen reichten. Erst mit Ende der neunziger Jahre setzte unter der Regierung der rot-grünen Koalition eine intensive Debatte über die mangelhafte strukturelle Integration der Zuwanderer und ihrer Kinder ein. Betont wird seitdem die Schlüsselfunktion von Sprache für die Integration in Schule, Ausbildung und Arbeitsmarkt. Der Bund definierte für sich eine neue Zuständigkeit für die Integration von Zuwanderern und startete 2005 ein umfangreiches Programm bundesweiter Integrationskurse, die in erster Linie auf den obligatorischen Spracherwerb von Immigranten abzielen. Das schlechte Abschneiden deutscher Schulen in den internationalen PISA-Teststudien löste eine breite pädagogische Debatte über die frühzeitige Vermittlung ausreichender deutscher Sprachkenntnisse an die Kinder von Immigranten aus. Verfechter einer Strategie der einsprachigen Assimilation, so beispielsweise Esser (2006), argumentieren damit, dass die fortdauernde herkunftssprachliche Kommunikation den Erwerb der Verkehrssprache im Zuwanderungsland behindere. Damit steht er auf der Linie einer finanziellen und pädagogischen Förderpolitik, die das Erlernen der deutschen Sprache gegenüber einer „qualifizierten Mehrsprachigkeit" (Schweitzer 2009) bevorzugt.

Die Idee einer deutschen Einsprachigkeit als Regelfall ist von verschiedenen Seiten kritisiert worden. In der pädagogischen Forschung beruft man sich darauf, dass Mehrsprachigkeit grundsätzlich kein Hindernis für das erfolgreiche Erlernen der deutschen Sprache darstelle (Gogolin 2008: 14). Die in der gegenwärtigen Sprachförderpolitik präferierte Methode der Submersion („Eintauchen" in die deutsche Sprache ohne unterstützende herkunftssprachliche Kommunikation; siehe Schweitzer 2009) führe zu einer prestigeträchtigen Aufwertung der Sprache des Aufnahmelandes und zur Diskriminierung des Gebrauchs der Muttersprache. Insbesondere führe eine ambivalente Bewertung von Mehrsprachigkeit, wonach bestimmte Herkunftssprachen eine hohe Wertschätzung erfahren, die Herkunftssprachen vieler Arbeits- und Fluchtmigranten (Türkisch, Arabisch, Polnisch, Russisch etc.) hingegen abgewertet werden, zu einer kulturellen Dichotomisierung und zu einer Auf- beziehungsweise Abwertung der Kulturträger. Diese Ambivalenz wird auch in einer Schulpolitik spürbar, in der bilinguale Schulen, Europaschulen oder internationale Privatschulen, die teilweise nur den Kindern zahlungskräftiger Eltern offen stehen, ihren Absolventen künftig ein hohes soziales Prestige versprechen: „Gelingt es nicht, dieser Entwicklung entgegen zu treten, wird sich der jetzt schon erkennbare Trend einer sozialen Spaltung zwischen einer ‚elitären' Mehrsprachigkeit und einer in der Öffentlichkeit als exotisch oder gar als lästig wahrgenommenen ‚volkstümlichen' Mehrsprachigkeit verstärken" (Schweitzer 2009: 439). Abgesehen von dieser funktionalen Bewertung von Sprache werden in der einsprachigen Assimilation Aspekte vernachlässigt, die sich auf die emotionale sowie soziale Identität erzeugende Funktion von Sprache beziehen.

Der Schutz von Minderheitensprachen wurde nach dem zweiten Weltkrieg in mehreren internationalen Dokumenten festgehalten. In den neunziger Jahren wurde vom Europarat eine Europäische Charta der Regional- und Minderheitensprachen verabschiedet (in Kraft getreten 1998); verabschiedet wurde zudem eine Rahmenkonvention über den Schutz nationaler Minderheiten (in Kraft getreten 1998). Letztere verpflichtet die der Konvention beigetretenen Staaten zur Gleichbehandlung nationaler Minderheiten, räumt diesen das Recht auf die freie Entfaltung ihrer Kultur, auf Versammlungs-, Meinungs- und Religionsfreiheit sowie auf freien Zugang zu den Medien und die Verwendung der eigenen Sprache im öffentlichen Leben ein. Der Europarat verzichtete dabei bewusst auf eine Definition des Begriffs der nationalen Minderheit; vielmehr kann jeder Staat selbst festlegen, welche Bevölkerungsgruppen als Minderheit anerkannt werden. So werden in Deutschland Zuwandererminoritäten nicht als nationale Minderheiten anerkannt (siehe unten). Ziele der Charta der Regional- und Minderheitensprachen sind der Schutz und die Förderung von Minderheitensprachen. Trotz dieser europäischen Schutzmaßnahmen sehen Kritiker der Submersions-Methode in der Sprachvermittlung, bei der das Erlernen der Sprache des Aufnahmelandes auf Kosten der Muttersprache erfolgt, den Tatbestand des Genozids gemäß der UN-Konvention zur Verhinderung und Bestrafung von Genozid aus dem Jahr 1948 erfüllt; schließlich sei dieser auch dann gegeben, wenn den Mitgliedern einer ethnischen Minderheitengruppe schwerwiegender körperlicher oder mentaler Schaden zugefügt werde (Skutnabb-Kangas 2004: 5, 8). Die assimilationistische Submersionsmethode in der Schulbildung erfülle demnach den Tatbestand der schwerwiegenden mentalen Schädigung von Kindern (ebd.: 9).

Minderheitenschutz und der globale Wandel seit 1989

Schutz vor erzwungener Assimilation soll auf einer Gruppenebene insbesondere durch völkerrechtliche Bestimmungen zum Minderheitenschutz gewährleistet werden. Die Diskussion um Minderheitenrechte hat seit 1990 – insbesondere durch die europäische Erweiterungspolitik und die Öffnung der europäischen Grenzen auf die ehemaligen Ostblockstaaten hin – einen Aufschwung erfahren, der in seiner Intensität an die Völkerbundpolitik nach dem ersten Weltkrieg erinnert. Allerdings hat seit der Völkerbundära ein Wandel im Minderheitenbegriff stattgefunden: Waren seinerzeit die drei Begriffselemente der gemeinsamen Sprache, der gemeinsamen Kultur und des gemeinsamen historischen Schicksals miteinander verkoppelt (Blumenwitz 1996: 160), so zeichnet sich eine Minderheit in einem neueren Verständnis durch folgende Charakteristika aus: „eine zahlenmäßige Unterlegenheit, eine nicht herrschende Stellung und ein Solidaritätsgefühl, das auf die Bewahrung der eigenen Charakteristika (Kultur, Traditionen, Religion oder Sprache) gerichtet ist, die sie von der übrigen Bevölkerung unterscheidet" (Bott-Bodenhausen 1996: 10). Dabei ist der Minderheitenschutz bislang auf nationale Minderheiten orientiert, d.h. es wird davon ausgegangen, dass die Angehörigen einer Minderheit zugleich Staatsbürger sind. Insofern werden Migranten bislang nur peripher im Minderheitenschutz wie auch der Minderheitenforschung berücksichtigt.

Weltweit beträgt die Anzahl ethno-nationaler Gruppen mehrere Tausend, die in knapp 200 Nationalstaaten leben. Seit der Auflösung des Ost-West-Konflikts hat sich das enorme Konfliktpotenzial in den Beziehungen von Mehrheiten und Minderheiten in zahlreichen offen ausgetragenen Einzelkonflikten manifestiert. Ließen sich zur Zeit des Kalten Krieges ethnische Spannungen noch im Rahmen der Blockkonfrontation kontrollieren und „unter dem Deckel" halten, so sahen sich die Nationalstaaten in der neuen Weltordnung erneut mit im Grunde vielfach ganz alten Konflikten konfrontiert.

Eine Politik des Minderheitenschutzes muss sich mit einer Reihe grundsätzlicher Fragen auseinandersetzen. Die zentrale Frage ist hier, was eine Minderheit überhaupt ist und worin sich deren Schutzwürdigkeit manifestiert. Eine weitere wichtige Frage bezieht sich auf die Abwägung zwischen den international anerkannten Prinzipien der staatlichen Souveränität und Nichteinmischung in die inneren Angelegenheiten von Staaten und der sich menschenrechtlich begründenden Forderung nach dem Schutz von Minderheiten. Schließlich ist zu klären, in welcher Weise der Schutz von Minderheiten ausgestaltet werden soll, und insbesondere, ob es sich dabei um ein individuelles Recht oder um ein kollektives Gruppenrecht handeln soll (siehe Ropers 1994).

Die Frage, wie der Begriff der Minderheit definiert werden soll, berührt die Angelegenheiten der einzelnen Nationalstaaten. Diese Problematik betrifft zum einen die osteuropäischen Transformationsländer, die in ihrem Innern auf ein diffiziles Mosaik geschichtlich gewachsener ethnischer Minderheitenkonstellationen blicken. Sie tangiert aber auch die westeuropäischen Staaten mit ihren mittlerweile umfangreichen Einwandererminoritäten. Sollen diese als Minderheiten mit entsprechenden Schutzrechten anerkannt werden, oder gefährdet im Gegenteil eine solche Anerkennung die notwendige soziale und kulturelle Integration? So gab die Regierung Kohl im Jahr 1992 eine Erklärung zur UN-Deklaration ab, dass die Bundesrepublik Deutschland nur solche Bevölkerungsgruppen als Minderheiten anerkenne, die bereits lange auf deutschem Territorium ansässig sind und die deutsche Staatsangehörigkeit besitzen (Ropers 1994: o.S.). Entsprechend gehören in der Bundesrepublik zu den durch das Rahmenübereinkommen zum Schutz nationaler Minderheiten geschützten Gruppen die Minderheit der Dänen, die Sorben, die deutschen Sinti und Roma sowie die Volksgruppe der Friesen. Immigranten sind von einem Minderheitenschutz nach dem Rahmenübereinkommen ausgeschlossen. Über die Frage der Definition hinaus stellt sich bei Minderheitenschutzregelungen das generelle Problem, wie sich diese überwachen lassen.

Nach dem zweiten Weltkrieg wurde internationaler Minderheitenschutz auf mehreren Ebenen festgeschrieben. In der UN-Menschenrechtsdeklaration von 1948 steht noch das Individuum im Mittelpunkt; von Minderheiten ist in der UN-Deklaration nicht die Rede. Minderheitenrechte werden erst 1966 im Rahmen der Verabschiedung der beiden Menschenrechtspakete erstmals ausdrücklich erwähnt. Konzipiert war die Minderheitenschutzklausel nach Artikel 27 des Bürgerrechtspakets[3] als Individualrecht, das nur individuell einklagbar war. Hinsichtlich einer Entwicklung von Gruppenrechten wurde das UN-Menschenrechtspaket von 1966 nicht initiativ. Erst die 1992 von der Generalversammlung der Vereinten Nationen beschlossene „Deklaration über die Rechte von Personen, die zu nationalen oder ethnischen, religiösen und sprachlichen Minderheiten gehören" geht „über das frühere defensive und staatsfixierte Minderheitenschutz-Verständnis" (Ropers 1994: o.S.) hinaus. Bemerkenswert an der Deklaration ist insbesondere, dass die Existenz von demokratischen Rechtsstaaten als eine Voraussetzung von wirksamem Minderheitenschutz bezeichnet wird.

Auf der europäischen Ebene gilt die Europäische Menschenrechtskonvention (EMRK) von 1950 als das wichtigste Menschenrechtsdokument. Es geht in seiner Wirksamkeit über die UN-Deklaration von 1948 hinaus, da die EMRK für ihre Unterzeichnerstaaten rechtsverbindlich ist. In der 1998 in Kraft getretenen Europäischen Charta der Regional- und Minderheitensprachen geht es um den kulturellen Schutz der Minderheitensprachen. Politische Rechte für Minderheiten wurden dabei ausgeklammert; die einzige verbindliche Festlegung der Beitrittsstaaten war eine Berichtspflicht über die Verwirklichung der im Rahmenübereinkommen niedergelegten Grundsätze.

Der Minderheitenschutz ist innerhalb Europas und hier insbesondere innerhalb der Europäischen Union zu einem bisweilen heiklen Thema der zwischenstaatlichen Beziehungen geworden. Potenzielle Beitrittsländer, wie in den letzten Jahren die mittel- und osteuropäischen Beitrittsstaaten und gegenwärtig die Türkei, werden aufgefordert, grundlegende Bedingungen hinsichtlich des Minderheitenschutzes zu erfüllen. Auch an den baltischen Staa-

3 In Artikel 27 des „Internationalen Pakts über bürgerliche und politische Rechte" heißt es: „In Staaten mit ethnischen, religiösen oder sprachlichen Minderheiten darf Angehörigen solcher Minderheiten nicht das Recht vorenthalten werden, gemeinsam mit anderen Angehörigen ihrer Gruppe ihr eigenes kulturelles Leben zu pflegen, ihre eigene Religion zu bekennen und auszuüben oder sich ihrer eigenen Sprache zu bedienen."

ten wurde im Rahmen ihres EU-Beitritts Kritik geübt, da die dort lebenden russischen Minderheiten nur unter erschwerten Bedingungen die Staatsbürgerschaft erwerben konnten. Gegenwärtig steht die türkische Politik gegenüber den ethnischen und religiösen Minderheiten im Land unter kritischer Beobachtung der europäischen Öffentlichkeit. Diese Anforderungen stießen in den Beitrittsländern immer wieder jedoch auch auf Widerstand und wurden vielfach als „asymmetrisch" empfunden, da hier Rechte gegenüber nationalen Minderheiten gefordert würden, die die westeuropäischen Staaten ihren Zuwandererminderheiten selbst verweigerten. Als problematisch im europäischen Minderheitenschutz hat sich hier die Frage der so genannten alten und neuen Minderheiten erwiesen. So wurde von Seiten der aktuellen und potenziellen Beitrittsländer immer wieder auch auf die erschwerten Bedingungen des Zugangs zur Staatsbürgerschaft hingewiesen, mit denen die neuen Zuwandererminderheiten in Westeuropa konfrontiert seien.

Tatsächlich hat der Minderheitenschutz in Europa erst in den neunziger Jahren eine neue Qualität erfahren. Bis zum Ende der achtziger Jahre wurde Minderheitenschutz hingegen eher restriktiv ausgelegt. Für die westeuropäischen Länder besaß dieser vor allem im Hinblick auf die osteuropäischen Länder Relevanz. Im Hinblick auf westeuropäische Minderheiten, so beispielsweise Basken, Korsen, Nordiren und Wallonier, wurden Schutzmaßnahmen hingegen niedrig gehalten, um diese nicht noch aufzuwerten. Erst nach 1989 wurden Veränderungen in der Minderheitenpolitik sichtbar. Einen wichtigen Faktor hierbei bildete der Zusammenbruch des sozialistischen Staatensystems, der mit einer Renaissance nationalistischer Politik einherging.

Als ein weiterer wichtiger Akteur im Minderheitenschutz ist seit den neunziger Jahren die KSZE (seit 1995: OSZE) in Erscheinung getreten. Im Rahmen der KSZE/OSZE wurden die bisher weitreichendsten Schutzmaßnahmen für Minderheiten erstellt; doch stellen diese Vereinbarungen kein Völkerrecht dar, das einklagbar wäre. Im Juli 1990 wurde anlässlich des Kopenhagener Treffens der Konferenz über die Menschliche Dimension der KSZE ein Dokument verabschiedet, worin Angehörigen nationaler Minderheiten weitgehende kulturelle Freiheiten zugesprochen wurden und die Teilnehmerstaaten sich auf eine Förderung der kulturellen Identität von nationalen Minderheiten festlegten. Beim Thema der politischen Partizipation von Minderheiten kam hinsichtlich des Konzepts einer autonomen Verwaltung kein Konsens zustande, doch wurde dieses Konzept im offiziellen Abschlussdokument ausdrücklich „zur Kenntnis genommen". Auch das Kopenhagener Dokument bekräftigte jedoch, „dass sich Minderheitenrechte lediglich auf staatsloyale Aktivitäten beziehen" (Ropers 1994: o.S.).

Wichtig an dem Kopenhagener Dokument war, dass es als erstes seiner Art die subjektive Wahl der Zugehörigkeit zu einer Minderheit den Individuen selbst zugestand: „Die Zugehörigkeit zu einer nationalen Minderheit ist

Angelegenheit der persönlichen Entscheidung eines Menschen und darf als solche keinen Nachteil mit sich bringen“ (zitiert nach Riegler 1996: 27). Bei einem Expertentreffen der KSZE über nationale Minderheiten, das 1991 in Genf stattfand, wurde zudem erstmals formuliert, dass nicht allein die betroffenen Staaten berechtigt seien, die nationale oder internationale Relevanz von Minderheitenkonflikten zu definieren: „Fragen nationaler Minderheiten sowie die Erfüllung internationaler Verpflichtungen hinsichtlich der Rechte von Angehörigen nationaler Minderheiten sind ein berechtigtes internationales Anliegen und daher eine nicht ausschließlich innere Angelegenheit des jeweiligen Staates“ (zitiert nach Riegler 1996: 27). Der immense Wandel in der Auslegung des Selbstbestimmungsrechts zeigte sich schließlich im Jahr 1991 bei der raschen Anerkennung der staatlichen Unabhängigkeit Sloweniens und Kroatiens durch die Europäische Gemeinschaft und die KSZE.

Im Jahr 1995 erfolgte die Umbenennung der Konferenz für Sicherheit und Zusammenarbeit in Europa in Organisation für Sicherheit und Zusammenarbeit in Europa. Damit war der Wandel von einem Tagungsforum zu einer regionalen Organisation abgeschlossen, und gemäß den Bestimmungen der UN-Charta konnte die OSZE nun als anerkannte regionale Organisation unter der Leitung und Verantwortung des UN-Sicherheitsrats an friedenserhaltenden Maßnahmen in Europa teilnehmen. Im Jahr 1993 wurde das Amt eines Hochkommissars für Nationale Minderheiten geschaffen, das seit 2007 mit dem norwegischen Diplomaten Knut Vollebaek besetzt ist. Formell bezog sich das Mandat des OSZE-Hochkommissars auf interethnische Konflikte, die Auswirkungen auf die zwischenstaatlichen Beziehungen zwischen OSZE-Mitgliedsstaaten haben können, da rein innerstaatliche Konflikte dem Nichteinmischungsgebot unterliegen. Realistischerweise aber haben etwa in Ost- und Mitteleuropa alle ethnischen Konflikte eine zwischenstaatliche Dimension, da in der Regel auch ein „Mutterland“ der Minderheiten in irgendeine Weise in den Konflikt involviert ist. In die Verhandlungen des Hochkommissars sollten nun auch die Organisationen und Verbände der nationalen Minderheiten als Verhandlungspartner eintreten; sie sollten nicht länger bloße Objekte der Verhandlungen bleiben. Gegen diese Maßnahme gab es von manchen OSZE-Mitgliedsstaaten Vorbehalte, die damit einen weiteren Schritt auf dem Weg zur Anerkennung von Gruppenrechten sahen. Allerdings wurde von der OSZE klar gestellt, dass der Hochkommissar ein neutraler Vermittler und kein Anwalt der Minderheiten sein sollte. Eine weitere Beschwichtigungsmaßnahme für Mitgliedsstaaten mit gewalttätigen Minderheiten war das Zugeständnis, dass der Hochkommissar dann nicht aktiv werden dürfe, wenn nationale Minderheiten ihre Anliegen mit terroristischen Mitteln durchzusetzen versuchen.

Ein Grundproblem für die Weiterentwicklung des Minderheitenschutzes bleibt, ob dieser über die individuellen Freiheitsrechte hinaus auch kollektive

Rechte einschließen soll. Die individuell-menschenrechtliche Dimension des Minderheitenschutzes stellt auf den Einzelnen als Mitglied einer Minderheit ab. Dabei geht es sowohl um Diskriminierungsverbote als auch um die Möglichkeit, die eigene Kultur, Sprache, Traditionen etc. auszuleben. Die kollektive Dimension des Minderheitenschutzes zielt auf eine Anerkennung der Minderheit als kollektiven Akteur ab. Es geht dabei etwa um Forderungen nach politischer Repräsentation, aber auch Forderungen nach politischer Selbstbestimmung, regionaler Autonomie etc. gehören in diese Dimension. Unter den europäischen Staaten herrscht dabei ein weitgehender Konsens hinsichtlich einer bildungs- und kulturpolitischen Förderung von Minderheiten. Umstritten sind jedoch Maßnahmen der positiven Diskriminierung (beispielsweise durch Elektorate oder Proporzregelungen), aber auch verschiedene Modelle lokaler beziehungsweise regionaler Autonomie.

Minderheitenprobleme sind seit jeher Gegenstand der zwischenstaatlichen Auseinandersetzungen gewesen. In der Regel betrachten Staaten Minderheitenforderungen in anderen Staaten wohlwollender als auf dem eigenen Territorium. Besonders gilt dies für die so genannten Mutterländer von ethnischen Diasporas. Je nach politischen Grundüberzeugungen schwankt auch die Bewertung von Minderheiten als politischen Akteuren. Staaten mit einer starken republikanischen Tradition, bei Einwanderungsländern auch assimilatorischen Tradition, betonen zumeist die Relevanz von individuellen Grundrechten, so beispielsweise Frankreich und die USA (Riegler 1996: 25).

Festzuhalten ist, dass die Definition von nationalen Minderheiten durch dezisionistische Festlegung der Staaten erfolgt. Wie erwähnt, sind in Deutschland ausländische Zuwanderer aufgrund der nichtdeutschen Staatsangehörigen per se von einem Minderheitenschutz ausgeschlossen. Bislang ungeklärt ist die Frage, ob eingebürgerte Immigranten Minderheitenrechte beanspruchen können. Das Recht auf die Bereitstellung angemessener Möglichkeiten, damit Angehörige von Minderheiten die Minderheitensprache erlernen oder in dieser Sprache unterrichtet werden können (Artikel 14 (2) Rahmenübereinkommen des Europarates zum Schutz nationaler Minderheiten), steht somit nur den anerkannten nationalen Minderheiten zu.

Es sollte hier abschließend zumindest fragmentarisch das Problem des „Gruppenbewusstseins“ umrissen werden. Die Benachteiligung oder Diskriminierung aufgrund der Herkunft reicht nicht aus, um die Minderheiteneigenschaft für eine Zuwanderergruppe beanspruchen zu können. Vielmehr müssen diese Menschen sich selbst als eine Gruppe begreifen, die durch die gemeinsame Kultur, Sprache, Religion und Tradition zusammengehalten wird und beabsichtigt, diese Besonderheit zu erhalten. Tatsächlich aber hat schrittweise eine Diversifizierung der Lebenslagen von Immigranten stattgefunden, die es schwierig macht, von einem „Gruppenbewusstsein“ auszugehen, das auf der Kultur des Herkunftslandes beruht. Ein politisch mobilisierbares Bewusstsein, eine kulturelle Minderheit zu bilden, ist unter den Zuwanderern mit deutscher Staatsangehörigkeit offensichtlich nicht vorhanden.[4] Die Furcht vor traditionalistischen Orientierungen in manchen Migrantenmilieus weckt zudem Skrupel, traditionelle Werte als bewahrenswert zu schützen, die einzelne Mitglieder dieser Gruppen in ihren Freiheiten beschneiden können. So lange öffentliche Debatten um Kopftuchzwang und arrangierte Ehen anhalten, wird sich ein Minderheitenschutz auch für eingebürgerte muslimische Minderheiten in der Bundesrepublik vermutlich nicht realisieren lassen. Allerdings ist damit nicht ausgeschlossen, dass es künftig zu einer Artikulation von Minderheiteninteressen kommen könnte, die auf der Grundlage einer veränderten Wahrnehmung der Beziehungen zwischen Mehrheit und Minderheit diskutiert werden und zu einer Anerkennung neuer nationaler Minderheiten führen könnte.

Erzwungene Assimilation und Ethnozid

Erzwungene Assimilation wird in der Ethnologie mit dem Begriff des Ethnozids belegt. Clastres (2008: 9) bezeichnet Ethnozid als „die systematische Zerstörung der Lebens- und Denkweisen von Leuten, die sich von denen, die das Zerstörungswerk unternehmen, unterscheiden“. Der Ethnozid umfasst die vorsätzliche Vernichtung einer Sprache, Religion oder Kultur, indem die soziale oder kulturelle Selbstbestimmung einer gesellschaftlichen Gruppe durch Umerziehung, Zwangsumsiedlung, Vertreibung oder ähnliche Maßnahmen zerstört wird. Zum Ethnozid gehören auch die Wegnahme von Kindern, das Verbot von Minderheitensprachen und Zwangsbeschulungen. Zentral ist dabei der Aspekt der Vernichtung einer bestehenden Kultur; weniger geht es um die Befähigung von Menschen, sich eine andere Kultur aktiv anzueignen und darauf Lebenschancen aufzubauen. Zwar zielt die Rhetorik der erzwungenen Assimilation häufig darauf ab, die Betroffenen einem höheren Zivilisationsstand zuzuführen,[5] doch verbleiben die solcherart Assimilierten zumeist weiterhin im Status einer sozialen Unterschicht, wie dies zahlreiche Beispiele kolonialisierter Bevölkerungen zeigen.

---

4 Eine privilegierte Zuwandererminderheit, die eine Kulturförderung beanspruchen kann, bilden polnische Immigranten, die diesen Anspruch aus dem Deutsch-Polnischen Vertrag von 1991 ableiten können.

5 So zitiert Clastres (2008: 11) aus einer nicht datierten brasilianischen Staatsdoktrin zur Indianerpolitik: „Unsere Indianer sind Menschen wie wir alle. Aber das Leben in der Wildnis, welches sie in den Wäldern führen, setzt sie Elend und Leid aus. Es ist unsere Pflicht, ihnen dabei zu helfen, sich aus ihrer Zwangslage zu befreien. Sie haben ein Recht darauf, sich in den Stand der Würde eines brasilianischen Staatsbürgers zu erheben, um ganz am Fortkommen der einheimischen Gesellschaft teilzunehmen und um in den Genuss von deren Annehmlichkeiten zu kommen.“

Kulturzerstörung dieser Art ist häufig eine Folge kolonialer Besiedlung und zielt auf ein sukzessives Verblassen des kulturellen Gedächtnisses von Minderheitengruppen ab. So brachte der kanadische Premierminister Harper im Juni 2008 die offizielle Entschuldigung der kanadischen Regierung darüber zum Ausdruck, dass die Kinder kanadischer Ureinwohner über mehr als 100 Jahre hinweg zum Besuch so genannter Residential Schools gezwungen wurden, worin sie – unter teilweise katastrophalen hygienischen und pädagogischen Bedingungen und physischen Sanktionen – zur Übernahme einer sesshaften, an die Mehrheitsgesellschaft angepassten Lebensweise genötigt wurden. In Australien wurden offiziell bis 1969 Kinder australischer Ureinwohner aus ihren Familien zwangsweise entfernt, um sie in Erziehungslagern zu „Weißen“ zu erziehen. Bemerkenswert am Ethnozid ist, dass er im internationalen Recht nicht sanktionsrelevant ist. Vielmehr bleibt es den einzelnen Staaten überlassen, historische Vorkommnisse des Ethnozids aufzuarbeiten und möglicherweise nachträglich materielle Entschädigungen für betroffene Gruppen oder Individuen zu gewähren.

Im Gegensatz zum Ethnozid ist der Genozid ein Straftatbestand, der in der Konvention über die Verhütung und Bestrafung des Völkermordes (beschlossen von der Generalversammlung der Vereinten Nationen am 9. Dezember 1948) niedergelegt ist. Demnach erfüllt den Straftatbestand des Völkermordes,

„[w]er in der Absicht, eine nationale, rassische, religiöse oder durch ihr Volkstum bestimmte Gruppe als solche ganz oder teilweise zu zustören, vorsätzlich
(1) Mitglieder der Gruppe tötet,
(2) Mitgliedern der Gruppe schwere körperliche oder seelische Schäden [...] zufügt,
(3) die Gruppe unter Lebensbedingungen stellt, die geeignet sind, deren körperliche Zerstörung ganz oder teilweise herbeizuführen,
(4) Maßregeln verhängt, die Geburtenraten innerhalb der Gruppe verhindern sollen,
(5) Kinder der Gruppe in eine andere Gruppe gewaltsam überführt.“[6]

Allerdings wird klar, dass die Grenzen zwischen kultureller Vernichtung und mittelbar verursachter physischer Vernichtung hier fließend sind.

Fazit: Das Kontinuum zwischen freiwilliger und erzwungener Assimilation

Die Bemühungen um eine differenzierte Begrifflichkeit zeigen, dass es schwierig ist, eine eindeutige Grenze zu ziehen, wann Assimilation freiwillig

6 Zitiert nach dem Gesetz über den Beitritt der Bundesrepublik Deutschland zu der Konvention vom 9. Dezember 1948 über die Verhütung und Bestrafung des Völkermordes, Artikel 2.

erfolgt und wann diese von der Mehrheitsgesellschaft oder von einem kolonialistischen oder paternalistischen Staat erzwungen wird. Assimilation ist dann erzwungen, schreibt Bauböck (2001b: o.S.), „wenn die Aufgabe einer bisherigen kulturellen Zugehörigkeit zur Bedingung für gleiche Rechte oder soziale Chancen wird". Damit ist das qualifizierende Merkmal für erzwungene Assimilation sehr tief angesetzt, und es müsste – bezogen auf Deutschland – bereits das fast durchgängig monolinguale Schulsystem, das für Migranten der zweiten Generation die Grundlage für soziale Partizipation legt, als eine zwangsweise akkulturierende Institution bewertet werden.

Es führt also zu keinem befriedigenden Resultat, genau qualifizieren zu wollen, wann Assimilation erzwungen ist und wann nicht. Vielmehr sollte sich das Augenmerk darauf konzentrieren, welche Rahmenbedingungen existieren müssen, damit Assimilation tatsächlich *freiwillig* erfolgen kann – sofern diese erwünscht ist –, und dass sie in diesem Fall auch *tatsächlich* erfolgen kann. Ellie Vasta (2007) hat dieses Argument in ein ideales Modell von Multikulturalismus eingebracht, welches sich durch zwei Prinzipien auszeichnet: soziale Gleichheit und Partizipation einerseits und kulturelle Anerkennung andererseits. Ersteres bezieht sich auf eine gleichberechtigte Teilhabe in allen gesellschaftlichen Institutionen, wie Arbeitsmarkt, Bildungssystem, Medien, politische Gremien etc. Voraussetzung für die Durchsetzung dieser Teilhabe ist eine Politik, die Immigranten gleiche Rechte sichert, gleiche Chancen durchsetzt sowie Diskriminierungen bekämpft. Das zweite Prinzip beruht auf der Prämisse, dass Immigranten ein Recht darauf haben, ihre Religion auszuüben, ihre Sprache zu praktizieren und eigene Communities aufzubauen. Ein freier Zugang zur Sprache, Kultur und den Bildungsinstitutionen der Zuwanderungsgesellschaft ist ein notwendiges partizipatorisches Prinzip; diesen Zugang allerdings verpflichtend zu machen und im Fall der Verweigerung mit Sanktionen zu belegen, ist assimilationistisch. Partizipation bedeutet auch, verschiedene Kleiderordnungen in einer Gesellschaft zuzulassen; das Kopftuch aus dem öffentlichen Raum zu verbannen, ist hingegen assimilationistisch. Partizipatorisch ist ein Bildungswesen, das die Einrichtung von Minderheitenschulen unter der Vorgabe qualitativer Standards ermöglicht; assimilationistisch hingegen ist die Hierarchisierung von Herkunftskulturen und die Diffamierung der Mitglieder solcher Kulturen, die als minderwertig erachtet werden.

Assimilation ist nicht denkbar ohne die Aufgabe von Traditionen und kulturellen Besonderheiten. Im Gegenzug jedoch wird eine bessere ökonomische und soziale Position erreicht sowie die rechtliche Gleichstellung der Mitglieder der Minderheitengruppe. Zwang spielt im Assimilationsprozess durchaus eine gewisse Rolle, da in der Regel die Sozialisationsagenturen auf die Mehrheitsgesellschaft hin ausgerichtet sind und Alternativen der schulischen Sozialisation in den meisten Fällen nicht gegeben sind. Für die klassischen Theoretiker Park und Gordon war Assimilation der individuelle Pfad des ökonomischen Aufstiegs. Assimilation löst Gemeinschaftskulturen auf und leistet einem gesellschaftlichen Individualismus Vorschub. Dieser modernistische Zug von Assimilation erscheint mir jedoch nicht primär problematisch. Problematisch werden Haltungen des Assimilationismus dann, wenn Assimilation dienstbar gemacht wird für eine Kultur des individuellen Verschuldens. Der Wandel hin zu einer Politik der Anpassung ist, bei aller nationalistischen Rhetorik, eingebettet in den Rückzug des Staates aus der öffentlichen Wohlfahrtspolitik, wie er in den neunziger Jahren in den europäischen Ländern eingeleitet wurde. Die Rhetorik von der Eigenverantwortung der Migranten wird zum Deckmantel für strukturelle Barrieren und eine assimilationistische Politik, welche mehr und mehr für Strategien der Ausgrenzung genutzt wird. Ellie Vasta (2007: 736) ist darin zuzustimmen, dass diese Politik mehr damit befasst ist, Immigranten an der Messlatte einer nationalen „Leitkultur" zu kategorisieren anstatt tatsächlich gleiche soziale und rechtliche Zugangsbedingungen herzustellen. In dieser Weise verstanden, wird Assimilation eher zu einem Prinzip der Exklusion als der Inklusion von Minderheiten, die als außerhalb einer imaginierten nationalen Gemeinschaft vorgestellt werden. Assimilation wird dann zum Zwang, wenn sie ihr Scheitern allein dem Individuum aufbürdet.

Resultate und Schlussfolgerungen

Die pragmatische Verwendung von Begriffen und Konzepten zur Vergesellschaftung von Migranten wird dadurch erschwert, dass gesellschaftliche Diskurse zu Integration und Assimilation schwer von Theorien zu den denselben Themen auseinander zu halten sind. Normative und beschreibende Entwürfe überlagern einander und machen die eindeutige Grenzziehung schwierig. In dem folgenden Resümee sollen daher zentrale kognitive Strukturen und rhetorische Muster des wissenschaftlichen und politischen Assimilationsbegriffs, wie er in den vorangegangenen Kapiteln analysiert wurde, kompiliert und systematisiert werden. In einem Schritt zuvor soll zunächst die Position der Assimilationstheorie innerhalb der Migrationsforschung dargelegt werden.

Assimilationstheorien und ihre Stellung innerhalb der Migrationsforschung

Seit ihren Anfängen vor etwa 120 Jahren[1] hat sich die Migrationstheorie bemüht, generalisierbare Antworten auf die Frage zu finden, welche Individuen oder Gruppen aus welchen Motiven migrieren. In der Folge entstanden theoretische Ansätze, die sich mit unterschiedlichen Aspekten der Migration und Vergesellschaftung von Migranten befassten.[2] Innerhalb der Migrationsforschung ist die Theoriebildung im Bereich der Vergesellschaftungsprozesse von Immigranten stets ein eher marginaler Bereich geblieben. Die Bildung von Modellen bezog sich vielmehr auf genuine Migrationstheorien, die eine umfassende Erklärung der migrationsauslösenden sozialen und ökonomischen

1 Als Beginn der Migrationsforschung werden die Arbeiten des englischen Demographen E.G. Ravenstein angesetzt. Im Jahr 1889 veröffentlichte er erstmalig seinen traditionsbildenden Aufsatz „The Laws of Migration".

2 Einen Überblick über die verschiedenen Forschungstraditionen und gegenwärtige Forschungsrichtungen geben Blaschke (1997; 2005) und Pries (2001).

Kräfte anstrebten (siehe beispielsweise Castles/Miller 1993; Massey et al. 1998). Integration und Assimilation als Folgen internationaler Wanderungen wurden hierbei häufig ausgeklammert.

Umfassende Theorien im Bereich der Vergesellschaftung wurden schwerpunktmäßig innerhalb der US-amerikanischen Soziologie formuliert. Hingegen wurde der europäischen Migrationsforschung ein genereller Mangel an theoretischer Konzeptionalisierung vorgeworfen (beispielsweise bei Massey et al. 1998: 122). Hier lag der Schwerpunkt der Forschungsaktivitäten vielmehr auf empirischen Studien, die in einer beachtlichen Vielzahl angefertigt wurden, jedoch in ihrer Gesamtheit einen eher marginalen Beitrag zur Bildung theoretischer Erklärungsmodelle geleistet haben. Empirische Studien werden in der Regel von der Verfügbarkeit empirischen Materials geleitet und orientieren sich in der konzeptionellen Durchdringung der Daten eher an einer gegenstandsbezogenen Theoriebildung (siehe Corbin/Strauss 1990). In diesen auf „grounded theory" beruhenden Verfahren erfolgt die Bildung qualifizierender Konzepte und Kategorien im Verlauf des Forschungsprozesses und in der Orientierung am empirischen Material.

In der deutschen Forschung lässt sich ein Schwerpunkt von theoretischen und empirischen Studien zur Integration von Zuwanderern zeitlich in den siebziger und frühen achtziger Jahren festmachen. In dieser Zeit finden Bemühungen um eine übergreifende Theorie der Eingliederung von Zuwanderern statt, welche ausführlich diskutiert wurden (siehe S. 105ff.). Empirische Studien zur Integration hingegen waren thematisch spezialisiert, etwa in Literatur zur zweiten Generation, zur Einwandererfamilie, zu Frauenproblemen, zur Integration auf dem Wohnungs- und Arbeitsmarkt oder zur Freizeitgestaltung (Blaschke 1997: 15).

Insgesamt ist der gegenwärtige Zustand der Migrationsforschung recht unübersichtlich. Vielfältige Ansätze und Paradigmen existieren nebeneinander, und es lassen sich kaum eindeutige Orientierungen bezüglich des empirischen und theoretischen Kenntnisstandes ausmachen (Pries 2001: 56). In den vergangenen Jahrzehnten haben die Paradigmen des wissenschaftlichen Diskurses (Gastarbeiterforschung – Multikulturalismus – Transnationalismus – Neoassimilationismus) rasch gewechselt, ohne eine Kontinuität von Erkenntnis zu ermöglichen. Migrations- und Integrationsforschung erfolgen in unterschiedlichen fachlichen Kontexten, werden betrieben von Soziologen, Politologen, Ökonomen, Geographen, Psychologen, Pädagogen, ohne dass sich nennenswerte paradigmatische Querschnitte über die Disziplinen hinweg ergeben hätten. Auch der Fundus an Überblicksliteratur zur Theoriebildung ist vom Umfang her bescheiden geblieben.[3]

3 Beispielhaft genannt werden sollen hier Treibel (1999); Han (2000); Pries (2001); Oswald (2007).

Assimilationsforschung ist der Versuch, die Komplexität von Vergesellschaftungsprozessen mit Hilfe einer übergreifenden Theorie zu strukturieren. Allerdings lassen sich die in diesem Band analysierten Theorien jeweils nur im Rahmen zeitlich und räumlich begrenzter Prozesse von Einwanderung und anschließender Vergesellschaftung verifizieren. Assimilation, so das Resümee aus den untersuchten Konzepten, ist das Projekt einer „großen Theorie" in der Migrationsforschung, das aber angesichts der Heterogenität faktischen Migrations- und Integrationsgeschehens unweigerlich auf Grenzen stößt.

Versuch der Systematisierung

Was aber ist „die" Assimilationstheorie? Eine einheitliche Assimilationstheorie, soviel sollte deutlich geworden sein, existiert nicht. Stattdessen vereinen sich unter dem Forschungsparadigma der Assimilation, der „Angleichung" an ein anderes kulturelles und gesellschaftliches Bezugssystem, verschiedene Theorien, die Unterschiede in den methodischen Ansätzen und in der Gewichtung der einzelnen Erklärungsvariablen aufweisen. Diese Unterschiede sollen in der folgenden Matrix systematisiert werden (Tab. -10). Berücksichtigt werden die in den früheren Kapiteln vorgestellten Autoren, die dem Kreis von Assimilationstheoretikern zugeordnet werden können. Die Auswahl der Variablen wird im Anschluss an die Matrix erklärt. Leere Felder in der Matrix bedeuten, dass sich zu diesem Thema keine explizite Aussage bei dem betreffenden Autor findet.

Anhand der Matrix wird ersichtlich, dass die Referenzsysteme der verschiedenen theoretischen Konzepte von Assimilation stark divergieren. Dies betrifft nicht nur die unterschiedlichen historischen und räumlichen Bezugsrahmen der Theorien, sondern auch die Ausgestaltung und Gewichtung der einzelnen Erklärungsvariablen. Die Divergenz ist derart erheblich, dass es meiner Einschätzung nach nicht möglich ist, von Assimilation als einem geschlossenen theoretischen Konzept zu sprechen.

Tab. 7: Klassische Assimilationstheorien
Thematische Systematisierung (1): Park, Gordon, Eisenstadt

	Park	**Gordon (1964)**	**Eisenstadt (1954)**
Methodischer Ansatz	evolutionistisch/ interaktionistisch	sozialstrukturell	Rollentheoretisch; Verhalten der Individuen wird geprägt durch die vom sozialen System abhängigen Erwartungen, Werte, Handlungsmuster und Verhaltensweisen
Dimension der Vergesellschaftung	Großstädtischer „Lebensraum"	Urbanisierte Industriegesellschaft	Nationale Einwanderungsgesellschaft
Zyklischer Verlauf / Linearität	Ja; Assimilation als linearer Prozess	Nein; Assimilation vollzieht sich innerhalb eines Spektrums von Aktionsfeldern	Nein; Brüche und Konfliktsituationen im Eingliederungsprozess stehen im Vordergrund. Assimilation findet faktisch nie vollständig statt; in der Realität bilden sich immer Varianten pluralistischer Gesellschaften heraus.
Akkulturation	Wird verstanden als Fusion der Herkunftskulturen. Übernahme der Sprache: ja; darüber hinaus keine kulturelle Norm der Anpassung.	Entscheidende Schlüsselvariable ist strukturelle Assimilation; hat diese stattgefunden, so findet unweigerlich auch Akkulturation statt.	Grad der Akkulturationsanforderung an Einwanderer hängt von der gesellschaftlichen Akzeptanz von Einwanderung ab.
Aufgabe der Herkunftskultur	Keine notwendige Voraussetzung für Assimilation; stattdessen Herausbildung großstadtspezifischer Persönlichkeits- und Rollenmerkmale	Keine notwendige Voraussetzung für Assimilation. Diese ist grundsätzlich sowohl in eine existierende Mehrheitskultur hinein als auch als Fusion mehrerer Kulturen denkbar.	Individuelle Anpassungsleistung wird durch die Struktur der Aufnahmegesellschaft bestimmt.

	Park	Gordon (1964)	Eisenstadt (1954)
Diskriminierung	Diskriminierung und Rassismus bilden unüberwindliche Barrieren für Assimilation.	Diskriminierung und Rassismus bilden unüberwindliche Barrieren für Assimilation.	
Konnubium	Keine notwendige Bedingung für Assimilation.	Keine notwendige Bedingung für Assimilation.	
Rolle der Communities	Keine Berücksichtigung der Lebenswelten der Communities	Keine Berücksichtigung von sozialen Prozessen innerhalb der Gruppen. Individuum bestimmt die Zugehörigkeit zu ethnischer Gruppe selbst.	Ethnische Struktur darf die grundlegende soziale Struktur der Gesellschaft nicht unterminieren.
Soziale Platzierung	Unterschiede im Machtgefälle zwischen sozialen Gruppen werden ausgeblendet.	„Ethclass"; soziales Bezugsfeld wird sowohl durch ethnische Zugehörigkeit als auch durch soziale Platzierung bestimmt.	Soziale Annäherung zwischen Immigranten und Aufnahmegesellschaft als wichtigster Indikator von Assimilation.
Zweite Generation	Assimilation erfolgt fortschreitend im Generationenprozess.	In der zweiten Generation Fortschritt in der Akkulturation, jedoch nicht notwendigerweise in der Assimilation (aufgrund anhaltender struktureller Spannungen auf der Grundlage von Rasse und Religion)	
Kontingenz			Generell beschränkte Reichweite von Theorien der Assimilation

Tab. 8: Klassische Assimilationstheorien
Thematische Systematisierung (2): Bogardus, Taft, Richardson

	Bogardus (1931)	**Taft (1957)**	**Richardson (1957)**
Methodischer Ansatz	evolutionistisch	sozialpsychologisch	sozialpsychologisch
Dimension der Vergesell-schaftung	Nationale Einwande-rungsgesellschaft: weiße Mehrheits-gesellschaft, farbige Einwanderer	Subjektive Anpas-sung des Individuums an ein bestehendes Normensystem	Anpassung des Indi-viduums an ein be-stehendes Normen-system
Zyklischer Verlauf / Linearität	Prozess / 7-Stufen-Modell	Prozess / 7-Stufen-Modell; variable Ab-folge der Stufen	
Akkulturation		Akkulturation als ent-scheidende Variable im Assimilationspro-zess	Geringe kulturelle Distanz zwischen bri-tischen Einwanderern und australischer Mehrheitsgesellschaft
Aufgabe der Herkunfts-kultur		Herkunftskultur wird durch Übergang zur Fremdgruppe abgelegt.	
Diskriminie-rung	Diskriminierung und Rassismus bilden un-überwindliche Barrie-ren für Assimilation.	Interventionen der Aufnahmegesell-schaft in den Assimi-lationsprozess blei-ben unberücksichtigt.	
Konnubium			
Rolle der Communities			
Soziale Platzierung			Angleichung von makrosoziologischen Indizes (Absorption)
Zweite Generation	Assimilation der zweiten Generation wird behindert, falls fortgesetzte Diskrimi-nierung stattfindet.	Generationenprozess spielt in der Analyse keine Rolle.	
Kontingenz	Bei fehlender Aus-grenzung findet As-similation not-wendigerweise statt.		

Tab. 9: Neoassimilationistische Modelle
Thematische Systematisierung (3): Barkan, Alba/Nee, Portes/Zhou

	Barkan (1995)	**Alba/Nee (2003)**	**Portes/Zhou (1993)**
Methodischer Ansatz	Sozialstrukturell / systemtheoretisch	Sozialstrukturell / systemtheoretisch	Sozialstrukturell / systemtheoretisch
Dimension der Vergesell-schaftung	Assimilation erfolgt in „Kerngesellschaft" bzw. „Kernkultur" hinein.	Einmündung von Assimilation in den „American mainstream". Vorstellung einer „composite culture"	Assimilation erfolgt als Anpassung an die Normen sozialer Subkulturen.
Zyklischer Verlauf / Linearität	Multidimensionales Modell; nicht linear	Nicht linear	Nicht linear
Akkulturation	Akkulturation wird verstanden als Aufgabe der Herkunftskultur; ist relevant für Assimilation, nicht für Integration.	Im Vordergrund steht „Humankapital"-Ansatz; Akkulturation ist diesem Ansatz untergeordnet.	Milieu bzw. Subkultur als kultureller Referenzrahmen
Diskriminie-rung		Grundsätzliche Veränderbarkeit von sozialen Grenzen ist notwendige Voraussetzung für Assimilation.	Diskriminierung verhindert den sozialen Aufstieg in die autochthone Mittelschicht.
Konnubium			
Rolle der Communities	Unterscheidung zwischen Integration (Beibehaltung der „ethnischen Identität") und Assimilation (Aufgabe der „ethnischen Identität")	Ethnische Zuschreibungen werden im Assimilationsprozess irrelevant für die Besetzung sozialer Positionen; grundsätzliche Möglichkeit unterschiedlicher Strategien und Resultate von Assimilation in den verschiedenen ethnischen Gruppen.	Community stellt soziales Kapital, das für den sozialen Aufstieg förderlich sein kann.

Fortsetzung nächste Seite

	Barkan (1995)	Alba/Nee (2003)	Portes/Zhou (1993)
Soziale Platzierung	Entscheidend für die Inklusion in die Aufnahmegesellschaft	Entscheidend für die Inklusion in die Aufnahmegesellschaft	Anpassung an die Subkultur mit sozialem Abstieg verbunden. Exklusion wird durch ethnische Grenzziehungen plus ökonomische Segregation bedingt.
Zweite Generation		Assimilation erfolgt im generationellen Prozess.	Generationensequenz ist entscheidende Variable der Assimilation.
Kontingenz	Assimilation ist lediglich eine von mehreren möglichen Varianten der Vergesellschaftung von Einwanderern.	Eingeschränkte Relevanz von Assimilation; ist nur eine von mehreren möglichen Varianten im Vergesellschaftungsprozess.	Assimilation ist kein notwendig verlaufender Prozess.

Tab. 10: Thematische Systematisierung (4): Esser

	Esser
Methodischer Ansatz	Methodischer Individualismus; handlungstheoretisch
Dimension der Vergesellschaftung	Assimilation erfolgt in funktional differenzierte moderne Gesellschaften; individuelle Anpassung an die „Eigengesetzlichkeit der Systeme" (v.a. Bildungssystem und Arbeitsmarkt). Bildungssystem als nationalstaatlich determinierte Institution; Assimilation kann nur im Rahmen des Nationalstaats erfolgen.
Zyklischer Verlauf / Linearität	Nicht linear
Akkulturation	Kulturelle Orientierung an Aufnahmegesellschaft ist notwendige Voraussetzung für die erfolgreiche Sozialintegration des Individuums.
Diskriminierung	Einstellungen der Aufnahmegesellschaft werden aus der handlungstheoretischen Perspektive heraus nicht berücksichtigt.
Konnubium	
Rolle der Communities	Mehrfachintegration in Aufnahmegesellschaft und ethnische Community = Integration. Assimilation ist mit Sozialintegration in der ethnischen Community nicht vereinbar. Ethnische Differenzierung von Gesellschaften ist notwendigerweise mit vertikaler sozialer Ungleichheit verbunden.
Soziale Platzierung	Soziale Platzierung ist abhängig von der individuellen Anpassung an die „Eigengesetzlichkeit der Systeme" (v.a. Bildungssystem und Arbeitsmarkt).
Zweite Generation	Assimilation ist im Wesentlichen ein intrapersonaler Prozess. Generationenfaktor wird im Assimilationsprozess relativiert durch den Faktor des kulturellen Hintergrundes.
Kontingenz	

Im Folgenden soll die Spannbreite der einzelnen Theorieansätze hinsichtlich der zentralen Erklärungsvariablen diskutiert werden:

Methodischer Ansatz: Die Entscheidung für einen bestimmten methodischen Ansatz enthält bereits implizit Prämissen und Weltbilder, die erkenntnisleitend wirken. Mit der Wahl einer bestimmten Methode verbinden sich Anschauungen über die Rolle von Akteuren und deren Gewichtung innerhalb eines sozialen und politischen Gefüges. Die Erklärung von Assimilation erfolgt bei den einzelnen Autoren von unterschiedlichen Ausgangspunkten aus. So gehen evolutionistische Ansätze davon aus, dass sich Assimilation notwendigerweise und gewissermaßen von selbst einstellt, sofern Störvariablen aus diesem Anpassungsprozess ausgeschlossen werden können. Sozialstrukturelle Ansätze heben darauf ab, dass primär die soziale Positionierung von Einwanderern über das Gelingen von Assimilation entscheidet. Bei interaktionistischen Ansätzen steht die Auseinandersetzung zwischen dem Individuum und seiner Umwelt im Vordergrund. In ähnlicher Weise verstehen rollentheoretische Ansätze Assimilation als einen Vorgang, der sich in der Auseinandersetzung zwischen dem Individuum und der geforderten Systemkonformität vollzieht. Die Dynamik dieser Auseinandersetzung steht dabei im Vordergrund. Davon unterscheiden sich sozialpsychologische Ansätze, indem sie die Betrachtungsweise ganz auf das Verhalten des Individuums lenken und Devianzen der Anpassung als ein individuell zu bewältigendes Problem deuten. Handlungstheoretische Ansätze wiederum sind – ganz ohne Bezug auf psychologische Deutungen – auf eine rein funktionalistische Systemanpassung des Individuums fokussiert. Die Entscheidung für einen dieser methodischen Ansätze bedeutet zugleich eine Akzentsetzung für die Erklärungsvariablen von Assimilation. Die auf diesen Prämissen aufbauenden Erkenntnisse tragen zu wichtigen Ausdeutungen hinsichtlich der Rolle politischer Programme, der Verpflichtung von Akteuren, der Gestaltung zentraler sozialer Agenturen (z.B. Schule, Arbeitsmarkt, Recht) für die Vergesellschaftung von Immigranten bei. In diesem Sinne entscheidet die Methodenwahl auch über die praktische Anwendbarkeit der Theorie und ihre programmatische Ausgestaltung. Dies betrifft die Migrationsforschung umso mehr, als die Resultate dieser Forschung gegenwärtig eine derart starke politikgestaltende Relevanz besitzen wie wohl sonst in nur wenigen Politikbereichen.

Dimensionen der Vergesellschaftung: Assimilationsforschung ist implizit oder explizit auf den Nationalstaat bezogen. Dennoch bleibt die Perspektive der Vergesellschaftung in eine kulturell oder patriotisch ausgedeutete „Nation“, wie dies beispielsweise im politischen Diskurs um eine „Leitkultur“ geschieht, in den theoretischen Konzepten eher marginal. Bezugspunkt in der Ära der großen amerikanischen Einwanderungsbewegungen waren viel stärker die wachsenden Großstädte und eine expandierende Industriegesellschaft mit ihren Ausprägungen typisch städtischer Lebensstile. In den neoassimilationistischen Theorien hingegen tritt die systemtheoretische Perspektive einer Eingliederung in soziale Subsysteme stärker hervor. Den Bezugspunkt von Assimilation bilden dabei funktional ausdifferenzierte soziale Systeme, wie Wirtschaft, Recht, Politik, Wissenschaft, etc., nicht aber Gruppen der Mehrheitsgesellschaft. Bommes (2005) hat in diesem Zusammenhang darauf hingewiesen, dass sich kulturelle Vielfalt und Assimilation in einer systemtheoretischen Perspektive nicht notwendigerweise widersprechen müssen. Faktisch ist in vielen Subsystemen die Erwartung einer kulturellen Anpassung nicht (mehr) vorhanden. Beispielsweise orientieren sich Schulen inzwischen daraufhin, keineswegs mehr eine kulturell homogene Schülerschaft zu produzieren, sondern vielmehr sollen Schüler Fähigkeiten ausbilden, die sie dazu befähigen, am Bildungssystem zu partizipieren. Gesundheitsdienste stellen ihre Dienstleistungen immer mehr auf eine kulturell heterogene Klientel ein. In diesem Sinne erfolgt Assimilation an die sozialen Subsysteme in einer kulturtranszendierenden Weise.

Assimilation, so soll hier resümierend festgehalten werden, ist in den theoretischen Konzepten nicht per se gleichzusetzen mit Nationalismus.

Zyklischer Verlauf und Linearität: Linearität im Assimilationsprozess impliziert die Vorstellung, dass Assimilation ein – bei gegebener Abwesenheit von Störfaktoren – gewissermaßen naturwüchsiger Vorgang sei, der sich über eine Abfolge bestimmter Anpassungsstufen vollzieht. Linearität aber, so zeigt die Matrix, spielt nur in einigen klassischen Theorien tatsächlich eine Rolle. Nicht lineare Vorstellungen hingegen gehen davon aus, dass sich Assimilation in Abhängigkeit mehrerer Variablen vollzieht, die weder in ihrer Reihenfolge festgelegt sind, noch in allen diesen Dimensionen tatsächlich eine erfolgreiche Anpassung zeitigen müssen. Assimilation, so die Folgerung, kann auch nur partiell erfolgen und sich beispielsweise in erfolgreicher wirtschaftlicher Eingliederung manifestieren, nicht aber in kultureller Anpassung oder sozialer Interaktion mit der Zuwanderungsgesellschaft. Die einzelnen Konzepte sind auch daraufhin zu untersuchen, wie in ihnen zwischen Assimilation als Prozess und Assimilation als Resultat erfolgreicher Anpassung differenziert wird.

Akkulturation / Aufgabe der Herkunftskultur: Akkulturation gilt in einem weitläufigen Verständnis als die entscheidende Variable, welche Assimilation von der bloßen Integration abhebt. Die vorgestellten Theorien unterscheiden sich jedoch in der Bewertung der kausalen Funktion von Akkulturation. In den frühen amerikanischen „melting pot"-Konzeptionen wird Akkulturation als die Fusion unterschiedlicher Herkunftskulturen und die Herausbildung einer neuen gemeinsamen kulturellen Orientierung verstanden. In anderen Ansätzen wird Akkulturation als die Schlüsselvariable einer erfolgreichen Assimilation bewertet; diese könne erst dann bewerkstelligt werden, wenn sich das Individuum aktiv kulturelle Fähigkeiten und Werte der Zuwanderungsgesellschaft angeeignet habe. Ein drittes Spektrum von Theorien wiederum hebt auf die Notwendigkeit einer vorherigen sozialen und strukturellen Assimilation des Individuums ab, bevor in einem weiteren Schritt Assimilation sich gewissermaßen von selber einstelle. Mit der Variablen der Akkulturation verbunden ist die Frage, wie in den Theorien Assimilation und das Ablegen der

Herkunftskultur in einen Zusammenhang gebracht werden. Hier finden sich nur vereinzelt Antworten, welche sich auf die generelle Auskunft verkürzen lassen, dass die Beibehaltung der Herkunftskultur Assimilation zwar nicht verhindere, jedoch im Allgemeinen eine (notwendige) Folge von erfolgreicher Assimilation sei.

Hinsichtlich politischer Strategien der Sprachförderung und kulturellen Eingliederung von Einwanderern (Stichwort: Orientierungskurse in der bundesrepublikanischen Integrationsförderung), der Förderung von Ein- oder Mehrsprachigkeit lassen sich aus den Assimilationstheorien selbst daher keine eindeutigen Optionen ableiten.

Diskriminierung: Diskriminierung, ob aus Gründen struktureller Ausgrenzung (fehlende rechtliche Gleichstellung etc.) oder aufgrund ablehnender Einstellungen der Mehrheitsbevölkerung, wird bei den einzelnen Autoren in unterschiedlichem Ausmaß thematisiert. Für die meisten Autoren ergibt sich daraus die – bisweilen lapidare – Feststellung, dass Assimilation nicht stattfinden könne, wenn Diskriminierung und Rassismus ein gewisses tolerierbares Maß überschreiten. Lediglich bei Esser bleiben Einstellungen der Mehrheitsgesellschaft aus einer handlungstheoretischen Perspektive heraus unberücksichtigt.

Konnubium: Eheschließungen zwischen Angehörigen verschiedener Herkunftsgruppen spielen in den Theorien keine Rolle als notwendiger Faktor der Assimilation. Für die meisten Theoretiker ist das Konnubium derart irrelevant, dass es gar nicht thematisiert wird. Auch in den historischen Vergesellschaftungsprozessen von Einwanderern und ihrer diskursiven Aufbereitung sind Heiratsstrategien kaum als ein Faktor von Assimilation in Erscheinung getreten. Beispielsweise bildeten, wie an früherer Stelle gezeigt wurde, in der jüdischen Emanzipationsbewegung im 19. Jahrhundert christlich-jüdische Eheschließungen kein herausragendes Element im Assimilationsprozess. Das Konnubium als verbindlicher Assimilationsfaktor spielt allenfalls in Strategien der erzwungenen Kreolisierung eine Rolle.

Rolle der Communities: Ein großes Manko der unterschiedlichen Assimilationskonzepte ist es, dass die funktionale Bedeutung der Communities im Vergesellschaftungsprozess in keiner angemessenen Weise untersucht wird. Die Aussagen in den Theorien begründen sich auf Annahmen, die ihrerseits nicht durch empirische Forschung verifiziert werden. Strategische Veränderungen in der Rolle der Communities bleiben unberücksichtigt, was insbesondere ihre Funktion im Vergesellschaftungsprozess der zweiten und nachfolgender Generationen betrifft. Für letztere haben ethnische Netzwerke nicht mehr die Funktion der Orientierung in einer fremden Umgebung. Vielmehr haben Netzwerke hier mit Opportunitäten zu tun, die sich entweder im Zuge einer globalisierten Ökonomie oder auch nationaler Förderpolitiken bieten. Communities agieren grundsätzlich strategisch; diese Einsicht wird in den diskutierten Assimilationstheorien nicht berücksichtigt.

Soziale Platzierung: Soziale Ungleichheit zwischen Zuwanderern und Mehrheitsgesellschaft und ihr Einfluss auf eine Assimilation wird in unterschiedlicher Weise in den Blick genommen. Frühe Theorien in der ersten Hälfte des 20. Jahrhunderts thematisieren die soziale Platzierung von Migranten nicht, da davon ausgegangen wurde, dass aufgrund der industriellen Expansion der soziale Aufstieg für alle Gruppen gewährleistet sei. Die soziale Position von Immigranten rückt jedoch in späteren sozialstrukturell und systemtheoretisch orientierten Konzeptionen stärker in den Mittelpunkt: Assimilation werde nur dann möglich, wenn die soziale Platzierung von Migrantenbevölkerungen einen Aufstieg über das Bildungssystem und einen offenen formellen Arbeitsmarkt überhaupt zulasse. Diese soziale Mobilität ist dann mit Hilfe politischer Interventionen herzustellen. Eine kontrastierende Sichtweise wiederum bietet Esser, der die soziale Platzierung abhängig macht von der individuellen Anpassungsleistung der Einwanderer an die verschiedenen gesellschaftlichen Subsysteme.

Zweite Generation: Die Variable der zweiten Generation rührt an die Frage, ob Assimilation überhaupt als individueller Vorgang innerhalb der Spanne eines Menschenlebens zu bewerkstelligen ist oder ob es sich um einen Gruppenprozess handelt, der nur in der zeitlichen Spanne mehrerer Generationen vorstellbar ist. Zugleich geht es um die Frage, ob Assimilation ein im Verlauf der Generationen notwendig fortschreitender Prozess ist. Hier findet sich bei den Autoren eine große Spannbreite von Einschätzungen. Gordon und Bogardus weisen insbesondere darauf hin, dass die Assimilation der zweiten Generation aufgrund struktureller Spannungen und fortgesetzter Diskriminierung stark beeinträchtigt werden könne. Für die Autoren des Ansatzes der segmentierten Assimilation ist die zweite Generation und die Art ihrer Anpassung die zentrale Variable, die über den Verlauf des Assimilationsprozesses einer Migrantengruppe entscheidet.

Kontingenz: Kontingenz in der Assimilationsforschung heißt danach zu fragen, ob in einem gegebenen historischen Einwanderungskontext Assimilation zwangsläufig erfolgt oder ob nicht stattdessen auch irgendeine andere Art von Vergesellschaftung stattfinden könne. Nur ein Teil der Autoren gibt auf diese Frage eine explizite Antwort. Mit Ausnahme von Bogardus, welcher argumentiert, dass Assimilation in jedem Falle das Resultat eines ungehinderten Vergesellschaftungsprozesses sei, sofern keine Ausgrenzung der Einwanderer durch die Mehrheitsgesellschaft stattfinde, besteht bei den übrigen Autoren ein Konsens darin, dass die faktische Reichweite von Assimilationstheorien beschränkt ist und Assimilation lediglich als eine von mehreren möglichen Varianten der Vergesellschaftung denkbar ist.

Die obige Matrix zeigt eine starke Breite an Themensetzungen, Gewichtungen und Betrachtungsweisen, die es unmöglich macht, Assimilationstheorie als ein homogenes Paradigma mit eindeutiger Forschungsperspektive zu verstehen. Den kleinsten gemeinsamen Nenner sehe ich in der Perspektive von Gleichheit und Ungleichheit. Generell spielt die Perspektive der strukturellen Ausgrenzung und Diskriminierung für die Assimilationstheoretiker keine erkenntnisleitende Rolle; vielmehr geht es ihnen darum, Angleichungen und Annäherungen in den Blick zu nehmen. Faktoren, welche Angleichung verhindern, werden dabei tendenziell vernachlässigt. Assimilation, so lässt sich aus dem obigen Schema resümieren, ist eine Form der Vergesellschaftung, die sich unter gewissen historischen und strukturellen Voraussetzungen vollzieht, die aber keinesfalls den Charakter der Notwendigkeit besitzt. Assimilation ist ein ex ante weder zu prognostizierendes noch zu postulierendes Prinzip der Vergesellschaftung.

Die Auseinandersetzung mit Assimilationstheorien, so wurde im Eingangskapitel argumentiert, könne auch heute noch bereichernd für die kritische Reflexion der generellen Steuerbarkeit von Integrationsprozessen wirken. Liest man diese Autoren genauer, so erkennt man, dass Assimilation, gemeint als die strukturelle und kulturelle Angleichung der Zuwandernden an die Aufnahmegesellschaft, durchaus kein unausweichliches Resultat des Vergesellschaftungsprozesses ist. Versteht man Assimilationstheorien als eine normative Vorgabe, wie die Vergesellschaftung zu verlaufen habe, um etwa Gleichheit oder gesellschaftliche Kohärenz herzustellen, so widerspricht dies der Intention der meisten dieser Autoren. Die Auseinandersetzung mit Assimilationstheorien kann jedoch bereichernd in dem Sinne wirken, als diese stark um eine Modellbildung bemüht sind und versuchen, eine komplexe Realität auf eine begrenzte Anzahl von Erklärungsvariablen zu reduzieren. Diese Variablen sind jedoch anhand empirischer Studien kritisch zu überprüfen.

Zu fragen wäre abschließend, wo in der gegenwärtigen Situation einer diversifizierten Zuwanderung und einer starken Heterogenisierung von Zuwandererbevölkerungen Assimilationstheorien noch ihre Berechtigung in der Forschung haben. Die Assimilationsforschung alter Prägung, so argumentiert Blaschke (o.J.: 2), sei obsolet, vor allem weil sie sich auf einen rein nationalstaatlichen Kontext beziehe. Die Entwicklung von ethnischen Communities zu transstaatlichen Diasporas mache die Assimilationsforschung künftig hinfällig. Blaschke favorisiert hingegen ein Konzept der Migrationskonfiguration, das die spezifischen historischen und ökonomischen Kontexte zwischen

Herkunfts- und Zuwanderungsland einbezieht. Er bestimmt damit einen Horizont der Analyse, der unverzichtbar für das Verständnis faktischer Entwicklungen in der Vergesellschaftung von Immigranten ist. Dennoch bleibt der Nationalstaat eine wichtige Referenz, um Entwicklungen sozialer und struktureller Ungleichheit in den Blick zu bekommen. In dieser Perspektive behält auch das Assimilationsparadigma seine Relevanz, wenn es nämlich quantitativ operationalisiert wird im Rahmen der empirischen Untersuchung von Ungleichheit zwischen Bevölkerungsgruppen unterschiedlicher kultureller und sozialer Herkunft. Assimilation darf jedoch nicht als normatives Prinzip verstanden werden, das a priori Anpassungsleistungen von Akteuren fordert, ohne über kausale Zusammenhänge Auskunft geben zu können. Vielmehr muss das Assimilationsparadigma in der Perspektive einer Ungleichheitsforschung als ein quantifizierendes Instrumentarium verwendet werden, das eine Orientierung innerhalb einer empirischen Strukturdatenanalyse ermöglicht. Um politische Forderungen aus diesen Befunden abzuleiten, bedarf es jedoch einer profunden qualitativen Forschung, wofür die Assimilationstheorie selbst kein geeignetes Instrumentarium zur Verfügung stellt.

In der gegenwärtigen Forschung zu Migration und Vergesellschaftung von Migranten zeichnet sich keine hegemoniale Theorie ab. Erklärungsmuster des Neoassimilationismus stehen neben solchen des Transnationalismus, ohne dass sich ein einheitliches theoretisches Paradigma abzeichnet. In der Theorie der kommenden Jahre wird es auch nicht darum gehen, ein einheitliches Paradigma zu schaffen. Zu vielfältig sind die Phänomene, zu vielgestaltig ist auch der Kreis der Akteure. Das nationalstaatliche Paradigma hat wenig zur Lösung offener Probleme beitragen können. So konzentriert sich das Forschungsinteresse im ersten Jahrzehnt des neuen Jahrhunderts auf Prozesse der Vergesellschaftung auf lokaler Ebene und Möglichkeiten ihrer politischen Steuerun1g (siehe beispielsweise Gesemann/Roth 2009). Daneben bilden die Entwicklungen internationaler Migration und ihr Einfluss auf die europäischen Staaten einen weiteren Schwerpunkt. Zwischen diesen Ebenen wird künftig das Nationalstaatsparadigma zu verorten sein – der Nationalstaat als ein nach wie vor wichtiger Akteur in der Migrationssteuerung und als Instanz der politischen Rahmensetzung, dessen Einflussnahme auf tatsächliche Vergesellschaftungsprozesse jedoch beschränkt bleibt.

Assimilation als diskursives Konzept

Die politische Verwendung des Assimilationsbegriffs ist primär auf einer diskursiven, symbolischen Ebene von Politik angesiedelt und hat – zumindest in den Einwanderungsländern der westlichen Hemisphäre – im Allgemeinen wenig mit der politisch-administrativen Realität im Umgang mit Zuwanderung und Integration zu tun. Dennoch hat er als diskursives Konzept immer wieder einen großen Einfluss auf die Wahrnehmung von Einwanderern und ihrer Problemen ausgeübt. Die Absicht dieser Studie war es, diese diskursiven Konzepte nachzuzeichnen und sie mit der Realität von Integrationspolitik zu kontrastieren.

Diskurse der Assimilation entstanden erstmals im Kontext der Nationalstaatsbildung und bezogen sich in Deutschland zunächst auf die bürgerliche Gleichstellung der jüdischen Minderheit. Im geschichtlichen Verlauf verloren sie ihre Relevanz in einer Ära völkischer Ideologie, die stattdessen von Ideen und Strategien der Ausgrenzung dominiert war. In einer modifizierten Form lebt das Assimilationsparadigma in der zweiten Hälfte des 20. Jahrhunderts im Rahmen der politischen Integrationsdebatte um Immigranten wieder auf. In seiner Wertigkeit ist das Paradigma nunmehr stark ambivalent, und es bezieht seine diskursive Dynamik aus der Kontrastierung mit multikulturellen und transnationalen Konzepten der Vergesellschaftung. Der historische Kontext, in den das Assimilationsparadigma eingebettet ist, lässt sich durch eine stark anwachsende internationale Migration einerseits und einen ideellen Kontext transnationaler Ideenbildung andererseits charakterisieren.

Über die Jahrhunderte hinweg bleibt im Assimilationsbegriff das rhetorische Postulat der Anpassung einer Minderheit an die Mehrheit erhalten. Ein typisches rhetorisches Muster ist es dabei, von einer Minderheit zunächst Anpassung einzufordern, um dieser im Gegenzug Rechte und Teilhabe zu verleihen. Dieses Prinzip wurde im Kapitel über die jüdische Emanzipation im 19. Jahrhundert eingehend diskutiert; zeitgenössische Ausläufer dieser Politik finden sich in einer Politik des „Forderns und Förderns“, welche im Zuge des Sozialstaatsumbaus seit den neunziger Jahren nicht nur, aber besonders in Bezug auf Immigranten postuliert wird. Zugleich aber werden seit dem 19. Jahrhundert unterschiedliche Phasen der Eingrenzung und Ausgrenzung von zugewanderten Minderheiten sichtbar, die durch den jeweiligen zeitgeschichtlichen Kontext strukturiert sind. Deutlich wird, dass diese historischen Diskurse – allgemeine bürgerliche Gleichstellung in der jüdischen Assimilation im 19. Jahrhundert, Aufbau eines regulierten nationalen Arbeitsmarktes in der wilhelminischen Ära bis in die zwanziger Jahre, völkische und rassistische Ideen nach dem ersten Weltkrieg – einen Einfluss zeitigen auf ein jeweiliges zeitbedingtes Verständnis von Assimilation. Assimilation erweist sich in unterschiedlichen diskursiven Kontexten als ein dehnbares Konzept, das sich zur Aufnahme vielfältiger Vorstellungen von Anpassung eignet.

Die rhetorischen Figuren wechseln in den einzelnen historischen Diskursen zu Assimilation:

Im 19. Jahrhundert erscheint die Assimilation der jüdischen Minderheit als Vehikel einer allgemeinen politischen Emanzipation des Bürgertums. Die Durchsetzung des Gedankens einer gleichberechtigten bürgerlichen Partizipation erfolgt gewissermaßen exemplarisch anhand der rechtlichen Gleichstellung der Juden in Deutschland. Assimilation erscheint hier im Gewand der abstrahierten politischen Gleichheit aller männlicher Mitglieder einer bürgerlichen Mittelschicht. Assimilation erfolgt auf einer individuellen Basis und bedeutet im Gegenzug die Preisgabe der religiösen und kulturellen Tradition.

In einer völlig anderen Diskursperspektive erscheint der Assimilationsbegriff hingegen in der völkischen Ideologie in der ersten Hälfte des 20. Jahrhunderts. Assimilation äußert sich in einer aggressiven Rhetorik von Inklusion und Exklusion und wird als Ausdrucksform „völkischer Rückgratlosigkeit" abgewertet. Charakteristisch ist die antimodernistische Kritik, die hinter der Ablehnung von Assimilation steckt. Diese Kritik greift das inhärent individualistische Prinzip von Assimilation auf und kehrt es in einer negativen Konnotation gegen das gemeinschaftsorientierte Kohärenzprinzip des Völkischen. Assimilationsabwehr und Antimodernismus bilden in diesem Diskurs einen gemeinsamen ideologischen Kontext.

Im Zuge der Masseneinwanderung seit dem zweiten Weltkrieg wird der Assimilationsbegriff in Deutschland, aber auch in anderen europäischen Ländern zunehmend durch den vermeintlich unbelasteteren Integrationsbegriff ersetzt. Hierbei bestehen signifikante Differenzen zwischen der begrifflichen Verwendung von „Integration" und „Assimilation" in einem wissenschaftlichen und in einem politischen Kontext. In den Assimilationstheorien wird der Integrationsbegriff in einer funktionalistischen Weise verwendet: Auf einer individuellen Ebene bezeichnet er einen Zustand der persönlichen Integrität (etwa im Sinne von „mit sich im Reinen sein"), der unabhängig von der speziellen Form der Einbindung des Individuums in die Aufnahmegesellschaft ist; auf einer kollektiven Ebene drückt er eine funktionale Stabilität von Systemen aus. Eine konsensuale wissenschaftliche Definition des Integrationsbegriffs in Bezug auf die Vergesellschaftung von Migranten ist hingegen nicht erfolgt. Auf der Ebene des politischen Diskurses hat sich der Integrationsbegriff als gewissermaßen kleinster gemeinsamer Nenner der Rede von der Vergesellschaftung von Immigranten über die politischen Lager hinweg etabliert. Sein Vorzug ist seine inhaltliche Unbestimmtheit, die sich in der politischen Repräsentation immer wieder auch als konsensstiftend bewährt hat.

Im öffentlichen Diskurs wird der Assimilationsbegriff hingegen tabuisiert oder offen abgelehnt. Assimilation wird assoziiert mit der Unterdrückung einer Herkunftskultur, welche die psychische Integrität der Person beschädige. Wie die obige Matrix zeigt, hat diese Konnotation von Assimilation in der wissenschaftlichen Begriffsdefinition jedoch keine Entsprechung. In der öffentlichen Rhetorik unbemerkt, hat der politische Integrationsbegriff Elemente des ursprünglichen wissenschaftlichen Assimilationsbegriffs eingebunden. Beispielsweise werden im öffentlichen Diskurs Vorausleistungen von Immigranten eingefordert, um integriert zu werden. Diese Vorausleistungen beziehen sich beispielsweise auf den Spracherwerb als Voraussetzung für berufliche Eingliederung und auf die Anerkennung einer „Leitkultur", um Partizipation einfordern zu können. Wie im Kapitel über den bundesrepublikanischen Assimilationsdiskurs gezeigt wurde, übernimmt der öffentlich zulässige Integrationsbegriff damit in normativer Weise Kriterien der Anpassung, die aus den klassischen Assimilationstheorien stammen. So ist die seit 2005 praktizierte Integrationspolitik der Bundesregierung in erster Linie eine Politik der Sprach- und beruflichen Eingliederungsförderung und geht dabei auf die Klassifikationen der kulturellen und strukturellen Assimilation zurück.

Diskurse um Integration und Assimilation sind symbolische Diskurse. Sie umfassen eine Sphäre der Politikrepräsentation, die mit der Realität „praktischer" Integration wenig zu tun hat. Zwar kommt diesen Begriffen eine beträchtliche symbolische Bedeutung zu, doch ist die politische und administrative Realität von Integrationspolitik in den europäischen Nationalstaaten, und hier paradigmatisch in Deutschland, so fortgeschritten, dass der Nationalstaat mit seinem Homogenisierungsanspruch und seiner Definitionsmacht von sozialer und rechtlicher Inklusion nur ein Akteur unter anderen ist. Das imaginäre Homogenitätsprinzip einer „deutschen Kulturnation" hat sich zu keinem Zeitpunkt durchsetzen können. Viel stärker und realitätsbestimmender als das Konzept der Kulturnation hat sich der Wohlfahrtsstaat mit seinen Mechanismen von sozialer Inklusion und Exklusion durchgesetzt. Zwar entfalten Traditionen des Kulturnationalismus auch gegenwärtig ihre Wirkung, wenn die westeuropäischen Staaten verstärkt auf Integrationsstrategien des Spracherwerbs und der Integrationskurse setzen. Tatsächlich aber geht es darum, Nationalstaaten „fit" zu machen für den globalisierten Wettbewerb um Arbeits- und Absatzmärkte. Es geht um eine Mobilisierung von Enklaven, von Nischenökonomien und -kulturen im Sinne einer überstaatlichen Wettbewerbsfähigkeit. In diese Dynamik werden auch Zuwanderer – seien diese legal oder illegal aufhältig – einbezogen. Kritiker gegenwärtiger nationalstaatlicher Integrationspolitiken in den westeuropäischen Staaten pflegen bisweilen von einer Tendenz zum Neonationalimus zu sprechen. Tatsächlich geht es dabei aber um symbolische Semantiken, die im ökonomischen Globalisierungssog kaum mehr von Relevanz sind, aber nach innen in den Nationalstaaten eine beträchtliche sinnstiftende Bedeutung besitzen.

In der gegenwärtigen Politik findet das Nationalstaats-Paradigma seinen Ausdruck erstens in einer Vereinheitlichung der Beziehungen, die den Staat mit dem Einzelnen verbinden. Hier tun sich politische Institutionen nach wie vor schwer, Migranten-Communities und ihre Organisationen mit ihren Ansprüchen auf Teilhabe anzuerkennen. Dies betrifft etwa das Verhältnis zu den Religionsgemeinschaften, von denen insbesondere der Islam schwer in das körperschaftliche Verhältnis zwischen Staat und Religionsgemeinschaften zu integrieren ist. Das nationalstaatliche Prinzip findet zweitens seinen Ausdruck in der Betonung von Sprache und formaler Bildung. Das Scheitern am Arbeitsmarkt wird als eine Folge mangelnder Sprachkenntnisse und Bildungsqualifikationen interpretiert. Damit steht das Individuum in der moralischen Verantwortung, selbst für einen Ausgleich dieser Defizite zu sorgen. Dass es der deutsche Staat in fast fünf Jahrzehnten der Einwanderung nicht geschafft hat, ein Bildungssystem zu organisieren, das einer Einwanderungsgesellschaft angemessen ist, und dass immer noch Gruppen von Immigranten (vor allem Flüchtlinge) von einer staatlich unterstützten Sprachförderung sowie vom Zugang zum ersten Arbeitsmarkt ausgeschlossen bleiben, darauf hinzuweisen erübrigt sich wohl.

Ist in diesem Zusammenhang, um zu einer im Eingangskapitel gestellte Frage zurückzukehren, Assimilation lediglich ein „empty signifier" im Sinne Ernesto Laclaus (1994) oder eine „ideologische Leerformel" im Sinne Wolf-Dieter Narrs (1999)? Diese Frage möchte ich abschließend – mit einiger Vorsicht – verneinen. Anders als der Integrationsbegriff enthalten Konzepte der Assimilation auch in unterschiedlichen diskursiven Kontexten eine grundsätzliche Konnotation der Anpassung, mit der bestimmte Bedeutungsvariablen korrespondieren. Diese Variablen wurden in der obigen systematisierenden Matrix aufgelistet. Im Gegensatz zum Integrationsbegriff enthält „Assimilation" wenigstens ein Mindestmaß an inhaltlicher Bestimmung. Dennoch bleibt auch der Assimilationsbegriff mehrdeutig in der Erklärung von Vergesellschaftungsprozessen im Rahmen von Migration. Was fehlt, ist ein begriffliches Inventar, das es ermöglicht, Prozesse der Vergesellschaftung angemessen zu erfassen und zu verstehen. Diese Funktion der Eindeutigkeit ist sowohl mit dem Integrations- als auch dem Assimilationsbegriff nicht gewährleistet.

Trotz der genaueren inhaltlichen Bestimmbarkeit bleibt Assimilation ein problematisches diskursives Konzept. Assimilation bedeutet in allen historischen Phasen immer auch Ausgrenzung derjenigen, die sich nicht assimilieren sollen oder wollen. Es existiert in allen Perioden eine Ambivalenz zwischen Assimilation und Segregation. Assimilation kann nie vollständig erfolgen. Kriterien für Assimilation werden von der Mehrheit vorgegeben und können jederzeit wieder verändert werden. Ursprüngliche Grenzen zwischen Bevölkerungsgruppen können immer wieder reaktiviert werden. Das Konzept der Assimilation hebt in seinem Anspruch auf ein grundsätzlich statisches Gleichgewichtsverhältnis „zwischen der sich anpassenden Einheit und ihrer Umwelt" (König 1969: 29) ab, das einen normativen Charakter erhält, aber der grundsätzlichen Dynamik und Veränderbarkeit von sozialen Verhältnissen nicht angemessen ist.

Als diskursives Konstrukt ist Assimilation tendenziell alles andere als inklusionär; Assimilation ist ein so umfassender Begriff, dass er in seinem grundsätzlich totalen Anspruch nur exkludierend wirken kann. Als solcher kann er immer wieder zum Ausschluss von Minderheiten mobilisiert werden.

In dieser radikalen Form wurde der Begriff in einer völkischen Tradition zur Ausgrenzung von „nicht assimilierbaren“ Bevölkerungsgruppen verwendet. Wenn auch die völkische Konnotation vom gegenwärtigen Begriffsverständnis gewichen ist und Assimilation inzwischen vorrangig an kulturellen Standards gemessen wird, ist der Ausgrenzungsaspekt im politischen Diskurs um die Integration von Zuwanderern weiterhin virulent.

Assimilation – oder um den „politisch korrekten“ Begriff zu verwenden: Integration – wird dort zu einem exklusionären Prinzip, wo der Nationalstaat um eine symbolische Gemeinschaft zentriert ist, die in ihrem Selbstverständnis zwar eine Gemeinschaft von rechtlich gleichen Staatsbürgern bildet, darüber hinaus aber weitere symbolische Elemente enthält, die nicht unmittelbar auf die politisch-rechtliche Assoziation bezogen sind (vgl. Peters 1993: 177). Als ein solches symbolisches Element haben sich in der Geschichte Ideen des Völkischen erwiesen, aber auch gegenwärtige Vorstellungen von der notwendigen Akzeptanz einer „Leitkultur“ tragen das Prinzip der Exklusion in sich.

Die Eingliederung in eine wie auch immer geartete Mehrheitsgesellschaft oder „Leitkultur“ kann nicht gefordert werden, aber sie kann unterstützt werden. Assimilation, verstanden als der mehr oder weniger vollständige Wechsel eines kulturellen und sozialen Bezugssystems, ist eine real stattfindende Form der Vergesellschaftung von Menschen mit ursprünglicher Migrationserfahrung; sie ist darin jedoch nur eine Form unter anderen. Keinesfalls aber kann sie zur Norm erhoben werden. Assimilation bedeutet nicht einfach die Aneignung kultureller Praktiken und Wertvorstellungen der Zuwanderungsgesellschaft, sondern Assimilation bedeutet auch, in einem neuen sozialen Zusammenhang akzeptiert zu werden. In treffender Weise hat dies Rainer Bauböck (2001: o.S.) ausgedrückt, dem hiermit auch das Schlusswort überlassen sei: „Die Möglichkeit und der Erfolg von Assimilation werden daher nicht von denen bestimmt, die sich assimilieren, sondern von der aufnehmenden Gruppe. Assimilation ist nicht eine Frage der subjektiven Aneignung einer anderen Kultur, sondern vor allem eine Frage der Anerkennung durch deren Mitglieder.“

Literatur

Adams, Willi Paul (1984): „Die Assimilationsfrage in der amerikanischen Einwanderungsdiskussion 1890-1930“. In: Klaus J. Bade (Hg.), Auswanderer – Wanderarbeiter – Gastarbeiter, Band 1, Ostfildern, S. 300-320.

Alba, Richard (1995): „Comment“. In: Journal of American Ethnic History 14/2, S. 82-90.

Alba, Richard/Nee, Victor (1999): „Rethinking Assimilation Theory for a New Era of Immigration“. In: Charles Hirschman/Philip Kasinitz/Josh DeWind (Hg.), The Handbook of International Migration, New York, S. 135-160.

Alba, Richard/Nee, Victor (2003): Remaking the American Mainstream: Assimilation and Contemporary Immigration, Cambridge.

Alba, Richard/Nee, Victor (2004): „Assimilation und Einwanderung in den USA“. In: IMIS-Beiträge Nr. 23, S. 21-39.

Alba, Richard (2005): „Bright vs. blurred boundaries: Second-generation assimilation and exclusion in France, Germany, and the United States“. In: Ethnic and Racial Studies 28/1, S. 20-49.

Amnesty International (1986): Bulgaria, imprisonment of ethnic Turks. Human rights abuses during the forced assimilation of the ethnic Turkish minority, London.

Anders, Catherine/Wadia, Khursheed (2007): „The Case of the United Kingdom“. In: Berliner Institut für Vergleichende Sozialforschung (Hg.), Immigrant Generations and the Problem of Measuring Integration – A European Comparison, Berlin, S. 497-601.

Arendt, Hannah (1981): Rahel Varnhagen. Lebensgeschichte einer deutschen Jüdin aus der Romantik, München.

Arendt, Hannah (1986): Elemente und Ursprünge totaler Herrschaft, München.

Arendt, Hannah (1989): Zur Zeit. Politische Essays, München.

Aumüller, Jutta (1992): „Forcierte Assimilation und Flucht in Bhutan“. In: Berliner Institut für Vergleichende Sozialforschung/Netzwerk Menschenrechte/Medico International (Hg.), Weltflüchtlingsbericht. Ein Handbuch zu Fluchtursachen und Asyl, Bevölkerungsbewegungen und Entwicklungspolitik, Loseblattsammlung, Berlin, Kapitel 2.4.3.2.

Aumüller, Jutta (2007a): „The Concept of Generation within Migration Sociology“. In: Berliner Institut für Vergleichende Sozialforschung (Hg.), Immigrant Generations and the Problem of Measuring Integration – A European Comparison, Berlin, S. 27-43.

Aumüller, Jutta (2007b): „The Case of Germany“. In: Berliner Institut für Vergleichende Sozialforschung (Hg.), Immigrant Generations and the Problem of Measuring Integration – A European Comparison, Berlin, S. 237-399.

Aumüller, Jutta/Burtzlaff, Philipp (2007): „Integration Politics in the European Union“. In: Berliner Institut für Vergleichende Sozialforschung (Hg.), Immigrant Generations and the Problem of Measuring Integration – A European Comparison, Berlin, S. 61-94.

Bade, Klaus J. (1984): „Vom Auswanderungsland zum ‚Arbeitseinfuhrland‘: kontinentale Zuwanderung und Ausländerbeschäftigung in Deutschland im späten 19. und frühen 20. Jahrhundert“. In: Ders. (Hg.), Auswanderer – Wanderarbeiter – Gastarbeiter. Bevölkerung, Arbeitsmarkt und Wanderung in Deutschland seit der Mitte des 19. Jahrhunderts, Band 2, Ostfildern, S. 433-485.

Bade, Klaus J. (1992): „‚Billig und willig‘ – die ‚ausländischen Wanderarbeiter‘ im kaiserlichen Deutschland“. In: Ders. (Hg.), Deutsche im Ausland – Fremde in Deutschland, München, S. 311-324.

Bade, Klaus J. (2004): Leitkultur-Debatte: Zuwanderung wird als Bedrohung empfunden. Interview mit „Spiegel Online“ vom 24.11.2004. http://www.spiegel.de/kultur/gesellschaft/ 0,1518,329285,00.html.

Bade, Klaus J. (2006): „Integration und Politik – aus der Geschichte lernen?“ In: Aus Politik und Zeitgeschichte Nr. 40-41, S. 3-6.

Bade, Klaus J./Bommes, Michael (2000): „Migration und politische Kultur im ‚Nicht-Einwanderungsland‘“. In: Dies. (Hg.), Migrationsreport 2000, Frankfurt/Main, S. 163-204.

Banton, Michael (2006): „Integration: why and how to study changes in relative values“. Vortrag auf der 5. Marie-Curie-Konferenz zu „The European and National Management of Immigrants’ Exclusion and Integration“, 9.-12. März 2006, Ljubljana.

Barkan, Elliott R. (1995): „Race, Religion and Nationality in American Society: A Model of Ethnicity – From Contact to Assimilation“. In: Journal of American Ethnic History 14/2, S. 38-75.

Bauböck, Rainer/Baumgartner, Gerhard/Perchinig, Bernhard/Pintér, Karin (Hg.) (1988): ... und raus bist du! Ethnische Minderheiten in der Politik, Wien.

Bauböck, Rainer (2001a): „Integration von Einwanderern – Reflexionen zum Begriff und seinen Anwendungsmöglichkeiten". In: Harald Waldrauch, Die Integration von Einwanderern. Ein Index der rechtlichen Diskriminierung, Frankfurt/New York, S. 25-52.

Bauböck, Rainer (2001b): Minderheiten im Übergang. 20 Thesen zur Assimilation von Einwanderern. http://www.gfbv.it/3dossier/eu-min/20assimila.html. Zugriff am 16.06.2008.

Bayaz, Ahmet/Damolin, Mario/Ernst, Heiko (Hg.) (1984): Integration – Anpassung an die Deutschen?, Weinheim.

Becker, Jörg (1997): „Taking Turkishness Seriously: The Rise of Turkish Media Culture in Germany". In: Kevin Robins (Hg.), United Nations World Television Forum, Rom (Radio Televisione Italiana), S. 104-117.

Berliner Institut für Vergleichende Sozialforschung (o.J.): Politische Diskurse in der Ausländer-, Asyl- und sonstigen Zuwanderungspolitik 1978 bis 1993. Antrag an die Volkswagen-Stiftung auf ein Forschungsprojekt im Schwerpunkt „Das Fremde und das Eigene", unveröffentlichtes Manuskript, Berlin.

Berliner Institut für Vergleichende Sozialforschung (2007): Immigrant Generations and the Problem of Measuring Integration – A European Comparison, Berlin.

Berry, John W. (1980): „Acculturation as a variety of adaptation". In: A.M. Padilla (Hg.), Acculturation: Theory, models and some new findings, Boulder, S. 9-25.

Berry, John W. (1992): „Acculturation and Adaptation in a New Society". In: International Migration 30, Special Issue: Migration and Health in the 1990s, S. 69-86.

Berry, John W. (1996): „Acculturation and Psychological Adaptation". In: Klaus J. Bade (Hg.), Migration – Ethnizität – Konflikt, Osnabrück, S. 171-186.

Berry, John W./Kim, U./Minde, T./Mok, D. (1987): „Comparative Studies of Acculturative Stress". In: International Migration Review 21/3, S. 491-511.

Blank, Inge (1992): „‚... nirgends eine Heimat, aber Gräber auf jedem Friedhof': Ostjuden in Kaiserreich und Weimarer Republik". In: Klaus J. Bade (Hg.), Deutsche im Ausland – Fremde in Deutschland, München, S. 324-332.

Blaschke, Jochen (1984): Volk, Nation, Interner Kolonialismus, Ethnizität. Konzepte zur politischen Soziologie regionalistischer Bewegungen in Westeuropa, Berlin.

Blaschke, Jochen (1993): Politische Mechanismen der Friedenssicherung während und nach ethnisch-politischen und nationalistischen Konflikten, unveröffentlichtes Manuskript, Berlin: Berliner Institut für Vergleichende Sozialforschung.

Blaschke, Jochen (1995): „Multicultural Strategies in the Federal Republic of Germany". In: Multiculturalism in the Nordic Societies. Proceedings of the 9th Nordic Seminar for Researchers on Migration and Ethnic Relations, O.O., TemaNord, S. 322-331.

Blaschke, Jochen (1997): Migration – Ein Bericht über den Forschungsstand unter besonderer Berücksichtigung internationaler Publikationen zur Arbeitsmigration seit 1991. Bundesinstitut für Bevölkerungsforschung, Sonderheft 28, Wiesbaden.

Blaschke, Jochen/Berliner Institut für Vergleichende Sozialforschung (2005): EU Research on Social Sciences and Humanities. Evaluation of Migration and Ethnicity related Projects in the 4th and 5th Framework Programme (MigPro) – Annexes. Europäische Kommission, Generaldirektion Forschung, Brüssel.

Blume, Michael/Kantowsky, Detlef (1988): „Einleitung". In: Dies. (Hg.), Assimilation, Integration, Isolation. Fallstudien zum Eingliederungsprozess südostasiatischer Flüchtlinge in der Bundesrepublik Deutschland, Band 1, Köln, S. VIII-XX.

Blume, Michael (1988): „Der theoretische Rahmen der Untersuchung und ihre Bedeutung im Kontext der Migrationssoziologie". In: Ders./Detlef Kantowsky (Hg.), Assimilation, Integration, Isolation. Fallstudien zum Eingliederungsprozess südostasiatischer Flüchtlinge in der Bundesrepublik Deutschland, Band 1, Köln, S. 1-63.

Blumenwitz, Dieter (1996): „Das Recht auf Gebrauch der Minderheitensprache". In: Karin Bott-Bodenhausen (Hg.), Unterdrückte Sprachen. Sprachverbote und das Recht auf Gebrauch der Minderheitensprachen, Frankfurt/Main, S. 159-202.

Boehm, Max Hildebert (1938): „Volkstumswechsel und Assimilationspolitik". In: Roland Freisler/George Anton Löning/Hans Carl Nipperdey (Hg.), Festschrift Justus Wilhelm Hedemann zum sechzigsten Geburtstag, Jena, S. 134-158.

Bödeker, Hans Erich (2002a): „Ausprägungen der historischen Semantik in den historischen Kulturwissenschaften". In: Ders. (Hg.), Begriffsgeschichte, Diskursgeschichte, Metapherngeschichte, Göttingen, S. 7-28.

Bödeker, Hans Erich (2002b): „Reflexionen über Begriffsgeschichte als Methode". In: Ders. (Hg.), Begriffsgeschichte, Diskursgeschichte, Metapherngeschichte, Göttingen, S. 73-123.

Bogardus, Emory S. (1980 [1931]): „A Race-Relations Cycle". In: Thomas F. Pettigrew (Hg.), The Sociology of Race Relations, New York, S. 113-116.

Zuerst erschienen in: American Journal of Sociology 36 (1931), S. 612-617.

Bommes, Michael (2001): „Migration in der funktional differenzierten Gesellschaft“. In: Swiss Political Science Review 7/2, S. 108-116.

Bommes, Michael (2005): „Transnationalism or Assimilation?“ In: sowi-onlinejournal.de, 2005-1: Migration. www.sowi-online.de/journal/2005 1/transnationalism_assimilation_bommes. htm. Zugriff am 27.11.2007.

Bommes, Michael (o.J.): Erarbeitung eines operationalen Konzeptes zur Einschätzung von Integrationsprozessen und Integrationsmaßnahmen. Gutachten für den Zuwanderungsrat, Osnabrück.

Boos-Nünning, Ursula/Karakasoğlu, Yasemin (2005): Viele Welten leben. Zur Lebenssituation von Mädchen und jungen Frauen mit Migrationshintergrund. Münster.

Bott-Bodenhausen, Karin (1996): „Einleitung“. In: Dies. (Hg.), Unterdrückte Sprachen. Sprachverbote und das Recht auf Gebrauch der Minderheitensprachen, Frankfurt/Main, S. 9-13.

Broszat, Martin (1958): „Die völkische Ideologie und der Nationalsozialismus“. In: Deutsche Rundschau 84/1, S. 53-68.

Brubaker, Roger (2001): „The Return of Assimilation? Changing sequels in France, Germany and the United States“. In: Ethnic and Racial Studies 24/4, S. 531-548.

Brumlik, Micha (1984): „Was heißt Integration? Zur Semantik eines sozialen Problems“. In: Ahmet Bayaz/Mario Damolin/Heiko Ernst (Hg.), Integration – Anpassung an die Deutschen?, Weinheim, S. 75-97.

Brumlik, Micha/Leggewie, Claus (1992): „Konturen der Einwanderungsgesellschaft: Nationale Identität, Multikulturalismus und ‚Civil Society‘“. In: Klaus J. Bade (Hg.), Deutsche im Ausland – Fremde in Deutschland, München, S. 430-442.

Bundesministerium für Familie, Senioren, Frauen und Jugend (2000): Sechster Familienbericht: Familien ausländischer Herkunft in Deutschland, Berlin.

Bundesregierung (2007): Der Nationale Integrationsplan. Neue Wege – Neue Chancen. Hrgg. vom Presse- und Informationsamt der Bundesregierung, Juli 2007. http://www.bundesregierung.de/Content/DE/Artikel/2007/07/Anlage/2007-10-18-nationalerintegrationsplan,property=publicationFile.pdf. Zugriff am 08.10.2008.

Burke, Peter (2002): „Globale Identitäten aus Sicht eines Historikers“. In: Aus Politik und Zeitgeschichte Nr. 12, S. 26-30.

Busse, Dietrich (2003): „Begriffsgeschichte oder Diskursgeschichte? Zu theoretischen Grundlagen und Methodenfragen einer historisch-semantischen Epistemologie“. In: Carsten Dutt (Hg.), Herausforderungen der Begriffsgeschichte, Heidelberg, S. 17-38.

Busse, Dietrich/Teubert, Wolfgang (1994): „Ist Diskurs ein sprachwissenschaftliches Objekt?“ In: Dietrich Busse/Fritz Hermanns/Wolfgang Teubert (Hg.), Begriffsgeschichte und Diskursgeschichte, Opladen, S. 10-28.

Castles, Stephen (1994): „Democracy and Multicultural Citizenship – Australian Debates and their Relevance for Western Europe“. In: Rainer Bauböck (Hg.), From Aliens to Citizens, Aldershot, S. 3-27.

Castles, Stephen/Miller, Mark (1993): The Age of Migration. International Population Movements in the Modern World, New York.

Chouliaraki, L./Fairclough, N. (1999): Discourse in Late Modernity, Edinburgh.

Clastres, Pierre (2008): Archäologie der Gewalt, Zürich/Berlin.

Cohen, Robin (1997): Global diasporas, Seattle.

Corbin, Juliet/Strauss, Anselm (1990): „Grounded Theory Research: Procedures, Canons and Evaluative Criteria“. In: Zeitschrift für Soziologie 19/6, S. 418-427.

Cuperus, René/Duffek, Karl A./Kandel, Johannes (Hg.) (2003): The Challenge of Diversity, Innsbruch/Wien.

Dewitte, Philippe (1999): „L’immigration, sujet de rhétorique et objet de polémiques. In: Ders. (Hg.), Immigration et intégration – L’état des savoirs, Paris, S. 5-12.

Dohse, Knut (1979) : Ausländische Arbeiter und bürgerlicher Staat. Zur Genese und Funktion von staatlicher Ausländerpolitik und von Ausländerrecht, Berlin.

Douglas, Mary (1966): Purity and Danger: an analysis of concepts of pollution and taboo, London.

dtv Brockhaus-Lexikon (1988), München.

Eisenstadt, Shmuel N. (1952): „The Process of Absorption of New Immigrants in Israel“. In: Human Relations 5, S. 223-246.

Eisenstadt, Shmuel N. (1954): The Absorption of Immigrants, London.

Eisenstadt, Shmuel N. (1967): „Social Change, Differentiation and Evolution“. In: N.J. Demerath III/Richard A. Peterson (Hg.), System, Change, and Conflict, New York, S. 213-230.

Elias, Norbert/Scotson, John L. (1993): Etablierte und Außenseiter. Frankfurt/Main.

Elsner, Lothar (1984): „Ausländerbeschäftigung und Zwangsarbeitspolitik in Deutschland während des Ersten Weltkrieges“. In: Klaus J. Bade (Hg.), Auswanderer – Wanderarbeiter – Gastarbeiter. Bevölkerung, Arbeitsmarkt und Wanderung in Deutschland seit der Mitte des 19. Jahrhunderts, Band 2, Ostfildern, S. 527-557.

Elwert, Georg (1982): „Gesellschaftliche Integration durch Binnenintegration?“ In: Kölner Zeitschrift für Soziologie und Sozialpsychologie Nr. 4, S. 717-731.

Engberding, Michael (2006): „Diskussionsbericht der Tagung ‚Bevölkerungsforschung und Politik in Deutschland im 20. Jahrhundert'". In: Rainer Mackensen (Hg.), Bevölkerungsforschung und Politik in Deutschland im 20. Jahrhundert, Wiesbaden, S. 299-318.

Esser, Hartmut (o.J.): Integration und ethnische Schichtung. Zusammenfassung einer Studie für das Mannheimer Zentrum für Europäische Sozialforschung, http://library.fes.de/pdf-files/akademie/online/50366.pdf. Zugriff am 26.05.2008.

Esser, Hartmut (1980): Aspekte der Wanderungssoziologie. Darmstadt/Neuwied.

Esser, Hartmut (1982): „Sozialräumliche Bedingungen der sprachlichen Assimilation von Arbeitsmigranten". In: Zeitschrift für Soziologie 11, S. 279-306.

Esser, Hartmut (1988): „Ethnische Differenzierung und moderne Gesellschaft". In: Zeitschrift für Soziologie 17, S. 235-248.

Esser, Hartmut (1990): „Nur eine Frage der Zeit? Zur Frage der Eingliederung von Migranten im Generationen-Zyklus und zu einer Möglichkeit, Unterschiede hierin theoretisch zu erklären". In: Ders./Jürgen Friedrichs (Hg.), Generation und Identität, Opladen, S. 73-100.

Esser, Hartmut (2000): Soziologie. Spezielle Grundlagen, Band 2: Die Konstruktion der Gesellschaft, Frankfurt/New York.

Esser, Hartmut (2001a): „Kulturelle Pluralisierung und strukturelle Assimilation: das Problem der ethnischen Schichtung". In: Swiss Political Science Review 7/2, S. 97-108.

Esser, Hartmut (2001b): Integration und ethnische Schichtung. Gutachten für die Unabhängige Kommission „Zuwanderung", Berlin.

Esser, Hartmut (2003a): Does the New Immigration Require a New Theory of Intergenerational Integration?, Working Paper Nr. 71, Mannheim: Mannheimer Zentrum für Europäische Sozialforschung.

Esser, Hartmut (2003b): „Akkulturation". In: Bernhard Schäfers (Hg.), Grundbegriffe der Soziologie, 8. Auflage, Opladen, S. 1-5.

Esser, Hartmut (2004): „Welche Alternativen zur ‚Assimilation' gibt es eigentlich?" In: IMIS-Beiträge Nr. 23, S. 41-60.

Esser, Hartmut (2006): Migration, Sprache und Integration, Frankfurt a.M./ New York.

Esser, Hartmut (2007): „Sprich dich aus! Wir haben weder ‚Ghettos' noch ‚Parallelgesellschaften'", Interview mit „Telepolis Online", 02.01.2007, online: http://www.heise.de/tp/r4/artikel/24/24331/1.html.

Fairclough, N. (1992): Critical Language Awareness, London.

Faist, Thomas (2000): The volume and dynamics of international migration and transnational social spaces, Oxford.

Fassmann, Heinz (2008): „Entwicklungspotentiale einer zirkulären Migration in Europa“. In: Geographische Rundschau 60/6, S. 20-25.
Favell, Adrian (2001): „Multicultural Nation-building: ‚Integration‘ as Public Philosophy and Research Paradigm in Western Europe“. In: Swiss Political Science Review 7/2, S. 116-124.
Fernandez-Kelly, Patricia/Konczal, Lisa (2005): „‚Murdering the Alphabet‘. Identity and entrepreneurship among second-generation Cubans, West Indians, and Central Americans“. In: Ethnic and Racial Studies 28/6, S. 1153-1181.
Foppa, Klaus (1976): „Konzept“. In: Joachim Ritter/Karl Gründer (Hg.), Historisches Wörterbuch der Philosophie, Band 4, Sp. 1086, Darmstadt.
Foucault, Michel (1969): Die Ordnung der Dinge. Eine Archäologie der Humanwissenschaften, Frankfurt/Main.
Frackowiak, Johannes (2006): „Arbeitsmigranten und/oder Einwanderer? Polen in Mitteldeutschland 1880-1945“. In: IMIS-Beiträge Nr. 29, S. 71-98.
Fröhlich, Werner D. (2005): Wörterbuch Psychologie, 25. Auflage, München.
Frühwald, Wolfgang (1986): „Die Idee kultureller Nationbildung und die Entstehung der Literatursprache in Deutschland“. In: Otto Dann (Hg.), Nationalismus in frühindustrieller Zeit, München, S. 129-143.
Gagern, A. von (1971): „Assimilation III“. In: Joachim Ritter (Hg.), Historisches Wörterbuch der Philosophie, Band 1, Spalte 547f., Darmstadt.
Gaillard, Anne Marie (1997): „Assimilation, Insertion, Intégration, Adaptation: un état des connaissances“. In: Hommes et Migrations Nr. 1209, S. 119-130.
Gans, Herbert J. (1979): „Symbolic Ethnicity: The Future of Ethnic Groups and Cultures in America“. In: Ethnic and Racial Studies 2, S. 1-20.
Gans, Herbert J. (1992): „Second-generation decline: scenarios for the economic and ethnic futures of the post-1965 American immigrants“. In: Ethnic and Racial Studies 15/2, S. 173-192.
Gans, Herbert J. (2007): „Acculturation, assimilation and mobility“. In: Ethnic and Racial Studies 30/1, S. 152-164.
Gaspard, Françoise (1992): „Assimilation, insertion, intégration: les mot pour ‚devenir français‘“. In: Hommes et Migrations Nr. 1154, S. 14-23.
Geißler, Rainer (2003): „Multikulturalismus in Kanada – Modell für Deutschland?“ In: Aus Politik und Zeitgeschichte Nr. 26, S. 19-25.
Geißler, Rainer/Pöttker, Horst (2004): „Mediale Integration von Migranten. Ein Problemaufriß. Vortrag auf der Tagung ‚Medien und Migration im internationalen Vergleich‘“, Siegen, 24./25.06.2004.
Gellner, Ernest (1991): Nationalismus und Moderne, Berlin.
Gesemann, Frank/Roth, Roland (2009): Lokale Integrationspolitik in der Einwanderungsgesellschaft, Wiesbaden.

Giddens, Anthony (1988): Die Konstitution der Gesellschaft, Frankfurt/New York.

Glatzer, Wolfgang/Krätschmer-Hahn, Rabea (2004): Integration und Partizipation junger Ausländer vor dem Hintergrund ethnischer und kultureller Identifikation. Ergebnisse des Integrationssurveys des BiB, Wiesbaden.

Glazer, Nathan (1998): „Is Assimilation Dead?“ In: Arthur M. Melzer/Jerry Weinberger/M. Richard Zinman (Hg.), Multiculturalism and American Democracy, Lawrence, Kansas, S. 15-36.

Glazer, Nathan/Moynihan, Daniel P. (1963): Beyond the Melting Pot, Cambridge, Massachusetts.

Glick Schiller, Nina/Basch, Linda/Blanc-Szanton, Christina (1992): „Transnationalism: a new analytic framework for understanding migration“. In: Dies. (Hg.), Towards a transnational perspective on migration. Race, class, ethnicity, and nationalism reconsidered, New York, S. 1-24.

Glück, H. (1979): Die preußisch-polnische Sprachenpolitik. Eine Studie zur Theorie und Methodologie der Forschung über Sprachenpolitik, Sprachbewusstsein und Sozialgeschichte am Beispiel der preußisch-deutschen Politik gegenüber der polnischen Minderheit vor 1914, Hamburg.

Goeke, Pascal (2006): „Transnational assimiliert? Transmigranten der zweiten Generation zwischen Kroatien und Deutschland“. In: Anne Walter/Margarete Menz/Sabina De Carlo (Hg.), Grenzen der Gesellschaft?, Göttingen, S. 337-360.

Gogolin, Ingrid (2008): „Durchgängige Sprachförderung“. In: Christiane Bainski/Marianne Krüger-Potratz (Hg.), Handbuch Sprachförderung, Essen, S. 13-21.

Gordon, Milton M. (1964): Assimilation in American Life, New York.

Gordon, Milton M. (1999 [1961]): „Assimilation in America. Theory and Reality“. In: Norman N. Yetman (Hg.), Majority and Minority. The Dynamics of Race and Ethnicity in American Life, 6. Auflage, Boston, S. 272-284. Zuerst erschienen in: Daedalus 90/2, 1961, S. 263-285.

Groeben, N./Westmeyer, H. (1975): Kriterien psychologischer Forschung, München.

Großmann, Anton (1984): „Fremd- und Zwangsarbeiter in Bayern 1939-1945“. In: Klaus J. Bade (Hg.), Auswanderer – Wanderarbeiter – Gastarbeiter. Bevölkerung, Arbeitsmarkt und Wanderung in Deutschland seit der Mitte des 19. Jahrhunderts, Band 2, Ostfildern, S. 584-619.

Hafez, Kai (2000): „Zwischen Parallelgesellschaft, strategischer Ethnisierung und Transkultur. Die türkische Medienkultur in Deutschland“. In: Blätter für deutsche und internationale Politik Nr. 6, S. 728-736.

Hajos, A. (1971): „Assimilation II“. In: Joachim Ritter (Hg.), Historisches Wörterbuch der Philosophie, Band 1, Spalte 546f., Darmstadt.

Haller, William/Landolt, Patricia (2005): „The transnational dimensions of identity formation: Adult children of immigrants in Miami“. In: Ethnic and Racial Studies 28/6, S. 1182-1214.

Han, Petrus (2000): Soziologie der Migration, Stuttgart.

Hansen, Georg (1996): „Assimilation und Segregation – das schulorganisatorische Repertoire der deutschen Volkstumspolitik im besetzten Polen 1939-1945“. In: Georg Auernheimer/Peter Gstettner (Red.), Pädagogik in multikulturellen Gesellschaften. Jahrbuch für Pädagogik 1996, Frankfurt/Main, S. 197-210.

Hansen, Marcus Lee (1996 [1938]): „The Problem of the Third Generation Immigrant“. In: Werner Sollors (Hg.), Theories of Ethnicity: a classical reader, New York, S. 202-215.

Heberle, Rudolf (1936): Auslandsvolkstum, Leipzig.

Heckmann, Friedrich (1981): Die Bundesrepublik: Ein Einwanderungsland?, Stuttgart.

Heckmann, Friedrich (1992): Ethnische Minderheiten, Volk und Nation, Stuttgart.

Heckmann, Friedrich (2001): Effectiveness of National Integration Strategies towards Second Generation Migrant Youth in a Comparative European Perspective (EFFNATIS). Final report of the project ERB-SOE2-CT97-3055 funded under the Targeted Socio-Economic Research (TSER) programme – Directorate General Science, Research and Development, Europäische Kommission, Brüssel.

Heckmann, Friedrich (2003): „Integration von Migranten in europäischen Gesellschaften“. In: Demographie – Zeitschrift für Bevölkerungswissenschaft 28/2-4, S. 307-315.

Hehemann, Rainer (1992): „„… jederzeit gottlose böse Leute‘“ – Sinti und Roma zwischen Duldung und Vernichtung“. In: Klaus J. Bade (Hg.), Deutsche im Ausland – Fremde in Deutschland, München, S. 271-277.

Heitmeyer, Wilhelm (1996): „Für türkische Jugendliche in Deutschland spielt der Islam eine wichtige Rolle“. In: Die Zeit Nr. 35, 23.08.1996.

Hepp, Andreas/Thomas, Tanja/Winter, Carsten (Hg.) (2003): Medienidentitäten. Identität im Kontext von Globalisierung und Medienkultur, Köln.

Herbert, Ulrich (1992): „‚Ausländer-Einsatz‘ in der deutschen Kriegswirtschaft, 1939-1945“. In: Klaus J. Bade (Hg.), Deutsche im Ausland – Fremde in Deutschland, München, S. 354-367.

Herrmann, Dietrich (1996): „Be an American!“ Amerikanisierungsbewegung und Theorien zur Einwandererintegration, Frankfurt/Main.

Hiscott, William (2005): „‚Parallel Societies‘ – A Neologism gone Bad“. http://www.migrationonline.cz/news_f.shtml?x=290175. Zugriff am 22.05. 2007.

Hoffmann-Nowotny, Hans-Joachim (1970): Migration. Ein Beitrag zu einer soziologischen Erklärung, Stuttgart.

Hoffmann-Nowotny, Hans-Joachim (1973): Soziologie des Fremdarbeiterproblems. Eine theoretische und empirische Analyse am Beispiel der Schweiz, Stuttgart.

Hoffmann-Nowotny, Hans-Joachim (1987): „Gastarbeiterwanderungen und soziale Spannungen". In: Helga Reimann/Horst Reimann (Hg.), Gastarbeiter – Analyse und Perspektiven eines sozialen Problems, 2. Auflage, Opladen.

Hoffmann-Nowotny, Hans-Joachim/Hondrich, Karl-Otto (Hg.) (1982): Ausländer in der Bundesrepublik Deutschland und in der Schweiz. Segregation und Integration: Eine vergleichende Untersuchung, Frankfurt/Main.

Hondagneu-Sotelo: Pierrette (1994): Gendered Transitions: Mexican Experiences of Immigration, Berkeley.

Hornig, G. (1971): „Akkommodation". In: Joachim Ritter (Hg.), Historisches Wörterbuch der Philosophie, Band 1, Spalte 125f., Darmstadt.

Horstmann, Axel (1993): „Das Fremde und das Eigene – ‚Assimilation' als hermeneutischer Begriff". In: Alois Wierlacher (Hg.), Kulturthema Fremdheit. Leitbegriffe und Problemfelder kulturwissenschaftlicher Fremdheitsforschung, München, S. 371-410.

Joas, Hans/Knöbl, Wolfgang (2004): Sozialtheorie, Frankfurt/Main.

Joppke, Christian/Morawska, Ewa (Hg.) (2003): Toward Assimilation and Citizenship, Basingstoke.

Jungk, Sabine (2001): „Interkulturelle Öffnung sozialer Dienste und Ämter – Eine Herausforderung für die Einwanderungsgesellschaft". In: Eckart Riehle (Hg.), Interkulturelle Kompetenz in der Verwaltung?, Opladen, S. 95-115.

Kallen, Horace (1924): Culture and Democracy in the United States, New York.

Kalter, Frank/Granato, Nadia (2004): Sozialer Wandel und strukturelle Assimilation in der Bundesrepublik. Empirische Befunde mit Mikrodaten der amtlichen Statistik. In: IMIS-Beiträge Nr. 23, S. 61-81.

Kampmann, Wanda (1979): Deutsche und Juden, Frankfurt/Main.

Kasinitz, Philip/Mollenkopf, John H./Waters, Mary C. (Hg.) (2005): Becoming New Yorkers: Ethnographies of the New Second Generation, New York.

Kastoryano, Riva (2002): Negotiating Identities, Princeton/Oxford.

Katz, Jacob (1964): „The Term ‚Jewish Emancipation'". In: Alexander Altmann (Hg.), Studies in Nineteenth-Century Jewish Intellectual History, Cambridge, Massachusetts, S. 1-25.

Katz, Jacob (1982): Zur Assimilation und Emanzipation der Juden. Nachdruck der Dissertation von 1935, Darmstadt.

Katz, Jacob (1988): Aus dem Ghetto in die bürgerliche Gesellschaft. Jüdische Emanzipation 1770-1870, Frankfurt/Main.

Keller, Reiner (2004): Diskursforschung, Opladen.

Kelek, Necla (2007): „Freiheit, die ich meine". In: Frankfurter Allgemeine Zeitung Nr. 292, 15.12.2007.

Kivisto, Peter (1990): „The transplanted then and now: the reorientation of immigration studies from the Chicago School to the new social history". In: Ethnic and Racial Studies 13/4, S. 455-481.

Kivisto, Peter (2001): „Theorizing transnational immigration: a critical review of current efforts". In: Ethnic and Racial Studies 24/4, S. 549-577.

Klein, Gabriele (1992): „Evolution, Wandel, Prozeß. Zur Geschichte der Begriffe und theoretischen Modelle". In: Hermann Korte/Bernhard Schäfers (Hg.), Einführung in die Hauptbegriffe der Soziologie, Opladen.

Kleßmann, Christoph (1978): Polnische Bergarbeiter im Ruhrgebiet 1870-1945. Soziale Integration und nationale Subkultur einer Minderheit in der deutschen Industriegesellschaft, Göttingen.

Kleßmann, Christoph (1984): „Integration und Subkultur nationaler Minderheiten: das Beispiel der ‚Ruhrpolen' 1870-1939". In: Klaus J. Bade (Hg.), Auswanderer – Wanderarbeiter – Gastarbeiter. Bevölkerung, Arbeitsmarkt und Wanderung in Deutschland seit der Mitte des 19. Jahrhunderts, Band 2, Ostfildern, S. 486-505.

Kolb, Holger (2005): „Die Green Card: Inszenierung eines Politikwechsels". In: Aus Politik und Zeitgeschichte Nr. 27, S. 18-24.

König, René (1969): „Anpassung". In: Bernsdorf, Wilhelm (Hg.), Wörterbuch der Soziologie, 16. Auflage, Stuttgart, S. 29-31.

Koopmans, Ruud (2003): „Good Intentions Sometimes Make Bad Policy". In: René Cuperus/Karl A. Duffek/Johannes Kandel (Hg.), The Challenge of Diversity: European Social Democracy Facing Migration, Integration, and Multiculturalism, Innsbruck, S. 163-168.

Köpping, Klaus-Peter (1995): „Ausgrenzung oder Vereinnahmung? Eigenes und Fremdes aus der Sicht der Ethnologie". In: Siegfried Müller/Hans-Uwe Otto/Ulrich Otto (Hg.), Fremde und Andere in Deutschland. Nachdenken über das Einverleiben, Einebnen, Ausgrenzen, Opladen, S. 179-201.

Köstlin, Konrad (1995): „Das fremde Essen – das Fremde essen. Anmerkungen zur Rede von der Einverleibung des Fremden". In: Siegfried Müller/Hans-Uwe Otto/Ulrich Otto (Hg.), Fremde und Andere in Deutschland. Nachdenken über das Einverleiben, Einebnen, Ausgrenzen, Opladen, S. 219-234.

Kovács, András (1988): „Das Dilemma der Assimilation – zur Genese der Identität ungarischer Juden". In: Rainer Bauböck/Gerhard Baumgartner/Bernhard Perchinig/Karin Pintér (Hg.), ... und raus bist du! Ethnische Minderheiten in der Politik, Wien, S. 267-279.

Kremer, Manfred/Spangenberg, Helga (1980): Assimilation ausländischer Arbeitnehmer in der Bundesrepublik Deutschland. Forschungsbericht. Materialien zur Arbeitsmigration und Ausländerbeschäftigung, 5, Königstein/Taunus.

Kühn, Heinz (1979): Stand und Weiterentwicklung der Integration der ausländischen Arbeitnehmer und ihrer Familien in der Bundesrepublik Deutschland, Bonn.

Laclau, Ernesto (1994): „Why do Empty Signifiers Matter to Politics?" In: Jeffrey Weeks (Hg.), The Lesser Evil and the Greater Good, London, S. 167-178.

Landeshauptstadt Wiesbaden/Einwohner- und Integrationsamt (Hg.) (2004): Integrationskonzept für die Landeshauptstadt Wiesbaden, Wiesbaden.

Lange, Hermann (1991): „Die christlich-jüdische Ehe. Ein deutscher Streit im 19. Jahrhundert". In: Julius H. Schoeps (Hg.), Menora. Jahrbuch für deutsch-jüdische Geschichte, München, S. 47-80.

Lebert, Stefan/Willeke, Stefan (2006): „Die Starnberger Republik". In: Die Zeit Nr. 52, 20.12.2006.

Lehmann, Joachim (1984): „Ausländerbeschäftigung und Fremdarbeiterpolitik im faschistischen Deutschland". In: Klaus J. Bade (Hg.), Auswanderer – Wanderarbeiter – Gastarbeiter. Bevölkerung, Arbeitsmarkt und Wanderung in Deutschland seit der Mitte des 19. Jahrhunderts, Band 2, Ostfildern, S. 558-583.

Levinson, David (1998): „Assimilation". In: Ethnic Relations. A cross-cultural encyclopedia, Santa Barbara/Denver/Oxford, S. 15-18.

Liebkind, Karmela (1994): „Ethnic Identity and Acculturative Stress – Vietnamese Refugees in Finland". In: Migration – A European Journal of International Migration and Ethnic Relations Nr. 23-24, S. 155-177.

Lindner, Rolf (1990): Die Entdeckung der Stadtkultur. Soziologie aus der Erfahrung der Reportage, Frankfurt/Main.

Loesch, Karl Christian von (1925): „Eingedeutschte, Entdeutschte und Renegaten". In: Ders. (Hg.), Volk unter Völkern, Breslau, S. 213-241.

Loll, B.-U. (1982): „Guest Worker Assimilation in West Germany". In: J. Friedrichs (Hg.), Spatial Disparities and Social Behaviour, Beiträge zur Stadtforschung, 8, Hamburg, S. 127-139.

Lucassen, Leo (1997): „The gulf between long term and short term approaches in immigration studies. A reassessment of the Chicago School's assimilation concept". In: IMIS-Beiträge Nr. 5, S. 5-23.

Lüdemann, Susanne (2004): Metaphern der Gesellschaft. Studien zum soziologischen und politischen Imaginären, München.

Mackensen, Rainer (Hg.) (2006): Bevölkerungsforschung und Politik in Deutschland im 20. Jahrhundert, Wiesbaden.

Mahnig, Hans (2001): „Die Debatte um die Eingliederung von Migranten oder: was ist das Ziel von ‚Integrationspolitik' in liberalen Demokratien?" In: Swiss Political Science Review 7/2, S. 124-130.

Mannheim, Karl (1964 [1928]): „Das Problem der Generationen". In: Ders., Wissenssoziologie. Auswahl aus dem Werk, eingeleitet und herausgegeben von Kurt H. Wolff, Berlin/Neuwied, S. 509-565.

Marin, Gerardo/Balls Organista, Pamela/Chun, Kevin M. (2003): „Acculturation Research. Current Issues and Findings". In: Guillermo Bernal et al. (Hg.), Handbook of Ethnic and Racial Minority Psychology, Thousand Oaks, S. 208-219.

Massey, Douglas S. et al. (1998): Worlds in Motion. Understanding International Migration at the End of the Millennium, Oxford.

Mayo-Smith, Richmond (1890): Emigration and Immigration: A Study in Social Science, New York.

Mayo-Smith, Richmond (1894): „Assimilation of Nationalities in the United States". In: Political Science Quarterly 9, S. 426-444.

McKenzie, R.D. (1967): „The Ecological Approach to the Study of the Human Society". In: Robert E. Park/Ernest W. Burgess (Hg.), The City, Chicago, S. 63-79.

Mehrländer, Ursula/Schultze, Günther (2001): „‚... und es bewegt sich doch ... '. Von der Ausländer- zur Einwanderungspolitik". In: Dies. (Hg.), Einwanderungsland Deutschland. Neue Wege nachhaltiger Integration, Bonn, S. 9-22.

Mehrländer, Ursula/Schultze, Günther (Hg.) (2001): Einwanderungsland Deutschland. Neue Wege nachhaltiger Integration, Bonn.

Metzger, L. Paul (1971): „American Sociology and Black Assimilation: Conflicting Perspectives". In: American Journal of Sociology Nr. 76, S. 627-647.

Meyer, Thomas (2002): „Parallelgesellschaft und Demokratie". In: Herfried Münkler/Marcus Llanque/Clemens K. Stepina (Hg.), Der demokratische Nationalstaat in den Zeiten der Globalisierung, Berlin, S. 193-229.

Michalowski, Ines (2006): „Qualifizierung oder Selektion? Die Dynamiken der Neuformulierung einer Integrationspolitik". In: Anne Walter/Margarete Menz/Sabine De Carlo (Hg.), Grenzen der Gesellschaft?, IMIS-Schriften Band 14, Göttingen, S. 143-162.

Morawska, Ewa (1994): „In Defense of the Assimilationist Model". In: Journal of American Ethnic History 13/2, S. 76-87.

Mühlberg, Dietrich (2002): „Schwierigkeiten kultureller Assimilation". In: Aus Politik und Zeitgeschichte Nr. 17, S. 3-12.

Mühlmann, Wilhelm Emil (1964): Rassen, Ethnien, Kulturen, Neuwied/ Berlin.

Mühlmann, Wilhelm Emil (1969): „Assimilation". In: Wilhelm Bernsdorf (Hg.), Wörterbuch der Soziologie, 16. Auflage, Stuttgart, S. 58f.

Müller, Siegfried/Otto, Hans-Uwe/Otto, Ulrich (Hg.) (1995): Fremde und Andere in Deutschland. Nachdenken über das Einverleiben, Einebnen, Ausgrenzen, Opladen.

Muskens, George (2007): „The Case of the Netherlands". In: Berliner Institut für Vergleichende Sozialforschung (Hg.), Immigrant Generations and the Problem of Measuring Integration – A European Comparison, Berlin, S. 99-236.

Narr, Wolf-Dieter (1999): „Identität als (globale) Gefahr. Zum Unwesen eines leeren Wesensbegriffs und seinen angestrebten Befindlichkeiten". In: Walter Reese-Schäfer (Hg.), Identität und Interesse, Opladen, S. 101-128.

Nassehi, Armin (2001): Die Leitkulturdebatte: Eine Herausforderung für interkulturelle Studien? Festvortrag auf der Veranstaltung „Fünf Jahre Forschungsinstitut für interkulturelle Studien" an der Universität Köln, 25. Januar 2001.

Nauck, Bernhard (1985): Arbeitsmigration und Familienstruktur. Eine Analyse der mikrosozialen Folgen von Migrationsprozessen, Frankfurt/Main.

Nauck, Bernhard (1989): „Assimilation process and group integration of migrant families". In: International Migration 27/1, S. 27-48.

Neckerman, Kathryn M./Carter, Prudence/Lee, Jennifer (1999): „Segmented assimilation and minority cultures of mobility". In: Ethnic and Racial Studies 22/6, S. 945-965.

Nowak, Jürgen (2006): Leitkultur und Parallelgesellschaft – Argumente wider einen deutschen Mythos, Frankfurt/Main.

Öhler, Andreas (2005): „Verheerender Kampfbegriff". In: Rheinischer Merkur, 19.05.2005.

Oenning, Ralf, Karl (1996): „‚Hier darf nicht polnisch gesprochen werden'. Zur Unterdrückung der polnischen Sprache im Dritten Reich am Beispiel der Ruhrpolen". In: Karin Bott-Bodenhausen (Hg.), Unterdrückte Sprachen. Sprachverbote und das Recht auf Gebrauch der Minderheitensprachen, Frankfurt/Main, S. 89-102.

Oltmer, Jochen (2005): Migration und Politik in der Weimarer Republik, Göttingen.

Oswald, Ingrid (2007): Migrationssoziologie, Stuttgart.

Park, Robert E. (1930): „Assimilation, Social". In: Edwin Seligman/Alvin Johnson (Hg.), Encyclopedia of the Social Sciences, New York, S. 281-283.

Park, Robert E. (1950): „The Nature of Race Relations". In: Ders. (Hg.), Race and Culture, Glencoe, S. 81-116.

Park, Robert E. (1967): „The City: Suggestions for the Investigation of Human Behavior in the Urban Environment". In: Robert E. Park/Ernest W. Burgess (Hg.), The City, Chicago, S. 1-46.

Park, Robert E. (1996 [1928]): „Human Migration and the Marginal Man". In: Werner Sollors (Hg.), Theories of Ethnicity: a classical reader, New York, S. 156-167.

Park, Robert E./Burgess, Ernest W. (1969): Introduction to the Science of Sociology, 3. Auflage, Chicago.

Perchinig, Bernhard (1988): „Ethnizität, Minderheit, Assimilation: Einige kritische Anmerkungen". In: Rainer Bauböck/Gerhard Baumgartner/Bernhard Perchinig/Karin Pintér (Hg.), ... und raus bist du! Ethnische Minderheiten in der Politik, Wien, S. 129-141.

Perlmann, Joel/Waldinger, Roger (1996): Assimilation: The Second Generation and Beyond. Then and Now, Working Paper Nr. 168, The Levy Economics Institute of Bard College, Annandale on Hudson.

Perlmann, Joel/Waldinger, Roger (1997): Second Generations: Past, Present, Future, Working Paper Nr. 200, The Levy Economics Institute of Bard College, Annandale on Hudson.

Peters, Bernhard (1993): Die Integration moderner Gesellschaften, Frankfurt/Main.

Peuckert, Rüdiger/Scherr, Albert (2003): „Integration". In: Bernhard Schäfers (Hg.), Grundbegriffe der Soziologie, Opladen, S. 152-155.

Pinwinkler, Alexander (2003): Wilhelm Winkler (1884-1984) – eine Biographie. Zur Geschichte der Statistik und Demographie in Österreich und Deutschland, Berlin.

Pinwinkler, Alexander (2006): „‚Assimilation' und ‚Dissimilation' in der Bevölkerungsgeschichte, ca. 1918 bis 1960". In: Rainer Mackensen (Hg.) Bevölkerungsforschung und Politik in Deutschland im 20. Jahrhundert, Wiesbaden, S. 23-48.

Portes, Alejandro/Zhou, Min (1993): „The New Second Generation: Segmented Assimilation and its Variants". In: The Annals of the American Academy 530, S. 74-96.

Portes, Alejandro/Fernandez-Kelly, Patricia/Haller, William (2005): „Segmented assimilation on the ground: The new second generation in early adulthood". In: Ethnic and Racial Studies 28/6, S. 1000-1040.

Portes, Alejandro/Rumbaut, Ruben G. (1990): Immigrant America – A Portrait, Berkeley.

Portes, Alejandro/Rumbaut, Ruben G. (2005): „Introduction: The Second Generation and the Children of Immigrants Longitudinal Study". In: Ethnic and Racial Studies 28/6, S. 983-999.

Prehn, Ulrich (2004): „Die wechselnden Gesichter eines ‚Europa der Völker' im 20. Jahrhundert". In: Heiko Kauffmann/Helmut Kellershohn/Jobst Paul

(Hg.), Völkische Bande. Dekadenz und Wiedergeburt – Analysen rechter Ideologie, Münster, S. 123-159.

Price, Charles (1969): „The Study of Assimilation". In: J.A. Jackson (Hg.), Migration. Sociological Studies, 2, Cambridge, S. 181-237.

Pries, Ludger (Hg.) (1997): Transnationale Migration. Sonderband 12 der Zeitschrift „Soziale Welt", Baden-Baden.

Pries, Ludger (2001): Internationale Migration, Bielefeld.

Pries, Ludger (2008): „Internationale Migration – Einführung in klassische Theorien und neue Erklärungsansätze". In: Geographische Rundschau 60/6, S. 4-10.

Problems of Social Assimilation. American Sociological Society, Papers and Proceedings, 8. 1914.

Puschmann, Claudia (1996): „Zur historischen Dimension der Sprachunterdrückung in Europa vom 18. bis 20. Jahrhundert". In: Karin Bott-Bodenhausen (Hg.), Unterdrückte Sprachen. Sprachverbote und das Recht auf Gebrauch der Minderheitensprachen, Frankfurt/Main, S. 15-31.

Rahe, Thomas (1990): „Religionsreform und jüdisches Selbstbewusstsein im deutschen Judentum des 19. Jahrhunderts". In: Julius Schoeps (Hg.), Menora. Jahrbuch für deutsch-jüdische Geschichte 1990, München, S. 89-124.

Ravenstein, E.G. (1889): „The Laws of Migration. Second Paper". In: Journal of The Royal Statistical Society 52, S. 241-301.

Reznik, H. (1971): „Assimilation / Dissimilation". In: Joachim Ritter (Hg.), Historisches Wörterbuch der Philosophie, Band 1, Spalte 544ff., Stuttgart/Basel.

Richardson, Alan (1957): „The Assimilation of British Immigrants in Australia". In: Human Relations 10/2, S. 157-166.

Richmond, Anthony H. (1974): Aspects of the absorption and adaptation of immigrants, Ottawa.

Richter, Emanuel (2005): „Die Einbürgerung des Islams". In: Aus Politik und Zeitgeschichte Nr. 20, S. 3-7.

Riegler, Henriette (1996): „Die OSZE vor neuen Herausforderungen: Minderheitenschutz und Konfliktvermeiden". In: International Nr. 1-2, S. 25-28.

Rockefeller, Steven C. (1997): „Kommentar". In: Charles Taylor, Multikulturalismus und die Politik der Anerkennung, Frankfurt/Main, S. 95-108.

Rohr, Elisabeth (2004): „Bildungsaspirationen junger Migrantinnen und die Zwiespältigkeit der Adoleszenz". In: Margit Frölich et al. (Hg.), Interkulturalität in europäischer Perspektive. Jugendliche aus Migrationsfamilien und ihre Integrationschancen, Arnoldshainer Interkulturelle Diskurse, 5, Frankfurt/Main, S. 67-78.

Ropers, Norbert (1994): Der Stand des internationalen Minderheitenschutzes auf globaler und europäischer Ebene, unveröffentlichtes Manuskript, o.O.

Rouse, Roger (1991): „Mexican Migration and the Social Space of Postmodernism". In: Diaspora 1, S. 8-23.

Rudolph, W. (1971): „Akkulturation". In: Joachim Ritter (Hg.), Historisches Wörterbuch der Philosophie, Band 1, Spalte 126, Darmstadt.

Rürup, Reinhard (1997): „Judenemanzipation und bürgerliche Gesellschaft in Deutschland". In: Wolfgang Benz/Werner Bergmann (Hg.), Vorurteil und Völkermord, Freiburg, S. 117-158.

Rumbaut, Ruben G. (1991): „Migration, Adaptation, and Mental Health". In: Howard Adelman (Hg.), Refugee Policy. Canada and the United States, Toronto, S. 381-424.

Sackmann, Rosemarie (2001): „Integration von Zuwanderern in Frankreich und in den Niederlanden". In: Deutsche Zeitschrift für Kommunalwissenschaften 1, S. 80-96.

Sarasin, Philipp (2003): Geschichtswissenschaft und Diskursanalyse, Frankfurt/Main.

Sarcinelli, Ulrich (1987): Symbolische Politik. Zur Bedeutung symbolischen Handelns in der Wahlkampfkommunikation der Bundesrepublik Deutschland, Opladen.

Sartre, Jean-Paul (1994): Überlegungen zur Judenfrage, Reinbek.

Sassen, Saskia (1988): The Mobility of Labour and Capital. A Study in International Investment and Labour Flow, Cambridge.

Savelsberg, Joachim (1982): Ausländische Jugendliche. Assimilative Integration, Kriminalität und Kriminalisierung und die Rolle der Jugendhilfe, München.

Schnapper, Dominique (1995): „The Significance of French Immigration and Integration Policy". In: Friedrich Heckmann/Wolfgang Bosswick (Hg.), Migration policies: a comparative perspective, Bamberg, S. 99-112.

Schmidt, Manfred G. (2004): Wörterbuch zur Politik, Stuttgart.

Scholem, Gerschom (1997): Von Berlin nach Jerusalem, Frankfurt/Main.

Schweitzer, Hartmut (2009): „Wi(e)der deutsche Einsprachigkeit – Kommunale Sprachförderung zwischen Assimilation und Mehrsprachigkeit". In: Frank Gesemann/Roland Roth (Hg.), Lokale Integrationspolitik in der Einwanderungsgesellschaft, Wiesbaden, S. 429-447.

Seifert, Wolfgang (1992): „Die zweite Ausländergeneration in der Bundesrepublik". In: Kölner Zeitschrift für Soziologie und Sozialpsychologie 44/4.

Senatsverwaltung für Integration, Arbeit und Soziales/Der Beauftragte des Senats von Berlin für Integration und Migration (2007): Indikatoren zur Messung von Integrationserfolgen, Berlin.

Sheffer, Gabriel (2002): „Defining ethno-national diasporas“. In: Migration – A European Journal of International Migration and Ethnic Relations Nr. 33-35, S. 69-91.

Silberman, Roxane/Alba, Richard/Fournier, Irène (2007): „Segmented assimilation in France? Discrimination in the labour market against the second generation“. In: Ethnic and Racial Studies 30/1, S. 1-27.

Simmel, Georg (1992 [1908]): „Exkurs über den Fremden“. In: Ders., Soziologie. Untersuchungen über die Formen der Vergesellschaftung, Frankfurt/Main, S. 764-771.

Simon, Patrick (1999): „L'immigration et l'intégration dans les sciences sociales en France depuis 1945“. In: Philippe Dewitte (Hg.), Immigration et intégration – L'état des savoirs, Paris, S. 82-95.

Simons, Sarah E. (1900-1902): „Social Assimilation“. In: American Journal of Sociology, 6. 1900/01, S. 790-822; 7.1901/02, S. 53-79, 234-248, 386-404, 539-556.

Skutnabb-Kangas, Tove (2004): "The right to mother tongue medium education – the hot potato in human rights instruments". Vortrag auf dem Internationalen Mercator-Symposium "Europa 2004: A new framework for all languages?", Tarragona, 27./28.02.2004.

Soysal, Yasemin (1994): The Limits of Citizenship. Migrants and Postnational Membership in Europe, Chicago.

Stonequist, E.V. (1969): „Randseiter (marginal man)“. In: Wilhelm Bernsdorf (Hg.), Wörterbuch der Soziologie, 16. Auflage, Stuttgart, S. 864-866.

Straßburger, Gaby (2001): Evaluation von Integrationsprozessen in Frankfurt am Main, Bamberg.

Taft, Ronald (1957): „A Psychological Model for the Study of Social Assimilation“. In: Human Relations 10/2, S. 141-156.

Taylor, Charles (1997): Multikulturalismus und die Politik der Anerkennung, Frankfurt/Main.

Tenscher, Jens (1998): „Politik für das Fernsehen – Politik im Fernsehen. Theorien, Trends, Perspektiven“. In: Ulrich Sarcinelli (Hg.), Politikvermittlung und Demokratie in der Mediengesellschaft, Bonn.

Terkessidis, Mark (2002): „Der lange Abschied von der Fremdheit. Kulturelle Globalisierung und Migration“. In: Aus Politik und Zeitgeschichte Nr. 12, S. 31-38.

Tilitzki, Paul (2002): Die deutsche Universitätsphilosophie in der Weimarer Republik und im Dritten Reich, Berlin.

Treibel, Annette (1999): Migration in modernen Gesellschaften, 2. Auflage, Weinheim.

Trennert, R.A. Jr. (1988): The Phoenix Indian School: Forced Assimilation in Arizona, 1891-1935, Norman.

Turgut, Ebru/Aumüller, Jutta (2007): „The Use of Social Indicators in Integration Politics". In: Berliner Institut für Vergleichende Sozialforschung (Hg.), Immigrant Generations and the Problem of Measuring Integration – A European Comparison, Berlin, S. 45-60.

Vasta, Ellie (2007): „From ethnic minorities to ethnic majority policy: Multiculturalism and the shift to assimilationism in the Netherlands". In: Ethnic and Racial Studies 30/5, S. 713-740.

Vecoli, Rudolph J. (1995): „Comment". In: Race, Religion and Nationality in American Society: A Model of Ethnicity – From Contact to Assimilation. In: Journal of American Ethnic History 14/2, S. 76-81.

Veiter, Theodor (1958): „Volkstod durch Unterwanderung". In: Europa Ethnica 18, S. 9-38.

Waldinger, Roger/Feliciano, Cynthia (2004): „Will the second generation experience ‚downward assimilation'? Segmented assimilation reassessed". In: Ethnic and Racial Studies 27/3, S. 376-402.

Weber, Max (1894): „Entwicklungstendenzen in der Lage der ostelbischen Landarbeiter". In: Archiv für soziale Gesetzgebung und Statistik 7/1.

Weber, Max (1980): Wirtschaft und Gesellschaft, Tübingen.

Weber, Rolf (1965): „Isolation oder Assimilation? Langfristige Perspektiven der Ausländerbeschäftigung". In: Der Arbeitgeber Nr. 11/12, S. 292-296.

Welt, Jochen (2001): „Von der gesellschaftlichen Selbsttäuschung zum Zuwanderungs- und Integrationskonzept". In: Ursula Mehrländer/Günther Schultze (Hg.), Einwanderungsland Deutschland. Neue Wege nachhaltiger Integration, Bonn, S. 23-40.

Wiley, Norbert F. (1970): „The Ethnic Mobility Trap and Stratification Theory". In: Peter I. Rose (Hg.), The Study of Society: An Integrated Anthology, New York, S. 397-408.

Worbs, Susanne (2007): „‚Parallelgesellschaften' von Zuwanderern in Deutschland?" In: soFid Migration und ethnische Minderheiten 2007/1. http://www.gesis.org/Information/soFid/pdf/Migration-2007-1.pdf. Zugriff am 22.05.2007.

Yetman, Norman R. (Hg.) (1999): Majority and Minority. The Dynamics of Race and Ethnicity in American Life, 6. Auflage, Boston.

Zhou, Min/Xiong, Yang Sao (2005): „The multifaceted American experiences of the children of Asian immigrants: Lessons for segmented assimilation". In: Ethnic and Racial Studies 28/6, S. 1119-1152.

Zunz, Olivier (1995): „Comment". In: Journal of American Ethnic History 14/2, S. 91-101.

Kultur und soziale Praxis

Iman Attia
Die »westliche Kultur« und ihr Anderes
Zur Dekonstruktion von Orientalismus und antimuslimischem Rassismus
Juni 2009, 186 Seiten, kart., 21,80 €,
ISBN 978-3-8376-1081-9

Jörg Becker
Erdbeerpflücker, Spargelstecher, Erntehelfer
Polnische Saisonarbeiter in Deutschland – temporäre Arbeitsmigration im neuen Europa
August 2009, ca. 230 Seiten, kart., zahlr. Abb., ca. 25,80 €,
ISBN 978-3-89942-946-6

Jonathan Everts
Konsum und Multikulturalität im Stadtteil
Eine sozialgeographische Analyse migrantengeführter Lebensmittelgeschäfte
2008, 240 Seiten, kart., 24,80 €,
ISBN 978-3-89942-866-7

Wolfgang Gippert, Petra Götte, Elke Kleinau (Hg.)
Transkulturalität
Gender- und bildungshistorische Perspektiven
2008, 300 Seiten, kart., zahlr. Abb., 28,80 €,
ISBN 978-3-89942-979-4

Martina Grimmig
Goldene Tropen
Zur Koproduktion natürlicher Ressourcen und kultureller Differenz in Guayana
Juli 2009, ca. 320 Seiten, kart., ca. 34,80 €,
ISBN 978-3-89942-751-6

Serhat Karakayali
Gespenster der Migration
Zur Genealogie illegaler Einwanderung in der Bundesrepublik Deutschland
2008, 296 Seiten, kart., 28,80 €,
ISBN 978-3-89942-895-7

Anika Keinz
Polens Andere
Verhandlungen von Geschlecht und Sexualität in Polen nach 1989
2008, 276 Seiten, kart., 28,80 €,
ISBN 978-3-8376-1011-6

Andrea Lauser, Cordula Wei köppel (Hg.)
Migration und religiöse Dynamik
Ethnologische Religionsforschung im transnationalen Kontext
2008, 278 Seiten, kart., 26,80 €,
ISBN 978-3-89942-940-4

Kerstin Poehls
Europa backstage
Expertenwissen, Habitus und kulturelle Codes im Machtfeld der EU
Juni 2009, 276 Seiten, kart., 28,80 €,
ISBN 978-3-8376-1037-6

Hans-Walter Schmuhl (Hg.)
Kulturrelativismus und Antirassismus
Der Anthropologe Franz Boas (1858-1942)
Juli 2009, ca. 350 Seiten, kart., inkl. Begleit-CD-ROM, ca. 34,80 €,
ISBN 978-3-8376-1071-0

Alexandra Schwell
Europa an der Oder
Die Konstruktion europäischer Sicherheit an der deutsch-polnischen Grenze
2008, 352 Seiten, kart., 32,80 €,
ISBN 978-3-89942-970-1

Leseproben, weitere Informationen und Bestellmöglichkeiten finden Sie unter www.transcript-verlag.de